FUNDAMENTOS DA
MUSCULAÇÃO

SANDERSON CAVALCANTI

FUNDAMENTOS DA
MUSCULAÇÃO

Editora
IDEIAS &
LETRAS

Direção Editorial:	Marlos Aurélio
Conselho Editorial:	Avelino Grassi
	Edvaldo Araújo
	Fábio E.R. Silva
	Márcio Fabri dos Anjos
	Mauro Vilela
Copidesque:	Wilton Vidal
Revisão:	Ana Aline Guedes da Fonseca de Brito Batista
	Ana Rosa Barbosa
Diagramação:	Mauricio Pereira
Capa	Raphael Patapovas

© Ideias & Letras, 2015.

EDITORA IDEIAS & LETRAS

Editora Ideias & Letras
Rua Tanabi, 56 – Água Branca
Cep: 05002-0120 – São Paulo-SP
Tel. (11) 3675-1319 – (11) 3862-4831
Televendas: 0800 777 6004
vendas@ideiaseletras.com.br
www.ideiaseletras.com.br

Dados Internacionais de Catalogação na Publicação (CIP)
(Câmara Brasileira do Livro, SP, Brasil)

Cavalcanti, Sanderson.
Fundamentos da musculação / São Paulo-SP: Ideias & Letras, 2015.
Bibliografia.
ISBN 978-85-65893-54-1
1. Exercício 2. Modelagem física 3. Musculação
4. Músculos - Anatomia 5. Músculos - Força
I. Título.

14-02349   CDD-613.71

Índices para catálogo sistemático:

1. Musculação: Exercícios: Educação física 613.71

DEDICATÓRIA

Dedico este livro aos meus pais, aos meus avós Miguel e Noêmia (em memória), e às minhas irmãs.

AGRADECIMENTO

Ao professor Paulo Alcoforrado,
à D. Heleniza Aragon, e especialmente ao
Instituto de Lógica, Filosofia e Teoria da Ciência (ILFTC).

O vosso amor, a vossa proteção,
Eu canto neste livro, agradecido,
Mas canto, sobretudo, embevecido,
A Vossa Imaculada Conceição.
Ave, Maria,
Nívea Cecém,
Ave, Jesus,
Para sempre. Amém.

Maria e seus títulos gloriosos, de Edésia Aducci.

Homenagem sincera de gratidão e de profundo amor
à piedosa e sempre Virgem Maria,
Mãe Imaculada do Redentor.

PREFÁCIO

Tanto a fisiologia articular quanto a biomecânica qualitativa e quantitativa são áreas que proporcionam um profundo entendimento sobre o complexo desenvolvimento da aptidão física do corpo humano. Mediante o estudo da aptidão cardiorrespiratória, alguns temas abordados por este livro nos fazem lembrar a grandeza das relações entre a anatomia e a fisiologia. Contudo, mediante o estudo da aptidão motora, os conhecimentos oriundos da biomecânica são igualmente importantes para que se obtenha um melhor entendimento sobre todo o processo de aplicação de forças em determinada alavanca do corpo humano.

Todo o conteúdo do livro se divide em dezesseis partes, e a ordem de apresentação consiste em destacar generalidades acerca dos exercícios de musculação, que por sua vez, induzem o desenvolvimento corporal. Na primeira parte do livro desenvolvemos um estudo acerca do conceito de musculação. Na segunda parte, desenvolvemos uma perspectiva histórica acerca da força e da hipertrofia muscular. Na terceira parte, abordaremos, de maneira bem resumida, a posição, segmentos, regiões, bem como os planos, as linhas, e os eixos de referência aplicados no universo da musculação.

Na quarta parte, destacamos as categorias de força e as categorias de movimentos manifestados pelo sistema musculoesquelético, assim como os aspectos mecânicos oriundos dessa manifestação, que por sua vez estão envolvidos em todo o processo de contração muscular, e ainda, em diferentes formas de trabalho muscular. Todo o conteúdo da quinta parte consiste em expor de maneira bem resumida, e em uma linguagem concisa e clara, os aspectos anatômicos estruturais e funcionais referentes às articulações.

Na sexta parte abordaremos a questão das categorias de músculos e funções musculares, favorecendo uma breve recordação à anatomia e à cinesiologia. Contribuindo com uma breve recordação à biomecânica qualitativa, na sétima parte abordaremos os malefícios decorrentes de uma prática envolvendo uma mecânica muscular incorreta, e ainda, os malefícios que podem advir de uma assimetria corporal, oriunda, por sua vez, de um desperdício mecânico proveniente de movimentos incorretos.

Em todo o enfoque do conteúdo da oitava parte, buscamos avaliar sucintamente a questão dos métodos e dos princípios que norteiam o treinamento de musculação. Na nona parte, examinaremos questionamentos que norteiam os aspectos metodológicos aplicados nas sessões de musculação, destacando reflexões essenciais na preparação física por meio do treinamento com pesos, abordando temas pertinentes às metas e aos mitos que margeiam a musculação.

Na décima parte, fornecemos uma abordagem quanto à aplicação de carga, montagem e elaboração de um programa de treinamento de musculação. Na décima primeira parte, consideramos os tipos de avaliação física e os diferentes tipos de teste de aptidão física, que por sua vez, são frequentemente aplicados nas academias de musculação. Na décima segunda parte, abordaremos os tipos diferenciados de recurso material que fazem parte do universo da musculação.

Na décima terceira parte, destacamos algumas considerações importantes sobre os exercícios que compõem todo um programa de treinamento muscular. Na décima quarta parte, buscamos despertar o senso crítico sobre as reflexões que margeiam o aspecto nutricional, abordando temas referentes à alimentação, aos radicais livres, ao uso de recursos ergogênicos como coadjuvantes no processo de hipertrofia muscular, e ainda, a questões que tratam sobre o índice glicêmico e a hidratação.

E, por fim, da décima quinta à décima sexta parte do livro incluímos assuntos relacionados à promoção da saúde e do bem-estar, focando temas distintos no intuito de estabelecer metas preventivas contra o estresse e contra a síndrome clínica relacionada à fadiga, e ainda sobre os períodos adequados de sono e de recuperação. Destacamos, nas duas partes finais do livro, os tipos mais comuns de lesão, e também o posicionamento da medicina desportiva diante de substâncias proibidas usadas por praticantes de musculação.

A linguagem do livro é construída de maneira conceitual, repetitiva e enfática, com um texto elaborado de modo bastante didático, a fim de fixar os temas apresentados, e por sua vez relacionados à anatomia, biomecânica, fisiologia, cinesiologia, biometria e nutrição. Entretanto, a finalidade do livro não visa explorar profundamente temas pertinentes a essas disciplinas, mas sim expor resumidamente ao leitor ideias abstraídas do universo dessas áreas de conhecimento, que por outro lado, diretamente importam para o estudo da musculação.

SUMÁRIO

PARTE 1 – Reflexões acerca do conceito de musculação
Capítulo 1
Reflexões relativas à etimologia 19
Capítulo 2
Definição pela ótica da atividade física 23
Capítulo 3
Definição pela ótica da preparação física 25

PARTE 2 – Estudos da força e da hipertrofia muscular: fatos históricos relevantes
Capítulo 1
Revisão histórica dos estudos sobre a força muscular 31
Capítulo 2
Revisão histórica dos estudos sobre a hipertrofia muscular 35

PARTE 3 – Anatomia espacial e direcional: posição, segmentos, planos e eixos de referência
Capítulo 1
Posição, segmentos e regiões anatômicas de referência 41
Capítulo 2
Plano e linha anatômica de referência 49
Capítulo 3
Eixos anatômicos de referência 57

PARTE 4 – Força e movimento
Capítulo 1
Categorias de força na musculação 61
Capítulo 2
Categorias de movimento na musculação 67

PARTE 5 – Fisiologia articular: aspecto estrutural e funcional
Capítulo 1
Aspecto fisiológico estrutural de um sistema articular 75
Capítulo 2
Aspecto fisiológico funcional de um sistema articular 83

PARTE 6 – Músculos: categorias e funções
Capítulo 1
Categorias de músculos 95
Capítulo 2
Funções musculares 103

PARTE 7 – Mecânica muscular incorreta
Capítulo 1
A mecânica incorreta e seus malefícios na musculação 127
Capítulo 2
Assimetria corporal por mecânica muscular incorreta 131
Capítulo 3
Desperdício mecânico na musculação por prática
de movimento incorreto 135

PARTE 8 – Métodos e princípios do treinamento
Capítulo 1
Métodos de treinamento aplicados à musculação 141
Capítulo 2
Princípios do treinamento aplicados à musculação 163

PARTE 9 – Reflexões acerca do treinamento de musculação
Capítulo 1
Reflexões quanto aos aspectos metodológicos 181
Capítulo 2
Reflexões quanto aos aspectos da preparação física 185

PARTE 10 – Programas de musculação: montagem e aplicação de cargas
Capítulo 1
Planejamento – elaboração e montagem de programas 191
Capítulo 2
Metodologia na aplicação da intensidade de carga 201

PARTE 11 – Avaliação e testes de aptidão física
Capítulo 1
Avaliações físicas 209
Capítulo 2
Testes de aptidão física 215

PARTE 12 – Recursos materiais
Capítulo 1
Tipos de recurso material 221
Capítulo 2
Implementos permanentes e de permeio 223
Capítulo 3
Implementos não permanentes 235

PARTE 13 – Reflexões acerca dos exercícios
Capítulo 1
Exercícios de musculação 239

Capítulo 2
Exercícios de flexibilidade 247
Capítulo 3
Exercícios de resistência 251
Capítulo 4
Exercícios de força e de potência 255

PARTE 14 – Reflexões acerca do aspecto nutricional
Capítulo 1
Sistemas energéticos 265
Capítulo 2
Musculação e alimentação 271
Capítulo 3
Os radicais livres antioxidantes e a musculação 287
Capítulo 4
Recurso ergogênico na prática da musculação 293
Capítulo 5
Índice glicêmico, carga glicêmica e musculação 313
Capítulo 6
Hidratação e musculação 319
Capítulo 7
As características somáticas e a musculação 325

PARTE 15 – Reflexões acerca da saúde
Capítulo 1
Estresse, fadiga e a síndrome de adaptação geral na prática da musculação 335
Capítulo 2
O sono na prática da musculação 339
Capítulo 3
A recuperação e a assimilação compensatória na prática da musculação 343
Capítulo 4
A musculação e a hipertensão arterial 347
Capítulo 5
A musculação e a obesidade 351

PARTE 16 – Medicina desportiva: considerações especiais
Capítulo 1
Considerações acerca das lesões 353
Capítulo 2
Tipos de lesão comuns na prática da musculação 359
Capítulo 3
Considerações acerca do *doping* e substâncias proibidas 367

Referências bibliográficas 373

PARTE 1
REFLEXÕES ACERCA DO CONCEITO DE MUSCULAÇÃO

CAPÍTULO 1

Reflexões relativas à etimologia

Sabe-se que a prática de uma atividade física regular, além de depender da escolha e da elaboração de exercícios físicos, depende também de certo nível de desempenho individual. Por outro lado, cumpre não esquecer a importância do desenvolvimento corporal por meio da musculação, para se obter uma boa atuação no plano dos exercícios físicos. Para um bom desenvolvimento corporal, importa que a musculação esteja associada a corretos treinamentos mecânicos, mediante a intensidade, duração e repetição. Por meio da prática correta, o desenvolvimento corporal obtido durante sessões de musculação atinge objetivos gerais que satisfazem tanto aspectos desportivos quanto clínicos, assim como atinge objetivos específicos que satisfazem uma hipertrofia muscular mais simétrica.

Tendo por base o produto de tudo aquilo que resulta do processo sistemático de qualquer contração muscular, a musculação pode ser definida como um vocábulo que indica o resultado do trabalho produzido por um músculo, ou como um vocábulo que indica o resultado da força produzida por um músculo, ou ainda, como um vocábulo que indica o resultado de toda ação manifestada por um músculo. Porém, tendo por base a forma como se induz o músculo a ter condições de manifestar um tipo de contração, e ainda a executar adequadamente qualquer ação ou trabalho específico, a musculação pode ser entendida como um vocábulo que indica o exercício dos músculos, ou como um vocábulo que indica um tipo de treinamento físico, ou ainda, como um vocábulo que indica uma forma de preparação física.

Diante da complexidade de se obter uma definição mais precisa ou mais adequada sobre o vocábulo musculação, importa não deixarmos de lado sua origem quanto ao substantivo músculo, e a associação que possui em relação a toda ação manifestada por um ato motor, e ainda, a associação que esse substantivo possui em relação a todo processo de adaptação oriundo do esforço físico manifestado por um ato motor. Uma vez que músculo, ação e adaptação envolvem diretamente a manifestação de um ato motor sistematicamente repetido, o vocábulo musculação traduz a ideia que remete a uma ação mecânica, que permite ao músculo tornar-se apto em realizar trabalhos progressivos e coordenados tanto de caráter exclusivamente físico quanto de caráter exclusivamente não físico.

Levando em consideração a natureza de um trabalho muscular coordenado de caráter físico exclusivo ou não exclusivo, a musculação também pode ser definida como um vocábulo que indica o resultado de uma atividade física que se destina ao aprimoramento muscular, ou ainda, como um vocábulo que indica o resultado de uma atividade física que se destina ao treinamento muscular tanto de maneira abrangente quanto não abrangente. E, tendo por base a natureza de uma atividade física, que tanto pode ser manifestada de forma exclusiva ou não exclusiva, a musculação pode ser conceituada como uma ação ou um trabalho muscular de aspecto específico, ou como uma ação ou um trabalho muscular de aspecto geral.

Quanto ao aspecto específico, a musculação pode ser definida como um tipo de atividade física que busca se concentrar no alcance de metas ou de objetivos especiais incluídos em um treinamento físico com aplicações de natureza competitiva, desportiva, recreativa, clínica ou estética, mediante o perfil biológico peculiar a uma só pessoa. O emprego desses objetivos especiais se dá no propósito de promover a aptidão física individual, segundo critérios relacionados ao desenvolvimento peculiar de alguns grupos musculares que se alternam durante a execução de exercícios coordenados e sistematicamente repetidos.

Outra maneira de conceituar musculação se dá a partir do conjunto dos atos motores sistemáticos que, devidamente apropriados e direcionados para o desenvolvimento de certos grupos musculares do corpo, ocorrem graças a uma repetição metódica de exercícios analíticos de ginástica. Esses exercícios são caracterizados, por sua vez, por trabalhos mecânicos distintos e diferenciados que ocorrem por meio da manifestação de uma força que se opõe à resistências progressivas fornecidas por diferentes tipos de recurso material. O direcionamento dessas resistências é aplicado no intuito de favorecer e diretamente o aumento da força e da hipertrofia muscular, assim como favorecer igual o aprimoramento da aptidão física de um desporto em particular.

Tendo por base o resultado oriundo de qualquer ação produzida pela força de um músculo, diante da manifestação de diferentes tipos de atos motores, ou ainda tendo por base diferentes tipos de trabalho de natureza física que induzem todo o processo de adaptação do músculo, podemos definir o termo musculação por dois aspectos distintos. O primeiro aspecto define o termo musculação pela ótica de uma atividade física, e o segundo aspecto define o termo musculação pela ótica da preparação física.

Pela ótica da atividade física, a musculação pode ser definida como o termo que indica o ato ou o efeito de praticar regularmente qualquer ação motora ou qualquer trabalho muscular resistido, mediante a prática regular de exercícios realizados por meio de implementos fixos ou móveis que manifestem, por outro lado, uma oposição de forças ante a resistências que são impostas de acordo com diferentes tipos de recurso mecânico empregado. Portanto, como um trabalho muscular resistido, a musculação, tanto de forma específica quanto geral, desenvolve gradualmente a musculatura corporal, e induz um processo de adaptação das tensões repetitivas oriundas de resistências mecânicas, que são manifestadas por sua vez em diferentes níveis de intensidade.

Ainda pela ótica da atividade física, a musculação pode ser conceituada como a prática regular de uma modalidade de ginástica aplicada para fins competitivos, desportivos, recreativos, clínicos ou estéticos, que envolve a execução de exercícios analíticos expressos por meio de recursos materiais fixos ou móveis. Portanto, como uma modalidade de ginástica, a musculação, tanto de forma específica quanto de forma geral, desenvolve gradualmente a musculatura corporal, e induz um processo de adaptação fisiológica dos esforços oriundos de tensões coordenadas e sistematicamente repetitivas, que são manifestadas, em diferentes níveis de intensidade.

Por fim, pela ótica da preparação física, a musculação pode ser definida como uma forma de se planejar com antecedência o desenvolvimento da musculatura corporal tanto de forma específica quanto de forma geral, por meio da aplicação de procedimentos metodológicos distintos e variados, a fim de incrementar a força dinâmica, a força estática ou a força explosiva, e ainda, a fim de incrementar a resistência localizada ou a elasticidade muscular. Portanto, a musculação como uma preparação física específica ou geral desenvolve gradualmente a musculatura corporal, ao manifestar uma ação mecânica de contrarresistência ou resistida, mediante tensões dinâmicas ou estáticas, e envolve a elaboração e o planejamento de exercícios distintos que podem ou não utilizar pesos ou cargas. Contudo, é importante ressaltar que, conceituar musculação por meio da preparação física requer um estudo sobre os meios e os recursos exclusivos ou não exclusivos que serão utilizados em um programa de treinamento em particular. Uma vez que os meios e os recursos exclusivos ou não exclusivos da preparação física envolvem diretamente a aplicação de diferentes tipos de método que podem ser abrangentes ou não. Métodos esses que são aplicados no intuito de permitir ao sistema musculoesquelético a capacidade de suportar um esforço repetido durante a prática regular de diferentes tipos de exercício.

De acordo com os meios e os recursos exclusivos ou não, que podem ou não ser utilizados de maneira simples ou complexa em um programa de treinamento em particular, pode-se ainda definir a musculação como um modo de preparação física resistida direcionada a músculos ou grupos musculares distintos, ou ainda como uma forma de preparação física resistida direcionada à maior parte ou à totalidade de um grupo muscular, diante de aspectos que podem ser de caráter comum ou especial, ou ainda, de maneira específica ou geral.

Tendo por base os meios exclusivos ou não exclusivos que são aplicados em uma preparação física resistida, a musculação específica pode ser conceituada como um processo abrangente, que envolve trabalhos mecânicos regulares bem definidos e repetitivos, que são identificados nos diferentes períodos e fases de determinado tipo de treinamento peculiar a uma só pessoa. Treinamento esse direcionado ao desenvolvimento gradativo de certos músculos ou grupos musculares, por meio de uma alternância controlada em diferentes níveis de intensidade aplicados, por outro lado, em exercícios dinâmicos e variados.

Pela ótica dos meios exclusivos ou não exclusivos que são aplicados em uma preparação física em particular, a musculação específica pode ser conceituada também como um processo que permite ao sistema musculoesquelético condições de suportar esforços repetitivos mediante a inclusão de diferentes métodos ou sistemas de treinamento, a fim de desenvolver qualidades físicas exclusivas e especiais. Ainda pela ótica dos meios exclusivos ou não exclusivos, a musculação específica pode ser conceituada como um processo que permite ao sistema musculoesquelético condições de suportar esforços repetitivos mediante a inclusão de diferentes métodos ou sistemas de treinamento, a fim de promover o condicionamento muscular de uma capacidade motora distinta, e também de promover o aperfeiçoamento de movimentos próprios ou peculiares de determinado gesto desportivo.

Considerando os meios exclusivos ou não exclusivos que são aplicados em uma preparação física global, a musculação geral pode ser conceituada como um processo que envolve um conjunto de trabalhos mecânicos regulares bem definidos e identificados nos diferentes períodos e fases de determinado tipo de treinamento muscular, e que se utiliza, por sua vez, da alternância controlada dos recursos disponíveis, mediante um esquema de avaliações formuladas por aspectos distintos de um estágio especial mais abrangente e generalizado.

Ainda pela ótica dos meios exclusivos ou não exclusivos que são aplicados em uma preparação física global, a musculação geral pode ser conceituada como um processo que permite ao sistema musculoesquelético condições de suportar esforços repetitivos por meio da inclusão de diferentes métodos ou sistemas de treinamento, a fim de desenvolver qualidades físicas mais abrangentes e generalizadas, ou ainda como um processo que permite ao sistema musculoesquelético condições de suportar por esforços repetitivos a inclusão de diferentes métodos ou sistemas de treinamento, a fim de favorecer por inteiro o condicionamento muscular de uma capacidade motora, e também de promover o aperfeiçoamento de movimentos que compreendam a musculatura corporal como um todo.

CAPÍTULO 2

Definição pela ótica da atividade física

Como vimos no capítulo anterior, conceituar musculação pela ótica da atividade física, envolve um conjunto de finalidades distintas que podem ser direcionadas para propósitos desportivos, competitivos, clínicos, estéticos e recreativos. Porém, biomecanicamente falando, a aplicação tanto desportiva, competitiva, médica, estética ou recreativa, traduz o sentido geral do ato motor que, devidamente planejado, determina o efeito rotatório que se dá em determinado eixo articular, e ainda determina o efeito contrátil que se dá em determinado grupo muscular, quando submetido a esforços oriundos de diferentes tipos de trabalho mecânico.

Por outro lado, todo trabalho mecânico manifestado na musculação, seja como uma atividade física de aplicação desportiva, competitiva, médica, estética ou recreativa, acaba por envolver diretamente a soma de toda uma ação mecânica. Consequentemente, a ação mecânica manifestada se traduz no ato ou efeito de executar uma tarefa isolada, ou ainda um gesto motor imediato ou não, estruturado e organizado, por sua vez, em um sistema de trabalhos musculares constituídos por um sistema de movimentos repetitivos, ordenados e metódicos. Esse sistema age no intuito de obter diretamente uma adaptação do organismo diante da intensidade de um esforço, e ainda no intuito de obter diretamente um aperfeiçoamento do organismo ante toda dinâmica de uma motricidade humana.

Importa destacar que toda dinâmica da motricidade humana manifestada em uma sala de musculação se dá pela existência de um ato motor específico ou geral capaz de reagir a estímulos externos e internos, sob a forma de qualquer ação ou trabalho muscular manifestado, ao realizar uma atividade motriz. Importa destacar que, de acordo com o tipo de aplicação desportiva, competitiva, clínica, estética ou recreativa, o ato de realizar uma atividade motriz, sob a forma de qualquer ação ou trabalho muscular, envolve diferentes gêneros do movimento.

A ocorrência dos diferentes gêneros de movimento, manifestados na intenção de se obter trabalho muscular, diante da intensidade de um esforço, ou ainda de um processo de construção e aperfeiçoamento de um gesto motor, requer, por outro lado, o conhecimento de toda a dinâmica de uma atividade motriz, e também requer questionamentos sobre a característica, a particularidade, a qualidade, e ainda sobre a base geral do movimento a ser executado.

Contudo, é importante destacar que todo o questionamento pertinente à característica, à particularidade, à qualidade e à base geral do movimento envolve um estudo interdisciplinar, apoiado nos fundamentos metodológicos, fisiológicos, biomecânicos e psicológicos.

Com base na aplicação desportiva, a musculação pode ser conceituada como uma modalidade de atividade física, que consiste em realizar exercícios analíticos contínuos e progressivos, mediante a utilização de diferentes tipos de recurso material incluídos em um programa de treinamento resistido, que atenda objetivos de aperfeiçoamento dos movimentos de um esporte em particular.

Na aplicação competitiva, a musculação pode ser conceituada como uma modalidade de atividade física, que consiste em realizar exercícios analíticos contínuos e progressivos, por meio da utilização de diferentes tipos de recurso material incluídos em um programa de treinamento resistido, que atenda objetivos disputantes de aperfeiçoamento do levantamento olímpico, básico e de potência, e ainda que atenda objetivos disputantes do fisiculturismo.

Com base na aplicação clínica, a musculação pode ser conceituada como uma modalidade de atividade física, que consiste em realizar exercícios analíticos contínuos e progressivos, mediante a utilização de diferentes tipos de recurso material incluídos em um programa de treinamento resistido, que atenda objetivos recuperativos da natureza funcional do músculo, mediante procedimentos não medicamentosos.

Tendo por base a aplicação profilática, a musculação pode ser conceituada como uma modalidade de atividade física que consiste em realizar exercícios analíticos contínuos e progressivos, mediante a utilização de diferentes tipos de recurso material incluídos em um programa de treinamento resistido, que atenda objetivos preventivos da natureza funcional do músculo.

Na aplicação terapêutica, a musculação pode ser conceituada como uma modalidade de atividade física que consiste em realizar exercícios analíticos contínuos e progressivos, por meio da utilização de diferentes tipos de recurso material incluídos em um programa de treinamento resistido, que atenda objetivos recuperativos da natureza funcional do músculo, mediante procedimentos fisioterápicos.

Na aplicação estética, a musculação pode ser conceituada como uma modalidade de atividade física que consiste em realizar exercícios analíticos contínuos e progressivos, mediante a utilização de diferentes tipos de recurso material incluídos em um programa de treinamento resistido, que atenda objetivos plásticos, mediante procedimentos de remodelamento corporal.

Considerando a aplicação recreativa, a musculação pode ser conceituada como uma modalidade de atividade física que consiste em realizar exercícios analíticos contínuos e progressivos, por meio da utilização de diferentes tipos de recurso material incluídos em um programa de treinamento resistido, que atenda objetivos diversionistas, mediante procedimentos de rompimento da rotina.

CAPÍTULO 3

Definição pela ótica da preparação física

A musculação, quando conceituada pela óptica da preparação física, envolve um conjunto diversificado de procedimentos direcionados para o desenvolvimento de qualidades motoras específicas ou gerais. E o desenvolvimento de qualidades motoras específicas ou gerais na prática da musculação se dá no intuito de promover uma adaptação do músculo, diante de esforços oriundos de trabalhos musculares relacionados à força dinâmica, à força estática e à força explosiva.

Porém, tecnicamente falando, o conceito de uma musculação direcionada para a força muscular traduz, por sua vez, a manifestação de um ato motor que, devidamente planejado, põe o sistema musculoesquelético em condições de atingir ou de suportar, repetidamente, tensões musculares isométricas ou isotônicas, com o objetivo de desenvolver qualidades físicas intimamente relacionadas tanto à capacidade motriz quanto à capacidade orgânica, a fim de melhorar o condicionamento físico específico ou geral.

No entanto, todo condicionamento físico específico ou geral adquirido pela musculação acaba por envolver diretamente um conjunto de princípios e métodos dependentes entre si que, por sua vez, servem de base para a soma de toda uma ação envolvida em determinado tipo de treinamento resistido. Treinamento esse que se dá contra uma resistência estática ou dinâmica, com o propósito de alcançar efeitos positivos relacionados à hipertrofia muscular.

Importa destacar que, no intuito de promover a hipertrofia de um músculo, deve-se ter em mente o conhecimento sobre aspectos relacionados ao volume, à intensidade, à densidade e ao ritmo de execução de um trabalho muscular. E o alcance dos efeitos positivos relacionados ao volume, à intensidade, à densidade e ao ritmo de execução de um trabalho muscular requer o emprego de algumas diretrizes metodológicas.

Essas diretrizes, ao serem aplicadas nas três fases do treinamento resistido, ou seja, na fase fundamental, de transferência e de conservação, induzem a modificações em toda a elaboração e planejamento de um programa de musculação. Modificações essas que se dão em relação aos procedimentos referentes a grupos musculares, a tipos de exercício, a intensidades de cargas, a número de séries e repetições, e por fim, a intervalos de descanso entre as séries.

Contudo, estabelecer uma diretriz metodológica em uma sessão de musculação requer noções sobre um conjunto de normas e procedimentos a serem registrados e aplicados ao longo de toda uma periodização de treinamento resistido. Normas e procedimentos esses que diretamente estão associados a modificações referentes ao aspecto quantitativo e qualitativo de todo o processo do desenvolvimento muscular.

Cabe ainda ressaltar que esse conjunto de normas e procedimentos envolve ainda fatores diversos associados ao aspecto organizacional de um treinamento resistido. Aspectos esses que, por sua vez, envolvem o registro de toda eficiência adquirida nos treinos, bem como do registro de todo um processo de assimilação e aperfeiçoamento das metas almejadas.

O registro de toda eficiência adquirida nos treinos se dá por meio da inclusão de dados relevantes a serem assinalados em um diário de treinamento. Esses dados requerem, entretanto, uma avaliação constante nas medidas a serem tomadas, mediante os estímulos externos e internos que podem ou não interferir em todo o trabalho muscular. Essas medidas devem se dar de maneira não intermitente, ao longo de toda execução de um exercício, no intuito de exprimir a correta manifestação de uma atividade motriz resistida.

Exprimir a correta manifestação de uma atividade motriz envolve ter posse de conhecimentos biomecânicos, a fim de melhor elucidar a ocorrência de desvios de tensões que podem se dar em diferentes gêneros de movimento. Todavia, o ato de exprimir determinada atividade motriz resistida, mediante o alcance de metas relacionadas a propósitos desportivos, competitivos, clínicos, profiláticos, terapêuticos, estéticos ou recreativos, envolve, por outro lado, diferentes gêneros de treinamento.

Pôr em prática diferentes gêneros de treinamento, na intenção de se obter o efeito de adaptação do músculo, ou ainda, na intenção de se obter o processo de construção de determinado gesto motor, requer a existência de questionamentos sobre as características e as particularidades de um movimento, e ainda requer questionamentos sobre as qualidades e as bases gerais de um movimento. Importa, assim, não esquecermos que tais questionamentos devem ser calcados de acordo com fundamentos metodológicos, fisiológicos, biomecânicos e psicológicos.

O direcionamento dos diferentes gêneros de treinamento envolve a existência de uma harmonia entre planejamento, execução e controle, e ainda envolve a existência de uma harmonia entre a avaliação sobre os testes a serem aplicados. Todavia, de acordo com os objetivos, o direcionamento dos diferentes gêneros do treinamento quando aplicado em uma sessão de musculação pode apresentar-se por meio de diferentes formas, tais como: intervalada, extensiva, intensiva, fracionada, em circuito, combinada, independente, complementar e reparadora.

Assim, concluindo os questionamentos acerca da preparação física, podemos observar que, tendo por base os diferentes gêneros de treinamento, a musculação pode ser conceituada, ante a abrangência e a intensidade de um trabalho muscular, como uma forma de preparação física que possibilita o desenvolvimento do desempenho corporal ideal, tanto de forma individual quanto de forma coletiva, pelo emprego de distintas formas de se executar uma atividade motriz, no intuito de induzir estímulos mecânicos, informativos, visuais e sinestésicos variados e dinâmicos.

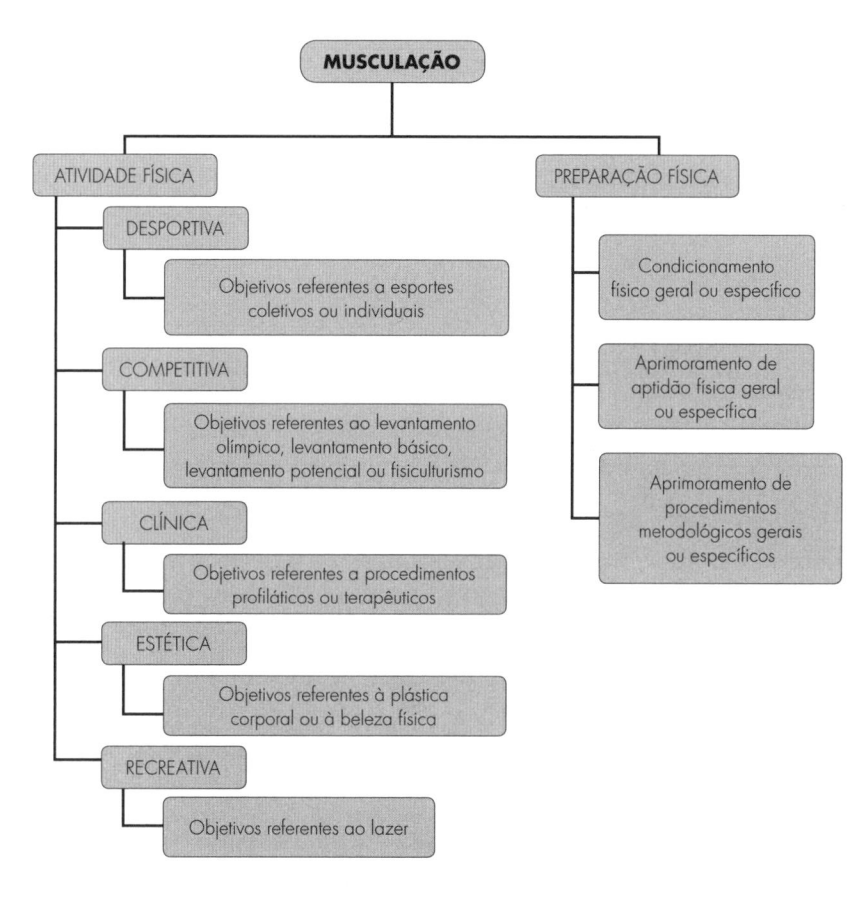

```
MUSCULAÇÃO
├── ATIVIDADE FÍSICA
│   ├── DESPORTIVA
│   │   └── Objetivos referentes a esportes coletivos ou individuais
│   ├── COMPETITIVA
│   │   └── Objetivos referentes ao levantamento olímpico, levantamento básico, levantamento potencial ou fisiculturismo
│   ├── CLÍNICA
│   │   └── Objetivos referentes a procedimentos profiláticos ou terapêuticos
│   ├── ESTÉTICA
│   │   └── Objetivos referentes à plástica corporal ou à beleza física
│   └── RECREATIVA
│       └── Objetivos referentes ao lazer
└── PREPARAÇÃO FÍSICA
    ├── Condicionamento físico geral ou específico
    ├── Aprimoramento de aptidão física geral ou específica
    └── Aprimoramento de procedimentos metodológicos gerais ou específicos
```

Figura 1
Representação gráfica sobre as aplicações da musculação.

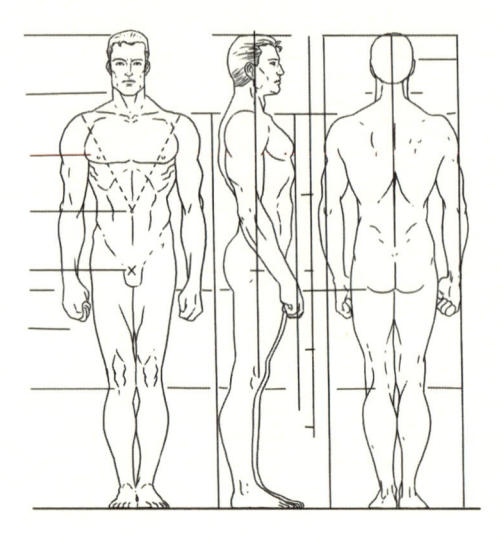

Figura 1.1
Proporções corporais masculinas ideais segundo uma percepção estética direcionada à remodelação do corpo na prática da musculação.

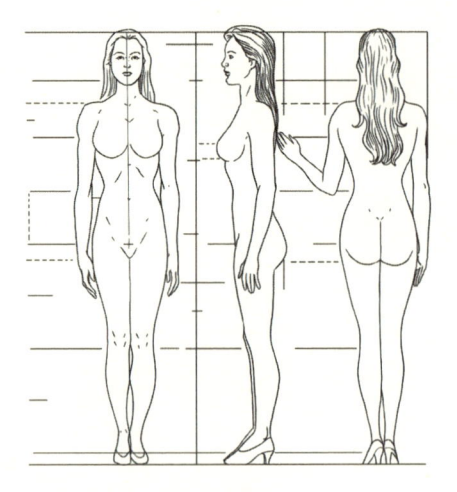

Figura 1.2
Proporções corporais femininas ideais segundo uma percepção estética direcionada à remodelação do corpo na prática da musculação.

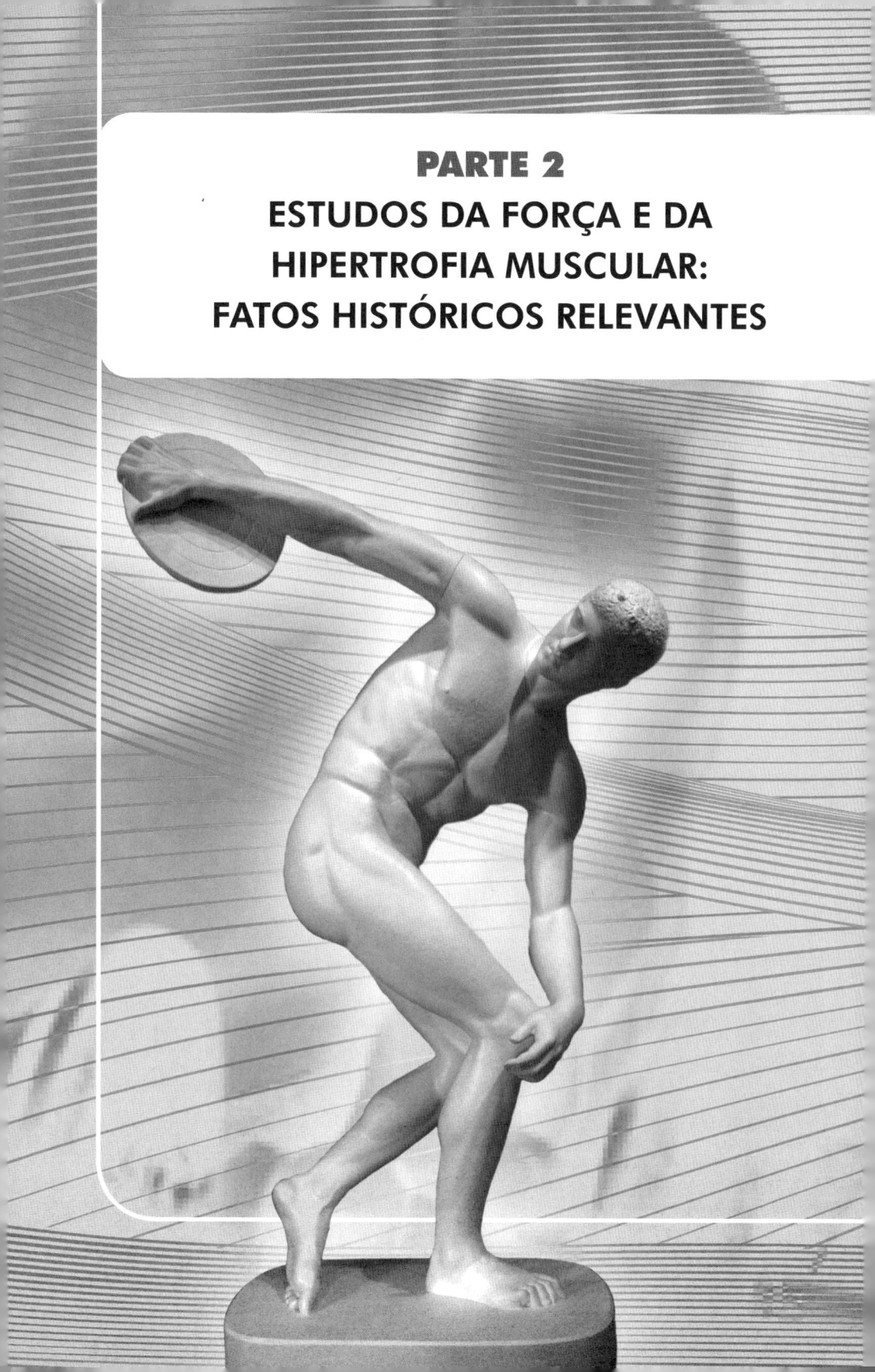

PARTE 2
ESTUDOS DA FORÇA E DA HIPERTROFIA MUSCULAR: FATOS HISTÓRICOS RELEVANTES

CAPÍTULO 1

Revisão histórica dos estudos sobre a força muscular

Na musculação, a força muscular é uma qualidade física que sempre conduz a uma hipertrofia. Subentende-se então que há a necessidade do treinamento da força antes de qualquer outra coisa, pois a força é o ponto de partida de todo trabalho muscular. Até chegar aos dias atuais, a força muscular foi objeto de inúmeros estudos e de importantes investigações. A importância desse objeto de estudo, por parte de fisiologistas e biomecânicos decorre do fato de que a força muscular é uma qualidade física capaz de gerar, no músculo modificações bioquímicas que possibilitam uma alta liberação de energia. Por isso, cumpre destacar alguns fatos históricos ocorridos nos aspectos evolutivos dessa qualidade física.

Em 1846, Weber apresentou a tese de que a força de um músculo é proporcional à magnitude de corte transversal. Posteriormente, em prosseguimento aos estudos de Weber sobre a força muscular, Roux e Lange, em 1890, descreveram sobre as diferenças que existem entre os efeitos da quantidade total de trabalho e os efeitos do esforço total, e por meio desse estudo, Morpurgo, em 1897, demonstrou que a hipertrofia das fibras musculares ocorria em razão do incremento gradual da força em um trabalho de esforço máximo. Contudo, Siebert, em 1928, baseado nas conclusões dos estudos de Roux e Lange, foi quem descreveu a primeira referência científica sobre o princípio da sobrecarga a ser aplicado em um treinamento de força.

Entre os anos de 1953 e 1963, artigos científicos foram publicados abordando questões controvertidas sobre a relação que se dá entre o sistema nervoso e trabalhos de força. Pesquisando sobre essa relação, mais tarde, o estudo realizado por Zimkim, em 1965, demonstrou que o sistema nervoso realmente exerce um importante papel sobre o trabalho de força. Nesse mesmo ano, em meio a tantos questionamentos sobre a importância do sistema nervoso no desenvolvimento e na manifestação da força, os pesquisadores Denny-Brawn e Van Linge relataram que é possível se obter o aumento de miofibrilas por meio do treinamento de força, e com isso atingir certo nível de hipertrofia muscular.

No ano de 1967, por intermédio da criação do primeiro aparelho isocinético, surge o conceito de contração isocinética. Entretanto, Cavagna, em 1968, estudando a eficiência mecânica da força dinâmica, demonstrou que o rendimento mecânico da contração concêntrica é maior do que a contração isocinética, quando realizado durante os ciclos de alongamento-encurtamento. Porém, nesse mesmo ano, em meio aos questionamentos sobre contrações isocinéticas e concêntricas, Ikay descreveu em seus estudos que existe uma relação entre o grau de espessura muscular e a intensidade de contração isométrica máxima aplicada sobre um músculo. Mais tarde, entre os anos de 1969 e 1970, os pesquisadores Reitsma e Hall-Craggs descobriram que o aumento de espessura que ocorre no músculo é acompanhado por um aumento gradual do número de fibras musculares, e esse aumento gradual de fibras musculares ocorre após sucessivos treinamentos de força isométrica, excêntrica ou dinâmica.

No ano de 1973, o estudo feito por Sola reforçou ainda mais a discussão referente à relação que se dá entre espessura muscular e aumento do número de miofibrilas e treinamento de força. Passado um século, após os estudos feitos por Weber, os pesquisadores Jones e Darden, em 1974, chegaram à conclusão de que a intensidade da contração muscular é o principal fator no trabalho de força. Nesse mesmo ano, Goldspink concluiu também que a contração muscular oriunda de um treinamento de força tem como resultado o aumento do número de fibras musculares.

Entre os anos de 1976 e 1977, muitos estudos foram realizados por Thorstenson sobre o efeito que se dá na transformação das fibras musculares, e sobre os mecanismos de adaptação neural decorrentes do treinamento de força. Sobre os efeitos que se dá na transformação das fibras musculares, Thorstenson constatou que as mudanças que existem no aumento, no tamanho e no número dos diferentes tipos de fibra muscular, variam em decorrência do treinamento desportivo em questão. Contudo, em 1978, Walmsley, em seus estudos, constatou que a mudança que ocorre nas fibras musculares não se dá unicamente na variação de um treinamento desportivo, mas sim na variação do número de unidades motoras requisitadas para determinado gesto desportivo.

Mais tarde, Bosco, em 1979, acrescentou novas descobertas sobre os estudos referentes aos tipos de fibra muscular, ao estabelecer uma relação força-tempo nos níveis de rendimento desportivo. E sobre os mecanismos de adaptação neural decorrentes do treinamento de força, Burke, em 1981, apresentou um estudo em que descreveu as características principais dos diferentes tipos de unidade motora de determinado músculo, quando submetido a tensões contínuas.

Entre os anos de 1980 e 1986, MacDougall criou uma relação entre aumento do tamanho e do número de miofibrilas, e aumento do tecido conjuntivo e da vascularização, estabelecendo novos questionamentos sobre o treinamento de força. Com o objetivo de descobrir respostas sobre a atividade elétrica dos músculos, novas pesquisas são realizadas tanto no universo da fisiologia quanto no universo da biomecânica. Em 1981, Grimby demonstrou a relação força-tempo em uma unidade motora estimulada por duas frequências diferentes. Mais tarde, Viitasolo, em 1982, realizou estudos sobre a atividade elétrica integrada dos músculos durante diferentes tipos de contração muscular.

Edgerton, em 1983, com base nos estudos feitos em 1978 por Walmsley, e ainda com base nos relatos anteriormente realizados por Grimby em 1981, e por Viitasolo em 1982, demonstrou em suas pesquisas a relação entre o número de unidades motoras durante contrações isométricas submáximas progressivas. Nesse mesmo ano, Saltin realizou estudos referentes ao aumento de vascularização do músculo quando submetido ao efeito de um treinamento de resistência aeróbica.

Dando prosseguimento às pesquisas de Saltin, Tesch, em 1984, apresentou em seus estudos os efeitos distintos que ocorrem na vascularização do músculo, quando submetido a diferentes tipos de treinamento de força. Ainda em 1984, Howald demonstrou em seus estudos a existência de uma diferença que se dá na velocidade de produção de energia, tanto com a miosina lenta, quanto com a miosina rápida.

Em 1986, Gonyea confirma a existência de hiperplasia das fibras musculares por meio de treinamento de força. Nesse mesmo ano, Dudley reforçou os estudos realizados por Tesch, quando descreveu em suas pesquisas o aumento da vascularização do músculo submetido a um trabalho de força. Hakkinen, em 1987, tendo por base análises obtidas pela eletromiografia, descreveu a atividade elétrica produzida pelos músculos em diferentes tipos de contração.

Em 1988, Cometti apresentou um trabalho específico sobre os mecanismos do desenvolvimento da força. Em síntese, a partir do ano de 1990, e terminando até o presente momento, muitos outros estudos referentes aos fundamentos da força podem ser descritos, e a importância histórica sobre o desenvolvimento e a manifestação da força permite a possibilidade de uma análise mais profunda e muito mais ampla. Entretanto, com o avanço de novas pesquisas, novas discussões surgirão e, consequentemente, novos conhecimentos teóricos e práticos serão aplicados, analisados e avaliados.

CAPÍTULO 2

Revisão histórica dos estudos sobre a hipertrofia muscular

O objetivo inicial deste capítulo consiste em viabilizar informações históricas sucintas, que dizem respeito à hipertrofia muscular. Nesse caso, o presente capítulo destacará tópicos históricos importantes, traçando-se um quadro geral em uma linguagem simples, a fim de facilitar a compreensão por parte do leitor.

Mopurgo, em 1897, ao realizar várias pesquisas sobre as alterações bioquímicas que ocorrem nos músculos, percebeu que os músculos, quando submetidos a determinada carga de treinamento durante alguns dias, tornam-se mais volumosos. O pesquisador notou então que as fibras dos músculos treinados estavam hipertrofiadas, e que o volume aumentado não poderia ser explicado apenas pelo aumento do número de fibras musculares. Morpurgo chegou então à conclusão de que a hipertrofia das fibras musculares ocorria por causa do aumento do sarcoplasma, e que o aumento gradual dessa substância é impulsionado pelo incremento da força.

Passados alguns anos, em 1936, Petren, Sjöstrand e Sylven verificaram que o número de capilares aumentava quando eram submetidos a treinos durante duas ou três semanas, a uma carga em torno de 40% a 45%. Os pesquisadores concluíram que parte da hipertrofia dos músculos treinados durante as experiências é consequência de uma melhoria do sistema circulatório.

Destacando aspectos fisiológicos importantes, em 1958, Kuracenkov relatou em seus estudos que a hipertrofia que se dá mediante uma ampliação no diâmetro da diáfise dos ossos longos, da camada cortical, e das saliências nas inserções dos tendões musculares, é mantida mesmo durante uma interrupção prolongada do treinamento. Entretanto, até o presente momento, são controversos os processos fisiológicos que auxiliam a hipertrofia, e a explicação sobre o estímulo que motiva a hipertrofia não foi confirmada pelas experiências realizadas por Morehouse em 1960. Entre os anos de 1962 e 1964, utilizando em suas pesquisas estímulos elétricos, Nowakowska e Massey conseguiram produzir uma hipertrofia por intermédio de contrações involuntárias. Concluíram que um limiar crítico de tensão pode provocar um estímulo de hipertrofia.

Sabe-se que todo trabalho com pesos gera no músculo modificações bioquímicas, e que tais modificações são caracterizadas pelo aumento do teor de fosfocreatina, pela elevação do número de ATP (Adenosina Trifosfato), e pela atuação da enzima creatinafosforilase. Sabe-se também que as modificações bioquímicas sofridas pelo músculo possibilitam uma alta liberação de energia em um curto prazo de tempo, sendo essa liberação de energia de grande importância para o estudo das causas que geram a hipertrofia muscular. Tendo por base os efeitos bioquímicos que ocorrem no músculo, Gordon, em 1967, concluiu que o aumento de actomiosina e a diminuição da concentração das proteínas sarcoplasmáticas ocorriam principalmente quando o músculo era submetido a um treinamento de força. Entretanto, em 1964 Goldspink já tinha verificado que, após um treinamento de força dinâmica, o músculo sofre um aumento no número de miofibrilas.

Alguns anos depois, mais precisamente em 1967, novas pesquisas foram realizadas sobre as modificações bioquímicas que ocorrem no músculo, quando submetido a certo nível de tensão. Entre essas novas descobertas sobre as modificações bioquímicas que ocorrem no músculo, muitas foram verificadas pelas experiências realizadas por Hamosch. O pesquisador verificou que o músculo hipertrofiado possui uma concentração de DNA e RNA maior do que o músculo normal, podendo, dessa maneira, sintetizar proteínas mais rapidamente. Contudo, Skulatschjow, em 1969, demonstrou que cada hipertrofia muscular fundamenta-se no aumento das sínteses de ácido nucleico e de proteínas, reforçando o RNA nos ribossomos.

Sobre as alterações bioquímicas que ocorrem no músculo, em 1971 Rasch descreveu que existem tipos diferentes de hipertrofia, e que esses tipos diferenciados estão relacionados ao tipo de exercício que lhes são aplicados. Segundo Rasch, os exercícios repetitivos e prolongados, que desenvolvem a resistência muscular localizada, tendem a produzir no músculo uma hipertrofia sarcoplasmática, já os exercícios intensos e curtos que desenvolvem a força muscular tendem a produzir uma hipertrofia denominada actomiosínica. Entretanto, Meerson, em 1973, formulou a hipótese de que cada tipo diferenciado de hipertrofia muscular está relacionado unicamente no aumento da síntese do ácido nucleico, e ainda, na síntese de proteína.

Até o presente momento são controversos os estudos que buscam descobrir os processos fisiológicos que auxiliam no crescimento de uma célula muscular. Porém, a importância histórica dos estudos sobre o desenvolvimento e a manifestação das mudanças bioquímicas sofridas pelo músculo nos permite a possibilidade de uma análise mais profunda e ampla sobre os mecanismos fisiológicos que dizem respeito à musculação. Em síntese, podemos concluir que o trabalho de força, quando aplicado a um grupo muscular, provoca um conjunto de mudanças na fisiologia desse grupo muscular, acarretando o que se convencionou chamar de hipertrofia muscular.

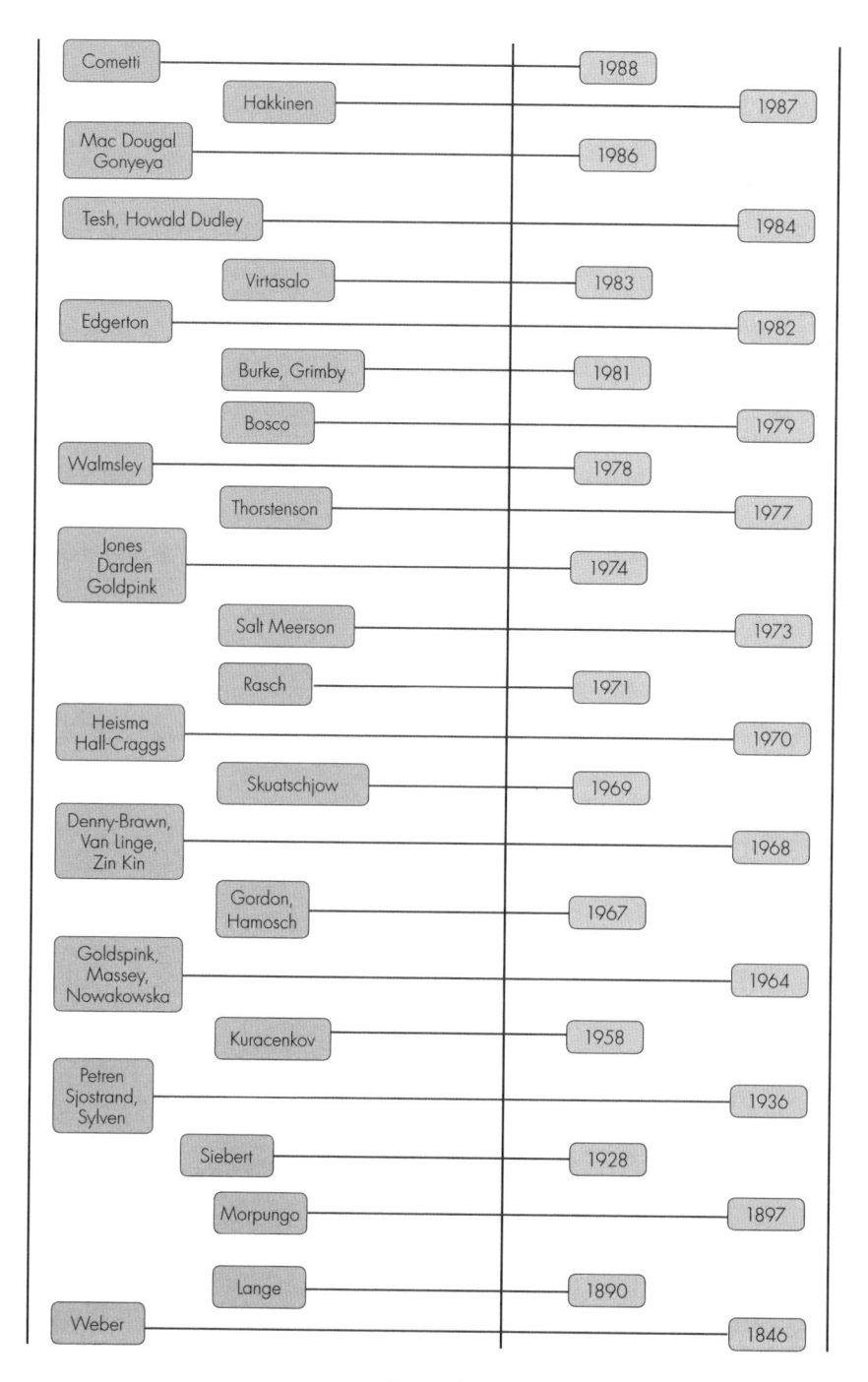

Figura 2
Linha cronológica dos fatos históricos referentes aos estudos sobre a força e a hipertrofia muscular.

PARTE 3
ANATOMIA ESPACIAL E DIRECIONAL: POSIÇÃO, SEGMENTOS, PLANOS E EIXOS DE REFERÊNCIA

CAPÍTULO 1

Posição, segmentos e regiões anatômicas de referência

Para propósitos descritivos sobre a orientação espacial das características de determinada estrutura musculoesquelética, nervosa e vascular, em relação à sua posição e localização, ou para propósitos descritivos sobre os movimentos dos segmentos corporais em relação a outro, é necessário que se tenha uma terminologia padronizada. A construção de uma terminologia padronizada, para efeitos de localização e de descrição de determinado movimento corporal, tem como referência uma postura corporal unificada e simplificada, segundo um modelo preestabelecido descrito como posição anatômica. O corpo humano está na posição anatômica quando é visto de pé em uma postura ereta, tendo os braços e as mãos pendendo de forma reta, a partir dos ombros, e ao lado do corpo. A palma das mãos deve estar direcionada para frente, com ambos os pés em alinhamento paralelo, tendo os seus dedos voltados para frente.

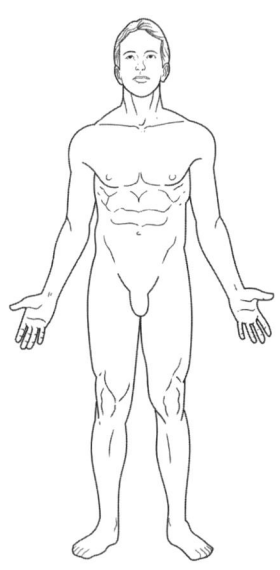

Figura 3
Posição anatômica.

Visto anteriormente, lateralmente e posteriormente, o corpo humano na posição anatômica revela um conjunto de segmentos corporais conectados entre si. Cada segmento corporal isoladamente recebe um nome específico, e cada nome atribuído a um segmento corporal, em particular, envolve diretamente um grupo de vocábulos descritos como termos anatômicos, que podem ser usuais ou não usuais. Muitos que por sua vez se referem aos segmentos corporais têm por objetivo ordenar, precisar e explicitar objetivamente e separadamente cada parte dos segmentos que existem no corpo humano. Os segmentos que existem no corpo humano consistem em uma porção bem delimitada, ou ainda, em uma área bem destacada que diretamente está associada a uma região corporal distinta. O conhecimento sobre a terminologia dos segmentos do corpo humano é de grande importância para o estudo da musculação, porque proximamente facilita a localização de determinadas regiões corporais, mediante uma padronização de nomes que estão, por sua vez, em conformidade quanto ao emprego por muitos anatomistas. Os termos anatômicos usuais que dão nomes aos segmentos corporais são: cabeça, pescoço, tórax, membros superiores e membros inferiores. O segmento da cabeça é constituído por um conjunto de estruturas ósseas que formam o crânio, e apresenta uma região descrita como facial, e outra região descrita como occipital. O segmento do pescoço é constituído por estruturas que completam o corpo humano, e apresenta uma região descrita como colo, e outra região descrita como cervical. O segmento do pescoço possui estruturalmente sete vértebras cervicais que se articulam com o crânio, e também duas conexões anatômicas estabelecidas por fortes ligamentos, sendo que uma conexão é estabelecida entre o crânio e a primeira vértebra cervical, e outra conexão que é estabelecida entre o pescoço, o tórax e os membros superiores.

O segmento do tórax ou torácico, ou ainda, segmento do tronco, apresenta-se dividido pelo diafragma em duas partes distintas. A primeira parte é descrita como tórax ou tronco superior, ou ainda como segmento torácico superior, e a segunda parte é descrita como tórax ou tronco inferior, ou ainda como segmento torácico inferior. A parte superior do tórax compreende a cavidade torácica, e contém os principais órgãos do sistema cardiorrespiratório, e ainda apresenta uma região descrita como peito ou peitoral, e outra região descrita como costas ou dorsal. A parte inferior compreende a cavidade abdominal, e contém os principais órgãos dos sistemas digestores. A parte inferior do tórax apresenta uma região descrita como abdômen, e outra descrita como lombar.

O segmento do membro superior apresenta-se dividido em três partes distintas, ou seja, braço, antebraço e mão. O braço é a parte do segmento superior que se localiza entre o ombro e o cotovelo, o antebraço é a parte do segmento superior que se localiza entre o cotovelo e o punho, e a mão é a parte do segmento superior que segue o punho, e que possui grande mobilidade articular. A parte do segmento superior que se refere ao braço apresenta uma região descrita como braquial bicipital, e outra região descrita como braquial tricipital. A parte do segmento superior, que se refere ao antebraço, apresenta uma região descrita como antebraquial flexora, e outra região descrita como antebraquial extensora. E por fim, a parte do segmento superior que se refere à mão, apresenta uma região descrita como palmar.

O segmento do membro inferior apresenta-se dividido em três partes distintas, ou seja, coxa, perna e pé. A coxa é a parte do segmento inferior que se localiza entre o quadril e o joelho, a perna é a parte do segmento inferior que se localiza entre o joelho e o tornozelo, e o pé é a parte do segmento inferior que segue o tornozelo e que possui grande mobilidade articular. A parte do segmento inferior que se refere à coxa apresenta uma região descrita como femoral quadricipital, e outras duas regiões, uma descrita como femoral bicipital, e outra, como poplítea. A parte do segmento inferior, que se refere à perna, apresenta uma região descrita como tibial e outra região descrita como sural. E por fim, a parte do segmento inferior que se refere ao pé, apresenta uma região descrita como plantar.

Os termos anatômicos usuais que dão nomes às regiões corporais são: facial, colo, nuca, ombro, axila, peito, costa, abdômen, lombar, cintura, quadril, nádega e virilha. Já os termos não usuais que dão nomes às regiões corporais são: occipital, braquial bicipital e tricipital, antebraquial flexora e extensora, palmar, femoral, isquiocrural, crural quadricipital, isquiocrural, tibial, sural e plantar. A região descrita como facial compreende todo o grupamento muscular superficial ou profundo do nariz, das pálpebras, da mastigação e da boca, situado, anterior e lateralmente no segmento da cabeça. A região descrita como occipital compreende todo o grupamento muscular superficial ou profundo do escalpo, situado, por outro lado, lateralmente e posteriormente no segmento da cabeça.

A região descrita como colo compreende todo o grupamento muscular hióideo superficial ou profundo situado anteriormente e lateralmente no segmento do pescoço. A região do colo compreende também todo o grupamento muscular superficial ou profundo situado na extremidade superior de cada uma das duas depressões laterais que fazem ressaltar as clavículas e que, por sua vez, constitui a base ou a porção estreitada do segmento do pescoço. A região descrita como nuca, ou ainda descrita como região cervical, compreende todo o grupamento muscular suboccipital e pré-vertebral superficial ou profundo situado lateralmente e posteriormente no segmento do pescoço.

A região descrita como ombro compreende uma área situada na parte mais alta de cada segmento superior que compõe um grupo muscular anterolateral e posterolateral que está relacionado com a articulação glenoumeral, acromioclavicular e esternoclavicular. A região da axila compreende uma área situada na cavidade inferior da junção entre braço e ombro, que está relacionada a um grupamento muscular lateral e interno, oposto à parte exterior do ombro.

A região descrita como peito, peitoral ou ventral compreende toda uma área situada anteriormente na parte superior do segmento torácico, que compõe um grupo muscular anterointerno que está relacionado com a articulação do ombro e do arcabouço costal. A região descrita como costas ou dorsal compreende toda uma área situada posteriormente na parte superior do segmento torácico que compõe um grupo muscular posterointerno que está relacionado com a articulação do ombro, da cintura escapular e da coluna vertebral.

A região descrita como abdômen compreende toda uma área situada anteriormente na parte inferior do segmento torácico que compõe um grupo muscular anterointerno que está relacionado com a articulação do arcabouço costal e da cintura pélvica. Existem ainda outras regiões abdominais descritas como hipocôndrio, flanco, inguinal ou ilíaca, epigástrio, mesogástrio ou umbilical e hipogástrio. A região do hipocôndrio compreende uma área situada anterolateralmente à direita e à esquerda, logo abaixo da região peitoral, ou ainda no quadrante superior da região do abdômen. A região do flanco compreende uma área situada anterolateralmente à direita e à esquerda, logo abaixo da região do hipocôndrio direito e esquerdo, ou ainda no quadrante superior da região do abdômen. A região inguinal ou ilíaca compreende uma área situada anterolateralmente à direita e à esquerda, logo abaixo da região do flanco direito e esquerdo, ou ainda, no quadrante inferior da região do abdômen. A região do epigástrio compreende uma área central situada anteriormente e logo abaixo da região peitoral, entre a região do hipocôndrio direito e esquerdo, ou ainda, no quadrante superior da região do abdômen. A região do mesogástrio ou umbilical compreende uma área central situada anteriormente e logo abaixo da região do epigástrio, entre a região do flanco direito e esquerdo, ou ainda, no quadrante superior da região do abdômen. E por fim, a região do hipogástrio compreende uma área central situada anteriormente e logo abaixo da região do mesogástrio ou umbilical, entre a região inguinal ou ilíaca direita e esquerda, ou ainda, no quadrante inferior da região do abdômen.

A região descrita como lombar compreende toda uma área situada posteriormente na parte inferior do segmento torácico, que por sua vez compõe um grupo muscular posterointerno que está relacionado com a articulação da coluna vertebral e da cintura pélvica. A região descrita como cintura compreende uma área circundante situada abaixo do peito e acima dos quadris. A região descrita como quadril compreende uma de duas áreas situadas em cada lado da pelve, que compõe um grupo muscular anterointerno relacionado com a articulação do fêmur com o ilíaco. A região descrita como nádega compreende toda uma área situada posteriormente na parte do segmento inferior que se refere à coxa, que compõe um grupo muscular posterointerno que está relacionado com a articulação da cintura pélvica e do quadril. E a região da virilha compreende uma área situada na cavidade superior da junção entre a coxa e o abdômen que está relacionada com um grupamento muscular lateral e interno, oposto à parte exterior da nádega.

A região descrita como braquial bicipital compreende toda uma área situada anteriormente no segmento dos membros superiores, que por sua vez compõe um grupo muscular anterointerno que está relacionado com a articulação do ombro e do cotovelo. A região descrita como braquial tricipital compreende uma área situada posteriormente no segmento dos membros superiores, que por sua vez compõe um grupo muscular posterointerno que está relacionado com a articulação do ombro e do cotovelo. A região descrita como antebraquial flexora compreende toda uma área situada anteriormente no segmento dos membros superiores que compõe um grupo muscular anterointerno e que está relacionado com a articulação do cotovelo e do punho. A região descrita como antebraquial extensora compreende toda uma área situada posteriormente no segmento dos membros superiores que compõe um grupo muscular posterointerno que está relacionado com a articulação do cotovelo e do punho. E por fim, a região descrita como palmar compreende toda uma área situada anteriormente no segmento dos membros superiores que compõe um grupo muscular anterointerno e que está relacionado com a articulação do punho. A região descrita como crural quadricipital, ou ainda, a região descrita como femoral quadricipital, compreende toda uma área situada anteriormente no segmento dos membros inferiores que compõem um grupo muscular anterointerno e que está relacionado com a articulação do quadril e do joelho. A região descrita como isquiocrural , crural bicipital, femoral bicipital ou isquiopoplítea compreende uma área situada posteriormente no segmento dos membros inferiores, e que compõe um grupo muscular posterointerno e que está relacionado com a articulação do quadril e do joelho. A região descrita como tibial compreende toda uma área situada anteriormente no segmento dos membros inferiores e que compõe um grupo muscular anterointerno que está relacionado com a articulação do joelho e do tornozelo. A região descrita como sural ou panturrilha compreende toda uma área situada posteriormente no segmento dos membros inferiores que compõe um grupo muscular posterointerno que está relacionado com a articulação do joelho e do tornozelo. E por fim, a região descrita como plantar, que compreende toda uma área situada anteriormente no segmento dos membros inferiores que compõe um grupo muscular anterointerno que está relacionado com a articulação do tornozelo.

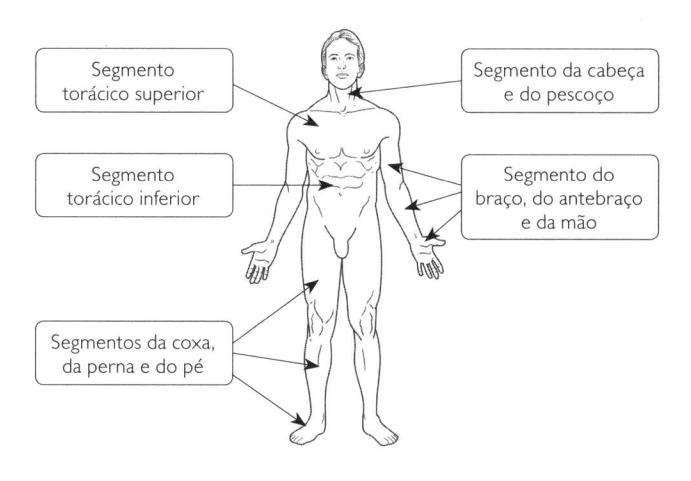

Figura 3.1

Posição anatômica.

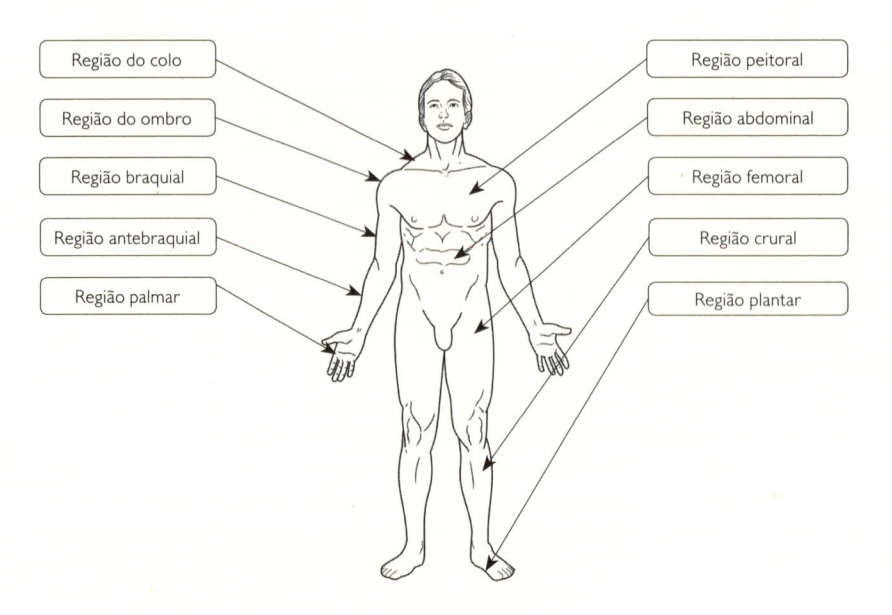

Figura 3.2
Visão anterior das regiões do
corpo humano na posição anatômica.

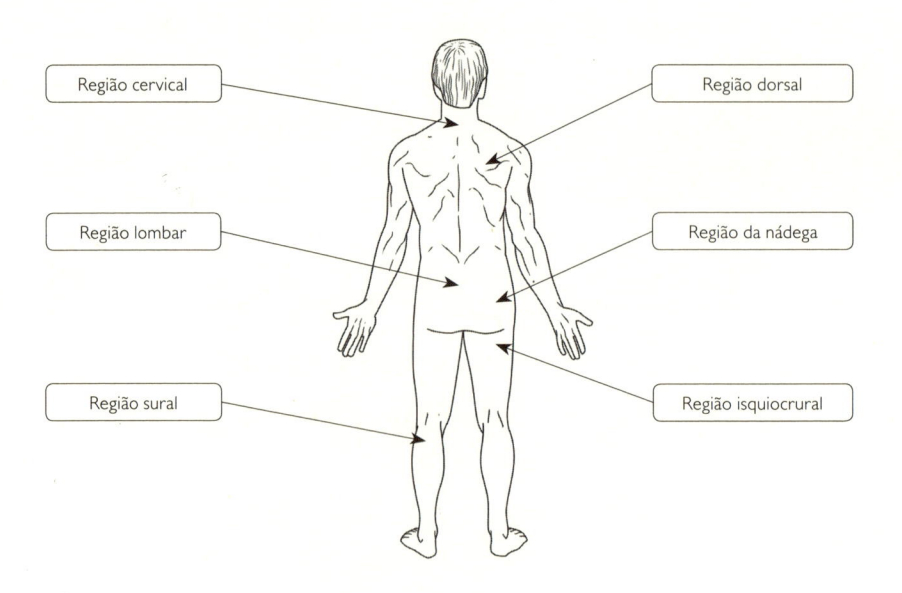

Região do colo
Região do ombro
Região braquial
Região antebraquial
Região palmar
Região peitoral
Região abdominal
Região femoral
Região crural
Região plantar

Figura 3.3
Visão posterior das regiões do corpo
humano na posição anatômica.

Região cervical
Região lombar
Região sural
Região dorsal
Região da nádega
Região isquiocrural

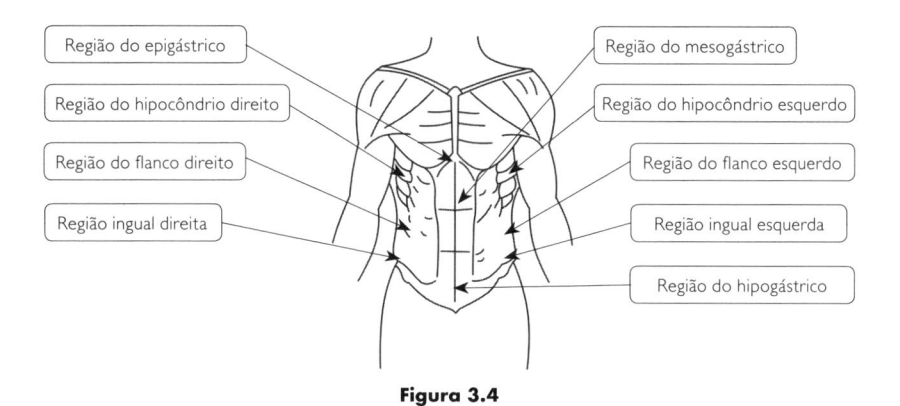

- Região do epigástrico
- Região do hipocôndrio direito
- Região do flanco direito
- Região ingual direita
- Região do mesogástrico
- Região do hipocôndrio esquerdo
- Região do flanco esquerdo
- Região ingual esquerda
- Região do hipogástrico

Figura 3.4

Visão anterior das regiões do abdômen.

CAPÍTULO 2

Plano e linha anatômica de referência

Os planos anatômicos de referência são regiões imaginárias delimitadas e sem desigualdades, de superfície bidimensional que secciona o corpo humano na posição anatômica, e que têm por objetivo estabelecer uma orientação adicional sobre a ação mecânica exercida por grupos musculares distintos, e também por estabelecer um estudo em particular sobre a descrição minuciosa de movimentos manifestados em determinados segmentos corporais, e ainda por descrever linhas verticais, horizontais e diagonais referentes aos eixos de giro. Os planos anatômicos de referência incluem um conjunto distinto e bem delimitado de representações bidimensionais primárias, e ainda um conjunto distinto e bem delimitado de representações bidimensionais secundárias. As representações bidimensionais primárias são também descritas como planos anatômicos primários de referência. E as representações bidimensionais secundárias são também descritas como planos anatômicos secundários de referência.

As representações bidimensionais primárias envolvem especificamente áreas imaginárias bem delimitadas de superfícies verticais que passam através do eixo mais longo que cruza dos pés até a cabeça, e ainda de superfícies horizontais que passam através do eixo mais curto que cruza de posterior para anterior. Essas representações bidimensionais, mediante um corte ilusório, seccionam o corpo humano anteroposteriormente, laterolateralmente e transversalmente. As representações bidimensionais secundárias envolvem especificamente áreas imaginárias bem delimitadas de superfícies diagonais que passam através de eixos inclinados que cruzam de cima para baixo. Essas representações bidimensionais, mediante um corte ilusório, seccionam o corpo humano obliquamente. Os planos anatômicos primários de referência, que seccionam o corpo humano anteroposteriormente, dividem o corpo em antímeros direito e esquerdo, criando duas regiões distintas, a saber, uma região medial e outra região lateral. Os planos anatômicos primários de referência, que seccionam o corpo humano laterolateralmente, dividem o corpo em duas regiões distintas, a saber, uma região anterior e outra região posterior. Os planos anatômicos primários de referência, que seccionam horizontalmente o corpo humano anteroposteriormente, dividem o corpo em duas regiões distintas, a saber, uma região superior e outra região inferior.

Anatomicamente e biomecanicamente falando, existem ainda muitos outros planos bidimensionais primários e secundários verticais e horizontais, e ainda, diagonais, que seccionam o corpo humano anteroposteriormente, laterolateralmente e obliquamente, e que permitem, por outro lado, um estudo detalhado dos segmentos corporais por meio de percepções espaciais de todas as estruturas do sistema musculoesquelético. Esses planos imaginários interceptam o corpo humano no intuito de facilitar a distinção e o estudo entre músculos sobrepostos, e ainda, de facilitar o estudo de movimentos combinados ou conjugados. E muitos desses planos anatômicos bidimensionais primários e imaginários verticais, horizontais e diagonais que seccionam anteroposteriormente, laterolateralmente e obliquamente o corpo humano são todos paralelos entre si. Entre todos os planos bidimensionais primários e imaginários verticais e horizontais, que seccionam o corpo humano anteroposteriormente e laterolateralmente, existem aqueles que passam exatamente pelo ponto médio ou pelo centro de gravidade do corpo humano. Esses planos são descritos como planos cardinais.

Os planos cardinais consistem de superfícies imaginárias sem desigualdades que passam pelo centro de gravidade do corpo humano, ou ainda pelo ponto médio do corpo humano na posição anatômica. Os planos cardinais são representados por três planos de superfícies imaginárias distintas, a saber, plano cardinal vertical anteroposterior medial, plano cardinal vertical laterolateral frontal, e plano cardinal horizontal anteroposterior. Respectivamente, cada um destes três planos imaginários possui um eixo anatômico perpendicular correspondente.

O plano cardinal vertical anteroposterior medial, também descrito como plano cardinal mediano sagital, ou ainda como plano médio-sagital, recebe esse nome graças à sutura sagital do crânio na qual intercepta. Esse plano consiste em uma superfície imaginária bidimensional que secciona o corpo humano em duas partes, uma direita e outra esquerda, de modo que a massa de ambas as partes são simétricas. Os movimentos que ocorrem nesse plano são definidos como flexão e extensão. É importante destacar que o termo espacial lateral e medial costuma ser empregado no intuito de descrever a distância de qualquer parte do corpo em relação ao plano mediano sagital, e que os planos imaginários bidimensionais primários verticais que seccionam anteroposteriormente o corpo humano em paralelo ao plano mediano sagital, são comumente descritos como planos paramedianos ou parasagitais.

O plano cardinal vertical laterolateral frontal, também descrito como plano cardinal lateral coronal, ou ainda como plano laterocoronal, recebe este nome em razão da sutura coronal do crânio na qual proximamente segue em paralelo. Esse plano consiste em uma superfície imaginária bidimensional que secciona o corpo humano em duas partes, uma anterior ou ventral, e outra posterior ou dorsal, de modo que a massa de ambas as partes é assimétrica. Os movimentos que ocorrem nesse plano são definidos como abdução e adução. É importante destacar que os planos imaginários bidimensionais primários verticais, que seccionam laterolateralmente o corpo humano em paralelo ao plano lateral coronal, são comumente descritos como planos paralaterais ou paracoronais.

O plano cardinal horizontal anteroposterior, também descrito como plano cardinal transversal, recebe esse nome em razão da região do mesogástrio na qual intercepta, cerca de dois a cinco centímetros abaixo do umbigo. Esse plano consiste em uma superfície imaginária bidimensional que secciona o corpo humano em duas partes, uma superior ou cranial e outra inferior ou caudal, de modo que a massa de ambas as partes é assimétrica. Os movimentos que ocorrem nesse plano são definidos como rotação medial ou interna, e ainda como rotação lateral ou externa. Importa destacar que os planos imaginários bidimensionais primários horizontais que seccionam transversalmente o corpo humano em paralelo ao plano transversal, são comumente descritos como planos paratransversais.

Existem ainda outros tipos de plano descritos como planos anatômicos abdominais de referência. Os planos anatômicos abdominais de referência são superfícies imaginárias sem desigualdades, e de aspecto dimensional vertical e horizontal, que seccionam anteroposteriormente a região do abdômen na posição anatômica. Esses planos imaginários têm por objetivo estabelecer uma orientação espacial adicional sobre a localização de grupos musculares distintos, e ainda estabelecer um estudo sobre o aspecto simétrico do desenvolvimento dos músculos abdominais. Os planos anatômicos abdominais de referência envolvem pontos de reparos constituídos por seis planos importantes, a saber: mediano, medioclavicular, transpilórico, subcostal, supracristal e transtubercular.

O plano mediano é uma superfície imaginária dimensional vertical que secciona a região do abdômen anteroposteriormente, e que segue exatamente sobre a linha alba, que passa sobre a cicatriz umbilical. O plano medioclavicular é uma superfície imaginária dimensional vertical que secciona a região do abdômen anteroposteriormente à direita e à esquerda, e que segue exatamente sobre a linha semilunar direita e esquerda. O plano transpilórico é uma superfície imaginária dimensional horizontal que secciona a região do abdômen anteroposteriormente, na altura do processo xifóide, e ainda próximo da parte mais superior da interseção tendínea. O plano subcostal é uma superfície imaginária dimensional horizontal que secciona a região do abdômen anteroposteriormente, na altura do ponto mais baixo do arcabouço costal, e ainda próximo da parte central da interseção tendínea. O plano supracristal é uma superfície imaginária dimensional horizontal que secciona a região do abdômen anteroposteriormente na altura da parte inferior da interseção tendínea, ao nível da cicatriz umbilical, e ainda na parte mais alta da crista ilíaca direita e esquerda. E por fim, o plano intertubercular é uma superfície imaginária dimensional horizontal, que secciona anteroposteriormente a região do abdômen, logo abaixo da cicatriz umbilical, e ainda na altura do nível mais baixo do promontório sacral.

No intuito de estabelecer uma análise espacial e direcional sobre determinados músculos ou grupos musculares, e ainda sobre determinadas regiões ou segmentos, podemos destacar, a partir dos planos imaginários bidimensionais do corpo humano na posição anatômica, um conjunto de linhas imaginárias anteriores, posteriores, laterais, superiores e inferiores que seguem direções distintas. Portanto, levando-se em consideração o plano de movimento cardinal medial ou sagital, o plano de movimento cardinal frontal ou coronal, e ainda o plano de movimento cardinal transversal, é possível destacar linhas imaginárias verticais e horizontais. Linhas essas que seguem um sentido anteroposterior e laterolateral, e ainda um sentido superoinferior ou craniocaudal.

No plano de movimento cardinal medial ou sagital, a linha imaginária vertical anterior e posterior, que parte de cima para baixo, segue um sentido superoinferior ou craniocaudal, e a linha imaginária horizontal superior e inferior que parte da frente para trás, segue um sentido anteroposterior. Essas linhas são comumente utilizadas para avaliar e localizar músculos ou grupos musculares situados à direita ou à esquerda, e ainda orientar e localizar músculos ou grupos musculares situados de forma distal, proximal ou medial em relação à linha média do corpo humano.

No plano de movimento cardinal frontal ou coronal, a linha imaginária vertical lateral direita e esquerda, que parte de cima para baixo, segue um sentido superoinferior ou craniocaudal, e a linha imaginária horizontal superior e inferior que parte da direita para a esquerda segue um sentido laterolateral. Essas linhas são comumente utilizadas para avaliar e localizar músculos ou grupos musculares situados na parte ventral ou dorsal do corpo humano.

No plano de movimento cardinal transversal, a linha imaginária horizontal anterior e posterior que parte da direita para a esquerda segue um sentido laterolateral, e a linha imaginária horizontal direita e esquerda que parte da frente para trás segue um sentido anteroposterior. Essas linhas são comumente utilizadas para avaliar e localizar músculos ou grupos musculares, e ainda orientar e localizar músculos ou grupos musculares situados anteriormente e posteriormente acima ou abaixo, e ainda, lateralmente acima ou abaixo.

Podemos também destacar, a partir dos planos anatômicos abdominais de referência, e das marcas anatômicas superficiais da parede abdominal, duas linhas imaginárias verticais, e ainda, três linhas imaginárias horizontais situadas na região anterior ou ventral do corpo humano. A importância dessas linhas para o universo da musculação se dá no intuito de estabelecer uma análise espacial e direcional mais aprofundada sobre determinados músculos ou grupos musculares abdominais, e ainda sobre determinadas regiões abdominais mais específicas.

No plano abdominal medioclavicular, as duas linhas imaginárias verticais situadas à direita e à esquerda que partem de cima para baixo seguem um sentido superoinferior ou craniocaudal, e nos planos abdominais transpilórico, subcostal, supracristal e intertubercular, as quatro linhas imaginárias horizontais que partem da direita para a esquerda, situadas respectivamente, acima, no centro e abaixo, seguem um sentido laterolateral.

Levando-se em consideração as marcas anatômicas superficiais da parede abdominal, as duas linhas imaginárias verticais que partem de cima para baixo, a saber, a linha alba e a linha semilunar, seguem respectivamente um sentido superoinferior ou craniocaudal a partir do sulco tendinoso abdominal medial que atravessa a cicatriz umbilical, e um sentido superoinferior ou craniocaudal a partir de dois sulcos tendinosos abdominais laterais à direita e à esquerda, que intercepta perpendicularmente a linha transpilórica, subcostal e intertubercular.

É possível também destacar, a partir dos pontos anatômicos de referência situados no segmento torácico superior, um conjunto de três linhas imaginárias torácicas verticais que partem de cima para baixo, e que seguem um sentido superoinferior ou craniocaudal. A importância dessas linhas para o universo da musculação se dá no intuito de estabelecer, de maneira mais específica, uma análise espacial e direcional mais aprofundada sobre determinados músculos ou grupos musculares situados na região peitoral. Esse conjunto é constituído pelas seguintes linhas: lateral do esterno, paraesternal e mamária. A linha lateral do esterno, bem como a linha paraesternal e mamária, interceptam superiormente e perpendicularmente a estrutura óssea da clavícula, sendo que a linha mamária atravessa inferiormente a cicatriz do mamilo.

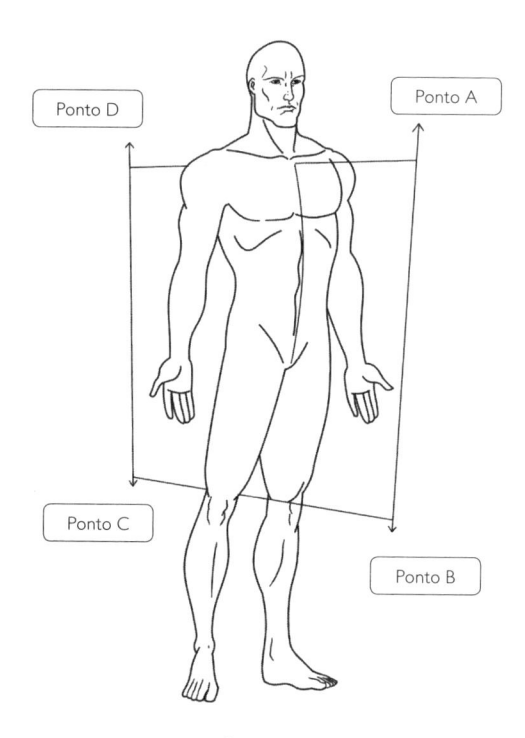

Figura 3.5
Orientação em sentido horário das linhas verticais e horizontais que se dão no plano sagital em que:
A-D = linha horizontal superior em sentido anteroposterior;
B-C = linha horizontal inferior em sentido anteroposterior;
A-B = linha vertical anterior em sentido superoinferior;
D-C = linha vertical posterior em sentido superoinferior.

Figura 3.6
Orientação em sentido horário das linhas verticais e horizontais que se dão no plano frontal em que:
A-D = linha horizontal superior em sentido laterolateral;
B-C = linha horizontal inferior em sentido laterolateral;
A-B = linha vertical à esquerda em sentido superoinferior;
D-C = linha vertical à direita em sentido superoinferior.

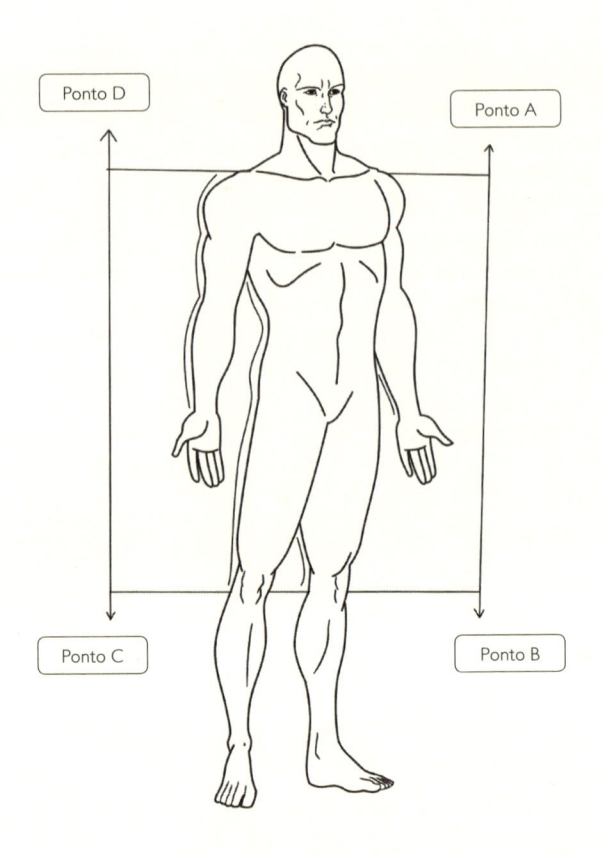

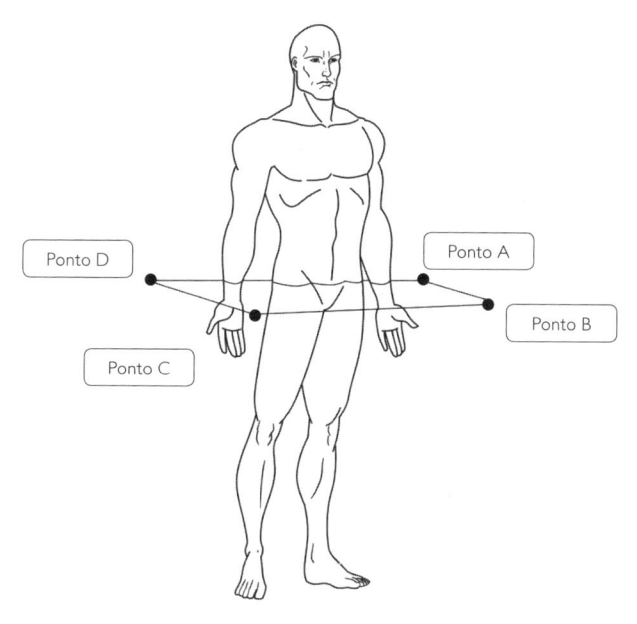

Figura 3.7
Orientação em sentido horário das linhas horizontais no plano transversal, no qual:
B-A = linha horizontal à esquerda em sentido anteroposterior;
C-D = linha horizontal à direita em sentido anteroposterior;
A-D = linha horizontal posterior em sentido laterolateral;
B-C = linha horizontal anterior em sentido laterolateral.

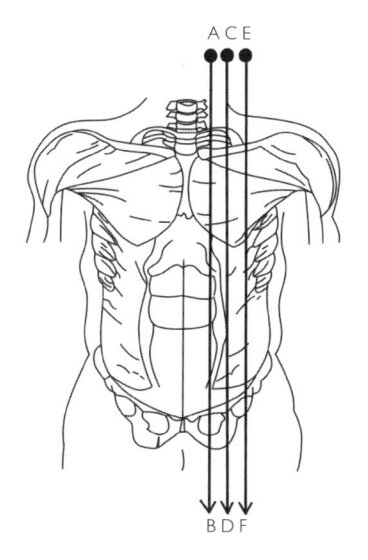

Figura 3.8
A-B = linha lateral esquerda do esterno em sentido superoinferior ou craniocaudal;
C-D = linha paraesternal lateral esquerda em sentido superoinferior ou craniocaudal;
E-F = linha mamária lateral esquerda em sentido superoinferior ou craniocaudal.

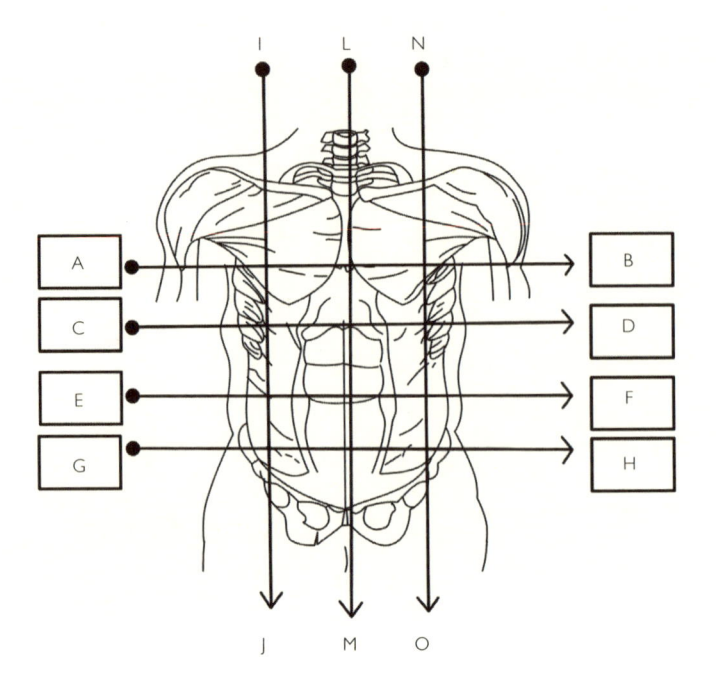

Figura 3.9
Orientação dos planos e linhas verticais e horizontais na região do abdômen:
A-B = linha horizontal transpilórica em sentido laterolateral que demarca a altura na qual
o plano transpilórico secciona anteroposteriormente a região do abdômen;
C-D = linha horizontal subcostal em sentido laterolateral que demarca a altura na qual
o plano subcostal secciona anteroposteriormente a região do abdômen;
E-F = linha horizontal supracristal laterolateral que demarca a altura na qual
o plano supracristal secciona anteroposteriormente a região do abdômen;
G-H = linha horizontal intertubercular laterolateral que demarca a altura na qual
o plano intertubercular secciona anteroposteriormente a região do abdômen;
I-J = linha vertical lateral direita superoinferior ou craniocaudal que demarca a distância na
qual o plano medioclavicular direito secciona anteroposteriormente a região do abdômen;
L-M = linha vertical central em sentido superoinferior ou craniocaudal que demarca uma superfície entre
dois pontos na qual o plano mediano secciona anteroposteriormente a região do abdômen;
N-O = linha vertical lateral esquerda superoinferior ou craniocaudal que demarca a distância na
qual o plano medioclavicular esquerdo secciona anteroposteriormente a região do abdômen.

CAPÍTULO 3

Eixos anatômicos de referência

Os eixos anatômicos de referência que se dão sobre o corpo humano consistem em pontos sobre os quais um segmento corporal faz um movimento giratório, e que incide no local determinado de uma articulação em que é permitido manifestar movimentos em diferentes graus articulares. Os eixos anatômicos consistem em linhas imaginárias que atravessam o centro de um segmento corporal, ou ainda, que atravessam o ponto principal dos segmentos adjacentes dos membros que se movem, e que, por outro lado, são capazes de descrever arcos de círculo.

Cada ponto que descreve arcos de círculo consiste em um eixo de movimento em particular, existente por outro lado em toda parte móvel dos segmentos do corpo, e ainda, em toda interseção que se dá entre duas extensões planas, de uma área bidimensional delimitada que secciona o corpo humano a partir da posição anatômica. Dessa forma os eixos anatômicos de referência compreendem um conjunto de linhas imaginárias perpendiculares aos planos de movimentos distintos.

Levando-se em consideração a diversidade do aspecto biomecânico do corpo humano, que se dá em relação a diferentes tipos de trabalho muscular realizados em exercícios resistidos, um eixo anatômico de referência pode se distinguir em primário e secundário. Porém, tanto um eixo anatômico primário de referência quanto um eixo secundário de referência envolve um conjunto de linhas verticais, horizontais e diagonais associadas a determinado plano de movimentação, ou seja, correspondem a linhas direcionais tanto perpendiculares quanto oblíquas, associadas, a planos anatômicos previamente definidos.

Um eixo anatômico primário de referência consiste em uma linha imaginária vertical que segue um sentido de cima para baixo, e também em uma linha imaginária horizontal que segue um sentido de frente para trás, e ainda, em uma linha imaginária horizontal que segue um sentido da esquerda para a direita. E um eixo anatômico secundário de referência consiste em uma linha imaginária oblíqua que segue um sentido de cima para baixo. Importa destacar que tanto um eixo primário quanto um eixo secundário de referência, ao seguir determinadas direções, passam respectivamente pelo ponto médio ou pelo centro de gravidade do corpo humano.

A linha imaginária vertical que segue um sentido de cima para baixo é representada por um eixo longitudinal que se dá pela interseção existente entre o plano frontal e sagital, sendo, dessa maneira, também descrito como um eixo frontal-sagital. A linha imaginária horizontal que segue um sentido de frente para trás é representada por um eixo anteroposterior que se dá pela interseção existente entre o plano transverso e sagital, sendo também descrito como um eixo sagital, e ainda, como um eixo transverso-sagital. A linha imaginária horizontal que segue um sentido da esquerda para a direita é representada por um eixo transverso que se dá pela interseção existente entre o plano frontal e transverso, sendo, também descrito como um eixo frontal, e ainda, como um eixo frontal-transverso. E por fim, uma linha imaginária oblíqua que segue um sentido de cima para baixo é representada por um eixo diagonal que se dá pela interseção existente entre planos de movimentos distintos.

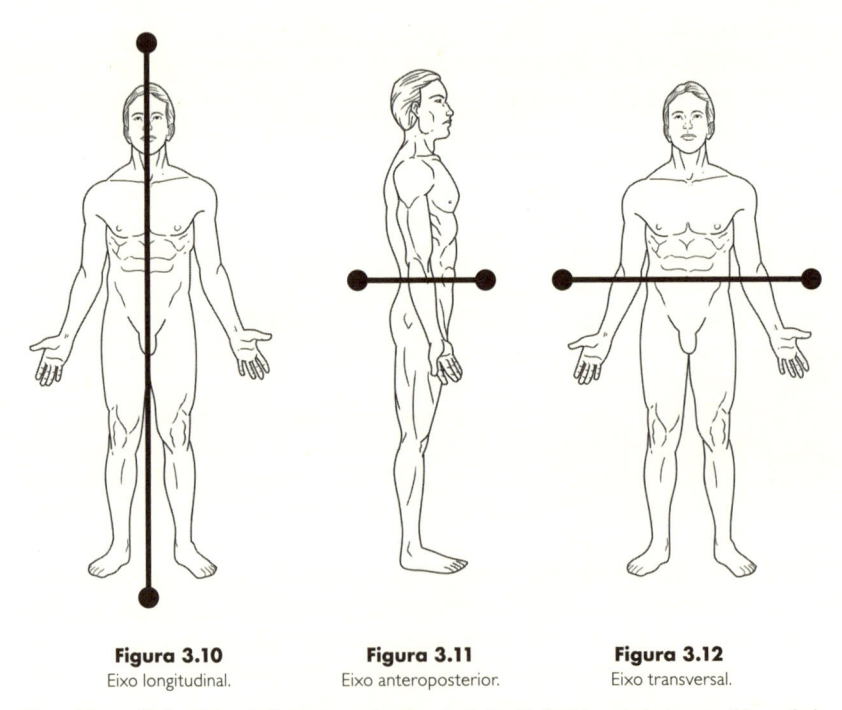

Figura 3.10
Eixo longitudinal.

Figura 3.11
Eixo anteroposterior.

Figura 3.12
Eixo transversal.

Na posição anatômica, visto anteriormente, o eixo de rotação longitudinal é o principal em sentido vertical para o corpo humano. Já, lateralmente, o eixo anteroposterior é o principal em sentido horizontal e, visto anteriormente, o eixo transversal é o principal eixo de rotação em sentido horizontal para o corpo humano na posição anatômica.

PARTE 4
FORÇA E MOVIMENTO

CAPÍTULO 1

Categorias de força na musculação

De maneira geral, a categoria de força é da maior importância para o universo da musculação e se dá por tipos de tensão que provocam mudanças nos movimentos angulares de uma alavanca. Essas tensões são constituídas pelo efeito binário de forças de intensidades iguais, e de direções opostas não colineares que atuam em torno de um ponto fixo, e também pelo efeito de uma força excêntrica, não direcionada ao centro de gravidade de um segmento corporal. É importante destacar que a força excêntrica, nesse caso, se refere a um tipo de força externa imposta sobre o músculo, e não a um tipo de força interna manifestada na eficácia da contração muscular. A eficácia da contração muscular refere-se à eficiência de determinada força em particular que induz o músculo a produzir torques, mediante determinado movimento rotatório que se dá em uma alavanca articular. E a força que é produzida durante esses movimentos rotatórios pode se manifestar de duas formas distintas.

A primeira forma de manifestação dessa força se dá quando ela é exercida ativamente, recebendo a denominação de força potente. A segunda forma se dá quando essa força é passivamente manifestada, passando a ser representada como força resistente. A aplicação das forças potente e resistente sobre o sistema de alavanca articular produz tensões mecânicas capazes de alterar as propriedades da estrutura do tecido conjuntivo. Essas tensões mecânicas produzidas pelo músculo podem se manifestar em decorrência da atuação de forças tanto internas quanto externas. A tensão mecânica manifestada pela atuação de forças internas decorre da contração muscular, enquanto a tensão mecânica manifestada pela atuação de forças externas decorre da resistência imposta por uma carga que induz o músculo a se contrair sob o efeito da gravidade.

Dependendo de como a mecânica da tensão interna manifesta-se durante a contração muscular, as forças produzidas na estrutura osteoarticular podem se caracterizar sob a forma de tração, compressão ou cisalhamento. Porém, a manifestação mais peculiar do músculo se dá pela sua capacidade de contrair e de produzir uma força de tração. Sob a forma de tração, a força manifesta-se como uma pressão axial que puxa e que tende a tornar o músculo mais estirado, ao longo da linha de ação da tensão imposta. Enquanto sob a forma de compressão, a força manifesta-se como uma pressão axial que tenciona e que tende a tornar o músculo mais curto e espesso, ao longo da linha de ação da tensão imposta. Entretanto, sob a forma de cisalhamento, a força manifesta-se como uma pressão transversal que age por meio de forças paralelas opostas em direção e de magnitude iguais, que induz a deslocamentos articulares que podem ocasionar fraturas de cisalhamento nos ossos.

A força interna, expressa pela capacidade de contração de determinado músculo, é induzida por um fator fisiológico que se dá diante de um estímulo elétrico, a partir do poder de acoplamento, deslocamento e deslizamento de proteínas contráteis existentes dentro de uma cadeia de sarcômeros. Fisiologicamente falando, quando um músculo se contrai a força interna exercida por ele é diretamente proporcional ao número de conexões nas pontes cruzadas de miosina, e ainda, nos filamentos de actina que existem dentro do sarcômero. E quanto mais pontes cruzadas conectadas, maior será a força de contração de um músculo diante da manifestação de determinada atividade física resistida.

Os efeitos fisiológicos que ocorrem dentro do sarcômero determinam o relacionamento entre o comprimento e a força máxima a ser expressa na mecânica de contração do músculo. E a mecânica dessa contração pode ser representada por diferentes formas de ações musculares que se dão pela relação entre o trabalho fisiológico e biomecânico a que determinados grupos musculares se submetem. A força resistida refere-se a uma quantidade vetorial capaz de atribuir atos motores distintos, mediante a resistência que um grupo muscular consegue exercer contra uma tensão externa. O efeito dessa resistência se traduz, por outro lado, como o esforço máximo manifestado durante as sessões de musculação que, ao desenvolver um trabalho concêntrico ou excêntrico, é geralmente descrito como força muscular.

O principal fator no treinamento de musculação para o desenvolvimento da força muscular é a intensidade da contração muscular. Buerle, em 1971, preconizou três fatores para o desenvolvimento da força muscular: a seção transversal dos músculos, a coordenação intramuscular e a coordenação intermuscular. Entretanto, desenvolver a força muscular mediante trabalhos que se dão contra uma resistência imposta por implementos fixos ou móveis requer um conhecimento sobre suas diferentes manifestações, e também requer um conhecimento sobre aspectos pertinentes às suas diferentes classificações. Em relação aos diferentes tipos de trabalho muscular, podemos classificar uma força em três tipos distintos: reação, relativa e absoluta.

A força de reação refere-se a uma tensão manifestada no transcorrer de um trabalho resistido, que se traduz pela capacidade de resposta do músculo a uma ação imposta por determinados implementos fixos ou móveis, ou seja, consiste em um tipo de tensão que se opõe à carga imposta pelos diferentes recursos materiais utilizados nas sessões de musculação. Dependendo da fase em que um trabalho resistido esteja situado, a força de reação pode se distinguir em força resistida inicial, e ainda, em força resistida de limite. A força resistida inicial refere-se ao tipo de tensão manifestada logo no começo do movimento de um exercício, enquanto a força resistida de limite refere-se ao tipo de tensão manifestada que se sucede do começo ao fim no movimento de um exercício. A força relativa refere-se a uma tensão manifestada de forma proporcional ao cociente que se dá entre a força absoluta e o peso corporal, ou seja, é um tipo de tensão que indica relação entre a intensidade de carga inicial e final a ser aplicada no treinamento resistido. A força absoluta refere-se a uma tensão manifestada de maneira vigorosa, ou seja, é um tipo de tensão máxima que induz o mais alto grau de energia muscular, mediante o ponto de maior intensidade a que se pode chegar um trabalho resistido.

Contudo, a manifestação e o desenvolvimento da força de reação, relativa e absoluta que se dá em relação a um trabalho muscular, dependem de diferentes fatores que se distinguem em três tipos: estruturais, nervosos e hormonais. Os fatores nervosos, estruturais e hormonais estão diretamente associados a reações fisiológicas que ocorrem no sistema musculoesquelético do corpo humano. Essas reações são capazes de expressar toda a resposta da dinâmica de uma contração muscular quando submetida a determinados exercícios resistidos. Expressar a resposta dessa dinâmica envolve estabelecer uma representação gráfica da ligação dos pontos de todo o processo que se dá na manifestação de uma tensão. Essa ligação se dá por trechos sinuosos que tanto podem ser ascendentes quanto descendentes, e que na leitura de uma biomecânica quantitativa são comumente descritos como curvas de força. Na musculação, as curvas de força referem-se a uma representação gráfica de toda manifestação de uma tensão, quando um grupo muscular é submetido a trabalhos resistidos em determinados implementos fixos ou móveis.

Entretanto, é importante destacar que a representação gráfica da manifestação de uma força muscular em um treinamento resistido, seja em implementos fixos ou em implementos móveis, ocorre por meio da visualização da intensidade de uma tensão aplicada em diferentes graus articulares. E isso, por outro lado, traduz a visualização dos diferentes níveis de uma força aplicada sobre determinado tipo de alavanca articular. E, consequentemente, a visualização sobre os efeitos dos diferentes graus articulares nos permite estabelecer uma análise cinesiológica do acúmulo de energia mecânica que se dá em um exercício de contrarresistência, em diferentes angulações articulares. Na avaliação de uma análise cinesiológica, podemos descrever três tipos distintos de força muscular, a saber, sustentada com contração concêntrica, sustentada com contração excêntrica, e ainda, sustentada com contração estática.

A força muscular, descrita como sustentada com contração concêntrica, refere-se a um tipo de esforço que envolve um encurtamento do músculo na sustentação, e que impede a ocorrência de um desequilíbrio, ou ainda, de uma queda do corpo pelo próprio peso. A força muscular, descrita como sustentada com contração excêntrica, refere-se a um tipo de esforço que envolve um aumento do comprimento do músculo na sustentação, e que impede a ocorrência de um desequilíbrio, ou ainda, de uma queda do corpo pelo próprio peso. A força muscular, descrita como sustentada com contração estática, refere-se a um tipo de esforço que envolve a manutenção do comprimento do músculo durante todo o ato de sustentação, e que impede a ocorrência de um desequilíbrio, ou ainda, de uma queda do corpo pelo próprio peso. A força muscular sustentada com contração estática consiste em uma ação que não é capaz de alterar a direção da velocidade de um corpo em determinado movimento equilibrado, e que conserva a mesma posição desse corpo quando uma contração estática é manifestada durante o ato de sustentação do corpo na flexão de braços.

O uso frequente de um recurso material fixo ou móvel por meio de barra longa, barra média e barra curta, ou ainda por meio de halter, envolve a existência de um tipo particular de força descrita como força preênsil, que é uma manifestação de uma tensão exercida durante o movimento flexor dos dedos das mãos. A força preênsil envolve diretamente uma capacidade de preensão, que se dá no ato de segurar apetrechos existentes em uma sala de musculação, ou seja, refere-se a um tipo de tensão manifestada pelos músculos da mão durante um ato motor descrito como movimento de preensão, ou ainda, como movimento em garra de precisão. A força máxima de um movimento de preensão é obtida quando a articulação do punho realiza um ângulo de aproximadamente 145 graus, e o fator limitante da força revelada em um movimento de preensão parece ser a capacidade do polegar de se opor à força dos outros dedos da mão. Porém, em um contexto mais generalizado, a força muscular manifestada durante trabalhos resistidos em uma sessão de musculação se distingue em estática, dinâmica e explosiva.

A força estática, também descrita como força isométrica, é um tipo de tensão muscular que induz a uma produção de calor, por meio da manifestação de uma contração isócora retesada, resistida e intensa. A força estática se dá sob a existência de um trabalho mecânico, que envolve a ausência de movimentos articulares repetitivos. A força estática pode ser avaliada nas sessões de musculação, pelo tempo de permanência em um exercício sem deslocamento, ao suportar um esforço resistido em uma contração isométrica. Nos estudos realizados por Teeple e Massey em 1976, esses pesquisadores observaram que a força estática, durante a fase de crescimento, aumenta gradativamente. Desse modo, isso nos leva a estabelecer uma relação entre a força isométrica e o processo de maturação da estrutura muscular do corpo em crescimento. Existe um aparelho específico comumente descrito como dinamômetro, que é usado no intuito de avaliar a intensidade de uma força máxima isométrica. Os dinamômetros consistem em aferir o grau de uma força preênsil manifestada em um trabalho resistido sem deslocamento, por meio de testes de dinamometria de mão, costas e pernas.

A força dinâmica é um tipo de tensão muscular que induz a uma produção de calor por meio da manifestação de uma contração concêntrica e excêntrica. A força dinâmica se dá sob a existência de um trabalho mecânico que envolve a presença de movimentos articulares repetitivos, resistidos e intensos. A força dinâmica pode ser avaliada nas sessões de musculação, pela relação entre repetição, intensidade e ritmo de execução dos exercícios com deslocamentos. Na maioria das vezes, a força dinâmica é chamada de força máxima, e em outros casos, como força pura. Porém, tratando-se de uma valência física, a força dinâmica se distingue em dois tipos, a saber, força isocinética e força isotônica. A força isocinética se traduz pela existência de uma proporcionalidade que se dá entre a tensão e a velocidade. Já a força isotônica se traduz pela existência de uma proporcionalidade que se dá entre um trabalho muscular positivo e um trabalho muscular negativo. Todavia, cabe destacar que, tendo por base a relação estabelecida entre esforço e resistência, a força isotônica pode se distinguir em força concêntrica e em força excêntrica.

A intensidade ou o valor de uma força dinâmica, que se dá pela manifestação de um esforço em relação à carga que se pode movimentar, depende do recrutamento e da coordenação de células nervosas para o ato motor a ser desenvolvido. Porém, as exigências que margeiam a coordenação das células nervosas, durante a manifestação de um ato motor, estão relacionadas com o freio da atividade dos antagonistas, e ainda, com a influência do sistema neurovegetativo, assim como também com a regulação da atividade vegetativa do corpo inteiro. Importa destacar que essas são as variáveis que provocam diferenças nos registros eletromiográficos. Metodologicamente, a força dinâmica pode ser dividida em força absoluta e força relativa. Contudo, a força dinâmica pode ser dividida em três subtipos, a saber, força explosiva, força rápida e força lenta. Entretanto, estudiosos do treinamento desportivo preferem colocar a força explosiva como outro tipo de força, separando-a da força dinâmica.

A força explosiva, também descrita como potência muscular, é um tipo de esforço que pode ser explicado pela capacidade de exercer o máximo de energia em um ato de movimento impulsivo. Durante as sessões de musculação, os treinos de força explosiva exigem que esses movimentos impulsivos sejam feitos com o máximo de velocidade, ou seja, exigem que as execuções do número de repetições atribuídas em um trabalho resistido sejam realizadas em um tempo bastante reduzido. O grau de movimento impulsivo que se pode alcançar em um trabalho resistido depende tanto da força obtida quanto da velocidade de execução. A força explosiva pode ser avaliada nas sessões de musculação, mediante a execução de repetições em um tempo muito reduzido.

Vimos que, em um sentido biomecânico, a força muscular é a propriedade do músculo de produzir uma tensão e de vencer uma resistência na ação que lhe permite realizar um trabalho de empurrar, tracionar, ou ainda, de elevar determinado recurso material fixo ou móvel. Vimos ainda que, em um sentido fisiológico, a força muscular depende da soma dos diâmetros de suas fibras, e ainda, do ângulo de inserção dessas fibras. Portanto, pode-se concluir que, para desenvolver gradativamente a força muscular, é importante que se estabeleça metodologicamente uma relação entre a biomecânica e a fisiologia, mediante a inclusão de séries, de repetições e de grupos musculares em um programa de treinamento, e ainda, do incremento de carga e do ritmo de execução a serem impostos em determinado exercício resistido.

CAPÍTULO 2

Categorias de movimento na musculação

O movimento na musculação compreende o conjunto de todos os atos motores realizados na prática de diferentes exercícios resistidos. Exercícios esses executados tanto em implementos livres quanto em implementos fixos variados e distintos. Portanto, o conjunto de todo ato motor manifestado em diferentes exercícios resistidos pode ser expresso por meio dos seguintes movimentos: simples, complexos, circulares, voluntários, analíticos, cíclicos e combinados. O movimento simples se dá quando ele expressa toda a dinâmica de um ato motor pouco variado que obedece a uma cinemática elementar.

O movimento complexo se dá quando ele expressa toda a dinâmica de um ato motor muito variado que obedece a uma cinemática por meio de diferentes aspectos. O movimento circular se dá quando ele expressa toda a dinâmica de um ato motor rotatório manifestado em torno de um eixo articular. O movimento voluntário se dá quando ele expressa toda a dinâmica de um ato motor espontâneo, consciente e bem dirigido desde a posição inicial até a posição final. O movimento analítico se dá quando ele expressa toda a dinâmica de um ato motor que procede por análise de variáveis associadas a número de séries e repetições periódicas e distintas. O movimento cíclico se dá quando ele expressa toda a dinâmica de um ato motor que se repete periodicamente em certa ordem. O movimento combinado se dá quando ele expressa toda a dinâmica de um ato motor direcionado para duas ou mais estruturas articulares e musculares.

Contudo, toda manifestação de diferentes exercícios resistidos executados em uma sessão de musculação envolve diretamente o ato de descrever diferentes amplitudes e movimentos articulares que consistem em expor uma grande extensão de um deslocamento angular, que por outro lado se dá em relação a duas porções bem delimitadas de um segmento corporal. Esses segmentos corporais, ao se moverem, criam respectivos graus articulares, e descrevem, consequentemente, dois arcos distintos de movimentos que tanto podem ser parciais ou totais. O arco de movimento parcial refere-se a um percurso incompleto do segmento corporal, ao descrever uma amplitude de movimento com graus articulares reduzidos. Já o arco de movimento total refere-se a um percurso completo do segmento corporal, ao descrever uma amplitude de movimento com graus articulares ampliados. Outra característica do movimento se dá pela distinção de um ato motor quando realizado de maneira atuante, intensa e ativa, e também quando realizado de maneira pouco atuante e passiva, e ainda, quando provocado ou dirigido por forças exteriores ao homem de maneira intencional.

De forma ativa, o grau de movimento é bastante amplo, e se distingue em deslizantes, angulares e rotatórios. Os movimentos deslizantes são tipos de ação mecânica que ocorrem nas articulações planas. Os movimentos angulares são tipos de ação mecânica que se manifestam nas articulações em dobradiças, selares e elipsóides, e que ocorrem ao redor do eixo transversal ou laterolateral, ou ainda, segundo um eixo anteroposterior. Os movimentos rotatórios são tipos de ação mecânica que ocorrem ao redor de um eixo fixo ou relativamente fixo, e são assim denominados porque cada ponto sobre um segmento adjacente à articulação segue um arco de círculo, do qual o centro é o eixo articular.

De forma passiva, o movimento caracteriza-se por um tipo de ação mecânica pouco intensa produzida nas articulações sinoviais, em que o grau de amplitude se dá de maneira bem conduzida, mediante uma manipulação cuidadosa durante o exame ou o diagnóstico de distúrbios musculares e articulares, que se dão, em uma análise cinesiológica. O movimento passivo se distingue em seis movimentos distintos, a saber, de força sustentada, de equilíbrio dinâmico, de inércia, manipulado, oscilatório e de queda gravitacional. Entretanto, importa destacar que o movimento de força sustentada corresponde ao esforço que impede a ocorrência de uma queda do corpo pelo próprio peso, ou ainda, que impede a ocorrência de uma queda do corpo por desequilíbrio durante a sustentação, e que em relação ao tipo de contração desenvolvida, distingue-se em força sustentada com contração excêntrica, força sustentada com contração estática e força sustentada com contração concêntrica.

Quando nos referimos a movimentos, é comum nos apropriarmos de duas variáveis, ou seja, dos termos distância e deslocamento. A apropriação dessas variáveis se dá no intuito de se ter conhecimento tanto sobre a medição quanto sobre a descrição de todo processo da motricidade do corpo humano. O termo distância diz respeito ao ato ou efeito de calcular o trajeto percorrido de uma posição inicial para uma posição final, e o termo deslocamento diz respeito ao ato ou efeito de descrever a direção do trajeto percorrido de uma posição inicial para uma posição final, ou seja, é uma variável que leva em consideração a trajetória de um corpo em movimento. A partir da trajetória de toda uma ação mecânica resistida, diferentes tipos de movimento podem ser evidenciados na prática da musculação, a saber, movimentos de desviar, aproximar, agachar, levantar, segurar, inclinar, de supinação e de báscula. Importa destacar que esses movimentos sofrem variações quanto a diferentes posições do corpo que se dão em decúbito dorsal, decúbito ventral, e ainda em decúbito lateral.

O movimento de empurrar consiste no efeito de impelir, e geralmente se manifesta por meio do ato de estender. O movimento de puxar consiste no efeito de tracionar, e geralmente se manifesta por meio do ato de flexionar. O movimento de desviar consiste no efeito de afastar, e geralmente se manifesta por meio do ato de abduzir em relação à linha mediana, ou do ato de rotar a partir de um ponto inicial. O movimento de aproximar consiste no efeito que aduz, e geralmente manifesta-se por meio do ato adutor em relação à linha mediana, ou do ato de rotar a partir de um ponto inicial. O movimento de levantar consiste no efeito de elevar, e geralmente se manifesta pelo ato de erguer. O movimento de supino consiste no efeito de elevar ou de impulsionar horizontalmente. O movimento de segurar ou de agarrar, ou ainda de apanhar, consiste no efeito preênsil ou preensor de sustentar determinados implementos fixos ou móveis e que se dá a partir de um movimento flexor dos dedos da mão. O movimento de inclinar consiste no efeito de desviar da verticalidade para a direita ou para a esquerda. O movimento de báscula consiste no efeito de desviar da verticalidade para frente ou para trás.

Quanto ao uso de implementos livres ou fixos, constituídos por um conjunto de barras específicas, paralelas, bancos ou espaldar, o movimento na prática da musculação pode também se distinguir em movimentos olímpicos e ginásticos. Os movimentos olímpicos referem-se a um ato motor sistematizado que é manifestado durante a prática de exercícios direcionados ao aperfeiçoamento do desenvolvimento de halterofilista, do arranco e do arremesso. Os movimentos ginásticos referem-se a um ato motor sistematizado, que por sua vez é manifestado durante a prática de exercícios direcionados a aparelhos que expressem ações gímnicas combinadas.

Quanto ao uso de aparelhos ergométricos nas sessões de musculação, dois movimentos distintos que ocorrem nos segmentos superiores podem ser destacados, a saber, pendulares e pendulares compensatórios. Os movimentos pendulares são constituídos por atos motores que se dão sobre a articulação escapuloumeral e que são expressos por deslocamentos dos braços para trás, ou seja, por uma ação de retroversão da escápula durante a marcha e a corrida. Os movimentos pendulares compensatórios consistem de atos motores que se dão sobre a articulação escapuloumeral e que são expressos por deslocamentos dos braços para frente, ou seja, por uma ação de anteversão da escápula durante a marcha e a corrida.

Tendo por base o efeito gravitacional que se dá sobre diferentes deslocamentos em exercícios resistidos, o movimento pode ser distinguido em linear, angular e generalizado. Tanto o movimento gravitacional linear quanto o gravitacional angular, consistem em tipos de movimento corporal distintos que cedem à ação da gravidade, e que, por outro lado, permitem a ocorrência de mudanças de posições corporais que partem de um ponto inicial para um ponto final. O movimento linear, também descrito como de translação, consiste em um ato motor simples que se manifesta ao mesmo tempo, em uma mesma distância e em uma mesma direção, e que, por outro lado, distingue-se em movimentos de translação retilínea e em movimentos de translação curvilínea. O movimento angular consiste em um ato motor simples que se manifesta em círculos sobre um eixo fixo. O movimento generalizado consiste em um ato motor complexo que se manifesta por meio de uma combinação que se dá entre o movimento linear com o movimento angular.

Tendo por base os diferentes tipos de conexão óssea existentes no corpo humano, os movimentos generalizados se distinguem em abdutor, eversor, adutor, inversor, depressor, flexor lateral, protrátil ou anteversor, retrátil ou retroversor, flexor, extensor, hiperextensor, rotador, supinador, pronador, abdutor horizontal, adutor horizontal e circundutor. As manifestações desses movimentos, em relação aos planos anatômicos de referência, dividem-se da seguinte forma: movimentos generalizados que ocorrem no plano frontal, movimentos generalizados que ocorrem no plano sagital, movimentos generalizados que ocorrem no plano transversal, e movimentos generalizados que ocorrem no plano diagonal.

Os movimentos generalizados que ocorrem no plano frontal incluem a abdução, a eversão, a adução, a inversão, a depressão, a flexão lateral, a protração e a retração. O movimento de abdução e de eversão expressa tipos de ações articulares que afastam os segmentos superiores e inferiores lateralmente para cima. O movimento de adução e de inversão expressa tipos de deslocamento que aproximam os segmentos dos membros superiores e inferiores medialmente para baixo. O movimento de depressão expressa um tipo de deslocamento que aproxima a escápula medialmente para baixo. O movimento de flexão lateral expressa um tipo de deslocamento que afasta os segmentos da cabeça e do tronco lateralmente para baixo à direita, ou lateralmente para baixo à esquerda. O movimento de protração ou de anteversão expressa um tipo de deslocamento que afasta a escápula anterolateralmente. E por fim, o movimento de retração ou de retroversão expressa um tipo de deslocamento que aproxima a escápula posteromedialmente.

Os movimentos generalizados que ocorrem no plano sagital incluem a flexão, a extensão, a hiperextensão, a dosiflexão e a flexão plantar. O movimento de flexão expressa um tipo de ação articular que inclina anteriormente os segmentos da cabeça e do tronco para baixo, e ainda uma ação articular que dobra anteriormente os segmentos dos antebraços e das mãos para cima, que eleva anteriormente os segmentos dos membros superiores e inferiores, e que dobra posteriormente o segmento da perna para cima. O movimento de extensão expressa um tipo de ação articular que estende anteriormente os segmentos da cabeça e do tronco para cima, e ainda uma ação articular que desdobra anteriormente os segmentos dos antebraços e das mãos para baixo, que abaixa anteriormente os segmentos dos membros superiores e inferiores, e que desdobra posteriormente o segmento da perna para baixo. O movimento de hiperextensão expressa um tipo de ação articular excessiva que inclina posteriormente os segmentos da cabeça e do tronco para baixo, e ainda uma ação articular excessiva que estende posteriormente os segmentos dos membros superiores e inferiores para cima. O movimento de dorsiflexão expressa um tipo de ação articular que estende anteriormente o segmento do pé para cima. E por fim, o movimento de flexão plantar expressa um tipo de ação articular que inclina anteriormente o segmento do pé para baixo e que eleva posteriormente o calcanhar para cima.

Os movimentos generalizados que ocorrem no plano transversal incluem a rotação, a supinação, a pronação, a abdução horizontal e a adução horizontal. O movimento de rotação expressa um tipo de deslocamento que gira os segmentos da cabeça, do tronco, dos membros superiores e inferiores lateralmente ou medialmente, e ainda, que gira os segmentos da cabeça, do tronco, dos membros superiores e inferiores superiormente ou inferiormente à direita ou à esquerda. O movimento de supinação expressa um tipo de deslocamento que gira o segmento da mão lateralmente para frente. O movimento de pronação expressa um tipo de deslocamento que gira o segmento da mão medialmente para trás. O movimento de abdução horizontal expressa um tipo de deslocamento que gira e afasta os segmentos dos membros superiores e inferiores para baixo ou para trás. O movimento de adução horizontal expressa um tipo de deslocamento que gira e aproxima os segmentos dos membros superiores e inferiores para cima ou para frente. E por fim, os movimentos generalizados que ocorrem no plano diagonal incluem movimentos circundutores. O movimento de circundução expressa um tipo de deslocamento que gira determinado segmento corporal superiormente e inferiormente, a partir da direita ou da esquerda, e que envolve uma combinação de movimentos a ponto de circunscrever no espaço uma superfície cônica ou circular.

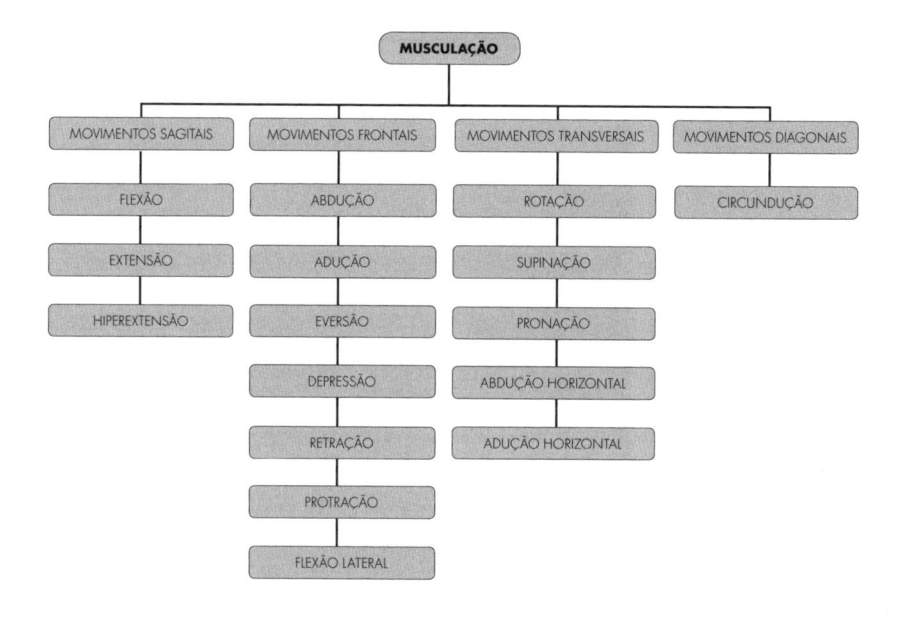

Figura 4
Representação das categorias de movimentos generalizados em relação aos planos anatômicos de movimento.

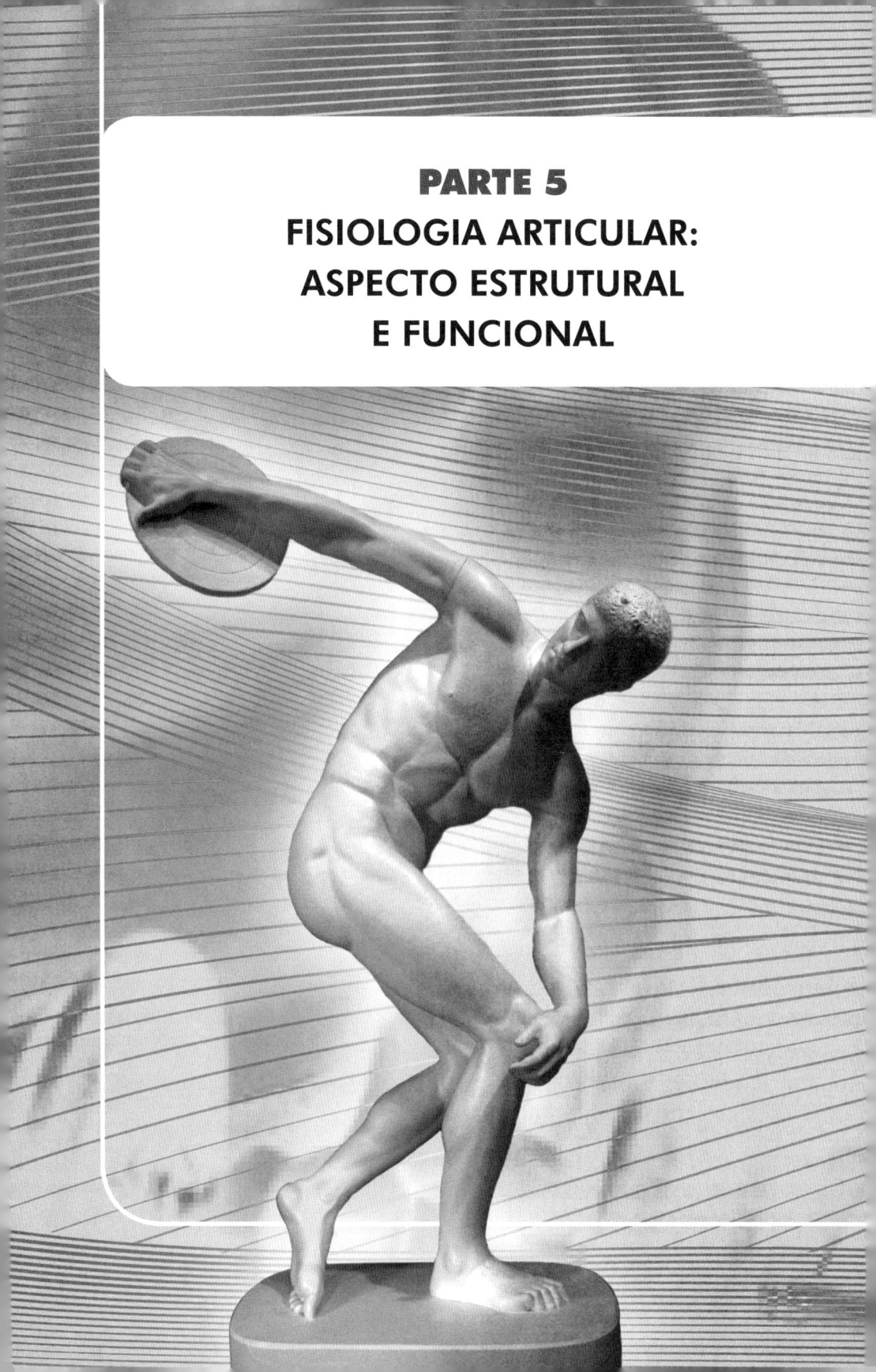

PARTE 5
FISIOLOGIA ARTICULAR: ASPECTO ESTRUTURAL E FUNCIONAL

CAPÍTULO 1

Aspecto fisiológico estrutural de um sistema articular

Anatomicamente, o termo conexão é descrito como uma juntura que existe em qualquer parte rígida do esqueleto humano. Já o termo articulação, que é originado do latim, vem da palavra artículo, que é sinônimo de juntura. Dessa maneira, podemos constatar que os termos conexão, juntura e articulação, na verdade traduzem um mesmo significado, ou seja, consiste em descrever a união entre duas ou mais partes ósseas conectadas entre si. Entretanto, a noção do significado de conexão, juntura e articulação, remonta a uma única ideia, que é a noção de um sistema constituído por tipos diferenciados de articulação, sendo essas articulações formadas por um conjunto de vários ossos conectados com a função basicamente mecânica de produzir movimento.

Analisando de modo geral toda a estrutura óssea que compõe o corpo humano, observa-se a existência de várias conexões que se dão entre dois ou mais ossos. Porém, se analisarmos de forma mais específica, verificaremos que as conexões que se dão entre dois ou mais ossos sofrem uma variação de acordo com sua localização, e ainda, com o tipo de formato dos ossos. Prosseguindo, notaremos ainda que essas conexões são capazes de fornecer movimentos articulares com diferentes amplitudes de deslocamento. Contudo, a capacidade e a facilidade de movimentos distintos que ocorrem nas conexões do corpo humano, dependem dos efeitos fisiológicos produzidos nas estruturas contráteis de um músculo, dos efeitos cinesiológicos produzidos em uma articulação, e ainda dos efeitos biomecânicos produzidos tanto nos deslocamentos quanto no arranjo de cadeia cinética aberta e de cadeia cinética fechada. Portanto, por uma análise estrutural, uma articulação pode ser classificada em fibrosa, cartilaginosa e sinovial.

As articulações fibrosas ou sinartroses são tipos de conexão em que os ossos são unidos por tecido conjuntivo fibroso contínuo, e podem ser distinguidas como sindesmose, gonfose ou sutura. A sindesmose é um tipo de articulação fibrosa que se distingue em sindesmose membranosa ou sincondrose, ou ainda em sindesmose sutural. A sindesmose membranosa ou sincondrose é um tipo de articulação constituída por um tipo de união óssea formada por tecido conjuntivo fibroso, enquanto a sindesmose sutural é um tipo de articulação constituída por uma fina camada de tecido fibroso que se converte em tecido ósseo, ou seja, torna-se uma sinostose com o amadurecimento gradual do sistema esquelético. A gonfose é um tipo de articulação fibrosa, em que existe uma saliência cônica que se encaixa em um receptáculo ósseo. A sutura é um tipo de juntura constituída por dois ossos que se agregam e engrenam um no outro por meio de recorte dentado.

As articulações cartilaginosas ou anfiartroses apresentam duas subdivisões, a saber, as sincondroses e as sínfises. As sincondroses são tipos de articulação em que a cartilagem interveniente transforma-se gradualmente em osso ou sinostose, enquanto as sínfises são tipos de articulação em que as superfícies ósseas estão unidas com firmeza por fibrocartilagem. Existem dois tipos de sincondrose, a saber, sincondrose temporária e sincondrose permanente. A sincondrose temporária é um tipo de articulação cartilaginosa que é convertida em sinostoses, enquanto a sincondrose permanente é um tipo de articulação cartilaginosa que permanece moderadamente flexível durante toda a vida.

As articulações sinoviais são tipos de conexão óssea que possuem cavidades que se distinguem em discos fibrosos ou meniscos fibrocartilagíneos, e que permitem maior liberdade de movimento. A superfície de uma articulação sinovial é coberta por uma camada constituída por cartilagem hialina, e estabelece a união de uma cápsula articular com ligamentos. A cápsula articular consiste, em sua maior parte, de uma camada fibrosa cuja superfície interna é forrada por um tecido conectivo vascularizado que produz o líquido sinovial. Estruturalmente, a articulação sinovial é subdividida de acordo com o número de superfícies articulares que possui, e segundo esse critério de subdivisão, essa articulação pode ser descrita como simples, composta ou complexa.

Sabe-se que a prática da musculação, além de depender da intensidade, da duração e da repetição dos exercícios, depende também da eficiência mecânica de um sistema complexo constituído pela união de dois ou mais ossos, de modo que essas uniões possam realizar movimentos coordenados. Por outro lado, cumpre não esquecer que toda a manifestação de um ato motor dinâmico, expresso por um sistema complexo que se dá entre a união de dois ou mais ossos no corpo humano, diretamente serve de suporte para descrever o desempenho e a eficiência de exercícios resistidos que são amplamente utilizados nas sessões de musculação. Todavia, para entender melhor esse complexo sistema de conexão óssea, importa rever os aspectos histológicos estruturais que dizem respeito a fibras de elastina e fibras de colágenos, assim como dizem respeito à substância basal.

Tanto as fibras de elastina como as de colágeno são constituídas por grandes moléculas de carboidratos, e ainda por complexos moleculares carboidrato-proteína suspensos em um volume relativamente grande de água, que se apresenta sob a forma de um gel viscoso. Diferente da função das fibras de elastina e de colágeno, a substância basal é responsável tanto pela facilitação da troca intercelular, quanto pela provisão de alguma sustentação mecânica, mediante uma função a ser exercida em determinada ação mecânica predominante. Assim, a substância basal irá predominar sempre que houver uma grande importância da necessidade de troca intercelular, enquanto as fibras de colágeno e de elastina irão predominar, respectivamente, quando houver uma maior necessidade de força e de elasticidade.

É muito frequente constatarmos que os tipos diferenciados de articulação que são apresentados nos cursos de anatomia são descritos de acordo com formas ou sistemas de classificação bastante complexos. Muitas vezes, esses sistemas complexos de classificação articular visam focalizar o aspecto estrutural, diferentes números de eixos, diferentes formatos geométricos, e ainda, diferentes pontos conectivos existentes no esqueleto humano. Entretanto, mediante os aspectos que dizem respeito à estrutura, os anatomistas destacam a existência de sistemas diferenciados, tendo por base a distinção sobre os tipos de tecido conjuntivo que revestem as superfícies articulares.

A classificação articular que tem por base a distinção dos diferentes tipos de tecido conjuntivo que revestem as superfícies das articulações, consiste em uma análise histológica que se dá pelas características físicas da matriz. A matriz é um componente não celular do tecido conjuntivo que pode variar de um material semilíquido para um material sólido. Essa variação na matriz do tecido conjuntivo pode ser verificada pela diferente composição de um sistema articular em relação a outro. Porém, essa variação ocorre em decorrência das necessidades funcionais que determinada conexão óssea possui, em relação à sua localização.

Os tecidos conjuntivos possuem duas funções principais: a primeira consiste em servir de suporte mecânico, e a segunda consiste em promover uma função de troca intercelular. A função de suporte mecânico envolve a manutenção de uma estabilidade articular, a absorção de um impacto, e ainda, a capacidade de manter ligações flexíveis e por transmitir forças musculares. A função de troca intercelular envolve o suprimento de nutrientes para uma ampla e distinta variedade de unidades estruturais e funcionais de um complexo sistema, constituído de fibras e de substância intersticial.

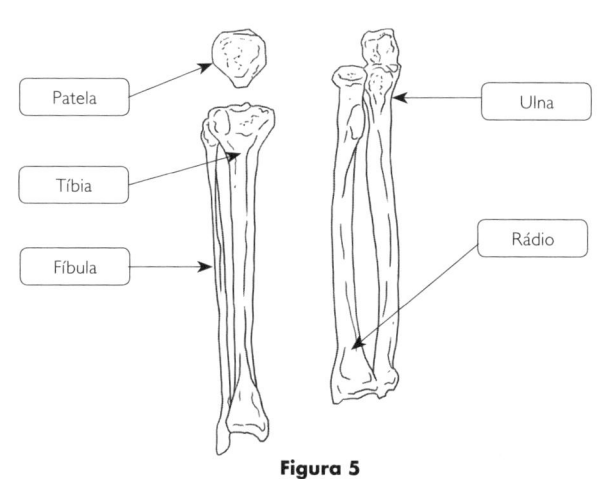

Figura 5
As conexões entre o rádio e a ulna, e entre a tíbia e a fíbula são exemplos de articulações semimóveis tipo sindesmose membranosa.

[Ilíaco]

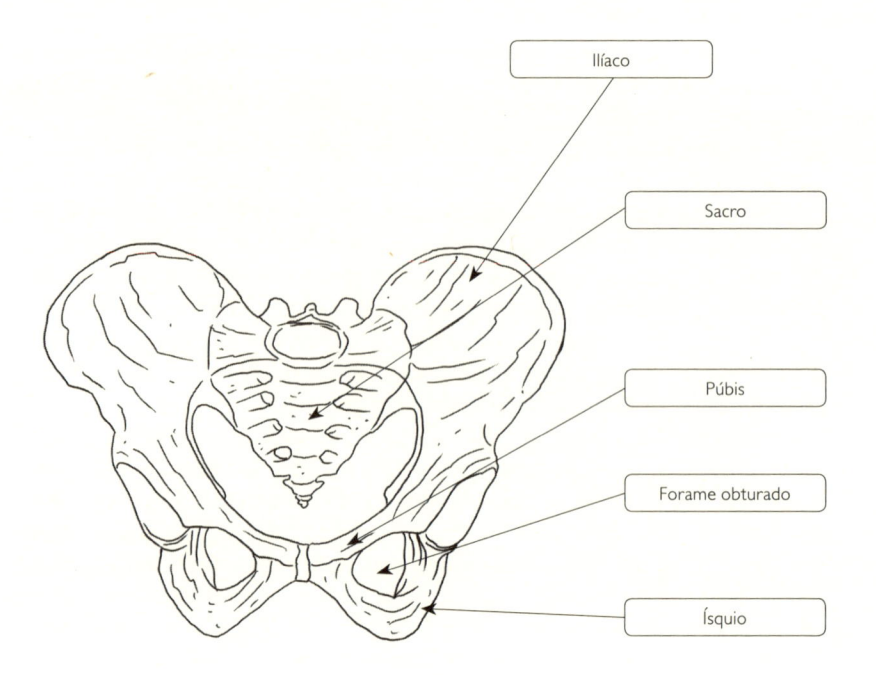

[Sacro]

[Púbis]

[Forame obturado]

[Ísquio]

Figura 5.1
As conexões entre o osso ilíaco, ísquio e púbis, que eventualmente se fusionam para formar ossos maiores no esqueleto adulto, é um exemplo de uma articulação cartilagínea temporária imóvel do tipo sincondrose.

Levando-se em consideração a forma pela qual se dispõem diferentes tipos de articulação, assim como dependendo da ampla variedade de unidades estruturais e funcionais que compõem um sistema complexo constituído por fibras e por substância intersticial, podemos distinguir dois tipos de conjunto celulares, a saber, um ordinário e outro especial. Os conjuntos celulares ordinários possuem a função histológica de unir a menor unidade independente de uma matéria viva em tecidos, órgãos e sistemas, além de promover ligações mecânicas entre os ossos e os músculos nas articulações. Os conjuntos celulares especiais possuem a função histológica de unir a menor unidade independente de uma matéria viva em cartilagem e osso. Os conjuntos celulares ordinários são comumente descritos como tecidos conjuntivos ordinários, enquanto os conjuntos celulares especiais são comumente descritos como tecidos conjuntivos especiais. De acordo com o arranjo das fibras de colágeno e de elastina da matriz, o tecido conjuntivo ordinário se distingue em tecidos conjuntivos ordinários regulares e ordinários irregulares. Nos tecidos conjuntivos ordinários regulares, as fibras de colágeno e de elastina são orientadas a seguir por um padrão definido, enquanto as fibras de colágeno e de elastina dos tecidos conjuntivos ordinários irregulares tendem a ser orientadas por não seguir um padrão definido. Existem quatro principais tipos de tecido conjuntivo ordinário irregular, a saber, frouxo, adiposo, colágeno irregular e elástico irregular.

[Costelas] [Cartilagens costais]

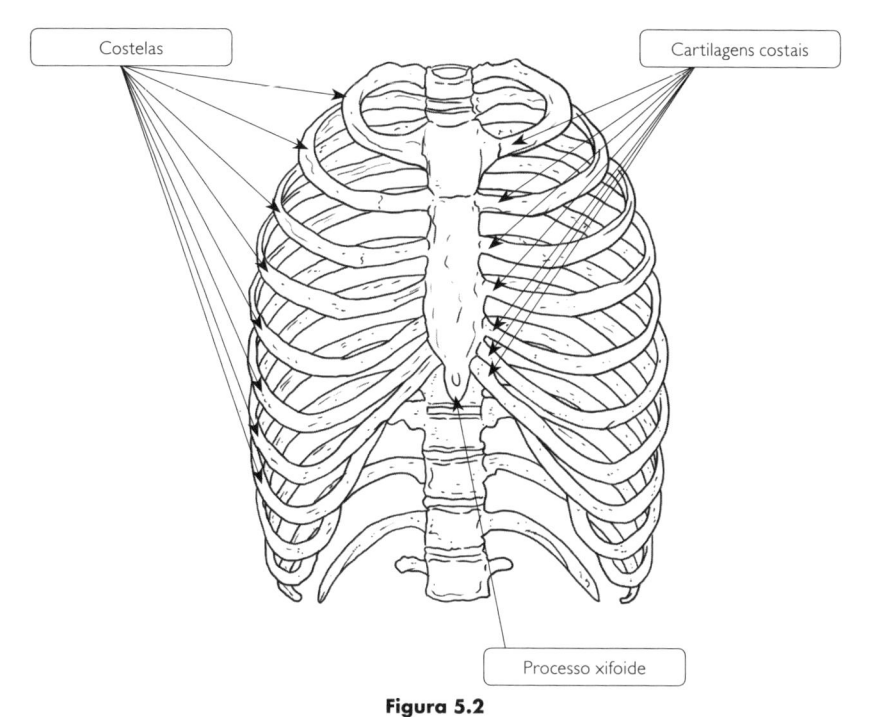

[Processo xifoide]

Figura 5.2
As conexões entre as extremidades anteriores da segunda até a décima costela e o esterno são um exemplo de uma articulação cartilagínea permanente semimóvel do tipo anfiartrose.

Quanto ao tipo de característica física da matriz, o tecido conjuntivo ordinário é formado por fibras de elastina, fibras de colágeno e substância basal. Tanto as fibras de elastina quanto as fibras de colágeno são proteínas constituídas por uma longa cadeia de aminoácidos. Entretanto, as fibras de elastina provêm elasticidade, enquanto as fibras de colágeno proveem força, e juntas, essas duas fibras distintas assumem a função de promover sustentação mecânica em determinada conexão óssea. A substância basal forma a parte não fibrosa na matriz do tecido conjuntivo ordinário. O tecido conjuntivo ordinário frouxo consiste de uma rede irregular pouco retesada de fibras de elastina e de colágeno, suspensas dentro de uma quantidade relativamente grande de substância basal. O tecido conjuntivo ordinário adiposo tem uma rede irregular de fibras de elastina e de colágeno pouco retesado, pouca substância basal, e um grande número de células adiposas estreitamente agrupadas. O tecido conjuntivo ordinário colágeno tem uma rede irregular de poucas fibras elásticas e de pouca substância basal, e possui uma rede densa e não orientada de feixes de fibras colágenas que dominam a matriz, e que permitem que o tecido resista ao estiramento em qualquer direção. O tecido conjuntivo ordinário elástico irregular é constituído por poucas fibras de colágeno, e uma quantidade moderada de substância basal, e caracteriza-se por ser um tipo de tecido muito elástico.

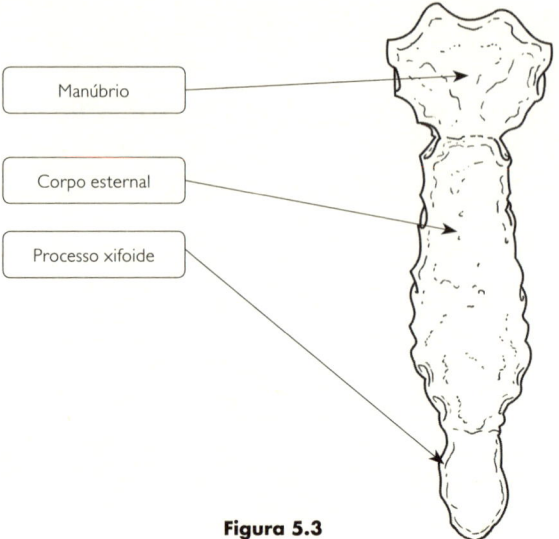

Figura 5.3
A conexão manúbrio-esternal é um exemplo de uma articulação fibrosa imóvel do tipo sinostose.

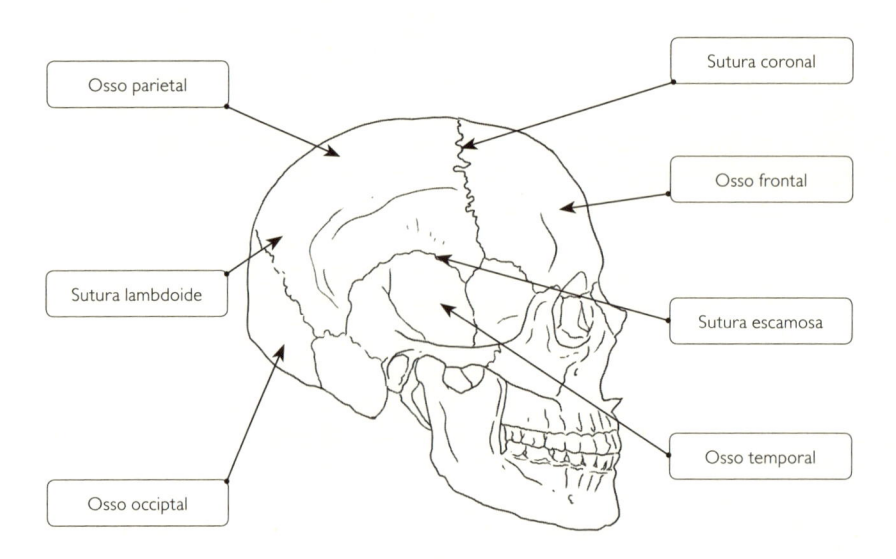

- Manúbrio
- Corpo esternal
- Processo xifoide

Figura 5.4
A sutura do crânio adulto é um exemplo de articulação fibrosa imóvel do tipo sindesmose sutural.

- Osso parietal
- Sutura lambdoide
- Osso occiptal
- Sutura coronal
- Osso frontal
- Sutura escamosa
- Osso temporal

Com base nas informações contidas nas unidades estruturais e funcionais de um complexo sistema constituído por fibras de colágeno, de elastina e de substância intersticial, ou seja, no aspecto histológico do tecido conjuntivo, é possível destacar as mais variadas formas de articulações cartilaginosas, fibrosas e sinoviais. No entanto, para efeito prático, podemos destacar os seguintes tipos de articulação: articulação cartilaginosa e a articulação sinovial. As articulações cartilaginosas, também descritas como anfiartroses, são tipos de conexões que possuem uma movimentação bem reduzida, e que por outro lado não dispõem nem de cavidade articular e nem de membrana sinovial. As articulações cartilaginosas podem ser determinadas por sinfibrocondioses, que é um tipo de juntura cartilagínea primária, em que os ossos são unidos por cartilagem hialina, e ainda por sinfibrocondroses, que é um tipo de juntura cartilagínea secundária, em que os ossos são unidos por fibrocartilagem. A estrutura cartilagínea secundária é um tipo de conexão óssea que apresenta uma superfície articular constituída por uma combinação de cartilagem hialina e de fibrocartilagem, e que normalmente é sustentada por um número de ligamentos que, por outro lado, cruzam sua parte externa. E por fim, as articulações sinoviais, também descritas como diartroses, são exemplos de conexões que apresentam características estruturais que se diferem quanto ao tipo de movimento basicamente linear, e também quanto ao tipo de movimento basicamente angular.

Quanto ao tipo de movimento basicamente angular, a estrutura sinovial ou diartrósica apresenta três grupos de articulações distintas, a saber, uniaxial, biaxial e multiaxial. Cada um desses grupos de articulações é dividido, tendo por base o formato das superfícies articulares que a constitui. O grupo de articulação uniaxial possui uma superfície articular troclear ou de pivô, o grupo de articulação biaxial possui uma superfície articular condilar, elipsoidal e selar, e o grupo de articulação multiaxial possui uma superfície articular enartrodial.

Portanto, resumindo o capítulo referente ao aspecto fisiológico estrutural de um sistema articular, é possível destacar que a classificação quanto ao seu aspecto estrutural, uma conexão óssea pode ser distinguida em fibrosa ou sinartrose, cartilaginosa ou anfiartrose, e sinovial ou diartrose. Contudo, o aspecto estrutural fibroso ou sinartrósico apresenta duas subdivisões, a saber, sutura ou sinostose, e sindesmose, e o aspecto estrutural cartilaginoso apresenta três subdivisões, a saber, juntura cartilagínea primária ou sincondrose, e juntura cartilagínea secundária ou anfiartrose. A estrutura cartilagínea primária, também descrita como sincondrose ou sínfise, é um tipo de conexão óssea que apresenta uma superfície articular constituída por cartilagem hialina temporária e permanente, sendo que a cartilagem hialina temporária é substituída gradualmente por tecido ósseo durante o processo de maturação do sistema esquelético.

```
Articulações fibrosas ─┬─→ Sindesmose sutural
                       └─→ Sindesmose membranosa ─┬─→ Sínfises temporárias
                                                  └─→ Sínfises permanentes

Articulações cartilaginosas ─┬─→ Sincondroses ─┬─→ Sínfises temporárias
                             │                 └─→ Sínfises permanentes
                             └─→ Sínfises

Articulações sinoviais ─┬─→ Troclear
                        ├─→ Pivô
                        ├─→ Condilar
                        ├─→ Elipsoidal
                        ├─→ Selar
                        └─→ Enartrodial
```

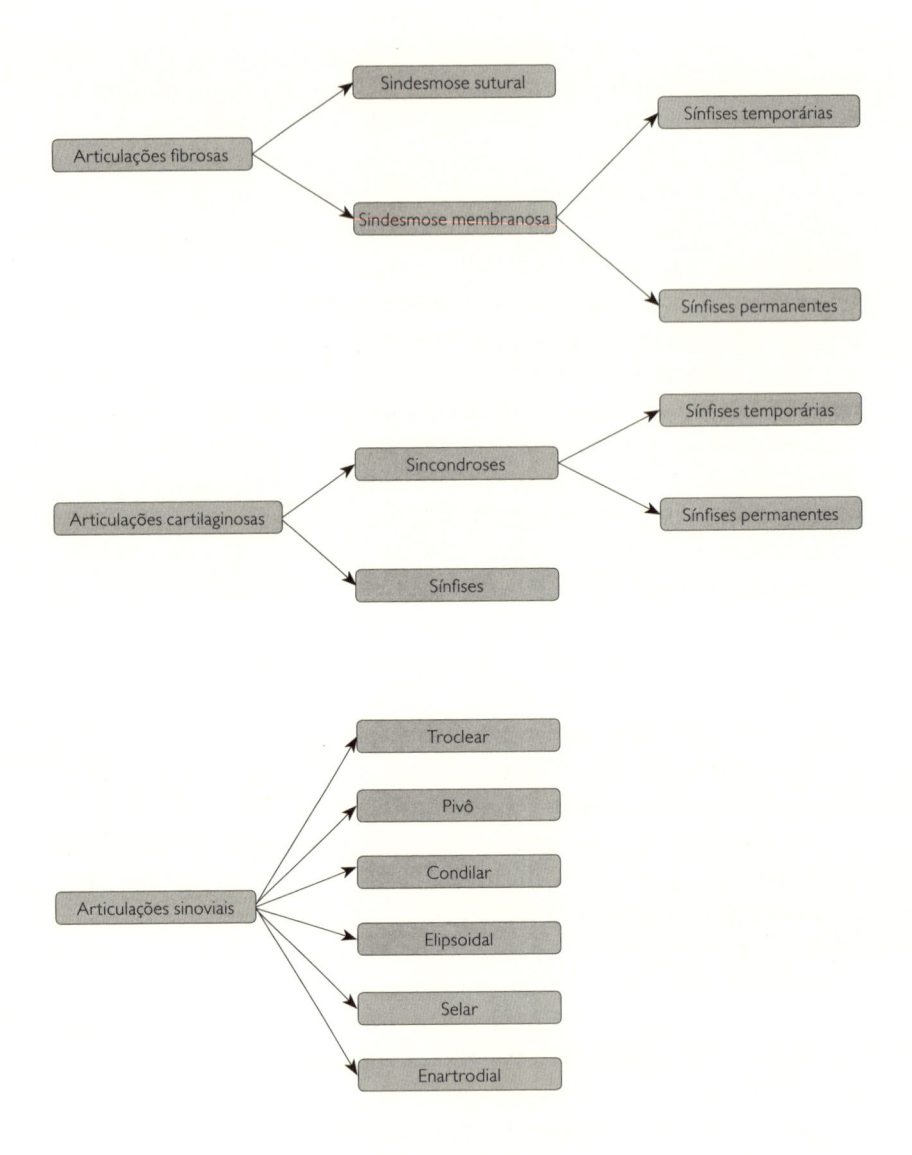

Figura 5.5
Esquema de classificação das articulações, segundo o aspecto estrutural.

CAPÍTULO 2

Aspecto fisiológico funcional de um sistema articular

Como foi visto no capítulo anterior, o aspecto estrutural da cartilagem permite que ela possua uma função mecânica capaz de transmitir compressões eficientes, a fim de permitir que os movimentos nas articulações resistam fortemente a pressões isoladas de tensão, de compressão e de cisalhamento, e que seja capaz de resistir, na combinação dessas três pressões, a uma resistência oriunda de movimentos que envolvam inclinação e torção. Vimos ainda que, de acordo com o aspecto estrutural cartilaginoso, fibroso ou sinovial, as articulações podem ser classificadas como sinartrósicas, anfiartrósicas ou diartrósicas. Contudo, diferente dos tecidos conjuntivos, o aspecto estrutural do osso permite que ele possua uma função mecânica capaz de atuar como uma alavanca de movimento em determinadas conexões. Portanto, a capacidade por exercer diferentes funções permite, por outro lado, a existência de um critério de classificação articular, de acordo com a existência de diferentes tipos de eixo de movimento. Segundo esse critério de classificação, uma articulação sinovial pode ser descrita como dobradiça, pivô, selar, elipsoide e esferoide. Existe ainda outro critério de classificação da articulação sinovial, que consiste por diferenciar a articulação sinovial de acordo com a forma de superfície articular dos ossos que a compõem, diferenciando-a em articulação plana ou condilar.

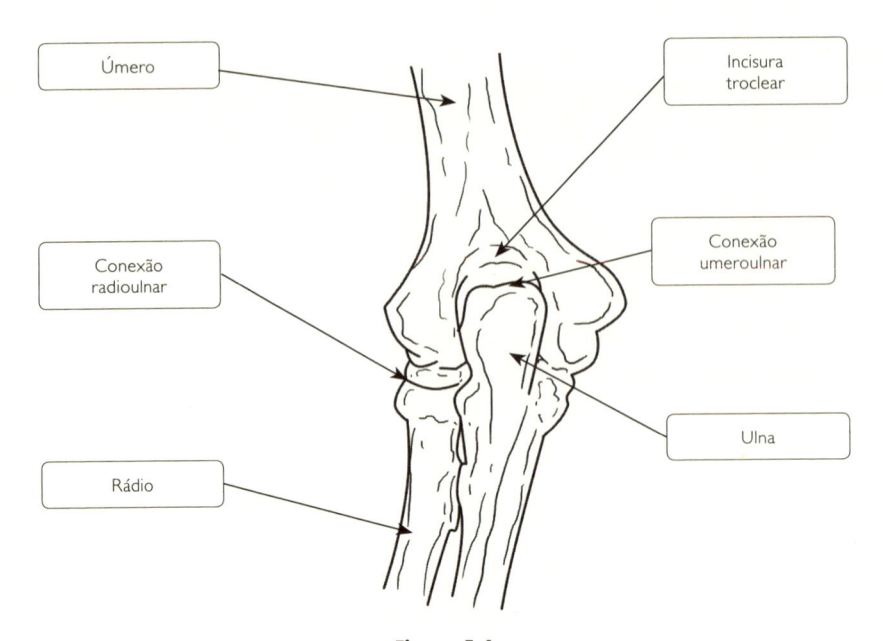

Figura 5.6
A conexão umeroulnar é um exemplo de articulação móvel ou sinovial do tipo diartrósica troclear ou de pivô existente no corpo humano.

De acordo com a configuração anatômica de determinado eixo articular, seja em dobradiça, pivô, selar, elipsoide e esferoide, movimentos distintos são expressos em diferentes segmentos corporais. Porém, dentro de uma perspectiva direcionada para a biomecânica, os aspectos articulares funcionais das conexões ósseas do corpo humano são descritos como articulações imóveis, semimóveis e móveis. Funcionalmente, uma articulação imóvel costuma ser identificada como um tipo de conexão sinartrósica, enquanto uma articulação semimóvel ou levemente móvel como um tipo de conexão anfiartrósica, e por fim, uma articulação móvel ou amplamente móvel, como um tipo de conexão diartrósica. É importante ressaltar que alguns sistemas de classificação funcional costumam agrupar as articulações imóveis e as articulações levemente móveis, como tipos de conexão sinartrósica. Baseado nesse tipo de agrupamento, as articulações tanto imóveis quanto semimóveis podem ser distinguidas em sindesmoses, sincondroses e sinostoses. As sindesmoses consistem em um tipo de união interóssea levemente móvel, em que há a interveniência de um tecido conjuntivo fibroso, que por sua vez constitui um ligamento. As sincondroses consistem em um tipo de união interóssea levemente móvel, em que há a interveniência temporária de um tecido conjuntivo cartilaginoso, que no decorrer de um processo de amadurecimento corporal transforma-se em uma estrutura óssea. As sinostoses consistem em um tipo de soldadura interóssea imóvel, em que há a interveniência temporária de um tecido cartilaginoso ou fibroso, que se transforma em uma única estrutura óssea no decorrer de um processo de amadurecimento corporal.

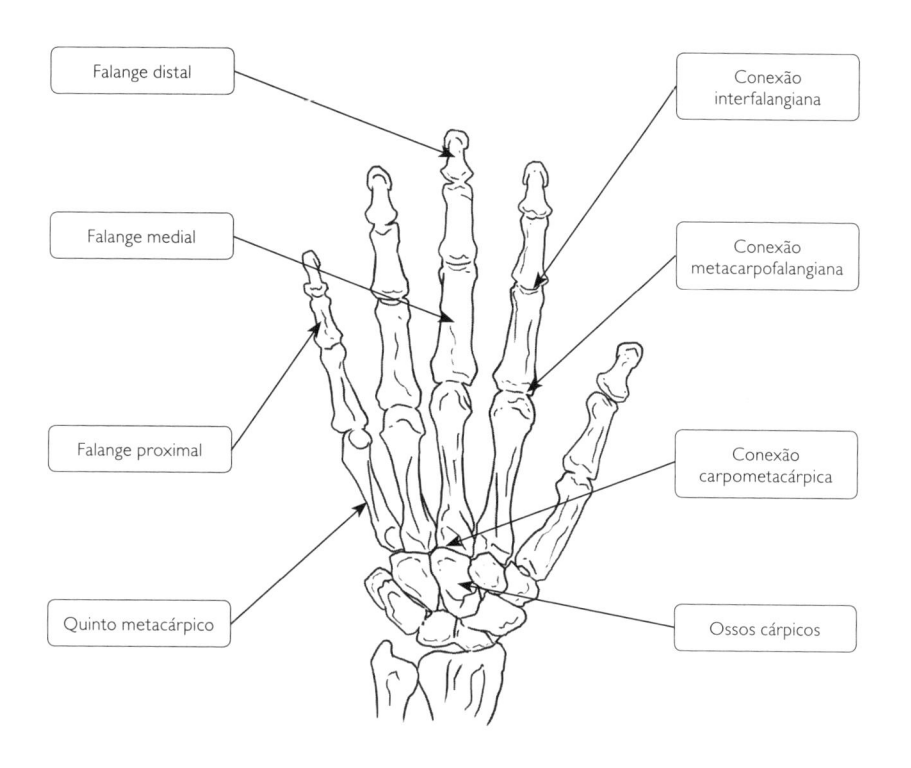

Figura 5.7
As conexões metacarpofalângicas são exemplos de articulações móveis ou sinoviais
do tipo diartrósica condilar existentes no corpo humano.

Portanto, pela análise cinesiológica funcional de uma conexão do tipo diartrósica, podem-se distinguir dois aspectos: o primeiro diz respeito sobre a ampla variação que uma estrutura articular móvel proporciona, mediante um conjunto bastante diversificado de movimentos complexos que se dão no sistema musculoesquelético; e o segundo aspecto diz respeito sobre a natureza do movimento permitido por uma conexão do tipo diartrósica, mediante a estabilidade e a flexibilidade articular. Entretanto, pela análise biomecânica funcional de uma conexão do tipo diartrósica, podem-se distinguir dois aspectos: o primeiro diz respeito sobre a cinemática, mediante a descrição do movimento; e o segundo diz respeito sobre a cinética, mediante as forças que causam ou tendem a ocasionar o movimento. Porém, ambos os aspectos concernentes à biomecânica envolvem diretamente um estudo sobre a dinâmica do movimento tanto linear quanto angular.

O movimento linear ocorre quando parte dos segmentos do corpo humano se move ao mesmo tempo, na mesma direção e na mesma distância, e o movimento angular ocorre quando parte dos segmentos do corpo humano se move ao mesmo tempo, sobre o mesmo ângulo, e na mesma direção, descrevendo uma trajetória circular sobre um eixo de rotação. Importa destacar que a maioria dos movimentos complexos que ocorrem nas alavancas articulares envolve uma combinação de atos motores tanto lineares quanto angulares. E entender essa combinação de atos motores tanto lineares quanto angulares requer um estudo sobre a geração e a transmissão de forças que se dão nos ossos, nas articulações e nos músculos. Em termos de transmissão de forças, o sistema musculoesquelético pode exercer três grandes categorias de movimentos: manutenção da postura ereta, transporte do corpo e manipulação de implementos. Um estudo particular desses movimentos requer uma compreensão imediata sobre a existência de uma relação que se dá entre as variações posturais, e ainda, entre diferentes formas de deslocamentos em uma sala de musculação.

O movimento de manutenção da postura ereta se refere a uma posição corporal anatômica-padrão que, de acordo com a característica de uma força isotônica ou isométrica, distingue-se em movimento de manutenção da postura ereta de equilíbrio estático, ou ainda, em movimento de manutenção da postura ereta de equilíbrio dinâmico. O movimento de manutenção da postura ereta de equilíbrio dinâmico consiste em um tipo de autocontrole, mediante a estabilidade existente entre os ossos, os músculos, os tendões e os ligamentos, na tentativa de manter a harmonia estática de um corpo com poucas oscilações ou desvios, e que diretamente depende do mecanismo dos processos nervosos, a fim de permitir equilibrar-se em movimento. O movimento de manutenção da postura ereta de equilíbrio estático consiste em um modo de manter o corpo ausente de oscilações ou de desvios, mediante as forças que agem no centro de gravidade, e ainda, mediante as forças dos grupos musculares antigravitacionais que se contraem e que atuam no sentido contrário ao efeito da gravidade. O movimento de manutenção da postura ereta de equilíbrio estático depende diretamente de mecanismos que se dão pela ação do sistema gama e do fuso muscular, mecanismos esses que são mantidos por meio dos reflexos de endireitamento.

A força gravitacional ou externa pode atuar sobre o corpo de duas formas distintas: a primeira se dá quando ela é exercida sobre a transmissão do peso corporal ao solo; e a segunda se dá quando ela é exercida sobre os contatos com implementos livres ou fixos. Quando exercida sobre contatos com implementos livres ou fixos, a força gravitacional ou externa induz o músculo a se contrair. O sistema musculoesquelético, ao contrariar ou superar a ação das forças gravitacionais ou externas que agem sobre o corpo, desenvolve duas formas distintas de forças internas que são descritas como força interna ativa e força interna passiva. A força interna ativa corresponde a um tipo de força que manifesta determinada reação muscular, enquanto a força interna passiva corresponde a um tipo de força que manifesta determinada reação articular. Dependendo do grau de intensidade das forças externas ou gravitacionais que são aplicadas sobre o corpo humano, a magnitude tanto das forças de reação muscular, quanto das forças de reação articular, pode sofrer variações.

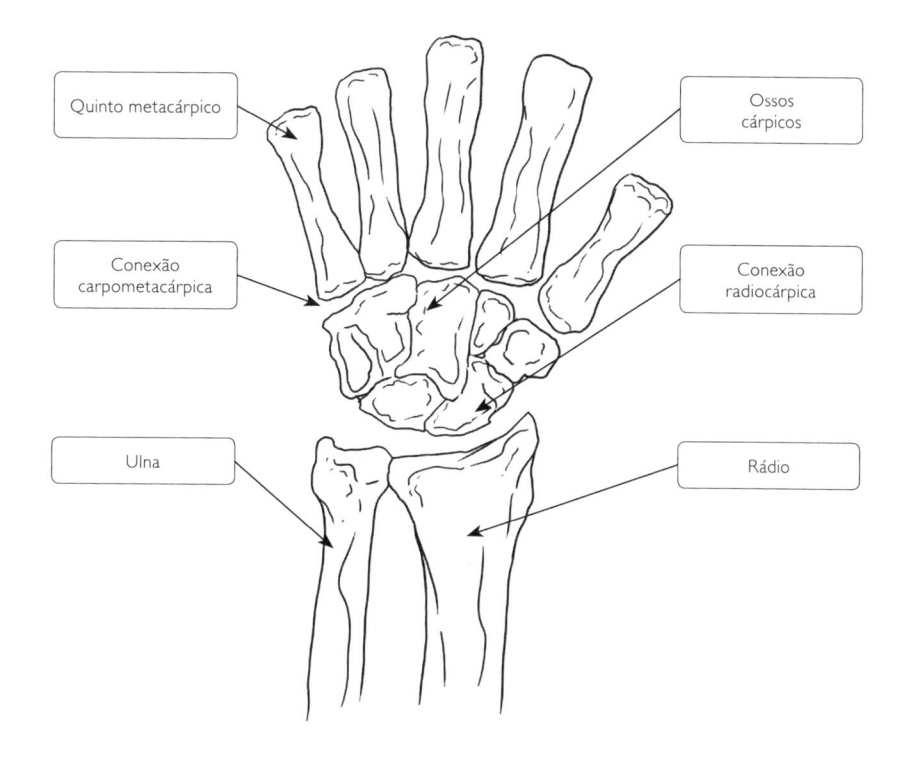

Figura 5.8
As conexões radiocárpicas são exemplos de articulações móveis ou sinoviais do tipo diartrósica elipsoidal.

Sendo assim, se o grau de intensidade das forças externas for aumentado gradativamente, a magnitude das forças de reação muscular será aumentada e, consequentemente, a magnitude das forças de reação articular também será aumentada. De modo geral, as forças de reação produzidas pela contração dos músculos, e ainda por movimentos transmitidos para os ossos e articulações, são descritas como forças internas, e quando essas forças são produzidas podem manifestar tensões do tipo isotônicas ou isométricas.

A aplicação associativa das forças internas e externas, durante uma atividade coordenada envolvendo vários grupos musculares, permite a manutenção da postura ereta do corpo, e ainda, a produção de movimentos voluntários e controlados. Desse modo, o sistema musculoesquelético gera e transmite forças internas, com o objetivo de contrapor ou superar tanto as forças externas que atuam sobre o corpo durante as posturas estáticas, quanto as que atuam sobre o corpo durante movimentos voluntários.

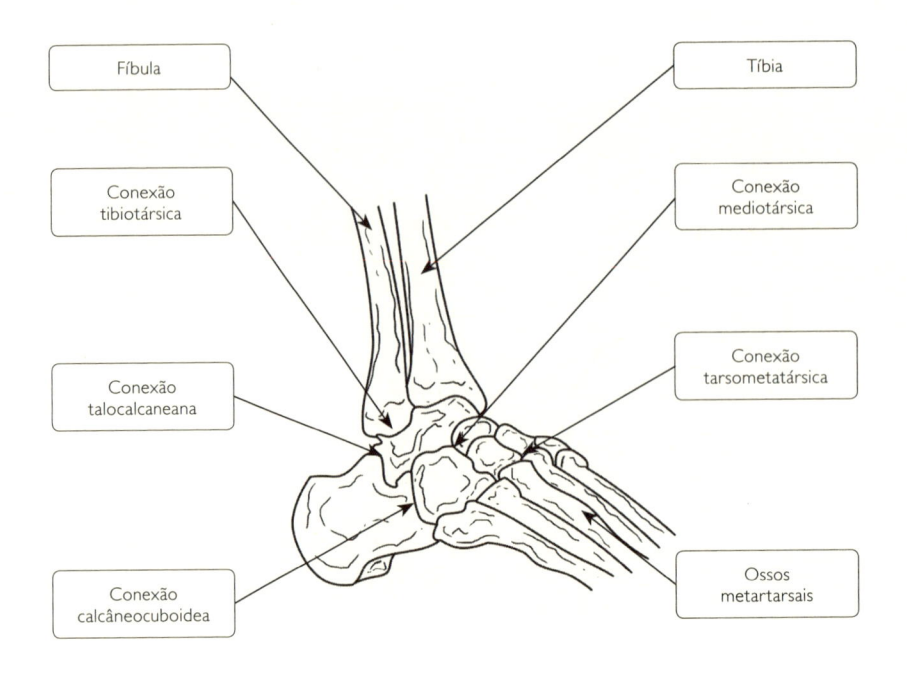

Figura 5.9
A conexão calcâneocuboidea é um exemplo de articulação móvel ou sinovial do tipo diartrósica selar existente no corpo humano.

Uma análise mecânica descritiva das forças externas e internas, assim como um estudo sobre o efeito e a causa das forças de reação dos músculos e das articulações, é obtida mediante os conhecimentos adquiridos sobre os conceitos e princípios fundamentais de mecânica. E esse conhecimento adquirido requer uma dimensão básica sobre a mecânica que se dá sobre as estruturas que constituem, de modo geral, toda a natureza musculoesquelética do corpo humano.

Entretanto, a eficiência desse estudo se completa quando associamos a análise mecânica dessas estruturas com a análise das reações fisiológicas que ocorrem dentro do sistema nervoso, uma vez que tais reações fisiológicas que ocorrem dentro desse sistema são as principais responsáveis pela determinação do nível e do momento da produção de uma força de reação tanto muscular, quanto articular.

A combinação de todos esses elementos permite uma visão muito mais ampla sobre as reações das funções que ocorrem na mecânica de todo o arranjo de cadeia cinética aberta e fechada dos ossos, e ainda, sobre as reações das funções orgânicas dos ossos, que, conectadas entre si, e associadas aos músculos, constituem o complexo sistema musculoesquelético.

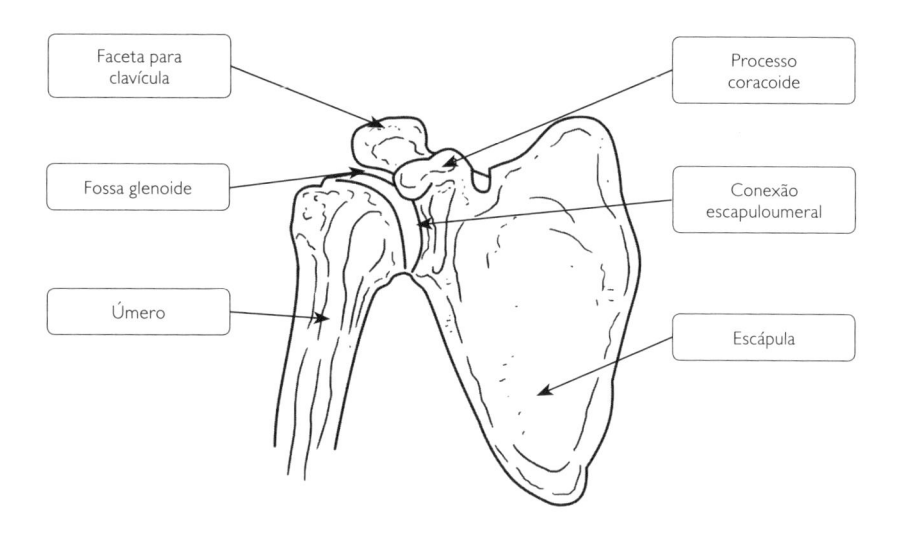

Figura 5.10
A conexão do ombro é um exemplo de articulação móvel ou sinovial do tipo enartrodial existente no corpo humano.

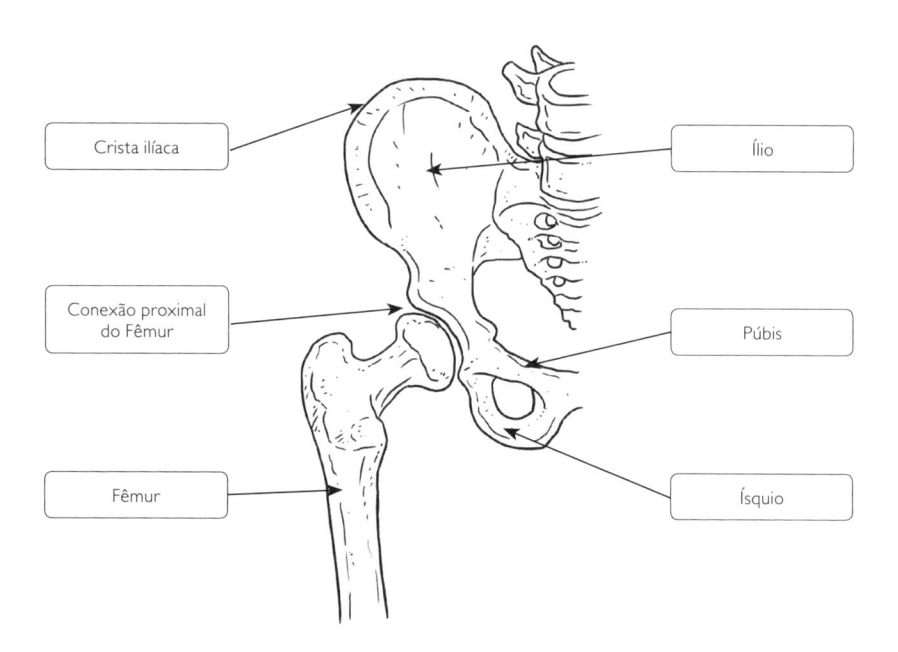

Figura 5.11
A conexão do quadril é um exemplo de articulação móvel ou sinovial do tipo enartrodial existente no corpo humano.

Portanto, resumindo o capítulo referente ao aspecto fisiológico funcional de um sistema articular, podemos destacar que a classificação quanto à natureza de seu movimento em imóveis, semimóveis e móveis, requer uma análise sobre os conceitos elementares que margeiam a biomecânica. Desse modo, deve-se ter em mente uma noção sobre o conceito elementar de uma mecânica, mediante o princípio físico que rege o movimento linear e angular. Esses princípios fornecem meios que nos permitem melhor entender o universo da composição de uma força externa e interna, e da função que essas forças exercem sobre o sistema musculoesquelético. Um conhecimento sobre esses princípios fornece, ainda, condições para que possamos melhor compreender as alterações fisiológicas que ocorrem nos músculos e nas articulações, quando um trabalho dinâmico ou estático é realizado em determinado tipo de exercício resistido de musculação, e ainda, condições de melhor avaliar os aspectos biomecânicos qualitativos e quantitativos de determinado movimento articular.

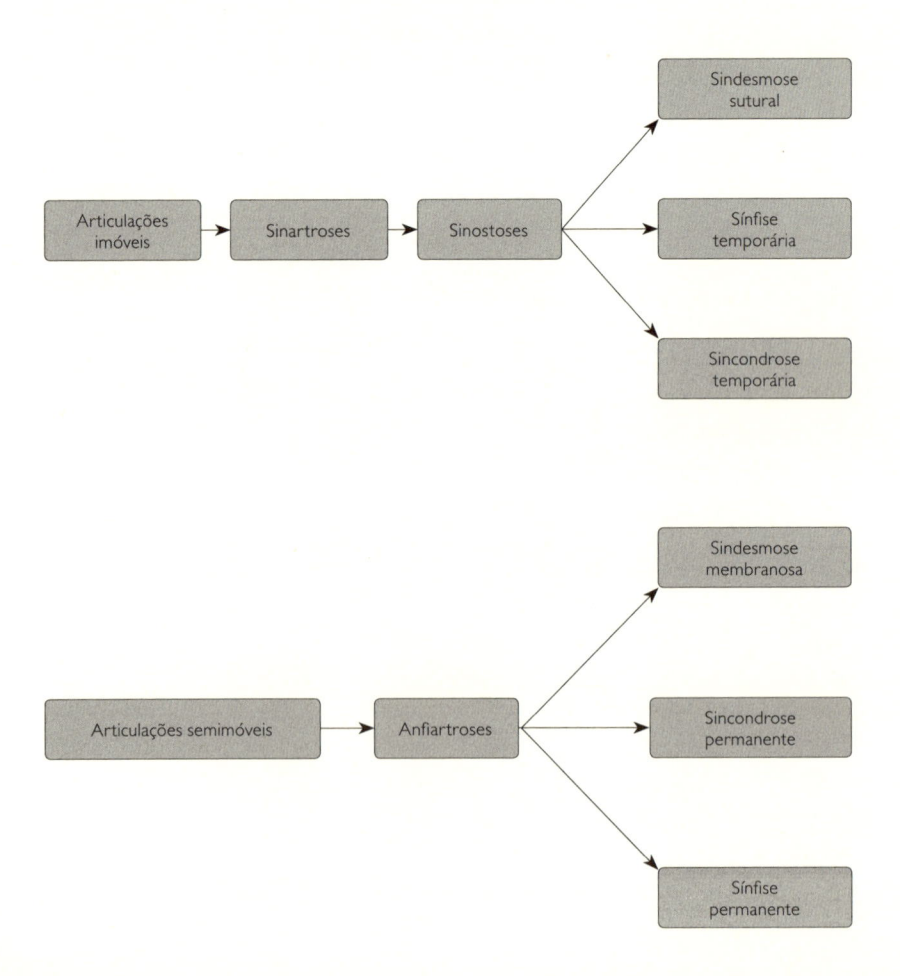

Articulações imóveis → Sinartroses → Sinostoses → Sindesmose sutural / Sínfise temporária / Sincondrose temporária

Articulações semimóveis → Anfiartroses → Sindesmose membranosa / Sincondrose permanente / Sínfise permanente

```
Articulações móveis → Diartroses → Articulações uniaxiais
                                 → Articulações biaxiais
                                 → Articulações multiaxiais
```

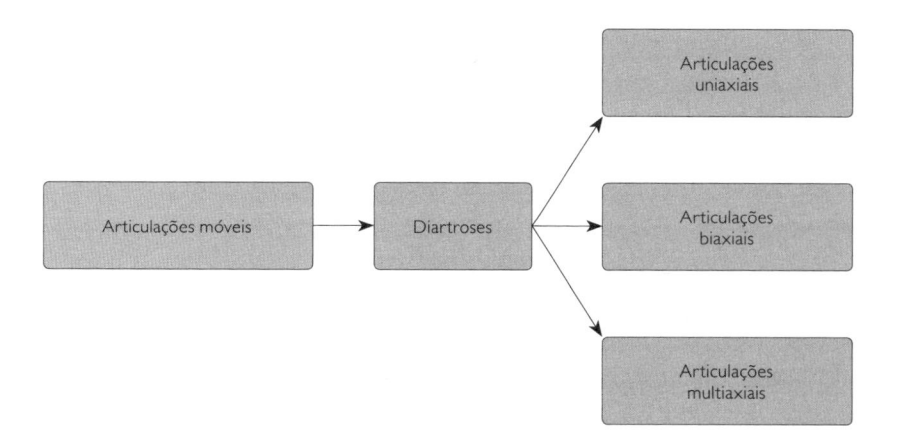

Figura 5.12
Esquema de classificação das articulações segundo o aspecto funcional.

PARTE 6
MÚSCULOS: CATEGORIAS E FUNÇÕES

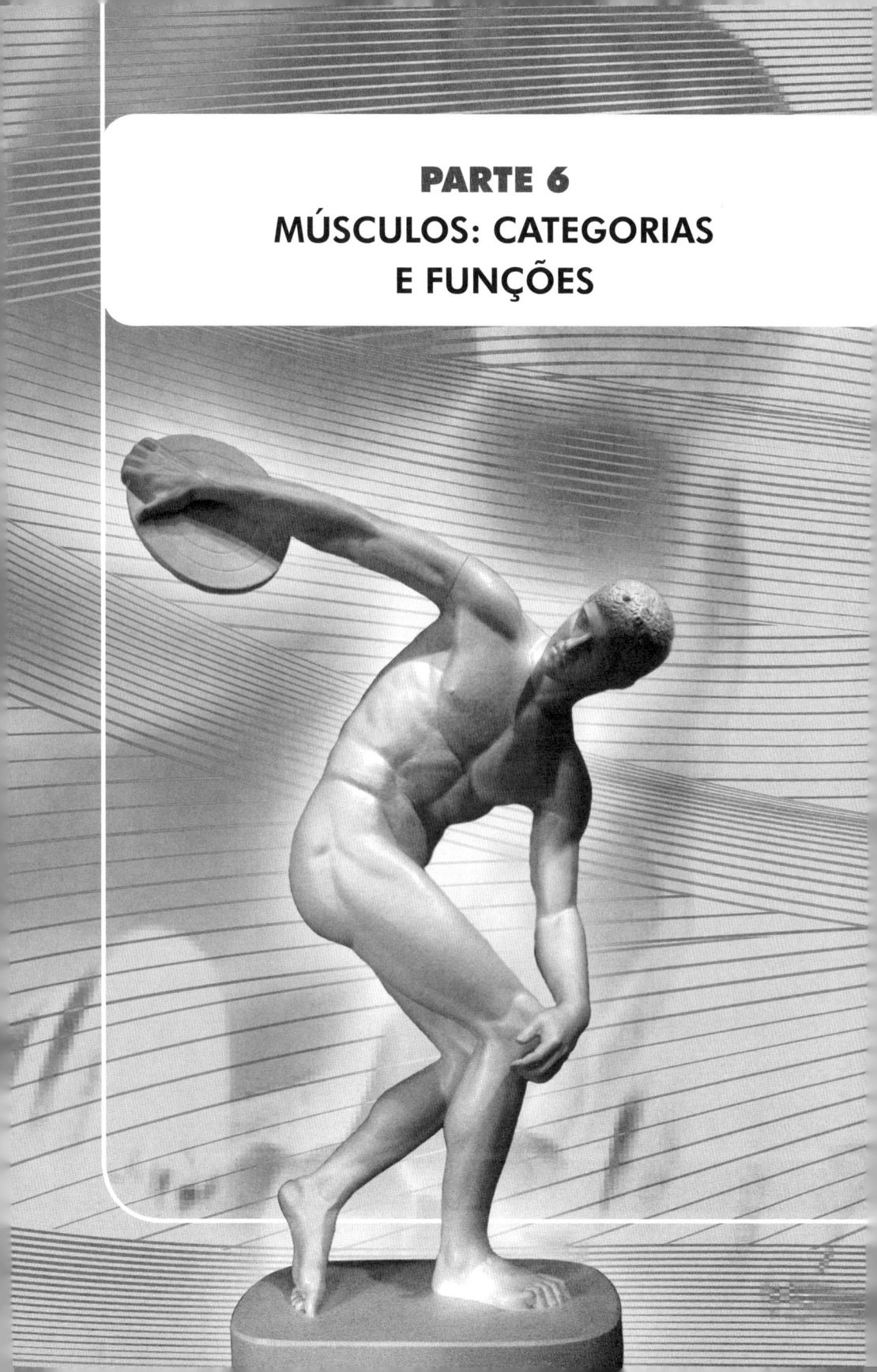

CAPÍTULO 1

Categorias de músculos

Descrever a categoria de um músculo é classificar uma estrutura em três aspectos distintos, ou seja, primeiro no que diz respeito ao formato, um segundo que diz respeito à localização e, por fim, um terceiro aspecto que diz respeito à anastomose. O primeiro aspecto que diz respeito ao formato consiste em classificar um músculo por meio de informações referentes à dimensão, à aparência geométrica, ao tipo de convergência e arranjo das fibras musculares, e ainda, ao número de feixes que possui. O segundo aspecto que diz respeito à localização consiste em classificar um músculo por meio de informações referentes à orientação direcional e espacial, à região ou segmento corporal pertencente à profundidade ou superficialidade subcutânea, e ainda à bilateralidade vertebral. E por fim, o terceiro aspecto que diz respeito à anastomose, consiste em classificar um músculo por meio de informações referentes à interação que se estabelece com outras estruturas anatômicas.

A interação com outras estruturas anatômicas implica um processo que interliga um músculo a outro músculo distinto, ou em um processo que interliga um músculo a uma articulação adjacente, ou ainda, em um processo que interliga um músculo a uma formação óssea funcional. Quando essa interação ocorre ao interligar um músculo a outro músculo distinto, forma, por sua vez, grupos musculares descritos como suboccipitais, prevertebrais, escalenos, esplênios, espinhais, semiespinhais, iliocostais, longos, multifídios, serráteis, trapézios, romboides, redondos, deltoides, glúteos, ilíacos, vastos, fibulares. Quando essa interação se dá por interligar um músculo a uma articulação adjacente, forma, grupos musculares descritos como toracoumerais escapuloumerais, coxofemorais, tibiofemorais, patelofemorais, tibiotársicos. E quando essa interação se dá por interligar um músculo a uma formação óssea funcional, forma grupos musculares descritos como interósseos, intervertebrais, interespinhais, intertransversais, intercostais.

Em relação à dimensão, ou seja, no sentido de medir e avaliar a extensão ou o tamanho, bem como o tipo de uma estrutura muscular, a categoria do músculo se distingue em pequeno, grande, grosso, fino, longo, curto, largo e estreito. Um músculo pequeno possui uma estrutura pouco extensa de tamanho reduzido, um músculo grande possui uma estrutura bem desenvolvida de tamanho excessivo e de volume acima do normal, um músculo grosso possui uma estrutura de aspecto volumoso e encorpado, um músculo fino possui uma estrutura de aspecto menos volumoso e encorpado, um músculo longo possui uma estrutura longitudinalmente extensa, um músculo curto possui uma estrutura de comprimento reduzido e pequeno, um músculo largo possui uma estrutura de grande extensão transversal, um músculo estreito possui uma estrutura delgada e de pouca largura. Em relação ao tipo geométrico, a categoria do músculo se distingue em triangular, quadrangular e retangular. Um músculo de aspecto triangular possui uma estrutura que se apresenta sob a forma de um triângulo, ou tem por base o formato de um triângulo, um músculo de aspecto quadrangular possui uma estrutura que se apresenta sob a forma de um quadrado, e um músculo de aspecto retangular possui uma estrutura que se apresenta sob a forma de um retângulo.

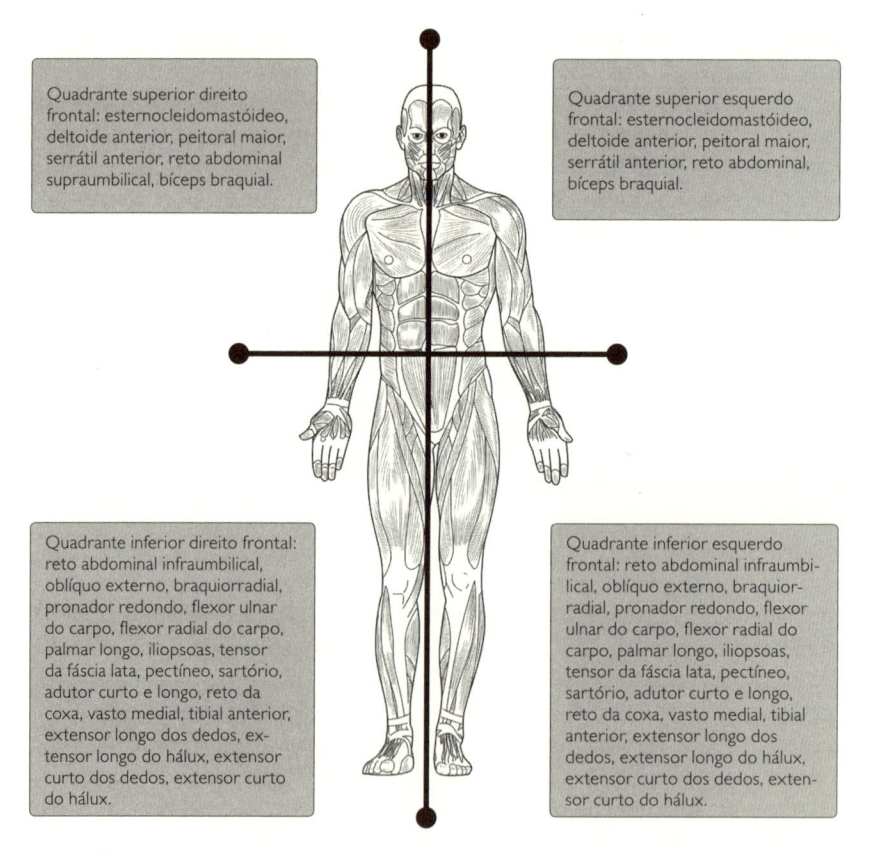

Quadrante superior direito frontal: esternocleidomastóideo, deltoide anterior, peitoral maior, serrátil anterior, reto abdominal supraumbilical, bíceps braquial.

Quadrante superior esquerdo frontal: esternocleidomastóideo, deltoide anterior, peitoral maior, serrátil anterior, reto abdominal, bíceps braquial.

Quadrante inferior direito frontal: reto abdominal infraumbilical, oblíquo externo, braquiorradial, pronador redondo, flexor ulnar do carpo, flexor radial do carpo, palmar longo, iliopsoas, tensor da fáscia lata, pectíneo, sartório, adutor curto e longo, reto da coxa, vasto medial, tibial anterior, extensor longo dos dedos, extensor longo do hálux, extensor curto dos dedos, extensor curto do hálux.

Quadrante inferior esquerdo frontal: reto abdominal infraumbilical, oblíquo externo, braquiorradial, pronador redondo, flexor ulnar do carpo, flexor radial do carpo, palmar longo, iliopsoas, tensor da fáscia lata, pectíneo, sartório, adutor curto e longo, reto da coxa, vasto medial, tibial anterior, extensor longo dos dedos, extensor longo do hálux, extensor curto dos dedos, extensor curto do hálux.

Figura 6
Quadrantes corporais frontais a partir da posição anatômica.
Categoria de músculos segundo a orientação espacial e direcional, da visão anterior dos grupamentos musculares que compõem os segmentos da cabeça, do pescoço, do tronco e das extremidades superiores e inferiores do corpo humano, a partir da posição anatômica.

Em relação ao tipo de convergência das fibras musculares, a categoria do músculo se distingue em retilíneo e curvilíneo. Um músculo retilíneo possui uma estrutura ou um formato plano e liso, sem desigualdades e curvas. Já um músculo curvilíneo possui uma estrutura ondeada, apresentando desigualdades dispostas em curvas. Em relação ao tipo de arranjo das fibras musculares, a categoria do músculo se distingue em penados e não penados. Os músculos penados, também descritos como peniformes, são tipos de músculo que possuem fibras dispostas obliquamente, inserindo-se ao lado de um tendão sob a forma de uma pena e se distinguem em unipenados, bipenados e multipenados. Os músculos unipenados possuem fibras que se dirigem a uma área de um osso obliquamente, inserindo-se nos dois lados de um tendão. Os músculos bipenados possuem fibras que se inserem nos lados opostos de um tendão. E por fim, os músculos multipenados possuem fibras que se convergem sobre vários tendões.

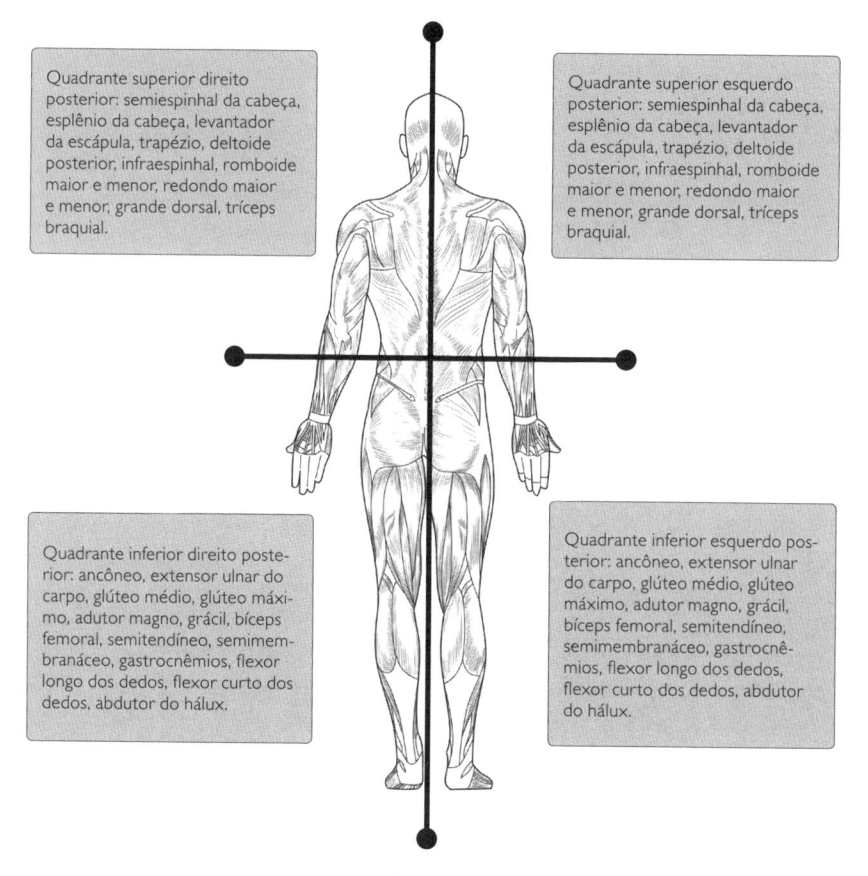

Quadrante superior direito posterior: semiespinhal da cabeça, esplênio da cabeça, levantador da escápula, trapézio, deltoide posterior, infraespinhal, romboide maior e menor, redondo maior e menor, grande dorsal, tríceps braquial.

Quadrante superior esquerdo posterior: semiespinhal da cabeça, esplênio da cabeça, levantador da escápula, trapézio, deltoide posterior, infraespinhal, romboide maior e menor, redondo maior e menor, grande dorsal, tríceps braquial.

Quadrante inferior direito posterior: ancôneo, extensor ulnar do carpo, glúteo médio, glúteo máximo, adutor magno, grácil, bíceps femoral, semitendíneo, semimembranáceo, gastrocnêmios, flexor longo dos dedos, flexor curto dos dedos, abdutor do hálux.

Quadrante inferior esquerdo posterior: ancôneo, extensor ulnar do carpo, glúteo médio, glúteo máximo, adutor magno, grácil, bíceps femoral, semitendíneo, semimembranáceo, gastrocnêmios, flexor longo dos dedos, flexor curto dos dedos, abdutor do hálux.

Figura 6.1
Quadrantes corporais posteriores a partir da posição anatômica.
Categoria de músculos segundo a orientação espacial e direcional, da visão posterior dos grupamentos musculares que compõem os segmentos da cabeça, do pescoço, do tronco e das extremidades superiores e inferiores do corpo humano, a partir da posição anatômica.

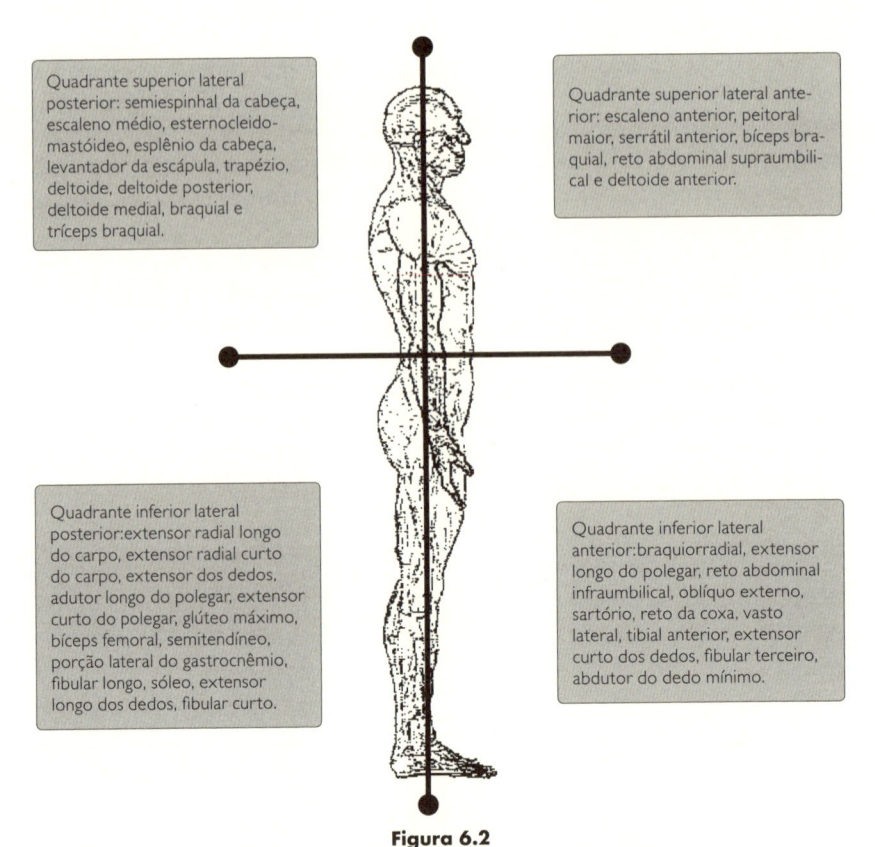

Quadrante superior lateral posterior: semiespinhal da cabeça, escaleno médio, esternocleidomastóideo, esplênio da cabeça, levantador da escápula, trapézio, deltoide, deltoide posterior, deltoide medial, braquial e tríceps braquial.

Quadrante superior lateral anterior: escaleno anterior, peitoral maior, serrátil anterior, bíceps braquial, reto abdominal supraumbilical e deltoide anterior.

Quadrante inferior lateral posterior: extensor radial longo do carpo, extensor radial curto do carpo, extensor dos dedos, adutor longo do polegar, extensor curto do polegar, glúteo máximo, bíceps femoral, semitendíneo, porção lateral do gastrocnêmio, fibular longo, sóleo, extensor longo dos dedos, fibular curto.

Quadrante inferior lateral anterior: braquiorradial, extensor longo do polegar, reto abdominal infraumbilical, oblíquo externo, sartório, reto da coxa, vasto lateral, tibial anterior, extensor curto dos dedos, fibular terceiro, abdutor do dedo mínimo.

Figura 6.2
Quadrantes corporais laterais a partir da posição anatômica.
Categoria de músculos segundo a orientação espacial e direcional, da visão lateral dos grupamentos musculares que compõem os segmentos da cabeça, do pescoço, do tronco e das extremidades superiores e inferiores do corpo humano, a partir da posição anatômica.

Os músculos não penados possuem grupos de fibras que correm alinhadas com a ação muscular, e apresentam-se com os seguintes aspectos: quadrado, adelgaçado, espiralado, alequeado e afuselado. No aspecto quadrado, o arranjo de feixes de fibras segue sob a forma de um quadrilátero fortificado, no aspecto adelgaçado, o arranjo de feixes de fibras segue sob a forma de tiras afiladas, no aspecto espiralado, o arranjo de feixes de fibras segue sob a forma de uma curva ao redor de outros músculos ou ossos, no aspecto alequeado, o arranjo de feixes de fibras segue sob a forma de um leque, ao convergir de uma origem larga rumo a uma inserção pequena, e no aspecto afuselado ou fusiforme, o arranjo de feixes de fibras segue sob a forma de um fuso, ao unir cada extremidade rumo à inserção de um tendão longo e estreito.

Quanto ao número de feixes musculares, a categoria do músculo se distingue em bíceps, tríceps e quadríceps. Um músculo bíceps possui uma estrutura constituída por duas cabeças de origem, ou por dois feixes musculares distintos, são caracterizados como bíceps braquial e como bíceps femoral, sendo que o músculo bíceps braquial compõe toda a massa muscular anterior do segmento do braço, e o músculo bíceps femoral compõe toda a massa posterior do segmento da coxa. Um músculo tríceps possui uma estrutura constituída por três cabeças de origem, ou por três feixes musculares distintos, que são caracterizados como tríceps braquial, tríceps femoral e tríceps sural, sendo que o músculo tríceps braquial compõe toda a massa muscular posterior do segmento do braço, o músculo tríceps femoral compõe toda a massa muscular anteromedial do segmento da coxa, e o músculo tríceps sural compõe toda a massa muscular posterior do segmento da perna. Um músculo quadríceps possui uma estrutura constituída por quatro cabeças de origem, ou por quatro feixes musculares distintos, e compõe toda a massa muscular anterior do segmento da coxa.

Quando a categoria do músculo se dá tomando como referência o termo espacial e direcional, comumente usado como referência-padrão para descrever ou localizar a visão geral de determinada região do corpo humano, os músculos são descritos como anteriores, posteriores, superiores, inferiores, internos, externos, esquerdos, direitos, proximais e distais. Porém, quando a categoria de um músculo envolve determinadas regiões ou segmentos corporais, os músculos esqueléticos podem ser distinguidos em músculos do pescoço, músculos do tronco, músculos dos membros superiores e músculos dos membros inferiores. Os músculos do pescoço abrangem toda a massa muscular pertencente ao segmento corporal que liga a cabeça ao tronco, e inclui um grupo muscular superficial e lateral supra-hióideo e infra-hióideo e também pré-vertebral. Os músculos do tronco abrangem toda a massa muscular que constitui grupos de músculos superficiais e profundos torácicos, intercostais e abdominais.

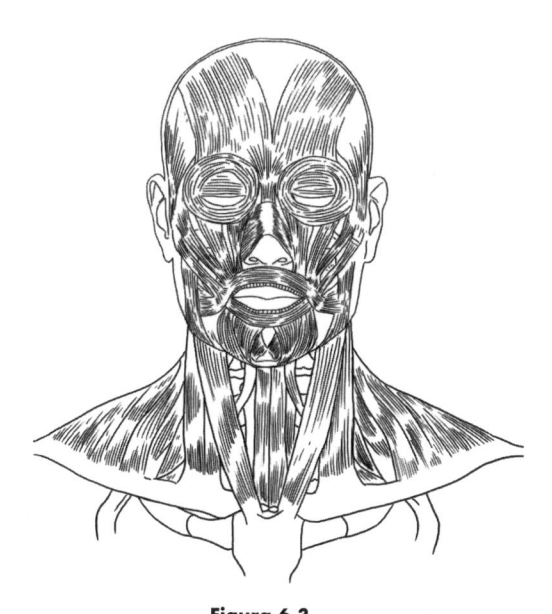

Figura 6.3
Principais músculos da região anterior do pescoço que importam para a musculação: Omo-hióideo, esternohióideo, esternocleidomastóideo, porção descendente do trapézio.

De modo geral, os grupos musculares que estabelecem uma conexão entre os membros superiores e o pescoço, e ainda, entre membros superiores e o segmento torácico superior, e também entre membros superiores e as estruturas do cíngulo escapular, abrangem um conjunto de músculos relativos ou pertencentes à região do colo, da nuca e da região acima do braço, e se distinguem em músculos escapulares e em músculos do complexo articular do ombro. Todo grupamento muscular escapular e do complexo articular do ombro compreende músculos relativos à cadeia respiratória, à cadeia anterointerna do ombro, e também compreendem músculos relativos à cadeia anterior do braço. O cíngulo escapular consiste em um anel ósseo incompleto circundante, formado pela conexão que se dá entre a escápula, a clavícula e o manúbrio. Já o complexo articular do ombro é constituído por um mecanismo de interdependência funcional formado pela conexão que se dá entre o úmero, a escápula, a clavícula e o esterno.

De maneira específica, os grupos musculares dos membros superiores incluem músculos que se dão entre membros e coluna toracocervical, e ainda entre membros e tórax. Os grupos musculares dos membros superiores incluem também músculos comumente descritos como escapular, tricipital, braquial, antebraquial, tênar e hipotênar. Importa destacar que todo grupamento escapular inclui um conjunto de músculos, que estão situados logo abaixo da região posterior do pescoço, e logo acima da região lombar, e que todo grupamento tricipital inclui um conjunto de músculos; que estão situados posteromedialmente entre a articulação do cotovelo e do punho, e que todo grupamento braquial inclui um conjunto de músculos que por sua vez estão situados anteromedialmente entre a articulação do ombro e do cotovelo; e que todo grupamento antebraquial inclui um conjunto de músculos que estão situados anteromedialmente ou posteromedialmente entre a articulação do cotovelo e do punho; e por fim, que todo grupamento tênar e hipotênar inclui um conjunto de músculos que estão situados nas extremidades das articulações dos quirodáctilos ou dos dedos das mãos.

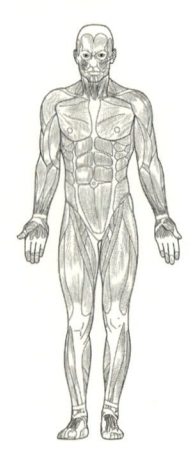

Figura 6.4
Visão do aspecto estrutural muscular anterior do corpo humano na posição anatômica.

De modo geral, os grupos musculares que estabelecem uma conexão entre membros inferiores e a bacia, e ainda entre membros inferiores e as estruturas do cíngulo pélvico, abrangem um conjunto de músculos relativo ou pertencente à região da anca e da região abaixo da virilha, e se distingue em músculos glúteos e em músculos do complexo articular do quadril. Todo grupamento muscular glúteo e do complexo articular do quadril compreende músculos relativos à cadeia anterointerna da bacia, e também compreende músculos relativos à cadeia posterior da coxa. O cíngulo pélvico consiste em um anel ósseo completo circundante, formado pelo sacro e por uma estrutura óssea constituída pela sinostose que se dá entre o ilíaco, o ísquio e o púbis. Já o complexo articular do quadril consiste em um mecanismo de interdependência funcional formado pela conexão que se dá entre o fêmur e o acetábulo da pelve.

De maneira específica, os grupos musculares dos membros inferiores incluem músculos que se dão entre membros e coluna toracolombar, e ainda entre membros e abdômen. Os grupos musculares dos membros inferiores incluem também músculos comumente descritos como glúteo, femoral, crural, isquiocrural, sural dorsal e plantar do pé. Importa destacar que todo o grupamento glúteo inclui um conjunto de músculos situados logo acima da região posterior da coxa, e logo abaixo da região lombar, e que todo grupamento femoral inclui um conjunto de músculos situados anteromedialmente entre a articulação coxofemoral e do joelho, e que todo grupamento crural inclui um conjunto de músculos que, estão situados anterolateralmente entre a articulação do joelho e do tornozelo, e que todo grupamento isquiocrural ou isquiopoplíteo inclui um conjunto de músculos, situados posteriormente entre a articulação coxofemoral e do joelho, e que todo grupamento sural inclui um conjunto de músculos situados posteriormente entre a articulação do joelho e do tornozelo; e por fim, que todo grupamento dorsal e plantar do pé inclui um conjunto de músculos situados nas extremidades das articulações dos pododáctilos ou dos dedos dos pés.

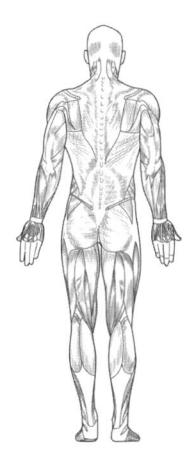

Figura 6.5
Visão do aspecto estrutural muscular posterior do corpo humano na posição anatômica.

Quando a categoria de um grupo muscular está relacionada à localização subcutânea, determinado músculo esquelético se distingue em superficial e profundo. Um grupo muscular superficial abrange todo um conjunto de músculos que estão situados ou localizados de forma pouco distante ou próximo da superfície da pele, e um grupo muscular profundo abrange todo um conjunto de músculos que estão localizados ou situados de forma muito distante ou afastado da superfície da pele. É importante destacar que, ao analisar todo grupamento muscular vertebral superficial ou profundo, observam-se músculos situados bilateralmente ou paralelamente à esquerda ou à direita, e que a localização desses músculos forma, consequentemente, uma cadeia de músculos posteriores. Nota-se ainda que esses músculos compreendem também toda uma estrutura composta por grupos musculares iliocostais, longos, espinhais, semiespinhais, interespinhais e intertransversais que constitui um complexo sistema de cruzamento que se dá entre músculos eretores distintos.

Portanto, quando está localizado lateralmente nos dois lados da coluna vertebral, a categoria de um grupo muscular subdivide-se em três tipos de músculo esquelético espinhal bilateral distinto: espinhais bilaterais cervicais, espinhais bilaterais torácicos e espinhais bilaterais lombares. Os músculos esqueléticos espinhais bilaterais cervicais, torácicos e lombares podem, com frequência, contrair-se isoladamente. Os músculos esqueléticos espinhais bilaterais cervicais compõem toda a massa muscular relacionada paralelamente com as sete vértebras cervicais, os músculos esqueléticos espinhais bilaterais torácicos compõem toda a massa muscular relacionada paralelamente com as doze vértebras torácicas, os músculos esqueléticos espinhais bilaterais lombares compõem toda a massa muscular relacionada paralelamente com as cinco vértebras lombares, com as cinco vértebras sacrais, e ainda, com as quatro vértebras coccigianas.

Figura 6.6
Visão do aspecto estrutural muscular lateral do corpo humano na posição anatômica.

CAPÍTULO 2

Funções musculares

Um fator importante a ser considerado quando se procura avaliar a ação muscular, ou ainda, quando se busca avaliar a função motora de um músculo, consiste em sabermos a disposição do músculo em relação ao eixo de rotação das articulações interpostas. Pois quando o músculo está localizado adiante do eixo de rotação de uma alavanca articular, ele funciona como um extensor para a alavanca articular correspondente, e quando um músculo está localizado atrás do eixo de rotação de uma alavanca articular, funciona como um flexor para a alavanca articular correspondente. Entretanto, pode ocorrer que diferentes partes de um mesmo músculo sejam capazes de produzir efeitos antagônicos, independente da localização do eixo de rotação de determinada alavanca articular interposta. Portanto, em relação ao trajeto que segue ao cruzar uma alavanca articular interposta, determinado músculo pode ser distinguido como monoarticular, biarticular ou poliarticular.

Os músculos descritos como monoarticulares, pelo uso eficiente de uma única articulação interposta em seu trajeto de movimento, e que ocorre ao mesmo tempo, proporcionam a individualização de uma ação mecânica resistida em determinado ponto articular. Os músculos biarticulares, pelo uso eficiente de duas articulações interpostas em seu trajeto de movimento, e que ocorrem ao mesmo tempo, proporcionam uma combinação definida de ações mecânicas resistidas em dois determinados pontos articulares distintos. Os músculos poliarticulares, pelo uso eficiente de duas ou mais articulações interpostas em seu trajeto de movimento, e que ocorrem ao mesmo tempo, proporcionam uma combinação definida de ações mecânicas resistidas em dois ou mais determinados pontos articulares distintos.

Observa-se que, ao exercer uma contração concêntrica em determinado exercício de musculação, os músculos tendem a diminuir os graus articulares dos pontos fixos de determinada alavanca de movimento, fazendo que dois segmentos corporais fiquem mais perto um do outro. Em contrapartida, ao exercer uma contração excêntrica, os músculos tendem a aumentar os graus articulares dos pontos fixos de determinada alavanca de movimento, fazendo que dois segmentos corporais fiquem mais distantes um do outro. Dessa maneira, pode-se afirmar que os pontos fixos de uma alavanca de movimento correspondem aos pontos de fixação do músculo, e que esses pontos de fixação recebem os nomes de origem e inserção. E ainda, pode-se afirmar que todos os movimentos articulares, que ocorrem nos pontos tanto de origem quanto de inserção, refletem diretamente em todo o mecanismo de uma ação a ser manifestada por determinado músculo.

Quando os músculos funcionam de uma maneira específica em relação à ação de outro músculo, ou ainda em relação a determinada ação articular, os músculos esqueléticos passam a exercer funções que se distinguem como motores primários e motores secundários. Os músculos motores primários consistem em uma subdivisão dos músculos agonistas responsáveis pela tensão concêntrica, que se obtém na manifestação do movimento de uma alavanca articular do corpo humano. Os músculos motores secundários consistem em uma subdivisão dos músculos agonistas responsáveis pela tensão concêntrica, que se obtém na manifestação do movimento de uma alavanca articular do corpo humano, e que, por outro lado, auxilia os músculos motores primários em toda a dinâmica de um trabalho muscular. Desse modo, observa-se que toda a dinâmica de uma mecânica muscular está intimamente associada a funções musculares específicas. Funções estas que distinguem os músculos de forma agonista, antagonista, estabilizador, sinérgico ou neutralizador.

Ao executar um exercício em uma sessão de musculação, a função de um músculo agonista consiste em produzir uma tensão resistida de oposição, por meio da ação sinérgica de um torque que se dá contra o efeito de uma força externa, no intuito de assegurar um encurtamento na estrutura do tecido muscular, mediante uma ação inversa aos músculos antagonistas. Assim, os músculos concentricamente ativos são agonistas ao esforço expresso na presença de movimentos coordenados e simultâneos que ocorrem na articulação que estão cruzando. A afirmação de que determinado músculo exerce uma ação unicamente agonista é incompleta, pois os músculos agonistas podem ser descritos como motor primário ou motor secundário. Entretanto, o termo primário e secundário é indefinido, a menos que uma ação sinérgica da articulação seja referida em relação a eles. O músculo agonista motor primário é o principal responsável por um movimento coordenado e simultâneo, que ocorre em uma ação articular específica, enquanto o músculo agonista motor secundário funciona como um agente que auxilia o músculo agonista motor primário em uma mesma ação articular.

Por outro lado, ao executar um exercício em uma sessão de musculação, a função de um músculo antagonista consiste em produzir uma tensão resistida de oposição, por meio da ação sinérgica de um torque que se dá contra o efeito de uma força externa, no intuito de assegurar uma extensão na estrutura do tecido muscular, mediante uma ação inversa aos músculos agonistas. Assim, os músculos excentricamente ativos são antagonistas ao esforço expresso na presença de movimentos coordenados e simultâneos que ocorrem na articulação que estão cruzando. No entanto, ao executar um exercício e uma sessão de musculação, a função de um músculo estabilizador consiste em produzir uma tensão resistida constante, por meio da ação sinérgica de um torque que se dá contra o efeito de uma força externa, no intuito de assegurar o mesmo comprimento na estrutura do tecido muscular, mediante uma tensão isocórica eficaz em uma alavanca articular. Assim, os músculos isometricamente ativos são estabilizadores ao esforço estável expresso na ausência de movimentos coordenados e simultâneos que ocorrem na articulação que estão cruzando.

Cabe destacar que, ao executar um exercício em uma sessão de musculação, a função de um músculo sinérgico consiste em produzir uma tensão resistida combinada, por meio da ação coordenada de um torque que se dá contra o efeito de uma força externa, no intuito de assegurar um encurtamento na estrutura do tecido muscular mediante uma ação de auxílio aos deslocamentos produzidos pelos músculos agonistas. Assim, os músculos sinérgicos são concentricamente ativos diante do esforço associativo expresso na presença de movimentos coordenados e simultâneos que ocorrem a fim de conjugar uma ação mútua de dois ou mais músculos. Cabe ainda destacar que, ao executar um exercício em uma sessão de musculação, a função de um músculo neutralizador consiste em produzir uma tensão resistida anulatória, por meio da ação coordenada de um torque que se dá contra o efeito de uma força externa, no intuito de assegurar um encurtamento na estrutura do tecido muscular, mediante uma ação eliminatória sobre os deslocamentos produzidos pelos músculos agonistas. Assim, os músculos neutralizadores são concentricamente ativos, ante o esforço neutralizante expresso na presença de movimentos coordenados e simultâneos que ocorrem a fim de inutilizar uma ação indesejada produzida por músculos agonistas.

Quanto à dinâmica do processo respiratório, as funções dos músculos esqueléticos se distinguem em: respiratórios, respiratórios da expiração forçada, respiratórios da inspiração de repouso e respiratórios da inspiração forçada. Os músculos respiratórios são requisitados para atuar na dinâmica do processo de absorção do oxigênio e expulsão do gás carbônico, e ainda participar da técnica e dos métodos para auxiliar a troca gasosa nas atividades que exigem resistência, e também para auxiliar a troca gasosa nas atividades que acarretam sobrecarga do sistema cardiopulmonar. Os músculos respiratórios são representados pelos intercostais externos e internos, diafragma, transverso do abdômen, e levantadores das costelas. Apesar das controvérsias, que dizem respeito sobre a ação que podem exercer na dinâmica da absorção do oxigênio e da expulsão do gás carbônico, pode-se ainda incluir como músculos respiratórios o serrátil posterior superior e inferior.

Os músculos respiratórios da expiração forçada são requisitados para atuar na dinâmica do processo de absorção do oxigênio e expulsão do gás carbônico, e ainda participar do movimento que ocorre durante o processo de expulsão vigorosa do ar dos pulmões. Os músculos respiratórios da expiração forçada são representados pelos transversos abdominais, oblíquo externo e interno do abdômen, serrátil posterior inferior, quadrado lombar, intercostais externos e internos, e ainda por três músculos escalenos. Durante a ação dos músculos escalenos no processo de expiração forçada, as costelas inferiores são estabilizadas pelos músculos abdominais, e também pelo músculo quadrado lombar.

Os músculos respiratórios da inspiração de repouso são requisitados para atuar na dinâmica do processo de absorção do oxigênio e expulsão do gás carbônico, e ainda participar do movimento que ocorre durante o processo de introduzir o ar para dentro dos pulmões, em estado de relaxamento parcial ou total. Quando as costelas superiores são estabilizadas pelos escalenos, os músculos respiratórios da inspiração de repouso são representados pelo diafragma, intercostais externos e internos. Quando a coluna cervical é estabilizada pelos músculos extensores, os músculos respiratórios da inspiração de repouso são representados por três músculos escalenos, pelos levantadores das costelas e pelo serrátil posterior superior.

Os músculos respiratórios da inspiração forçada são requisitados para atuar na dinâmica do processo de absorção de oxigênio e expulsão do gás carbônico, e ainda participar do movimento que ocorre durante o procedimento de introduzir, de maneira vigorosa, o ar para dentro dos pulmões. Quando a coluna cervical é estabilizada pelos músculos extensores, os músculos respiratórios da inspiração forçada são representados pelo diafragma, pelos escalenos anterior, médio e posterior, e ainda pelo esternocleidomastoideo. Quando as costelas superiores são estabilizadas pelos músculos escalenos, os músculos respiratórios da inspiração forçada são também representados pelos intercostais externos e internos. Quando os braços e a cintura escapular são estabilizados em uma posição de elevação, os músculos respiratórios da inspiração forçada são representados pelo serrátil anterior, peitoral maior e menor. Quando estabiliza a coluna vertebral na posição estendida, são representados pelos músculos oblíquos da coluna vertebral, pelos músculos levantadores das costelas, serrátil superior posterior, eretor da espinha, e ainda pelos músculos extensores oblíquos da coluna vertebral.

Quanto ao tipo de trabalho resistido expresso em uma sessão de musculação, e ainda quanto ao tipo de deslocamento manifestado por determinada articulação, e também quanto aos tipos diferenciados de movimento que se dão nos planos anatômicos, os músculos podem exercer ações mecânicas amplas e diversificadas, e por meio dessas ações os músculos desenvolvem atos motores distintos que são capazes de descrever um aspecto cinemático bastante variado. Portanto, ao desenvolver atos motores distintos, os músculos podem ser descritos como abdutor, adutor, circundutor, depressor, dosiflexor, elevador, eversor, extensor, hiperextensor, extensor horizontal, flexor, flexor horizontal, flexor lateral, anteversor, retroversor, inversor, pronador, prono-supinador, rotador e supinador.

Tomando como referência a articulação do punho, os músculos abdutores incluem um conjunto muscular responsável pela ação mecânica de afastamento lateral que ocorre ao redor do eixo anteroposterior que passa através da conexão do rádio e da ulna nas superfícies proximais do escafoide, semilunar e piramidal, em que os segmentos das mãos realizam um desvio radial ou uma flexão radial ao serem tracionadas lateralmente para cima, a partir da posição anatômica no plano frontal. Os músculos abdutores que se referem à articulação do punho são representados pelos seguintes músculos motores primários: flexor radial do carpo, extensor radial longo do carpo e extensor radial curto do carpo. E ainda pelos seguintes músculos motores secundários: extensor curto do polegar e abdutor longo do polegar.

Tomando como referência a articulação do ombro, os músculos abdutores incluem um conjunto muscular responsável pela ação mecânica de afastamento lateral que ocorre ao redor do eixo anteroposterior que passa através da conexão escapuloumeral, em que os segmentos dos membros superiores se distanciam do tronco, após serem tracionados para cima, a partir da posição anatômica no plano frontal. Os músculos abdutores que se referem à articulação do ombro são representados pelos seguintes músculos motores primários: porção acromial ou média do deltoide. E ainda pelos seguintes músculos motores secundários: porção acromial ou média do deltoide, porção clavicular do peitoral maior, subescapular e pela porção longa do bíceps braquial.

Tomando como referência a articulação dos quirodáctilos, os músculos abdutores incluem um conjunto muscular responsável pela ação mecânica de afastamento lateral, que por outro lado ocorre ao redor do eixo anteroposterior que passa através das conexões carpometacárpicas, metacarpofalângicas e interfalângicas, em que os segmentos dos dedos da mão se distanciam entre si, a partir da posição anatômica no plano frontal. Os músculos abdutores que se referem à articulação dos quirodáctilos são representados pelos seguintes músculos motores primários na parte carpometacárpica do polegar: abdutor longo do polegar e abdutor curto do polegar. E também pelos seguintes músculos motores primários na parte metacarpofalângica da mão: abdutor do dedo mínimo e quatro interósseos dorsais. E ainda pelo músculo extensor curto do polegar que é um motor secundário na sua parte carpometacárpica.

Tomando como referência a articulação da cintura escapular, os músculos abdutores incluem um conjunto muscular responsável pela ação mecânica de protração que ocorre ao redor do eixo anteroposterior que passa através da conexão das escápulas e das clavículas com o manúbrio, em que as escápulas são afastadas lateralmente para longe da linha média do corpo, após serem tracionadas para frente, a partir da posição anatômica no plano frontal. Os músculos abdutores que se referem à articulação da cintura escapular são representados pelos seguintes músculos motores primários: serrátil anterior e peitoral menor.

Tomando como referência a articulação do quadril, os músculos abdutores incluem um conjunto muscular responsável pela ação mecânica de afastamento lateral que ocorre ao redor do eixo anteroposterior que passa através da conexão coxofemoral, em que os segmentos dos membros inferiores se distanciam da linha média do corpo, após ser tracionado para cima, a partir da posição anatômica no plano frontal. Os músculos abdutores que se referem à articulação do quadril são representados pelo músculo motor primário glúteo médio, e pelos seguintes músculos motores secundários: tensor da fáscia lata, glúteo máximo, glúteo mínimo, periforme e sartório.

Tomando como referência a articulação dos pododáctilos, os músculos abdutores incluem um conjunto muscular responsável pela ação mecânica de afastamento lateral que ocorre ao redor do eixo anteroposterior que passa através das conexões tarsometatarsais, metatarsofalângicas e interfalângicas, em que os segmentos dos dedos do pé se distanciam entre si, a partir da posição anatômica no plano frontal. Os músculos abdutores que se referem à articulação dos pododáctilos são representados pelo abdutor do hálux, que afasta o hálux do segundo artelho, pelo abdutor do dedo mínimo, que afasta o quinto artelho do quarto artelho, pelo interósseo plantar, que afasta o terceiro, o quarto e o quinto artelho do segundo artelho e ainda pelos músculos do segundo, terceiro e quarto interósseos dorsais, que afastam o segundo, terceiro e quarto artelho do hálux.

Tomando como referência a articulação da cintura escapular, os músculos adutores incluem um conjunto muscular responsável pela ação mecânica de retração, que por outro lado ocorre ao redor do eixo anteroposterior que passa através da conexão das escápulas e das clavículas com o manúbrio, em que as escápulas são aproximadas para dentro e para perto da linha média do corpo, após serem tracionadas para trás, a partir da posição anatômica no plano frontal. Os músculos adutores que se referem à articulação da cintura escapular são representados pelos seguintes músculos motores primários: porção ascendente ou terceira porção do trapézio, romboide maior e romboide menor. E ainda, pelos seguintes músculos motores secundários: porção transversa ou segunda porção e porção ascendente ou terceira porção do trapézio.

Tomando como referência a articulação do punho, os músculos adutores incluem um conjunto muscular responsável pela ação mecânica de aproximação medial, que outro lado ocorre ao redor do eixo anteroposterior que passa através da conexão do rádio e da ulna nas superfícies proximais do escafoide, semilunar e piramidal, em que os segmentos das mãos realizam um desvio ulnar ou uma flexão ulnar, após serem tracionados medialmente para cima, a partir da posição anatômica no plano frontal. Os músculos adutores que se referem à articulação do punho são representados pelos seguintes músculos motores primários: flexor ulnar do carpo e extensor ulnar do carpo. E ainda, pelos seguintes músculos motores secundários: flexor longo do polegar e extensor cubital do carpo.

Tomando como referência a articulação do ombro, os músculos adutores incluem um conjunto muscular responsável pela ação mecânica de aproximação medial que ocorre ao redor do eixo anteroposterior que passa através da conexão escapuloumeral, em que os segmentos dos membros superiores, estendidos verticalmente acima da cabeça achegam-se ao tronco após serem tracionados lateralmente para baixo, a partir da posição anatômica no plano frontal. Os músculos adutores que se referem à articulação do ombro são representados pelos seguintes músculos motores primários: porção esternal porção esternocostal do peitoral maior, dorsal largo ou latíssimo do dorso e redondo maior. E ainda pelos seguintes músculos motores secundários: porção curta do bíceps braquial, coracobraquial, subescapular e porção longa do tríceps braquial.

Tomando como referência a articulação dos quirodáctilos, os músculos adutores incluem um conjunto muscular responsável pela ação mecânica de aproximação medial, que por outro lado ocorre ao redor do eixo anteroposterior que passa através das conexões carpometacárpicas, metacarpofalângicas e interfalângicas, em que os segmentos dos dedos das mãos se achegam entre si, a partir da posição anatômica no plano frontal. Os músculos adutores que se referem à articulação dos quirodáctilos são representados pelos seguintes músculos motores primários na parte carpometacárpica do polegar: adutor do polegar, extensor longo do polegar, flexor longo do polegar e flexor curto do polegar. E também pelos três músculos interósseos palmares que são motores primários na parte metacarpofalângica da mão, e ainda pelo músculo extensor do índex que é um motor acessório na parte metacarpofalângica da mão.

Tomando como referência a articulação do quadril, os músculos adutores incluem um conjunto muscular responsável pela ação mecânica de aproximação medial que ocorre ao redor do eixo anteroposterior que passa através da conexão coxofemoral, em que os segmentos dos membros inferiores, estendidos e suspensos lateralmente, são tracionados para baixo e para perto da linha média do corpo, a partir da posição anatômica no plano frontal. Os músculos adutores que se referem à articulação do quadril são representados pelos seguintes músculos motores primários: pectíneo, grácil, adutor magno, adutor longo e adutor curto. E ainda são representados pelas fibras inferiores do músculo glúteo máximo, que atua como um motor secundário.

Tomando como referência a articulação dos pododáctilos, os músculos adutores incluem um conjunto muscular responsável pela ação mecânica de aproximação medial que ocorre ao redor do eixo anteroposterior que passa através da conexão tarsometatarsais, metatarsofalângicas e interfalângicas, em que os segmentos dos dedos dos pés se achegam entre si, a partir da posição anatômica no plano frontal. Os músculos adutores que se referem à articulação do quadril são representados pelo músculo adutor do hálux, que aproxima o hálux do segundo artelho, e ainda pelo músculo do primeiro interósseo dorsal, que aproxima o segundo artelho na direção do hálux.

Tomando como referência a articulação do punho, os músculos circundutores incluem um conjunto muscular requisitado em executar uma ação mecânica de rotação que ocorre ao redor do eixo transversal e anteroposterior que passam através da conexão do rádio e da ulna nas superfícies proximais do escafoide, semilunar e piramidal, e que diretamente envolve uma combinação entre o movimento de flexão e de abdução, com o movimento de extensão e de adução, em que o segmento da mão descreve no espaço uma superfície cônica no plano frontal e no plano sagital. Os músculos circundutores que se referem à articulação do punho são representados pelos músculos flexores, extensores, abdutores e adutores da articulação que se dá na porção proximal da mão, e que é comumente descrita como carpo.

Tomando como referência a articulação da cintura escapular, os músculos circundutores incluem um conjunto muscular requisitado em executar uma ação mecânica de rotação, que por outro lado ocorre ao redor do eixo transversal e anteroposterior que passam através da conexão das escápulas e das clavículas com o manúbrio, e que diretamente envolve uma combinação entre o movimento de elevação e de retração da escápula, com o movimento de depressão e de protração da escápula, em que a região do ombro descreve no espaço uma superfície cônica no plano frontal e no plano sagital. Os músculos circundutores que se referem à articulação da cintura escapular são representados pelos músculos elevadores e depressores da escápula, e ainda pelos músculos que atuam na retração e protração da escápula.

Tomando como referência as articulações da coluna cervical, os músculos circundutores incluem um conjunto muscular requisitado em executar uma ação mecânica de rotação que ocorre ao redor do eixo transversal e anteroposterior que passam através das conexões intervertebrais, especialmente a conexão atlanto-occipital, e que diretamente envolve uma combinação entre o movimento de flexão e de flexão lateral com o movimento de hiperextensão e de extensão, em que o segmento da cabeça descreve no espaço uma superfície cônica no plano frontal e no plano sagital. Os músculos circundutores que se referem às articulações da coluna cervical são representados pelos músculos flexores, flexores laterais, extensores e hiperextensores da articulação existente nas sete vértebras que se localizam no pescoço, principalmente, da articulação existente entre o atlas e o crânio.

Tomando como referência a articulação do tornozelo, os músculos circundutores incluem um conjunto muscular requisitado em executar uma ação mecânica de rotação que ocorre ao redor do eixo transversal e anteroposterior que passam através da conexão tibiofibular, tibiotársica e subtalar, e que diretamente envolve uma combinação entre o movimento de dorsiflexão e de eversão, com o movimento de flexão plantar e de inversão, em que o segmento do pé descreve no espaço uma superfície cônica no plano frontal e no plano sagital. Os músculos circundutores que se referem à articulação do tornozelo são representados pelos músculos dosiflexores, flexores plantar, eversores e inversores da articulação que se dá entre a tíbia, a fíbula e o tálus.

Tomando como referência a articulação do ombro, os músculos circundutores incluem um conjunto muscular requisitado em executar uma ação mecânica de rotação, que por outro lado ocorre ao redor do eixo transversal e anteroposterior que passam através da conexão escapuloumeral, e que diretamente envolve uma combinação entre o movimento de abdução e de extensão, com o movimento de hiperextensão, em que os segmentos do membro superior descrevem no espaço uma superfície cônica no plano frontal e no plano sagital. Os músculos circundutores que se referem à articulação do ombro são representados pelos seguintes músculos motores primários: porção espinhal ou escapular ou ainda porção posterior do deltoide, porção acromial ou média do deltoide, supraespinhal, grande dorsal ou latíssimo do dorso e redondo maior. E ainda, pelos seguintes músculos motores secundários: infraespinhal e cabeça longa do bíceps braquial.

Tomando como referência a articulação do quadril, os músculos circundutores incluem um conjunto muscular requisitado em executar uma ação mecânica de rotação que ocorre ao redor do eixo transversal e anteroposterior que passam através da conexão coxofemoral, e que diretamente envolve uma combinação entre o movimento de flexão e de abdução horizontal, com o movimento de extensão, hiperextensão e de adução horizontal, em que o segmento do pé descreve no espaço uma superfície cônica no plano frontal e no plano sagital. Os músculos circundutores que se referem à articulação do quadril são representados pelos músculos flexores, extensores abdutores e adutores da articulação que se dá entre o fêmur e o acetábulo da pelve.

Tomando como referência a articulação da cintura escapular, os músculos depressores incluem um conjunto muscular requisitado em executar uma ação mecânica de abaixamento que ocorre ao redor do eixo anteroposterior que passa através da conexão das escápulas e das clavículas com o manúbrio, em que a escápula sofre uma pressão de achatamento em um movimento para baixo, a partir da posição anatômica no plano frontal. Os músculos depressores que se referem à articulação da cintura escapular são representados pelos seguintes músculos motores primários: peitoral menor e porção ascendente ou terceira porção do trapézio. E ainda é representado pelo músculo subclávio, que atua como um motor secundário.

Tomando como referência a articulação do tornozelo, os músculos dorsiflexores incluem um conjunto muscular requisitado em executar uma ação mecânica de extensão que ocorre ao redor do eixo transversal que passa através da conexão tibiofibular, tibiotársica e subtalar, em que a face dorsal do segmento do pé se aproxima da região anterior do segmento da perna, após ser tracionado para cima, a partir da posição anatômica no plano sagital. Os músculos dorsiflexores que se referem à articulação do tornozelo são representados pelos seguintes músculos motores primários: tibial posterior, flexor longo dos dedos, flexor longo do hálux, fibular longo, fibular curto, gastrocnêmio e sóleo. E ainda pelos seguintes músculos motores secundários: extensor longo do hálux, extensor comum dos dedos, tibial anterior e fibular terceiro.

Tomando como referência a articulação da cintura escapular, os músculos elevadores incluem um conjunto muscular requisitado em executar uma ação mecânica de subida que ocorre ao redor do eixo anteroposterior que passa através da conexão das escápulas e das clavículas com o manúbrio, em que as escápulas são tracionadas para cima, aproximando as regiões dos ombros na direção do lóbulo das orelhas, a partir da posição anatômica no plano frontal. Os músculos elevadores que se referem à articulação da cintura escapular são representados pelos seguintes músculos motores primários: porção descendente ou primeira porção do trapézio, porção transversa ou segunda porção do trapézio, elevador da escápula, romboide maior e romboide menor.

Tomando como referência a articulação do tornozelo, os músculos eversores incluem um conjunto muscular requisitado em executar uma ação mecânica de reviramento para fora, que ocorre ao redor do eixo anteroposterior que passa através da conexão tibiofibular, tibiotársica e subtalar, em que a borda lateral do segmento do pé se move para cima, após ser tracionado para fora e distante da linha média do corpo, a partir da posição anatômica no plano frontal. Os músculos eversores que se referem à articulação do tornozelo são representados pelos seguintes músculos motores primários: extensor longo dos dedos, fibular terceiro, fibular longo e pelo fibular curto.

Tomando como referência a articulação do tornozelo, os músculos inversores incluem um conjunto muscular requisitado em executar uma ação mecânica de reviramento para dentro que ocorre ao redor do eixo anteroposterior que passa através da conexão tibiofibular, tibiotársica e subtalar, em que a borda medial do segmento do pé se move para cima, após ser tracionado para dentro e próximo da linha média do corpo, a partir da posição anatômica no plano frontal. Os músculos inversores que se referem à articulação do tornozelo são representados pelos seguintes músculos motores primários: tibial anterior e tibial posterior. E ainda pelos seguintes músculos motores secundários: extensor longo do hálux, flexor longo dos dedos e flexor longo do hálux.

Tomando como referência as articulações da coluna cervical, os músculos extensores incluem um conjunto muscular requisitado em executar uma ação mecânica de afastamento posterior que ocorre ao redor do eixo transversal que passa através das conexões intervertebrais, especialmente a conexão atlanto-occipital, em que o segmento da cabeça anteriormente flexionado para baixo é tracionado para cima e para trás, a partir da posição anatômica no plano sagital. Os músculos extensores que se referem às articulações da coluna cervical são representados pelos seguintes músculos motores primários: esplênio da cabeça, esplênio do pescoço, iliocostal cervical, transverso do pescoço, complexo maior, espinhal cervical, semiespinhal cervical, complexo menor, intertransversais cervicais, interespinhais cervicais, multífides, rotadores cervicais, longo da cabeça, semiespinhal do pescoço e semiespinhal da cabeça. E ainda é representado pelo grupo muscular suboccipital, que atua como um grupo motor secundário.

Tomando como referência as articulações da coluna torácica e lombar, os músculos extensores incluem um conjunto muscular requisitado em executar uma ação mecânica de afastamento posterior que ocorre ao redor do eixo transversal que passa através das conexões intervertebrais das doze vértebras torácicas, e também das cinco vértebras lombares, em que o segmento do tronco é tracionado para baixo e para trás, a partir da posição anatômica no plano sagital. Os músculos extensores que se referem às articulações da coluna torácica e lombar são representados pelos seguintes músculos motores primários: iliocostal dorsal, iliocostal lombar, grande dorsal, semiespinhal torácico, intertransversais torácicos e lombares, interespinhais torácicos e lombares, rotadores torácicos e lombares, multífides, longo do tórax e espinhal do tórax. E ainda pelo músculo psoas, que atua como um motor secundário.

Tomando como referência a articulação do cotovelo, os músculos extensores incluem um conjunto muscular requisitado em executar uma ação mecânica de afastamento posterior que ocorre ao redor do eixo transversal que passa através da conexão umeroulnar e umeroradial, em que o segmento do antebraço suspenso horizontalmente e anteriormente se afasta do segmento do braço, após ser tracionado para baixo e para trás, a partir da posição anatômica no plano sagital. Os músculos extensores que se referem à articulação do cotovelo são representados pelos seguintes músculos motores primários: porção longa, lateral e medial do tríceps braquial. E ainda é representado pelo músculo ancôneo, que atua como um motor secundário.

Tomando como referência a articulação do joelho, os músculos extensores incluem um conjunto muscular requisitado em executar uma ação mecânica de afastamento posterior que ocorre ao redor do eixo transversal que passa através da conexão tibiofemoral e patelofemoral, em que o segmento da perna suspenso horizontalmente e posteriormente se afasta do segmento da coxa, após ser tracionado para baixo e para frente, a partir da posição anatômica no plano sagital. Os músculos extensores que se referem à articulação do joelho são representados pelos seguintes músculos motores primários: vasto lateral, vasto intermédio, vasto medial e reto femoral. E ainda é representado pelo músculo sartório, que atua como um motor secundário.

Tomando como referência a articulação do punho, os músculos extensores incluem um conjunto muscular requisitado em executar uma ação mecânica de afastamento posterior que ocorre ao redor do eixo transversal que passa através da conexão do rádio e da ulna nas superfícies proximais do escafoide, semilunar e piramidal, em que o segmento da mão é tracionado anteriormente para trás e para cima, a partir da posição anatômica no plano sagital. Os músculos extensores que se referem à articulação do punho são representados pelos seguintes músculos motores primários: extensor radial longo do carpo, extensor radial curto do carpo e extensor cubital do carpo. E ainda é representado pelos seguintes músculos motores secundários: extensor dos dedos, extensor do índex, extensor do dedo mínimo, extensor longo do polegar e extensor ulnar do carpo.

Tomando como referência a articulação dos pododáctilos, os músculos extensores incluem um conjunto muscular requisitado em executar uma ação mecânica de afastamento posterior que ocorre ao redor do eixo transversal que passa através da conexão tarsometatarsais, metatarsofalângicas e interfalângicas, em que os segmentos dos dedos dos pés se distanciam da superfície do solo, após serem tracionados para cima, a partir da posição anatômica no plano sagital. Os músculos extensores que se referem à articulação dos pododáctilos são representados pelo músculo lumbrical, que estende a falange distal do segundo ao quinto artelho, e ainda é representado pelo músculo extensor curto dos dedos, que estende a falange proximal do primeiro ao quarto artelho.

Tomando como referência a articulação do ombro, os músculos extensores incluem um conjunto muscular requisitado em executar uma ação mecânica de afastamento posterior que ocorre ao redor do eixo transversal que passa através da conexão escapuloumeral, em que os segmentos dos membros superiores estendidos verticalmente acima da cabeça são tracionados anteriormente para baixo, a partir da posição anatômica no plano sagital. Os músculos extensores que se referem à articulação do ombro são representados pelos seguintes músculos motores primários: grande dorsal ou latíssimo do dorso, redondo maior e pela porção esternocostal do peitoral maior. E ainda é representado pela porção espinal ou escapular ou ainda posterior do músculo deltoide e pela porção longa do músculo tríceps braquial, que atuam como motores secundários.

Tomando como referência a articulação dos quirodáctilos, os músculos extensores incluem um conjunto muscular requisitado em executar uma ação mecânica de afastamento posterior que ocorre ao redor do eixo transversal que passa através da conexão carpometacárpicas, metacarpofalângicas e interfalângicas em que os segmentos dos dedos em um gesto de punho cerrado se afastam da superfície da palma da mão, logo após serem tracionados para baixo e para trás, a partir da posição anatômica no plano sagital. Os músculos extensores que se referem à articulação dos quirodáctilos são representados pelos seguintes músculos motores primários: extensor dos dedos, extensor do índex, extensor do dedo mínimo, extensor curto do polegar, extensor longo do polegar e lumbricais. É representado também pelos seguintes músculos motores secundários: interósseo dorsal, interósseo palmar e extensor do indicador.

Tomando como referência a articulação do quadril, os músculos extensores incluem um conjunto muscular requisitado em executar uma ação mecânica de afastamento posterior que ocorre ao redor do eixo transversal que passa através da conexão coxofemoral, em que os segmentos do membro inferior suspensos horizontalmente e anteriormente são tracionados para baixo e para trás, a partir da posição anatômica no plano sagital. Os músculos extensores que se referem à articulação do quadril são representados pelos seguintes músculos motores primários: glúteo maior, semitendinoso, semimembranoso, porção longa e curta do bíceps femoral. E ainda é representado pelos seguintes músculos motores secundários: fibras posteriores do glúteo médio, fibras posteriores do glúteo mínimo, e pelas fibras inferiores do adutor magno.

Tomando como referência as articulações da coluna cervical, os músculos hiperextensores incluem um conjunto muscular requisitado em executar uma ação mecânica de afastamento posterior acentuada que ocorre ao redor do eixo transversal que passa através das conexões intervertebrais, especialmente a conexão atlanto-occipital, em que o segmento da cabeça é tracionado para trás excessivamente, a partir da posição anatômica no plano sagital. Os músculos hiperextensores que se referem às articulações da coluna cervical são representados pelos seguintes músculos motores primários: esplênio da cabeça, esplênio do pescoço, iliocostal cervical, transverso do pescoço, complexo maior, espinhal cervical, semiespinhal cervical, complexo menor, intertransversais cervicais, interespinhais cervicais, multífides, rotadores cervicais, longo da cabeça, semiespinhal do pescoço e semiespinhal da cabeça. E ainda é representado pelo grupo muscular suboccipital, que atua como um grupo motor secundário.

Tomando como referência as articulações da coluna torácica e lombar, os músculos hiperextensores incluem um conjunto muscular requisitado em executar uma ação mecânica de afastamento posterior acentuada que ocorre ao redor do eixo transversal que passa através das conexões intervertebrais das doze vértebras torácicas, e também das cinco vértebras lombares, em que o tronco é tracionado para trás excessivamente, a partir da posição anatômica no plano sagital. Os músculos hiperextensores que se referem às articulações da coluna torácica e lombar são representados pelos seguintes músculos motores primários: iliocostal dorsal, iliocostal lombar, dorsal largo, semiespinhal torácico, intertransversais torácicos e lombares, interespinhais torácicos e lombares, rotadores torácicos e lombares, multífides, longo do tórax e espinhal do tórax. E ainda pelo músculo psoas, que atua como um motor secundário.

Tomando como referência a articulação do ombro, os músculos hiperextensores incluem um conjunto muscular requisitado em executar uma ação mecânica de afastamento posterior acentuada que ocorre ao redor do eixo transversal que passa através da conexão escapuloumeral, em que os segmentos dos membros superiores estendidos lateralmente e verticalmente são tracionados excessivamente para trás e para cima, a partir da posição anatômica no plano sagital. Os músculos hiperextensores que se referem à articulação do ombro são representados pelos seguintes músculos motores primários: grande dorsal ou latíssimo do dorso, redondo maior e pela porção esternocostal do peitoral maior. E ainda é representado pela porção espinhal, escapular ou ainda posterior do deltoide e pela porção longa do músculo tríceps braquial, que atuam como motores secundários.

Tomando como referência a articulação do quadril, os músculos hiperextensores incluem um conjunto muscular requisitado em executar uma ação mecânica de afastamento posterior acentuada que ocorre ao redor do eixo transversal que passa através da conexão coxofemoral, em que os segmentos do membro inferior são tracionados excessivamente para trás e para cima, a partir da posição anatômica no plano sagital. Os músculos hiperextensores que se referem à articulação do quadril são representados pelos seguintes músculos motores primários: glúteo maior, semitendinoso, semimembranoso, porção longa do bíceps femoral, e pela porção curta do bíceps femoral. E ainda é representado pelos seguintes músculos motores secundários: fibras posteriores do glúteo médio, fibras posteriores do glúteo mínimo, e pelas fibras inferiores do adutor magno.

Tomando como referência a articulação do ombro, os músculos extensores horizontais incluem um conjunto muscular requisitado em executar uma ação mecânica de abdução horizontal que por outro lado ocorre ao redor do eixo longitudinal que passa através da conexão escapouloumeral, em que os segmentos dos membros superiores suspensos horizontalmente e anteriormente se afastam lateralmente da linha média do corpo, após serem tracionados para trás, a partir da descaracterização da posição anatômica no plano transversal. Os músculos extensores horizontais que se referem à articulação do ombro são representados pelos seguintes músculos motores primários: porção espinhal, escapular ou ainda posterior do deltoide, porção acromial ou média do deltoide, infraespinhal ou e redondo menor. E ainda pelos seguintes músculos motores secundários: grande dorsal ou latíssimo do dorso e redondo maior.

Tomando como referência a articulação do quadril, os músculos extensores horizontais incluem um conjunto muscular requisitado em executar uma ação mecânica de abdução horizontal que ocorre ao redor do eixo longitudinal que passa através da conexão coxofemoral, em que os segmentos dos membros inferiores suspensos horizontalmente e anteriormente se afastam lateralmente da linha média do corpo, após serem tracionados para trás, a partir da descaracterização da posição anatômica no plano transversal. Os músculos extensores horizontais que se referem à articulação do quadril são representados pelo músculo motor primário glúteo médio, e pelos seguintes músculos motores secundários: tensor da fáscia lata, glúteo máximo, glúteo mínimo, periforme e sartório.

Tomando como referência as articulações da coluna cervical, os músculos flexores incluem um conjunto muscular requisitado em executar uma ação mecânica de aproximação anterior que ocorre ao redor do eixo transversal que passa através das conexões intervertebrais, especialmente a conexão atlanto-occipital, em que o segmento da cabeça é tracionado anteriormente para baixo junto à região do esterno, a partir da posição anatômica no plano sagital. Os músculos flexores que se referem às articulações da coluna cervical são representados pelo músculo esternocleidomastoideo, que atua como um motor primário, e ainda pelos seguintes músculos que atuam como motores secundários: escaleno, longo do pescoço, longo da cabeça, reto anterior da cabeça e reto lateral da cabeça.

Tomando como referência as articulações da coluna torácica e lombar, os músculos flexores incluem um conjunto muscular requisitado em executar uma ação mecânica de aproximação anterior que ocorre ao redor do eixo transversal que passa através das conexões intervertebrais das doze vértebras torácicas, e também das cinco vértebras lombares, em que o tronco é tracionado anteriormente para baixo, a partir da posição anatômica no plano sagital. Os músculos flexores que se referem às articulações torácicas e lombares são representados pelos seguintes músculos motores primários: reto maior do abdômen, oblíquo maior e oblíquo menor. E ainda pelo músculo íliopsoas, que atua como um motor secundário.

Tomando como referência a articulação do cotovelo, os músculos flexores incluem um conjunto muscular requisitado em executar uma ação mecânica de aproximação anterior que ocorre ao redor do eixo transversal que passa através da conexão umeroulnar e umerorradial, em que o segmento do antebraço é tracionado anteriormente para cima, a partir da posição anatômica no plano sagital. Os músculos flexores que se referem à articulação do cotovelo são representados pelos seguintes músculos motores primários: porção longa e curta do bíceps braquial, braquial anterior e braquiorradial. E ainda pelos seguintes músculos motores secundários: porção umeral e ulnar do redondo pronador. Porém, os músculos flexores do cotovelo que envolvem a articulação inferior do rádio com a ulna são representados pelos seguintes músculos motores secundários: flexor radial do carpo, flexor ulnar do carpo, palmar longo e pelo flexor superficial dos dedos.

Tomando como referência a articulação do joelho, os músculos flexores incluem um conjunto muscular requisitado em executar uma ação mecânica de aproximação anterior que ocorre ao redor do eixo transversal que passa através da conexão tibiofemoral e patelofemoral, em que o segmento da perna é tracionado posteriormente para cima, a partir da posição anatômica no plano sagital. Os músculos flexores que se referem à articulação do joelho são representados pelos seguintes músculos motores primários: semitendinoso, semimembranoso, e pela porção longa e curta do bíceps femoral. E ainda pelos seguintes músculos motores secundários: sartório, grácil, gastrocnêmio e plantar.

Tomando como referência a articulação do punho, os músculos flexores incluem um conjunto muscular requisitado em executar uma ação mecânica de aproximação anterior que ocorre ao redor do eixo transversal que passa através da conexão do rádio e da ulna nas superfícies proximais do escafoide, semilunar e piramidal, em que o segmento da mão é tracionado anteriormente para cima, a partir da posição anatômica no plano sagital. Os músculos flexores que se referem à articulação do punho são representados pelos seguintes músculos motores primários: flexor radial do carpo e flexor cubital do carpo. E ainda pelos seguintes músculos motores secundários: palmar longo, flexor profundo dos dedos, flexor superficial dos dedos e flexor longo do polegar.

Tomando como referência a articulação do tornozelo, os músculos flexores plantar incluem um conjunto muscular requisitado em executar uma ação mecânica de afastamento anterior que ocorre ao redor do eixo transversal que passa através da conexão tibiofibular, tibiotársica e subtalar, em que o calcanhar do segmento do pé é tracionado posteriormente para cima, a partir do apoio sobre os pododáctilos na posição anatômica no plano sagital. Os músculos flexores plantar que se referem à articulação do tornozelo são representados pelos seguintes músculos motores primários: gastrocnêmio e sóleo. E ainda pelos seguintes músculos motores secundários: plantar, fibular longo, fibular curto, flexor longo dos dedos, flexor longo do hálux e tibial posterior.

Tomando como referência a articulação do ombro, os músculos flexores incluem um conjunto muscular requisitado em executar uma ação mecânica de aproximação anterior que ocorre ao redor do eixo transversal que passa através da conexão escapuloumeral, em que os segmentos do membro superior são tracionados anteriormente para cima, a partir da posição anatômica no plano sagital. Os músculos flexores que se referem à articulação do ombro são representados pelos seguintes músculos motores primários: porção clavicular ou anterior do deltoide e pela porção clavicular do peitoral maior. E ainda pelos seguintes músculos motores secundários: coracobraquial, subescapular, porção longa do bíceps braquial, porção curta do bíceps braquial e pela porção longa do tríceps braquial.

Tomando como referência a articulação dos quirodáctilos, os músculos flexores incluem um conjunto muscular requisitado em executar uma ação mecânica de aproximação anterior que ocorre ao redor do eixo transversal que passa através da conexão carpometacárpicas, metacarpofalângicas e interfalângicas, em que os segmentos dos dedos são achegados para a face da palma da mão, após serem tracionados anteriormente para cima a fim de induzir um punho cerrado, a partir da posição anatômica no plano sagital. Os músculos flexores que se referem à articulação dos quirodáctilos são representados pelos seguintes músculos motores primários: lumbricais, oponente do dedo mínimo, flexor superficial dos dedos, flexor curto do polegar, flexor longo do polegar, flexor curto do dedo mínimo e adutor do polegar. E ainda pelos seguintes músculos motores secundários: flexor profundo dos dedos, interósseos dorsais, abdutor do dedo mínimo e interósseos palmares.

Tomando como referência a articulação do quadril, os músculos flexores incluem um conjunto muscular requisitado em executar uma ação mecânica de aproximação anterior que ocorre ao redor do eixo transversal que passa através da conexão coxofemoral, em que os segmentos dos membros inferiores são tracionados anteriormente para cima, a partir da posição anatômica no plano sagital. Os músculos flexores que se referem à articulação do quadril são representados pelos seguintes músculos motores primários: reto femoral, ilíaco, psoas e pectíneo. E ainda pelos seguintes músculos motores secundários: sartório, tensor da fáscia lata, fibras anteriores do glúteo médio, fibras anteriores do glúteo mínimo, grácil, adutor longo, adutor breve e pelas fibras superficiais do adutor magno.

Tomando como referência a articulação dos pododáctilos, os músculos flexores incluem um conjunto muscular requisitado em executar uma ação mecânica de aproximação anterior que ocorre ao redor do eixo transversal que passa através da conexão tarsometatarsais, metatarsofalângicas e interfalângicas, em que os segmentos dos dedos se aproximam da superfície plantar do pé, após serem tracionados para baixo, a partir da posição anatômica no plano sagital. Os músculos flexores que se referem à articulação dos pododáctilos são representados pelos seguintes músculos motores primários: flexor curto dos dedos, quadrado plantar, lumbricais, flexor curto do hálux e flexor curto do dedo mínimo.

Tomando como referência a articulação do ombro, os músculos flexores horizontais incluem um conjunto muscular requisitado em executar uma ação mecânica de adução horizontal que ocorre ao redor do eixo longitudinal que passa através da conexão escapuloumeral, em que os segmentos dos membros superiores suspensos horizontalmente e lateralmente se achegam à linha média do corpo, após serem tracionados para frente, a partir da descaracterização da posição anatômica no plano transversal. Os músculos flexores horizontais que se referem à articulação do ombro são representados pelos seguintes músculos motores primários: coracobraquial, porção clavicular ou anterior do deltoide, porção clavicular do peitoral maior e pela porção esternocostal do peitoral maior. E ainda pela porção curta do músculo bíceps braquial, que atua como um motor secundário.

Tomando como referência a articulação do quadril, os músculos flexores horizontais incluem um conjunto muscular requisitado em executar uma ação mecânica de adução horizontal que ocorre ao redor do eixo longitudinal que passa através da conexão coxofemoral, em que os segmentos dos membros inferiores suspensos horizontalmente e lateralmente se achegam à linha média do corpo, após serem tracionados para frente a partir da descaracterização da posição anatômica no plano transversal. Os músculos flexores horizontais que se referem à articulação do quadril são representados pelos seguintes músculos motores primários: pectíneo, grácil, adutor magno, adutor longo e adutor curto. E ainda são representados pelas fibras inferiores do músculo glúteo máximo, que atua como um motor secundário.

Tomando como referência as articulações da coluna cervical, os músculos flexores laterais incluem um conjunto muscular requisitado em executar uma ação mecânica de aproximação lateral que ocorre ao redor do eixo anteroposterior que passa através das conexões intervertebrais, especialmente a conexão atlanto-occipital, em que o segmento da cabeça se achega na região dos ombros, após ser tracionado lateralmente para a direita ou para a esquerda, a partir da posição anatômica no plano frontal. Os músculos flexores laterais que se referem às articulações da coluna cervical são representados pelos seguintes músculos motores primários: esternocleidomastoideo, escalenos, esplênio da cabeça, esplênio do pescoço, eretores da coluna, semiespinhal cervical, intertransversais, multífides, complexo maior, semiespinhal da cabeça e pelo grupo eretor da espinha. E ainda pelos seguintes músculos motores secundários: longo do pescoço, longo da cabeça, reto anterior da cabeça, reto lateral da cabeça e pelo grupo suboccipital.

Tomando como referência as articulações da coluna torácica e lombar, os músculos flexores laterais incluem um conjunto muscular requisitado em executar uma ação mecânica de aproximação lateral que ocorre ao redor do eixo anteroposterior que passa através das conexões intervertebrais das doze vértebras torácicas, e também das cinco vértebras lombares, em que o tronco se afasta da linha média do corpo, após ser tracionado lateralmente para a direita ou para a esquerda, a partir da posição anatômica no plano frontal. Os músculos flexores laterais que se referem às articulações da coluna torácica e lombar são representados pelos seguintes músculos motores primários: oblíquo maior, oblíquo menor, quadrado lombar, iliocostal dorsal, iliocostal lombar, grande dorsal ou latíssimo do dorso, semiespinhal torácico, intertransversais, longo do tórax, espinhal do tórax: interespinhais, rotadores, multífides. E ainda são representados pelo músculo reto abdominal, que atua como um motor secundário.

Tomando como referência a articulação da cintura pélvica, os músculos flexores laterais incluem um conjunto muscular requisitado em executar uma ação mecânica de inclinação lateral que ocorre ao redor do eixo anteroposterior que passa através das conexões intervertebrais lombares e sacroilíacas, e também da conexão coxofemoral, em que a pelve sofre deslocamentos laterais, após ser tracionada para baixo à direita ou para baixo à esquerda, a partir da posição anatômica no plano frontal. Os músculos flexores laterais que se referem à cintura pélvica são representados pelos músculos flexores laterais da coluna torácica e lombar, e ainda pelos músculos abdutores e adutores da articulação do quadril.

Tomando como referência a articulação da cintura pélvica, os músculos anteversores incluem um conjunto muscular requisitado em executar uma ação mecânica de inclinação anterior ou báscula anterior que ocorre ao redor do eixo transversal que passa através das conexões intervertebrais lombares e sacroilíacas, e também da conexão coxofemoral, em que a pelve é rodada em uma nutação, após ser tracionada para frente, a partir da posição anatômica no plano sagital. Os músculos anteversores que se referem à articulação da cintura pélvica são representados pelos músculos flexores do quadril, e ainda pelos músculos extensores da coluna torácica.

Tomando como referência a articulação da cintura pélvica, os músculos retroversores incluem um conjunto muscular requisitado em executar uma ação mecânica de iinclinação posterior ou báscula posterior que ocorre ao redor do eixo transversal que passa através das conexões intervertebrais lombares e sacroilíacas, e também da conexão coxofemoral, em que a pelve é rodada em uma contranutação, após ser tracionada para trás, a partir da posição anatômica no plano sagital. Os músculos retroversores que se referem à articulação da cintura pélvica são representados pelos músculos flexores do quadril, e ainda pelos músculos extensores da coluna torácica.

Tomando como referência a articulação do cotovelo, os músculos pronadores incluem um conjunto muscular requisitado em executar uma ação mecânica de rotação medial, que ocorre ao redor do eixo longitudinal que passa através da conexão radioulnar superior e radioulnar inferior, em que o segmento do antebraço suspenso lateralmente projeta o polegar para próximo da linha média do corpo, após tracionar a palma do segmento da mão para trás, a partir da posição anatômica no plano transversal. Os músculos pronadores que se referem à articulação radioulnar são representados pelos seguintes músculos motores primários: pronador quadrado e pronador redondo. E ainda pelos seguintes músculos motores secundários: braquiorradial, ancôneo e flexor radial do carpo.

Tomando como referência a articulação do cotovelo, os músculos prono-supinadores incluem um conjunto muscular requisitado em executar uma ação mecânica de rotação medial e de rotação lateral que ocorre ao redor do eixo longitudinal que passa através da conexão radioulnar superior e radioulnar inferior, em que o segmento do antebraço suspenso lateralmente projeta o polegar para frente, após tracionar medialmente a palma do segmento da mão para dentro ou próximo da linha média do corpo, a partir da posição anatômica no plano transversal. O músculo prono-supinador que se refere à articulação radioulnar é representado pelo músculo pronador e supinador da articulação radioulnar.

Tomando como referência a articulação do cotovelo, os músculos supinadores incluem um conjunto muscular requisitado em executar uma ação mecânica de rotação lateral que ocorre ao redor do eixo longitudinal que passa através da conexão radioulnar superior e radioulnar inferior, em que o segmento do antebraço suspenso lateralmente projeta o polegar para longe da linha média do corpo, após tracionar anteriormente a palma do segmento da mão para frente, a partir da posição anatômica no plano transversal. Os músculos supinadores que se referem à articulação do cotovelo são representados por um músculo supinador que atua como um motor primário, e ainda pelos músculos extensor radial curto do carpo, extensor longo do polegar, abdutor longo do polegar, bíceps braquial, e braquiorradial, que atuam como motores secundários.

Tomando como referência as articulações da coluna cervical, os músculos rotadores à direita incluem um conjunto muscular requisitado em executar uma ação mecânica de rotação no sentido horário que ocorre ao redor do eixo longitudinal que passa através das conexões intervertebrais, especialmente a conexão atlanto-occipital, em que o segmento da cabeça é virado para o lado direito, a partir da posição anatômica no plano transversal. Os músculos rotadores à direita que se referem às articulações da coluna cervical são representados pelos seguintes músculos motores primários: esternocleidomastoideo, rotadores cervicais, multífides, semiespinhal do pescoço, esplênio da cabeça, esplênio do pescoço, eretores da coluna e semiespinhal cervical. E ainda é representado pelo grupo suboccipital que atua como motor secundário.

Tomando como referência as articulações da coluna torácica e lombar, os músculos rotadores à direita incluem um conjunto muscular requisitado em executar uma ação mecânica de rotação no sentido horário que ocorre ao redor do eixo longitudinal que passa através das conexões intervertebrais das doze vértebras torácicas, e também das cinco vértebras lombares, em que o tronco é virado para o lado direito, a partir da posição anatômica no plano transversal. Os músculos rotadores à direita que se referem às articulações da coluna torácica e lombar são representados pelos seguintes músculos motores primários: oblíquo maior, semiespinhal torácico, rotadores torácicos e lombares, multífides, oblíquo menor, iliocostal torácico, iliocostal lombar, grande dorsal ou latíssimo do dorso, longo do tórax e espinhal do tórax.

Tomando como referência as articulações da coluna cervical, os músculos rotadores à esquerda incluem um conjunto muscular requisitado em executar uma ação mecânica de rotação no sentido anti-horário, que por outro lado ocorre ao redor do eixo longitudinal que passa através das conexões intervertebrais, especialmente a conexão atlanto-occipital, em que o segmento da cabeça é virado para o lado esquerdo, a partir da posição anatômica no plano transversal. Os músculos rotadores à esquerda que se referem às articulações da coluna cervical são representados pelos seguintes músculos motores primários: esternocleidomastoideo, rotadores cervicais, multífides, semiespinhal do pescoço, esplênio da cabeça, esplênio do pescoço, eretores da coluna e semiespinhal cervical. E ainda é representado pelo grupo suboccipital que atua como motor secundário.

Tomando como referência as articulações da coluna torácica e lombar, os músculos rotadores à esquerda incluem um conjunto muscular requisitado em executar uma ação mecânica de rotação no sentido anti-horário que ocorre ao redor do eixo longitudinal que passa através das conexões intervertebrais das doze vértebras torácicas, e também das cinco vértebras lombares, em que o tronco é virado para o lado esquerdo, a partir da posição anatômica no plano transversal. Os músculos rotadores à esquerda, que se referem às articulações da coluna torácica e lombar, são representados pelos seguintes músculos motores primários: oblíquo maior, semiespinhal torácico, rotadores torácicos e lombares, multífides, oblíquo menor, iliocostal torácico, iliocostal lombar, grande dorsal ou latíssimo do dorso, longo do tórax, e espinhal do tórax.

Tomando como referência a articulação da cintura escapular, os músculos rotadores inferiores incluem um conjunto muscular requisitado em executar uma ação mecânica de rotação da escápula para cima, que por outro lado ocorre ao redor do eixo anteroposterior que passa através da conexão das escápulas e das clavículas com o manúbrio, em que a borda medial da escápula se move inferiormente, após ser tracionada para longe da linha média do corpo, quando os segmentos dos membros superiores são abduzidos a partir da posição anatômica no plano frontal. Os músculos rotadores inferiores, que se referem à articulação da cintura escapular, são representados pelos seguintes músculos motores primários: peitoral menor, romboide maior e pelo romboide menor.

Tomando como referência a articulação do ombro, os músculos rotadores laterais incluem um conjunto muscular requisitado em executar uma ação mecânica de rotação externa que ocorre ao redor do eixo longitudinal que passa através da conexão escapuloumeral, em que o segmento do braço suspenso verticalmente traciona o segmento da mão para fora e para longe da linha média do corpo, a partir da posição anatômica no plano transversal. Os músculos rotadores laterais que se referem à articulação do ombro são representados pelos seguintes músculos motores primários: infraespinhal e redondo menor. E ainda pelos seguintes músculos motores secundários: coracobraquial, porção espinal ou escapular ou ainda posterior do deltoide e supraespinhal.

Tomando como referência a articulação do cotovelo, os músculos rotadores laterais incluem um conjunto muscular requisitado em executar uma ação mecânica de rotação externa que ocorre ao redor do eixo longitudinal que passa através da conexão umeroulnar e umerorradial, em que o segmento do antebraço flexionado suspenso horizontalmente e anteriormente com o polegar da mão projetado para cima é tracionado lateralmente para baixo e para fora, a partir da descaracterização da posição anatômica no plano transversal. Os músculos rotadores laterais que se referem à articulação do cotovelo são representados pelos músculos supinadores da articulação radioulnar.

Tomando como referência a articulação do quadril, os músculos rotadores laterais incluem um conjunto muscular requisitado em executar uma ação mecânica de rotação externa que ocorre ao redor do eixo longitudinal que passa através da conexão coxofemoral, em que o segmento da coxa suspenso verticalmente traciona o segmento do pé para fora e para longe da linha média do corpo, a partir da posição anatômica no plano transversal. Os músculos rotadores laterais que se referem à articulação do quadril são representados pelos seguintes músculos motores primários: bíceps femoral e reto femoral. E ainda pelos seguintes músculos motores secundários: tensor da fáscia lata e porção superficial do glúteo máximo.

Tomando como referência a articulação do joelho, os músculos rotadores laterais incluem um conjunto muscular requisitado em executar uma ação mecânica de rotação externa que ocorre ao redor do eixo longitudinal que passa através da conexão tibiofemoral e patelofemoral, em que o segmento da perna flexionada e suspensa horizontalmente e anteriormente traciona o segmento do pé lateralmente para fora e para longe da linha média do corpo, a partir da descaracterização da posição anatômica no plano transversal. Os músculos rotadores laterais que se referem à articulação do joelho são representados pelos seguintes músculos motores primários: bíceps femoral e reto femoral. E ainda pelos seguintes músculos motores secundários: tensor da fáscia lata e porção superficial do glúteo máximo.

Tomando como referência a articulação do ombro, os músculos rotadores mediais incluem um conjunto muscular requisitado em executar uma ação mecânica de rotação interna que ocorre ao redor do eixo longitudinal que passa através da conexão escapuloumeral, em que o segmento do braço suspenso verticalmente traciona o segmento da mão para dentro e para perto da linha média do corpo, a partir da posição anatômica no plano transversal. Os músculos rotadores mediais que se referem à articulação do ombro são representados pelos seguintes músculos motores primários: subescapular e redondo maior. E ainda pelos seguintes músculos motores secundários: porção clavicular ou anterior do deltoide, coracobraquial, grande dorsal, porção clavicular do peitoral maior, porção esternocostal do peitoral maior e porção curta do bíceps braquial.

Tomando como referência a articulação do cotovelo, os músculos rotadores mediais incluem um conjunto muscular requisitado em executar uma ação mecânica de rotação interna que ocorre ao redor do eixo longitudinal que passa através da conexão umeroulnar e umerorradial, em que o segmento do antebraço flexionado suspenso horizontalmente e anteriormente, com o polegar da mão projetado para cima, é tracionado para baixo e para dentro, a partir da descaracterização da posição anatômica no plano transversal.

Os músculos rotadores mediais que se referem à articulação do cotovelo são representados pelos músculos pronadores da articulação radioulnar.

Tomando como referência a articulação do quadril, os músculos rotadores mediais incluem um conjunto muscular requisitado em executar uma ação mecânica de rotação interna que ocorre ao redor do eixo longitudinal que passa através da conexão coxofemoral, em que o segmento da coxa suspenso verticalmente traciona o segmento do pé para dentro e para perto da linha média do corpo, a partir da posição anatômica no plano transversal. Os músculos rotadores mediais que se referem à articulação do quadril são representados pelo músculo glúteo mínimo, que atua como um motor primário, e ainda pelos seguintes músculos motores secundários: tensor da fáscia lata, semitendinoso, semimembranoso, grácil, fibras anteriores do glúteo médio, e pelas fibras inferiores do adutor magno.

Tomando como referência a articulação do joelho, os músculos rotadores mediais incluem um conjunto muscular requisitado em executar uma ação mecânica de rotação interna que ocorre ao redor do eixo longitudinal que passa através da conexão tibiofemoral e patelofemoral, em que o segmento da perna flexionada e suspensa horizontalmente e anteriormente traciona lateralmente o segmento do pé para dentro e para perto da linha média do corpo, a partir da descaracterização da posição anatômica no plano transversal. Os músculos rotadores mediais que se referem à articulação do joelho são representados pelos seguintes músculos motores primários: semitendinoso, semimembranoso, e poplíteo. E ainda pelos seguintes músculos motores secundários: sartório e grácil.

Tomando como referência a articulação da cintura escapular, os músculos rotadores superiores incluem um conjunto muscular requisitado em executar uma ação mecânica de rotação da escápula para baixo que ocorre ao redor do eixo anteroposterior que passa através da conexão entre as escápulas e as clavículas com o manúbrio, tracionando a borda medial da escápula superiormente para perto da linha média do corpo, quando ocorre uma adução dos segmentos do membro superior a partir da posição anatômica no plano frontal. Os músculos rotadores superiores que se referem à articulação da cintura escapular são representados pelos seguintes músculos motores primários: serrátil anterior, porção transversa ou segunda porção do trapézio e porção ascendente ou terceira porção do trapézio.

PARTE 7
MECÂNICA MUSCULAR INCORRETA

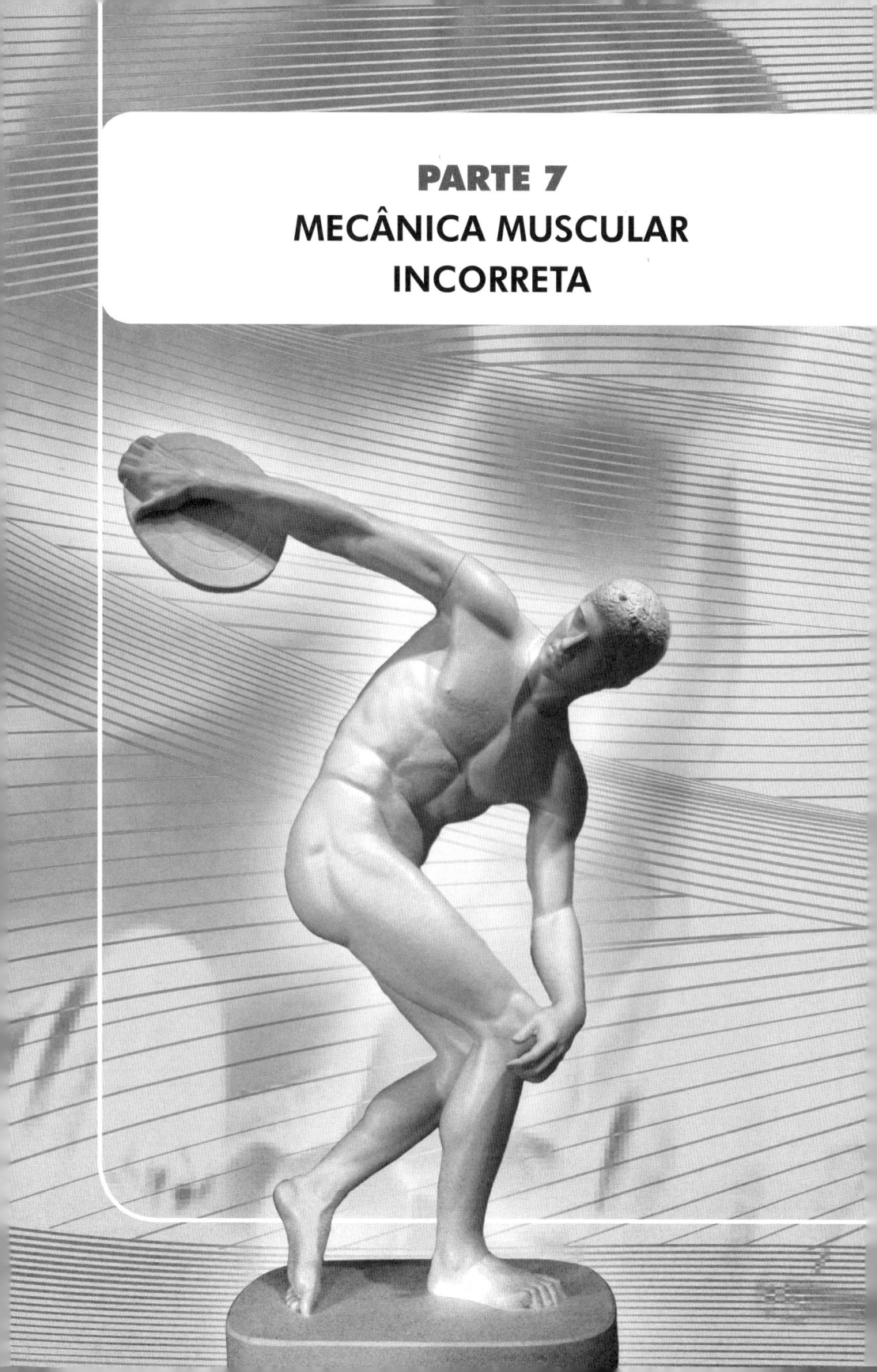

CAPÍTULO 1

A mecânica incorreta e seus malefícios na musculação

Sabe-se que o treinamento de força, além de depender da intensidade, da duração e da repetição dos exercícios, depende também do empenho individual. Por outro lado, cumpre não esquecer a importância da mecânica correta para se obter um bom desempenho no plano dos exercícios físicos. Importa ainda, para um bom desenvolvimento físico, que a prática da musculação esteja associada a certos princípios tais como: princípio da estruturação das séries de exercícios, princípio da especificidade do movimento e princípio da sobrecarga.

Sabe-se também que um desenvolvimento mecânico inadequado acarreta, mais cedo ou mais tarde, um trabalho muscular que propicia, além do desperdício mecânico, uma hipertrofia muscular de aspecto assimétrico. O correto trabalho mecânico, ou seja, a correta aplicação das forças que agem sobre o corpo, é um fator decisivo para o desenvolvimento de uma hipertrofia muscular de aspecto simétrico. Surge então a questão: todo trabalho mecânico é o meio pelo qual se obtém uma boa hipertrofia?

Observa-se que, ao praticar a musculação, devemos levar em conta os efeitos que ocorrem quando determinada força é dissipada. Pois a dissipação dessa força pode acarretar, a longo prazo, a ocorrência de uma possível lesão. Portanto, é importante que se saiba diferenciar os meios que levam a uma hipertrofia simétrica, à qual damos o nome de boa hipertrofia, daqueles que induzem a uma hipertrofia assimétrica ou má hipertrofia.

Um princípio básico que nunca deve ser esquecido se dá no fato de que o corpo humano é regido por uma série de reações fisiológicas que estão envolvidas no processo de formação da energia mecânica. Tendo em vista o que acabo de dizer, um correto trabalho resistido de musculação deve canalizar essas energias mecânicas, e não dissipá-las em movimentos estressantes e fatigantes.

A observação crítica acerca da assimilação compensatória e do aproveitamento mecânico dos exercícios resistidos evidencia, com frequência, o desenvolvimento da maior importância de uma gama de componentes oriundos da metodologia do treinamento. Componentes esses que, diretamente, estão associados aos seguintes tópicos: o conceito de musculação, os princípios que fundamentam a musculação, os fatores indutores da hipertrofia muscular, o conceito de platô, o movimento mecânico essencial à atividade muscular, o desperdício mecânico na atividade muscular, a mecânica correta e incorreta, os danos e os benefícios decorrentes da mecânica muscular, e por fim, os mitos em torno da musculação.

Considerando que o desconhecimento de noções tão fundamentais compromete não só a prática da musculação, como induz a sério risco à própria saúde de quem a pratica, é muito importante que se faça uma apreciação crítica quanto aos componentes já destacados. Observe-se ainda que nem sempre alunos experientes percebem que estão praticando um trabalho mal direcionado para os objetivos subjacentes à hipertrofia, o que resulta em uma má otimização do músculo a ser trabalhado. Abre-se assim a possibilidade do estudo, de um ponto de vista teórico, do processo intuitivo de otimização. Uma das ciências que poderia ser aplicada ao estudo dos temas citados é a biomecânica qualitativa, pois um de seus tópicos é o estudo do movimento em uma perspectiva da dinâmica muscular.

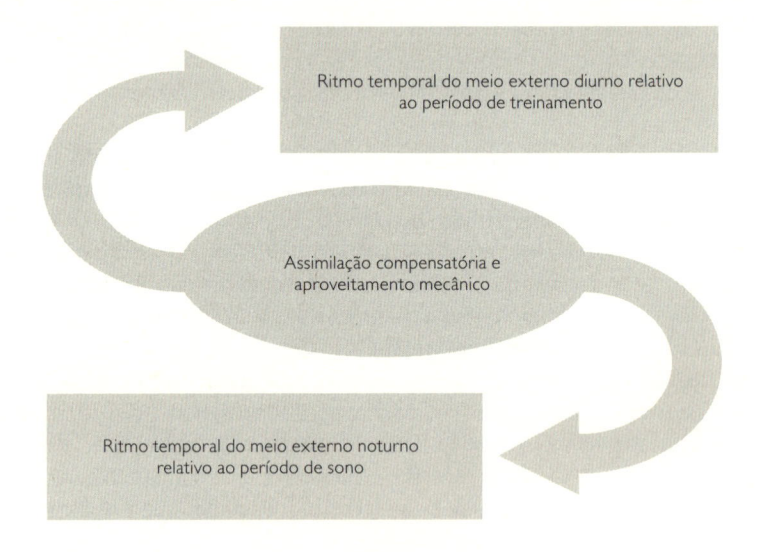

Figura 7
Ritmos temporais:
Representação em sentido horário dos efeitos cíclicos cronobiológicos que favorecem a assimilação compensatória e o aproveitamento mecânico, após a prática regular de uma sessão de musculação, seguida de intervalos e repouso aplicados adequadamente em um programa de treinamento resistido.

A teoria dessa dinâmica consiste na análise das possibilidades, limitações e condicionamento de cada grupo muscular envolvido, por sua vez, em métodos de treinamento distintos e variados aplicados em uma sessão de musculação. Dessa maneira, pode-se dizer que, em um programa constituído por exercícios com pesos, é indispensável possuir uma visão básica sobre os processos fisiológicos fundamentais que diretamente induzem ao desenvolvimento corporal, assim como sobre os processos biomecânicos fundamentais que induzem à manifestação de diferentes tipos de força.

Ocorre, porém, que tanto os processos fisiológicos quanto os processos biomecânicos requerem um estudo especial sobre a manifestação da força em toda sua extensão, assim como do efeito de forças distintas e variadas em toda a complexidade de uma mecânica muscular resistida, a fim de favorecer um melhor entendimento sobre os aspectos qualitativos de uma biomecânica em particular. Desta maneira, assimilando os componentes básicos que constituem a biomecânica qualitativa, o trabalho relativo à mecânica do corpo alcança seu máximo nível de desempenho, e evita os danos que podem advir de uma má condução do movimento humano.

Resumindo, não raro constatamos dissimetrias corporais induzidas por exercícios inadequados. Por outro lado, exercícios bem conduzidos implicam quase sempre na hipertrofia muscular simétrica, objetivo almejado pela musculação. Cabe sempre ter presente que a médio ou longo prazo a otimização temporal dos movimentos mecânicos executados por meio de aparelhos em uma academia de musculação nunca é inócua, pois ou tais movimentos levam a uma saudável hipertrofia, ou redundam em danos estruturais ou funcionais ao corpo humano.

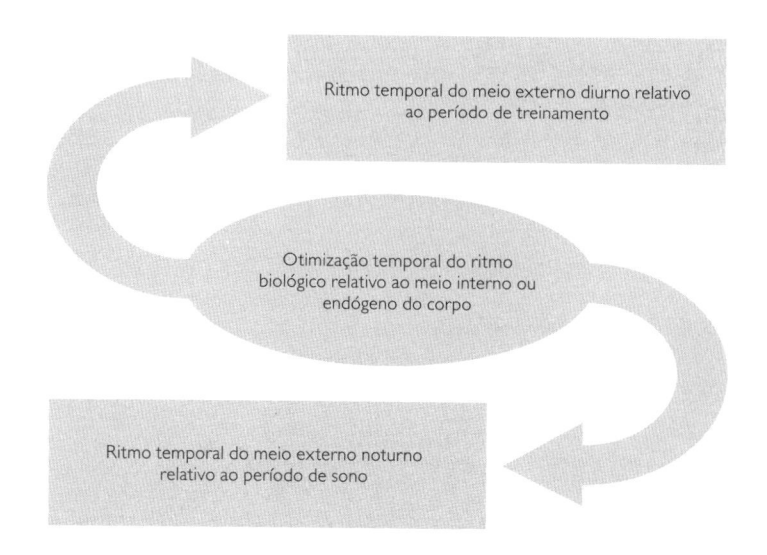

Figura 7.1
Ritmos temporais:
Representação em sentido horário dos efeitos cíclicos cronobiológicos que favorecem o incremento da força, da hipertrofia e da simetria muscular, após a prática regular de uma sessão de musculação, seguida por intervalos e repouso aplicados adequadamente em um programa de treinamento resistido.

CAPÍTULO 2

Assimetria corporal por mecânica muscular incorreta

A incidência de forças musculares, que ocorre durante determinado trabalho muscular, é composta por uma série de desvios de natureza funcional. Na medida em que verificamos o desvio funcional, que ocorre durante a mecânica muscular incorreta, começamos a descobrir que toda tensão provocada pela força de um músculo acaba por ser desviada para outro músculo, evidenciando uma falha que ocorre na aplicação dessa força, durante um trabalho específico de hipertrofia muscular.

Tal tensão, no entanto, pode ser direcionada corretamente se a aplicação da força produzida pelo trabalho muscular for incidir diretamente sobre o músculo que se deseja hipertrofiar. Evidentemente que essa preocupação só está vinculada aos tipos de trabalho executado por aqueles que se utilizam de treinamentos específicos de musculação. E que por meio de formas variadas de trabalho resistido possam ter aumentadas as chances de desenvolver de forma simétrica a hipertrofia dos músculos desejados.

Outro aspecto importante acerca da dissipação de forças musculares é a necessidade que o praticante de musculação tem em variar a aplicação correta da força exercida pelos músculos, com formas de trabalho em diferentes angulações. A prática da musculação bem orientada se dá pela atividade coordenada entre os vários grupos musculares, e pelo efeito dessa coordenação muscular em diferentes angulações e posições. Vale destacar que as forças geradas pelos músculos em diferentes angulações, e que são transmitidas aos ossos e articulações, devem incidir de maneira correta para o grupamento muscular, ou para o músculo a que se deseja hipertrofiar, sem que ocorra uma dissipação desta força para outros músculos não objetivados. E a incidência dessas forças, quando direcionadas corretamente, permite que o corpo adote uma variedade de posturas, a fim de que se possam produzir movimentos voluntários e controlados em qualquer situação.

Essa ampla variedade de posturas, que são adotadas corretamente pelo corpo, deve-se ao arranjo de cadeia cinética aberta ou fechada dos ossos no sistema esquelético, permitindo que determinado grupamento muscular ou músculo possa produzir forças em trabalhos dinâmicos variados em diferentes graus articulares. Durante os trabalhos dinâmicos variados em diferentes graus articulares, a força produzida pelos músculos e transmitida para as articulações é referida como força de reação interna. E a força produzida pelos músculos e transmitida para os implementos fixos ou móveis é referida como força de reação externa. Cabe lembrar que tanto a força de reação interna quanto a força de reação externa se dão em decorrência de contrações induzidas por tensões dinâmicas ou estáticas, mediante uma resposta aos trabalhos isotônicos ou isométricos.

Dessa maneira, o sistema musculoesquelético gera e transmite uma força de reação interna, para contrapor ou superar uma força de reação externa que atua sobre o corpo. A força de reação interna pode ser classificada em um tipo de força de tração, ou seja, em um tipo de força que age sobre as extremidades de uma estrutura articular, e que induz o ato de empurrar o peso imposto por implementos fixos ou móveis. Em contrapartida, a força de reação externa pode ser classificada em um tipo de força de contato a diferentes tipos de recurso material, que se dá em resposta à aplicação de uma tensão imposta pelo peso de implementos fixos ou móveis, ou ainda em um tipo de força sem contato a diferentes tipos de recurso material, que se dá em resposta à aplicação de uma tensão imposta pelo próprio peso corporal. Quando a mecânica de um movimento é executada incorretamente, durante a prática de exercícios que estão fora de um padrão de postura ideal, o sistema musculoesquelético irá gerar uma força de reação interna para contrapor ou superar uma força de reação externa que atua inadequadamente sobre o corpo.

Portanto, em qualquer má postura ou movimento incorreto um exercício passa a envolver grupos musculares indesejados, resultando em um descontrole dos movimentos articulares de tal modo que uma força de reação interna atuante sobre o corpo passa a ser desviada por todo o arranjo de cadeia cinética aberta ou fechada, induzindo no deslocamento de uma força de reação externa para um grupo muscular não objetivado e, consequentemente, na descaracterização do correto trabalho para o grupo muscular almejado. Em termos de transmissão de forças pelo sistema musculoesquelético, a incidência do desvio dessas forças resultará na dissipação de toda tensão a ser manifestada para o correto trabalho mecânico, bem como para o correto desenvolvimento da hipertrofia de grupos musculares específicos. Biomecanicamente falando, as forças de reação, tanto interna quanto externa, que agem sobre o corpo são representadas pelos vetores de força. E a visualização dessas forças musculares é bastante útil na análise qualitativa de toda ação muscular.

De maneira geral, na prática da musculação existem três grandes categorias básicas de movimentos combinados entre si, a saber: movimento de manutenção da boa postura, movimento de transporte do corpo e, por fim, movimento de manipulação de pesos. Essas duas formas de manipulação requerem a aplicação de forças tanto de compressão quanto de tração em relação ao objeto a ser manipulado e ainda requerem o enquadramento do padrão esperado de movimento ideal de um exercício a ser executado em uma sessão de musculação. Portanto, podemos resumir que a manutenção da boa postura, quando associada ao correto trabalho de manipulação de implementos fixos ou móveis, contribui para uma correta aplicação de forças sobre os músculos almejados, evitando-se, dessa maneira, a incidência de uma assimetria corporal ocasionada por uma mecânica muscular incorreta. E a inexistência de uma incorreta aplicação de forças, por sua vez, permite um desenvolvimento muscular mais harmônico e mais simétrico.

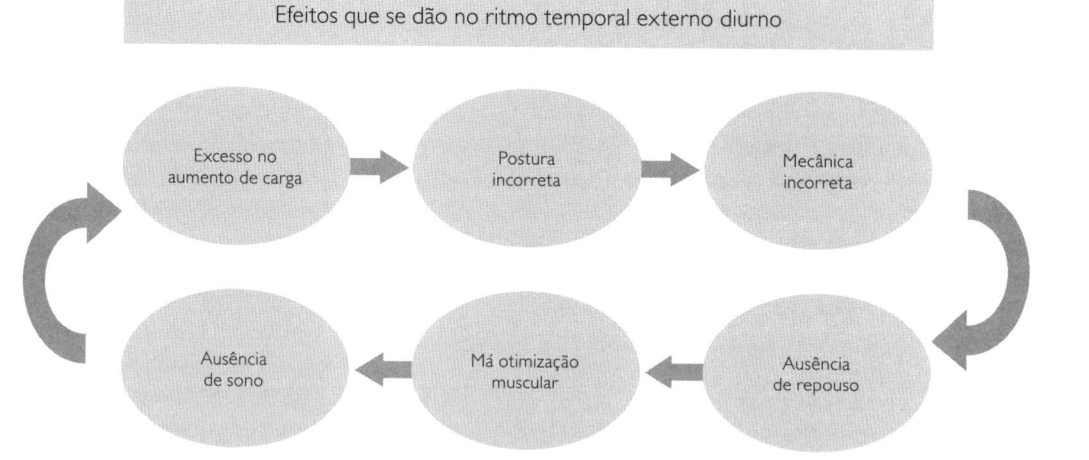

Efeitos que se dão no ritmo temporal externo diurno

Excesso no aumento de carga → Postura incorreta → Mecânica incorreta

Ausência de sono ← Má otimização muscular ← Ausência de repouso

Efeitos que se dão no ritmo temporal externo noturno

Figura 7.2
Ritmo temporal externo diurno e noturno.

Representação em sentido horário dos efeitos cíclicos cronobiológicos que favorecem o desperdício mecânico e que, consequentemente, comprometem a assimilação compensatória após a prática incorreta regular de uma sessão de musculação seguida por ausências de repouso e de sono.

CAPÍTULO 3

Desperdício mecânico na musculação por prática de movimento incorreto

É comum entre aqueles que praticam a musculação cometer alguns equívocos durante a execução de exercícios com cargas elevadas. Desse modo, concomitante com o excesso de sobrecarga, o executante passa a utilizar músculos não objetivados, descaracterizando o modelo de movimento tido como ideal. O desperdício mecânico, por prática de movimento incorreto, se dá, a princípio, pela posição inicial e final de determinado exercício, quando o executante coloca-se muito distante da correta posição do corpo.

Na musculação racionalmente orientada, todo gasto de força é orientado para se alcançar um objetivo. Portanto, cumpre evitar por todos os meios a utilização de forças que estejam fora do objetivo planejado. Pois toda força obtida fora do objetivo planejado é tida como força desperdiçada. É bem verdade que sempre que se dá desperdício mecânico, em relação a determinado exercício pelo músculo, o que acontece é seu reaproveitamento por outro músculo. Portanto, importa destacar que para o correto planejamento de um conjunto de exercícios musculares é importante que se leve em conta as análises sobre os movimentos articulares, os ângulos articulares, e ainda que se leve em conta as análises sobre os músculos que estarão envolvidos na execução do exercício.

Em um trabalho resistido com pesos, que é o caso da musculação, é importante que se saiba executar corretamente o deslocamento angular de um segmento corporal, a partir de uma relação que se dá entre a posição inicial e a posição final do corpo, mediante a correta execução do movimento expresso por um exercício. Cabe destacar que todo o estudo realizado em relação ao deslocamento angular não poderia deixar de lado a ação que o centro de gravidade exerce em cada segmento do corpo humano. O centro de gravidade de cada segmento corporal mantém a estabilidade do corpo e, consequentemente, mantendo-se a estabilidade do corpo mantém-se o equilíbrio de todo um trabalho resistido.

Outra observação a ser tratada em relação ao desperdício mecânico, ou seja, em relação ao desaproveitamento de uma tensão por desvio do centro de gravidade de um segmento corporal, consiste no fato de que todo desperdício mecânico é caracterizado pelo afastamento de uma força em relação à sua finalidade. Portanto, é frequente observar que, por vezes, esse desperdício se origina em razão da falta de equilíbrio ou instabilidade do corpo diante de trabalhos resistidos executados incorretamente, quando tomamos por base a correta posição inicial e final dos exercícios a serem executados em uma sessão de musculação.

Dessa maneira, para manter um perfeito domínio do movimento e evitar o desperdício de forças, é necessário que se localize com precisão não somente o centro de gravidade do corpo, mas também o centro de gravidade do segmento corporal que será movimentado. A não observação tanto do centro de gravidade do corpo quanto do segmento a ser movimentado acarretará a dissipação da energia mecânica. E essa dissipação faz que todo trabalho resistido seja visto de modo inútil, quando tomamos por princípio o correto direcionamento de uma tensão isotônica para o grupo muscular a que desejamos hipertrofiar.

É importante ressaltar ainda que a ampla variação mecânica de um exercício é o que determina o campo de atuação de uma força em particular. Essa força, quando aplicada sobre a correta postura de um exercício, permite que a eficiência do trabalho resistido seja efetuada por um grupo muscular objetivado. Dessa maneira, a incorreta postura de um exercício provoca a participação de um grupo muscular que contrapõe o movimento desejado, induzindo, em contrapartida, a uma séria lesão no sistema musculoesquelético. Cabe, portanto, a descrição dos diversos exercícios com pesos executados nas sessões de musculação dos mecanismos viciosos mais frequentes produzidos pela mecânica incorreta, e ainda, dos mecanismos mais viciosos que condicionam a uma má postura corporal.

Portanto, durante a execução de determinado exercício resistido é comum que se cometam alguns equívocos quanto à sua mecânica. Esses equívocos se dão não somente pelo excesso de sobrecarga, mas principalmente pelo costume prejudicial do incorreto posicionamento corporal. Dessa maneira, ao dissipar uma força, o incorreto posicionamento corporal faz que grupos musculares não objetivados atuem de modo indesejado na realização de determinado trabalho resistido, o que não seria o correto.

Outro erro comum, diante da questão da dissipação de uma força muscular, é verificado no distanciamento diário do padrão ideal de postura do exercício a ser executado. Pois ao se distanciar diariamente do padrão ideal de postura de um exercício, acabamos por assimilar um hábito de realização que diretamente se distancia da adequada mecânica do movimento a ser expresso. Porém, pelo fato da posição inicial de muitos exercícios executados nas salas de musculação, em sua grande maioria, ser produzida e executada de pé, a ação da força sobre o padrão ideal de postura do corpo torna-se mais intensa, sobrecarregando, desse modo, toda a musculatura paravertebral. Todavia, por esse motivo deve-se ter em mente que a sobrecarga, quando aplicada fora do padrão ideal de postura corporal, acarretará ao final uma posição final incorreta no direcionamento de uma tensão indesejada nas últimas repetições para a região lombar da coluna vertebral.

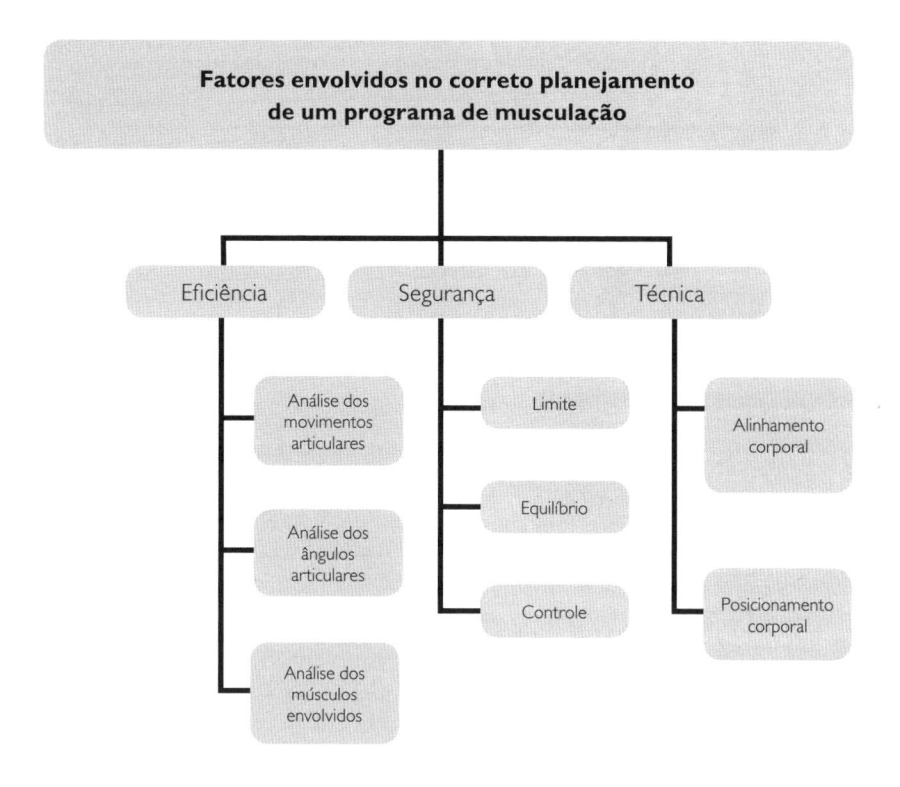

```
Fatores envolvidos no correto planejamento
         de um programa de musculação
                        │
        ┌───────────────┼───────────────┐
    Eficiência       Segurança        Técnica
        │               │                │
    Análise dos       Limite         Alinhamento
    movimentos                        corporal
    articulares
        │               │
    Análise dos      Equilíbrio
    ângulos
    articulares
        │                              Posicionamento
                     Controle           corporal
    Análise dos
    músculos
    envolvidos
```

Figura 7.3
Representação hierárquica dos procedimentos pertinentes
à prática de musculação racionalmente orientada.

Outro erro, que também merece ser destacado, consiste no balanceio do corpo para frente ou para trás, na medida em que a realização correta do movimento é descaracterizada, ante a excessiva sobrecarga de treinamento. Por se trabalhar predominantemente com a musculatura não objetivada, o balanceio do corpo torna-se um mecanismo vicioso desnecessário, merecendo, dessa maneira, um cuidado especial. Vale lembrar que, com alguns detalhes de ajustamento, geralmente é possível evitar o balanceio do corpo e obter movimentos eficientes. Cabe destacar que o balanceio desvia o corpo de sua linha de gravidade, e muitos desvios de tensões são comuns de acontecer em execuções dessa natureza. Essa situação é facilmente visualizada quando projetamos o corpo como um todo para trás, fazendo que, a partir de determinado ângulo, o movimento seja realizado fora da linha de gravidade, tornando, consequentemente, um exercício menos eficaz.

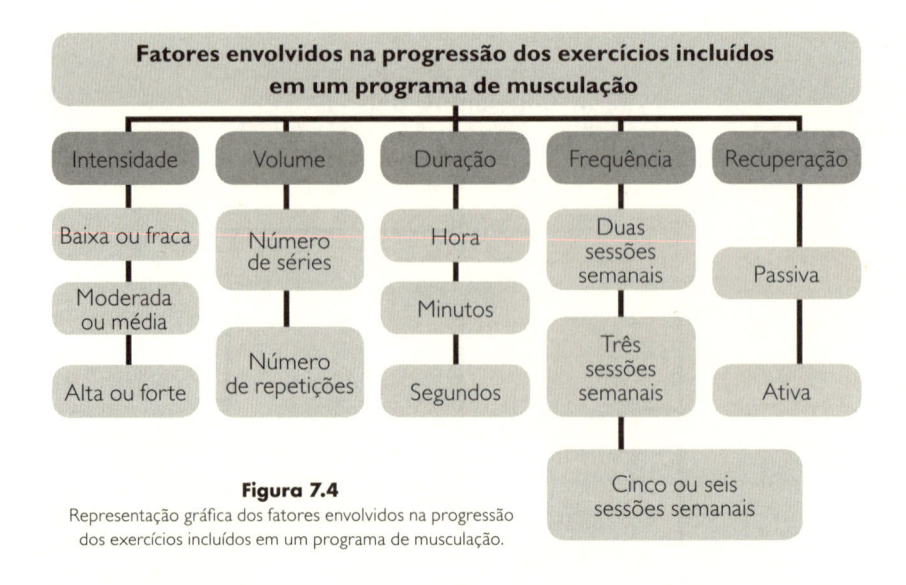

Fatores envolvidos na progressão dos exercícios incluídos em um programa de musculação

- **Intensidade**
  - Baixa ou fraca
  - Moderada ou média
  - Alta ou forte
- **Volume**
  - Número de séries
  - Número de repetições
- **Duração**
  - Hora
  - Minutos
  - Segundos
- **Frequência**
  - Duas sessões semanais
  - Três sessões semanais
  - Cinco ou seis sessões semanais
- **Recuperação**
  - Passiva
  - Ativa

Figura 7.4
Representação gráfica dos fatores envolvidos na progressão dos exercícios incluídos em um programa de musculação.

Sabe-se que força e postura são objetos de estudo de uma ciência particular. Com efeito, sendo o sistema de alavancas do corpo humano o objeto de estudo da biomecânica, essa ciência está aproximadamente envolvida com toda a variada gama de forças e posturas que podem vir a causar danos à coluna vertebral, bem como essa ciência está diretamente envolvida com o efeito de dissipação dessas forças, em consequência de uma postura incorreta. É frequente observarmos o fato de raramente o trabalho mecânico ser condizente com uma adequada simetria do corpo. Não raro, constatamos dissimetrias corporais, que muitas vezes são induzidas por exercícios inadequados. Por outro lado, exercícios bem conduzidos implicam quase sempre na correta e simétrica hipertrofia muscular, objetivo almejado pela musculação.

Cabe sempre ter presente que a médio ou longo prazo os movimentos mecânicos executados em uma academia de musculação, tanto por aparelhos fixos, quanto por aparelhos móveis, nunca são inócuos. Ou bem tais movimentos levam a uma correta hipertrofia muscular, ou bem redundam em danos estruturais ou funcionais ao corpo humano, quanto à incorreta aplicação de uma força sobre determinado grupamento muscular. Dessa maneira, podemos resumir que o desperdício mecânico oriundo de um trabalho intenso de treinamento de força e mediante progressivo incremento de cargas que são aplicadas no sistema esquelético do corpo, pode vir a provocar sérias lesões musculares.

Uma vez que todas as forças desencadeadas em um processo muscular repercutem diretamente sobre a coluna vertebral, é importante que se tenha conhecimento dos meios profiláticos que venham a evitar quaisquer tipos de lesão ditos vertebrais. Porém, não são apenas as forças dissipadas que provocam danos ou malefícios tanto à coluna quanto ao aspecto simétrico do corpo, também o fator postural fora de um padrão ideal é um elemento de sérios problemas no que diz respeito ao desperdício mecânico.

PARTE 8
MÉTODOS E PRINCÍPIOS DO TREINAMENTO

CAPÍTULO 1

Métodos de treinamento aplicados à musculação

De modo geral, os diferentes tipos de método de treinamento, quando aplicados à musculação, consistem em importantes variações que se dão em um programa de exercícios com pesos, no intuito de se obter, a longo prazo, o alcance de marcas na prática de determinado trabalho muscular. Trata-se de um procedimento metódico, que consiste no efeito de se empregar sistemas de treinamentos amplos e modificados, com o objetivo de desenvolver gradualmente a força, e ainda, com o objetivo de induzir a hipertrofia de determinado grupo muscular, a fim de torná-lo capaz de suportar esforços de uma atividade física em particular. Quando aplicados corretamente, os métodos de treinamento visam proporcionar um leque de oportunidades bastante diversificado de procedimentos, que venha a favorecer formas distintas de programas de treinamento tanto simples quanto complexos.

De maneira específica, os diferentes tipos de método de treinamento, quando aplicados à musculação, envolvem um conjunto amplo de procedimentos distintos e bastante diversificados. Procedimentos esses que podem ser calcados tanto na fisiologia quanto na biomecânica. A variabilidade nesses procedimentos se dá em decorrência da elaboração de programas com o objetivo de se obter uma variabilidade de estímulos, bem como de se obter tipos de trabalho resistido diferenciados. O planejamento de determinado método de treinamento, quando aplicado em uma sessão de musculação, diretamente envolve uma sequência de técnicas que seguem critérios de variação anatômica, de variação entre cargas, séries, repetições e intervalos, e por fim, que seguem critérios de variação neuromecânica.

O método de variação anatômica consiste em uma técnica que tem como objetivo integrar, combinar e variar diferentes grupos musculares, bem como em uma técnica que tem como objetivo integrar, combinar e variar diferentes articulações envolvidas em um exercício, assim como também integrar, variar e combinar o tamanho, a origem e a inserção do músculo que atua em um movimento. Esse método pode ser aplicado de forma simultânea com outras formas de técnicas de treinamento, e ainda pode ser aplicado de forma simultânea, com outras formas de trabalhos resistidos realizados em uma sessão de musculação.

O método de variação entre cargas, séries, repetições e intervalos, consiste em uma técnica que tem como objetivo estabelecer uma relação direta entre os tipos de trabalho resistido e os diferentes tipos de peso a serem suportados ou transportados, bem como em uma técnica que tem como objetivo estabelecer uma relação direta entre os diferentes tempos de recuperação e os diferentes tipos de intervalo de descanso, mediante a sucessão ou sequência ininterrupta que determinado exercício deva ser realizado. Esse método pode ser aplicado de forma simultânea com outras formas de técnicas de treinamento, e ainda pode ser aplicado de forma simultânea com outras formas de trabalhos resistidos realizados em uma sessão de musculação.

O método de variação neuromecânica consiste em uma técnica que tem como objetivo integrar, combinar e variar diferentes alavancas articulares, bem como em uma técnica que tem como objetivo integrar, combinar e variar diferentes tipos de resistência, amplitude e velocidade expressos em determinado movimento. Esse método pode ser aplicado de forma simultânea com outras formas de técnicas de treinamento, e ainda pode ser aplicado de forma simultânea com outras formas de trabalhos resistidos realizados em uma sessão de musculação.

O método alternado por segmento é uma técnica de variação anatômica, que consiste em alternar um esforço em diferentes segmentos corporais, mediante um procedimento que permita intercalar sucessivamente uma ligação muscular distinta. A execução desse método nas sessões de musculação envolve a realização diversificada de um trabalho resistido, mediante mudanças que se dão entre grupamentos musculares de diferentes segmentos corporais, modificando-os entre a execução de um exercício para outro. Sua aplicação pode ser tanto de forma simples quanto de forma complexa, ou ainda de forma prioritária, ou seja, por meio de trabalhos resistidos que deem preferência a determinados grupos musculares de segmentos corporais superiores ou inferiores exercitados em implementos fixos ou móveis.

O método alternado por origem e inserção é uma técnica de variação anatômica, que consiste em alternar um esforço em diferentes segmentos corporais, mediante um procedimento que permita intercalar sucessivamente uma ligação muscular distinta. A execução desse método nas sessões de musculação envolve a realização diversificada de um trabalho resistido específico, por meio de mudanças que se dão entre as diferentes conexões de músculos biarticulares, modificando-os entre a execução de um exercício para outro. Sua aplicação pode ser tanto de forma simples quanto de forma complexa, por meio de trabalhos resistidos que deem preferência a grupamentos musculares articulados em dois pontos, mediante o uso de diferentes implementos fixos ou móveis.

O método localizado por articulação é uma técnica de variação anatômica, que consiste em alternar um esforço em diferentes segmentos corporais, mediante um procedimento que permita limitar a aplicação de uma sobrecarga para determinada conexão articular. A execução desse método nas sessões de musculação busca fixar um trabalho resistido por meio do direcionamento de uma energia mecânica para uma única alavanca articular, mobilizando forças entre a execução de um exercício para outro. Sua aplicação pode ser tanto de forma simples quanto de forma complexa, por meio de trabalhos resistidos que deem preferência aos músculos agonistas-antagonistas, ou ainda por meio de trabalhos resistidos que induzam uma pré-exaustão muscular, mediante o uso de diferentes implementos fixos ou móveis.

O método pré-exaustão é uma técnica de variação anatômica que consiste em alternar um esforço em diferentes segmentos corporais, mediante um procedimento que permita exaurir determinado grupamento muscular. A execução desse método nas sessões de musculação busca elaborar uma supersérie ou uma série tripla, mediante a inclusão de um exercício complementar que favoreça o maior isolamento muscular. Sua aplicação pode ser tanto de forma simples quanto de forma complexa, por meio do trabalho resistido sem intervalo de recuperação, que contenha um exercício básico específico que induza de forma bastante ampla o mesmo grupamento muscular requisitado anteriormente, mediante o uso de diferentes implementos fixos ou móveis.

O método de cem repetições é uma técnica de variação anatômica, que consiste em alternar um esforço em diferentes segmentos corporais, mediante um procedimento que permita aplicar um número fixado de cem repetições para um número determinado de séries. A execução desse método nas sessões de musculação busca elaborar séries individualizadas com cem repetições para um grupamento muscular priorizado, por meio da inclusão de um exercício que favoreça movimentos isolados. Sua aplicação pode ser tanto de forma simples quanto de forma complexa, por meio do emprego de uma carga de trabalho resistido situado entre 20% a 30%, e ainda por meio do emprego de um intervalo de recuperação situado entre 45 a 60 segundos, mediante o uso de implementos fixos ou móveis que permitam a realização de cem repetições. Porém, na ocorrência de uma fadiga muscular durante a execução das cem repetições, deve-se incluir um descanso de um segundo para cada repetição que faltar.

O método duplamente parcelado, ou ainda método de rotina duplamente dividida, é uma técnica de variação anatômica que consiste em alternar um esforço em diferentes segmentos corporais, mediante um procedimento que permita alternar uma sequência composta de dois programas de treinamento. A execução desse método nas sessões de musculação busca desdobrar uma sequência ininterrupta de exercícios, por meio do cumprimento de dois turnos devidamente distintos de treinamento. Sua aplicação pode ser tanto de forma simples quanto de forma complexa, por meio da divisão diária de duas sessões de um trabalho resistido que contenha exercícios dinâmicos direcionados em promover um revezamento de grupamentos musculares priorizados, mediante o uso de implementos fixos ou móveis.

O método triplamente parcelado, ou ainda método de rotina triplamente dividida, é uma técnica de variação anatômica que consiste em alternar um esforço em diferentes segmentos corporais, mediante um procedimento que permita alternar uma sequência composta de três programas de treinamento. A execução desse método nas sessões de musculação busca desdobrar uma sequência ininterrupta de exercícios, mediante o cumprimento de três turnos devidamente distintos de treinamento. Sua aplicação pode ser tanto de forma simples quanto de forma complexa, por meio da divisão diária de três sessões de um trabalho resistido que contenha exercícios dinâmicos direcionados em promover um revezamento de grupamentos musculares priorizados, mediante o uso de implementos fixos ou móveis.

O método puxe-empurre é uma técnica de variação anatômica que consiste em alternar um esforço em diferentes segmentos corporais, mediante o agrupamento de dois grupos musculares que exerçam funções mecânicas distintas e opostas. A execução desse método nas sessões de musculação envolve a realização de duas séries elaboradas para grupos musculares diferentes, por meio da inclusão de exercícios que favoreçam movimentos priorizados que expressem tensões internas de tração e de compressão. Sua aplicação pode ser tanto de forma simples quanto complexa, por meio do emprego de trabalhos resistidos elaborados que possuam maior inter-relação entre duas ações separadas, ou seja, entre a ação que agrupa músculos que exerçam o ato de puxar, e a ação que agrupa músculos que exerçam o ato de empurrar, mediante o uso de implementos fixos ou móveis.

O método seletivo é uma técnica de variação anatômica que consiste em escolher e alternar um esforço em diferentes segmentos corporais, mediante a aplicação de um ou dois grupos de exercícios em um programa de treinamento. A execução desse método nas sessões de musculação envolve a realização de duas séries eleitas para grupos musculares distintos ou não, por meio da inclusão de exercícios que favoreçam a exaustão e o maior isolamento muscular. Sua aplicação pode ser tanto de forma simples quanto de forma complexa, por meio do trabalho resistido que contenha exercícios dinâmicos que possam elevar ao máximo o estímulo neuromotor de grupos musculares priorizados, mediante o uso de implementos fixos ou móveis.

O método de série composta é uma técnica de variação anatômica que consiste em alternar um esforço em diferentes segmentos corporais, mediante a aplicação simultânea de duas séries semelhantes. A execução desse método nas sessões de musculação busca combinar duas séries de objetivos não divergentes, por meio da associação de exercícios distintos que promovam o desenvolvimento dos mesmos grupos musculares. Sua aplicação pode ser tanto de forma simples quanto complexa, por meio da associação de dois trabalhos resistidos que contenham exercícios dinâmicos direcionados para o mesmo grupamento muscular, mediante o uso de implementos fixos ou móveis.

O método de série gigante é uma técnica de variação anatômica que consiste em alternar um esforço em diferentes segmentos corporais, mediante uma série composta de quatro a dez exercícios distintos ou não. A execução desse método nas sessões de musculação busca levar a efeito uma série muito grande sem intervalos de recuperação entre si, por meio da associação de exercícios diferenciados que promovam um gasto calórico muito acentuado. Sua aplicação pode ser de forma simples ou complexa, por meio de trabalhos resistidos que induzam estímulos que incidam sobre um único grupamento muscular priorizado, ou ainda por meio de estímulos que incidam para vários grupamentos musculares, mediante o uso de implementos fixos ou móveis.

O método de série múltipla e excessiva é uma técnica de variação anatômica que consiste em alternar um esforço em diferentes segmentos corporais, mediante uma sequência composta de três ou quatro séries de exercícios. A execução desse método nas sessões de musculação busca levar a efeito uma associação entre séries distintas ou não, por meio do cumprimento exagerado de movimentos direcionados para grupamentos musculares diferenciados e antagônicos entre si. Sua aplicação pode ser tanto de forma simples quanto complexa, por meio da associação que se dá entre trabalhos resistidos que contenham exercícios diferenciados ou não, direcionados para o desenvolvimento de grupos musculares priorizados, mediante o uso de implementos fixos ou móveis.

O método de série dupla, ou ainda método duplo-set, é uma técnica de variação anatômica que consiste em alternar um esforço em diferentes segmentos corporais, mediante uma sequência composta de dois exercícios sem intervalos entre si. A execução desse método nas sessões de musculação busca levar a efeito o desdobramento de uma sequência ininterrupta de movimentos diferenciados, por meio do cumprimento de duas séries conjugadas. Sua aplicação pode ser tanto de forma simples quanto complexa, por meio da divisão em duas etapas de um trabalho resistido que contenha exercícios dinâmicos direcionados para grupamentos musculares antagônicos ou complementares, a fim de se obter um desenvolvimento mais completo de todas as porções musculares priorizadas, mediante o uso de implementos fixos ou móveis.

O método de série tripla, ou ainda método tri-set, é uma técnica de variação anatômica que consiste em alternar um esforço em diferentes segmentos corporais, mediante um procedimento que permita realizar uma sequência composta de três exercícios sem intervalos entre si. A execução desse método nas sessões de musculação busca levar a efeito o desdobramento de uma sequência ininterrupta de movimentos diferenciados, por meio do cumprimento de três séries conjugadas. Sua aplicação pode ser tanto de forma simples quanto complexa, por meio da divisão em três etapas de um trabalho resistido que contenha exercícios dinâmicos direcionados para grupamentos musculares antagônicos ou complementares, a fim de se obter um desenvolvimento mais completo de todas as porções musculares priorizadas, mediante o uso de implementos fixos ou móveis.

O método da prioridade muscular é uma técnica de variação anatômica que consiste em alternar um esforço em diferentes segmentos corporais, mediante um procedimento que permita dar primazia para uma série de exercícios de reforço distinto. A execução desse método nas sessões de musculação busca levar a efeito uma sequência composta de movimentos variados que visem suprir a deficiência de um grupo muscular específico. Sua aplicação pode ser de forma simples ou complexa, com trabalhos resistidos que contenham exercícios dinâmicos direcionados para compensar um nível de desenvolvimento muscular inferior em força ou em resistência, bem como trabalhos resistidos dinâmicos que contenham exercícios que manifestem movimentos de grande amplitude articular, direcionados em corrigir ou diminuir a existência de assimetrias musculares, mediante o uso de implementos fixos ou móveis.

O método convencional é uma técnica de variação que se dá entre carga, série, repetição e intervalo, que consiste em aplicar um número estipulado de sequência ininterrupto de esforços gradativos e intensos, e ainda, que consiste em aplicar um número estipulado de repetições devidamente ajustadas. A execução desse método nas sessões de musculação busca levar a efeito o incremento da força máxima, mediante uma série elaborada em dias alternados durante três semanas, e ainda por meio de repetições e tempos de recuperação ajustados de acordo com a individualidade biológica de uma pessoa. Sua aplicação pode ser de forma simples ou complexa, por trabalhos resistidos que permitam uma combinação mais efetiva entre a carga e as repetições incluídas em um programa de treinamento básico, mediante o uso de implementos fixos ou móveis.

O método holístico, ou ainda método da confusão muscular, é uma técnica de variação que se dá entre carga, série, repetição e intervalo, que consiste em aplicar um número estipulado de sequência ininterrupto de esforços gradativos e intensos, e ainda, que consiste em aplicar um número estipulado de repetições devidamente ajustadas. A execução desse método nas sessões de musculação busca levar a efeito o incremento progressivo da força máxima, por meio de procedimentos que sintetizem a quantidade de séries, o número de repetições, bem como que sintetizem a frequência dos treinos em totalidades organizadas, a fim de estabelecer uma alternância regular sobre a progressão ascendente do percentual de carga. Sua aplicação pode ser simples ou complexa, por uma adequação específica e gradativa na sobrecarga de trabalhos resistidos que permitam uma combinação mais efetiva e bastante diversificada entre a carga e as repetições incluídas em constantes variações em um programa de treinamento, mediante o uso de implementos fixos ou móveis.

O método de peso e repetição fixa com intervalos variados é uma técnica de variação que se dá entre carga, série, repetição e intervalo, que consiste em aplicar um número estipulado de sequência ininterrupta de esforços gradativos e intensos, e ainda, que consiste em aplicar um número estipulado de repetições devidamente ajustadas. A execução desse método nas sessões de musculação busca levar a efeito o incremento da força máxima, mediante repetições incluídas em uma série constituída de um intervalo de repouso variado e ajustável de forma crescente ou decrescente. Sua aplicação pode ser simples ou complexa, com trabalhos resistidos que permitam uma combinação mais efetiva entre a carga e as repetições incluídas em um programa de treinamento, mediante o uso de implementos fixos ou móveis.

O método tradicional é uma técnica de variação que se dá entre carga, série, repetição e intervalo, que consiste em aplicar um número estipulado de sequência ininterrupto de esforços gradativos e intensos, e ainda que consiste em aplicar um número estipulado de repetições devidamente ajustadas. A execução desse método nas sessões de musculação busca levar a efeito o incremento da força máxima, por meio do hábito frequente e cotidiano de manter uma mesma carga, uma mesma série, um mesmo número de repetições, e ainda, um mesmo tempo de intervalo de recuperação. Sua aplicação pode ser simples ou complexa, com trabalhos resistidos que permitam uma combinação mais efetiva entre a carga e as repetições incluídas em um programa de treinamento, mediante o uso de implementos fixos ou móveis.

O método de peso estável é uma técnica de variação que se dá entre carga, série, repetição e intervalo, que consiste em aplicar um número estipulado de sequências ininterrupto de esforços gradativos e intensos, e ainda que consiste em aplicar um número estipulado de repetições devidamente ajustadas. A execução desse método nas sessões de musculação busca levar a efeito o incremento progressivo da força máxima, por meio da manutenção de um número estipulado e definido de repetições crescentes ou decrescentes incluídas em uma série constituída de intervalos de recuperação predefinidos. Sua aplicação pode ser tanto de forma simples quanto de forma complexa, por meio de trabalhos resistidos que permitam uma combinação mais efetiva entre a carga e as repetições incluídas em um programa de treinamento, mediante o uso de implementos fixos ou móveis.

O método de Lorme é uma técnica de variação que se dá entre carga, série, repetição e intervalo, que consiste em aplicar um número estipulado de sequências ininterrupto de esforços gradativos e intensos, e ainda, que consiste em aplicar um número estipulado de repetições devidamente ajustadas. A execução desse método nas sessões de musculação busca levar a efeito o incremento progressivo da força máxima, mediante uma sequência de três séries constituídas de dez repetições vigorosas a intervalos de recuperação muito curtos. Sua aplicação pode ser tanto de forma simples quanto de forma complexa, por meio de trabalhos resistidos que permitam uma combinação mais efetiva entre a carga e as repetições incluídas em um programa de treinamento, mediante o uso de implementos fixos ou móveis.

O método Erpad é uma técnica de variação que se dá entre carga, série, repetição e intervalo, que consiste em aplicar um número estipulado de sequências ininterrupto de esforços gradativos e intensos, e ainda, que consiste em aplicar um número estipulado de repetições devidamente ajustadas. A execução desse método nas sessões de musculação busca levar a efeito o incremento progressivo da força máxima, por meio de quatro séries distintas, sendo a primeira constituída de dez repetições com 1/2 de carga, a segunda constituída de seis repetições com 3/4 de carga, a terceira constituída de um número estipulado de repetições a serem realizadas ante uma carga total, e a quarta constituída de um número estipulado de repetições a serem realizadas ante uma carga ajustada em relação à terceira série. É importante ressaltar que o número de repetições realizadas na quarta série deve servir de parâmetro para que se possa determinar a carga a ser realizada no dia seguinte. Sua aplicação pode ser tanto de forma simples quanto de forma complexa, com trabalhos resistidos que permitam uma combinação mais efetiva entre a carga e as repetições incluídas em um programa de treinamento, mediante o uso de implementos fixos ou móveis.

O método de progressão dupla é uma técnica de variação que se dá entre carga, série, repetição e intervalo, que consiste em aplicar um número estipulado de sequências ininterrupto de esforços gradativos e intensos, e ainda, que consiste em aplicar um número estipulado de repetições devidamente ajustadas. A execução desse método nas sessões de musculação busca levar a efeito o incremento progressivo da força máxima, mediante duas séries distintas, sendo a primeira constituída de um aumento gradativo no número estipulado de repetições, até que se alcance o dobro do número de repetições previstas, e a segunda constituída de um aumento gradativo na intensidade da carga em paralelo a uma diminuição gradativa do número estipulado de repetições, até que se alcance o número de repetições estabelecidas logo no início do treinamento. Sua aplicação pode ser de forma simples ou complexa, por trabalhos resistidos que permitam uma combinação mais efetiva entre a carga e as repetições incluídas em um programa de treinamento, mediante o uso de implementos fixos ou móveis.

O método Oxford é uma técnica de variação que se dá entre carga, série, repetição e intervalo, que consiste em aplicar um número estipulado de sequências ininterrupto de esforços gradativos e intensos, e ainda, que consiste em aplicar um número estipulado de repetições devidamente ajustadas. A execução desse método nas sessões de musculação busca levar a efeito o incremento progressivo da força máxima, por meio de três séries distintas, sendo a primeira constituída de dez repetições vigorosas completas, e a segunda constituída de dez repetições vigorosas ajustadas com o percentual da carga empregada na série anterior, e a terceira constituída de dez repetições vigorosas ajustadas com o percentual de 1/2 da carga empregada na segunda série. Sua aplicação pode ser de forma simples ou complexa, por meio de trabalhos resistidos que permitam uma combinação mais efetiva entre a carga e as repetições incluídas em um programa de treinamento, mediante o uso de implementos fixos ou móveis.

O método de dupla-devastação, ou ainda, método *double-blast*, é uma técnica de variação que se dá entre carga, série, repetição e intervalo, que consiste em aplicar um número estipulado de sequências ininterruptas de esforços gradativos e intensos, e ainda, que consiste em aplicar um número estipulado de repetições devidamente ajustadas. A execução desse método nas sessões de musculação busca levar a efeito o incremento progressivo da força máxima, por meio de duas séries distintas, sendo a primeira constituída de seis a oito repetições com um percentual de carga muito elevado, e a segunda constituída de quinze a vinte repetições com um percentual de carga moderado. Sua aplicação pode ser de forma simples ou complexa, por meio de trabalhos resistidos dinâmicos que permitam uma combinação mais efetiva entre a carga e as repetições incluídas em um programa de treinamento, mediante o uso de implementos fixos ou móveis.

O método de rotina dividida é uma técnica de variação que se dá entre carga, série, repetição e intervalo, que consiste em aplicar um número estipulado de sequências ininterrupto de esforços gradativos e intensos, e ainda, que consiste em aplicar um número estipulado de repetições devidamente ajustadas. A execução desse método nas sessões de musculação busca levar a efeito o incremento progressivo da força máxima, mediante procedimentos separados em duas etapas, ou ainda, por meio de procedimentos separados em dois estágios compostos de séries que estabeleçam uma progressão ascendente sobre o percentual de carga. Sua aplicação pode ser simples ou complexa, por meio de trabalhos resistidos dinâmicos que permitam uma combinação mais efetiva entre a carga e as repetições incluídas em um programa de treinamento, mediante o uso de implementos fixos ou móveis.

O método pirâmide crescente é uma técnica de variação que se dá entre carga, série, repetição e intervalo, que consiste em aplicar um número estipulado de sequências ininterrupto de esforços gradativos e intensos, e ainda, que consiste em aplicar um número estipulado de repetições devidamente ajustadas. A execução desse método nas sessões de musculação busca levar a efeito o incremento progressivo da força máxima, por meio do aumento criterioso e crescente da intensidade de carga e da diminuição criteriosa e decrescente do número de repetições, em que o esforço de uma série subsequente é constituído de acréscimos gradativos em relação à série anterior, bem como em que o número estipulado de repetições subsequentes é constituído de decréscimos gradativos em relação a repetições anteriores, a fim de estabelecer uma progressão ascendente do percentual de carga de 70% de uma série inicial, para o percentual completo de carga de 100% de uma série final. Sua aplicação pode ser de forma simples ou complexa, com trabalhos resistidos dinâmicos que permitam uma combinação mais efetiva entre a carga e as repetições incluídas em um programa de treinamento, mediante o uso de implementos fixos ou móveis.

O método pirâmide decrescente ou pirâmide invertida é uma técnica de variação que se dá entre carga, série, repetição e intervalo, que consiste em aplicar um número estipulado de sequências ininterrupto de esforços gradativos e intensos, e ainda, que consiste em aplicar um número estipulado de repetições devidamente ajustadas. A execução desse método nas sessões de musculação busca levar a efeito o incremento progressivo da força máxima, mediante a diminuição criteriosa e decrescente da intensidade de carga e do aumento criterioso e crescente do número de repetições, em que o esforço de uma série subsequente é constituído de decréscimos gradativos em relação à série anterior, bem como em que o número estipulado de repetições subsequentes é constituído de acréscimos gradativos em relação a repetições anteriores, a fim de estabelecer uma progressão descendente do percentual completo de carga de 100% de uma série inicial, para o percentual de carga de 70% de uma série final. Sua aplicação pode ser simples ou complexa, por meio de trabalhos resistidos dinâmicos que permitam uma combinação mais efetiva entre a carga e as repetições incluídas em um programa de treinamento, mediante o uso de implementos fixos ou móveis.

O método piramidal truncado crescente é uma técnica de variação que se dá entre carga, série, repetição e intervalo, que consiste em aplicar um número estipulado de sequências ininterrupto de esforços gradativos e intensos, e ainda que consiste em aplicar um número estipulado de repetições devidamente ajustadas. A execução desse método nas sessões de musculação busca levar a efeito o incremento progressivo da força máxima, por meio do aumento criterioso e crescente da intensidade de carga e da diminuição criteriosa e decrescente do número de repetições, em que o esforço de uma série subsequente é constituído de acréscimos gradativos em relação à série anterior, bem como em que o número estipulado de repetições subsequentes é constituído de decréscimos gradativos em relação a repetições anteriores, a fim de estabelecer uma progressão ascendente do percentual de carga de 70% de uma série inicial, para o percentual incompleto de carga de 90% de uma série final. Sua aplicação pode ser simples ou complexa, por meio de trabalhos resistidos dinâmicos que permitam uma combinação mais efetiva entre a carga e as repetições incluídas em um programa de treinamento, mediante o uso de implementos fixos ou móveis.

O método piramidal truncado decrescente ou truncado invertido é uma técnica de variação que se dá entre carga, série, repetição e intervalo, que consiste em aplicar um número estipulado de sequências ininterrupto de esforços gradativos e intensos, e ainda, que consiste em aplicar um número estipulado de repetições devidamente ajustadas. A execução desse método nas sessões de musculação busca levar a efeito o incremento progressivo da força máxima, mediante a diminuição criteriosa e decrescente da intensidade de carga e do aumento criterioso e crescente do número de repetições, em que o esforço de uma série subsequente é constituído de decréscimos gradativos em relação à série anterior, bem como em que o número estipulado de repetições subsequentes é constituído de acréscimos gradativos em relação a repetições anteriores, a fim de estabelecer uma progressão descendente do percentual incompleto de carga de 90% de uma série inicial, para o percentual de carga de 70% de uma série final. Sua aplicação tanto pode ser de forma simples quanto de forma complexa, por meio de trabalhos resistidos dinâmicos que permitam uma combinação mais efetiva entre a carga e as repetições incluídas em um programa de treinamento, mediante o uso de implementos fixos ou móveis.

O método escada crescente ou escada não invertida é uma técnica de variação que se dá entre carga, série, repetição e intervalo, que consiste em aplicar um número estipulado de sequências ininterrupto de esforços gradativos e intensos, e ainda, que consiste em aplicar um número estipulado de repetições devidamente ajustadas. A execução desse método nas sessões de musculação busca levar a efeito o incremento progressivo da força máxima, por meio de acréscimos gradativos em torno de 5% a 10% sobre os esforços de um par de séries iniciais para um par de séries finais, a fim de estabelecer uma alternância não sinuosa sobre as progressões ascendentes do percentual de carga a ser, por outro lado, aumentado e incluído em um par de séries subsequentes. Sua aplicação tanto pode ser de forma simples quanto de forma complexa, por meio de trabalhos resistidos dinâmicos que permitam uma combinação mais efetiva entre a carga e as repetições incluídas em um programa de treinamento, mediante o uso de implementos fixos ou móveis.

O método escada decrescente ou escada invertida é uma técnica de variação que se dá entre carga, série, repetição e intervalo, que consiste em aplicar um número estipulado de sequências ininterrupto de esforços gradativos e intensos, e ainda, que consiste em aplicar um número estipulado de repetições devidamente ajustadas. A execução desse método nas sessões de musculação busca levar a efeito o incremento progressivo da força máxima, mediante decréscimos gradativos em torno de 5% a 10% sobre os esforços de um par de séries iniciais para um par de séries finais, a fim de estabelecer uma alternância não sinuosa sobre as progressões descendentes do percentual de carga a ser, por outro lado, diminuído e incluído em um par de séries subsequentes. Sua aplicação tanto pode ser de forma simples quanto de forma complexa, por meio de trabalhos resistidos dinâmicos que permitam uma combinação mais efetiva entre a carga e as repetições incluídas em um programa de treinamento, mediante o uso de implementos fixos ou móveis.

O método onda crescente é uma técnica de variação que se dá entre carga, série, repetição e intervalo, que consiste em aplicar um número estipulado de sequências ininterrupto de esforços variados, gradativos e intensos, e ainda, que consiste em aplicar um número estipulado de repetições devidamente ajustadas. A execução desse método nas sessões de musculação busca levar a efeito o incremento progressivo da força máxima, por meio de aplicações oscilatórias de acréscimos e de decréscimos gradativos sobre os esforços de uma série inicial para uma série final, a fim de estabelecer uma alternância sinuosa sobre as progressões ascendentes e descendentes do percentual de carga a ser, por outro lado, criteriosamente e variavelmente aumentado nas séries subsequentes. Sua aplicação tanto pode ser de forma simples quanto de forma complexa, por meio de trabalhos resistidos dinâmicos que permitam uma combinação mais efetiva entre a carga e as repetições incluídas em um programa de treinamento, mediante o uso de implementos fixos ou móveis.

O método onda decrescente é uma técnica de variação que se dá entre carga, série, repetição e intervalo, que consiste em aplicar um número estipulado de sequências ininterrupto de esforços variados, gradativos e intensos, e ainda, que consiste em aplicar um número estipulado de repetições devidamente ajustadas. A execução desse método nas sessões de musculação busca levar a efeito o incremento progressivo da força máxima, mediante aplicações oscilatórias de acréscimos e de decréscimos gradativos sobre os esforços de uma série inicial para uma série final, a fim de estabelecer uma alternância sinuosa sobre as progressões descendentes e ascendentes do percentual de carga a ser criteriosa e variavelmente diminuído nas séries subsequentes. Sua aplicação tanto pode ser de forma simples quanto de forma complexa, por meio de trabalhos resistidos dinâmicos que permitam uma combinação mais efetiva entre a carga e as repetições incluídas em um programa de treinamento, mediante o uso de implementos fixos ou móveis.

O método onda constante é uma técnica de variação que se dá entre carga, série, repetição e intervalo, que consiste em aplicar um número estipulado de sequências ininterrupto de esforços variados, gradativos e intensos, e ainda, que consiste em aplicar um número estipulado de repetições devidamente ajustadas. A execução desse método nas sessões de musculação busca levar a efeito o incremento progressivo da força máxima, mediante aplicações oscilatórias de acréscimos e de decréscimos gradativos sobre os esforços de uma série inicial para uma série final, a fim de estabelecer uma alternância sinuosa sobre as progressões ascendentes e descendentes do percentual de carga a ser criteriosamente aumentado e diminuído invariavelmente nas séries subsequentes. Sua aplicação tanto pode ser de forma simples quanto de forma complexa, por meio de trabalhos resistidos dinâmicos que permitam uma combinação mais efetiva entre a carga e as repetições incluídas em um programa de treinamento, mediante o uso de implementos fixos ou móveis.

O método crescente-decrescente é uma técnica de variação que se dá entre carga, série, repetição e intervalo, que consiste em aplicar um número estipulado de sequências ininterrupto de esforços variados, gradativos e intensos, e ainda, que consiste em aplicar um número estipulado de repetições devidamente ajustadas. A execução desse método nas sessões de musculação busca levar a efeito o incremento progressivo da força máxima, por meio do acréscimo e do decréscimo do percentual de carga, a fim de estabelecer o retorno à carga aplicada no início da série. Sua aplicação tanto pode ser de forma simples quanto de forma complexa, por meio de trabalhos resistidos dinâmicos que permitam uma combinação mais efetiva entre a carga e as repetições incluídas em um programa de treinamento, mediante o uso de implementos fixos ou móveis.

O método positivo completo é uma técnica de variação neuromecânica que consiste em aplicar um único esforço no ato motor flexivo. A execução desse método nas sessões de musculação busca levar a efeito o incremento progressivo da força máxima, mediante uma atividade muscular composta de um único movimento que expresse uma redução total da amplitude articular na ação mecânica concêntrica. Sua aplicação tanto pode ser de forma simples quanto de forma complexa, por meio de trabalhos resistidos dinâmicos que incluam exercícios distintos que permitam uma variação no mecanismo de encurtamento total das fibras musculares, mediante o uso de implementos fixos ou móveis com o auxílio de um ajudante, a fim de anular o movimento negativo completo.

O método negativo completo é uma técnica de variação neuromecânica que consiste em aplicar um único esforço no ato motor extensivo. A execução desse método nas sessões de musculação busca levar a efeito o incremento progressivo da força máxima, mediante uma atividade muscular composta de um único movimento que expresse o aumento total da amplitude articular na ação mecânica excêntrica. Sua aplicação tanto pode ser de forma simples quanto complexa, por meio de trabalhos resistidos dinâmicos que incluam exercícios distintos que permitam uma variação no mecanismo de alongamento total das fibras musculares, mediante o uso de implementos fixos ou móveis com o auxílio de um ajudante, a fim de anular o movimento positivo completo.

O método positivo-negativo completo, ou ainda, método não insistente, é uma técnica de variação neuromecânica que consiste em aplicar um mesmo esforço no ato motor flexivo e extensivo. A execução desse método nas sessões de musculação busca levar a efeito o incremento progressivo da força máxima, por meio de uma atividade muscular composta de duas fases consecutivas e complementares, sendo a primeira fase constituída de um movimento que expresse a redução total da amplitude articular na ação mecânica concêntrica, e a segunda fase constituída de um movimento que expresse o aumento total da amplitude articular na ação mecânica excêntrica. Sua aplicação tanto pode ser de forma simples quanto complexa, por meio de trabalhos resistidos dinâmicos que incluam exercícios distintos que permitam uma variação no mecanismo de encurtamento e alongamento total das fibras musculares, mediante o uso de implementos fixos ou móveis.

O método positivo-negativo parcial, ou ainda, método insistente, é uma técnica de variação neuromecânica que consiste em aplicar um mesmo esforço no ato motor flexivo e extensivo. A execução desse método nas sessões de musculação busca levar a efeito o incremento progressivo da força máxima, por meio de uma atividade muscular composta de duas fases consecutivas e complementares, sendo a primeira fase constituída de um movimento que expresse a redução incompleta da amplitude articular na ação mecânica concêntrica, e a segunda fase constituída de um movimento que expresse uma amplitude incompleta na ação mecânica excêntrica. Sua aplicação tanto pode ser de forma simples quanto complexa, por meio de trabalhos resistidos dinâmicos que incluam exercícios distintos que permitam uma variação no mecanismo de encurtamento e alongamento incompleto das fibras musculares, mediante o uso de implementos fixos ou móveis.

O método positivo completo e negativo parcial é uma técnica de variação neuromecânica que consiste em aplicar um esforço diferenciado no ato motor flexivo e extensivo. A execução desse método nas sessões de musculação busca levar a efeito o incremento progressivo da força máxima, por meio de uma atividade muscular composta de duas fases consecutivas e complementares, sendo a primeira fase constituída de um movimento que expresse a redução total da amplitude articular na ação mecânica concêntrica, e a segunda fase constituída de um movimento que expresse o aumento incompleto da amplitude articular na ação mecânica excêntrica. Sua aplicação tanto pode ser de forma simples quanto de forma complexa, por meio de trabalhos resistidos dinâmicos que incluam exercícios distintos que permitam uma variação no mecanismo de encurtamento total e de alongamento incompleto das fibras musculares, mediante o uso de implementos fixos ou móveis.

O método positivo parcial e negativo completo é uma técnica de variação neuromecânica que consiste em aplicar um esforço diferenciado no ato motor flexivo e extensivo. A execução desse método nas sessões de musculação busca levar a efeito o incremento progressivo da força máxima, mediante uma atividade muscular composta de duas fases consecutivas e complementares, sendo a primeira fase constituída de um movimento que expresse a redução incompleta da amplitude articular na ação mecânica concêntrica, e a segunda fase constituída de um movimento que expresse o aumento total da amplitude articular na ação mecânica excêntrica. Sua aplicação tanto pode ser de forma simples quanto de forma complexa, por meio de trabalhos resistidos dinâmicos que incluam exercícios distintos que permitam uma variação no mecanismo de encurtamento incompleto e alongamento total das fibras musculares, mediante o uso de implementos fixos ou móveis.

O método negativo completo acentuado é uma técnica de variação neuromecânica que consiste em aplicar intensamente um único esforço no ato motor extensivo. A execução desse método nas sessões de musculação busca levar a efeito o incremento progressivo da força máxima, por meio de uma atividade muscular vigorosa composta de um único movimento que expresse o aumento total e expressivo da amplitude articular na ação mecânica excêntrica. Sua aplicação tanto pode ser de forma simples quanto de forma complexa, por meio de trabalhos resistidos dinâmicos que incluam exercícios distintos que permitam uma variação no mecanismo de alongamento total e acentuado das fibras musculares, mediante o uso de implementos fixos ou móveis sob o auxílio de um ajudante, a fim de anular o movimento positivo completo.

O método de repetições parciais é uma técnica de variação neuromecânica que consiste em aplicar uma parcela do número total estipulado de repetições incluídas em uma série. A execução desse método nas sessões de musculação busca levar a efeito o incremento progressivo da força máxima, pelo cumprimento de uma pequena parte do número de repetições devidamente ajustadas, de forma que promova uma alternância simultânea em cada processo de encurtamento e alongamento. Sua aplicação tanto pode ser de forma simples quanto de forma complexa, por meio de duas técnicas de trabalhos resistidos distintos, sendo a primeira técnica constituída de duas ou quatro repetições parciais logo no início de uma série, a fim de induzir o isolamento muscular, e a segunda técnica constituída de duas ou quatro repetições parciais no final de uma série, a fim de induzir uma fadiga muscular momentânea, e que incluam exercícios dinâmicos direcionados em desenvolver grupos musculares priorizados, mediante o uso de implementos fixos ou móveis.

O método isocinético é uma técnica de variação neuromecânica que consiste em aplicar intensamente um esforço ajustável ao ato motor expresso em um ritmo invariável. A execução desse método nas sessões de musculação busca levar a efeito o incremento da força máxima, por meio de uma atividade muscular imóvel capaz de fornecer uma resistência proporcional ao esforço vigoroso manifestado em cada ângulo articular. Sua aplicação tanto pode ser de forma simples quanto de forma complexa, por meio de trabalhos resistidos adaptados que incluam exercícios de resistência acomodada, que por outro lado permitam um encurtamento intenso das fibras musculares em toda amplitude de movimento, mediante o uso de implementos fixos que favoreçam uma velocidade constante.

O método isométrico é uma técnica de variação neuromecânica que consiste em aplicar intensamente um esforço isocórico no ato motor expresso sob a ausência de deslocamentos dinâmicos. A execução desse método nas sessões de musculação busca levar a efeito o incremento da força estática, mediante uma atividade muscular imóvel capaz de fornecer tensões máximas ou submáximas de cinco a dez segundos, e ainda, por meio de uma atividade muscular imóvel capaz de manifestar tensões estáticas em diferentes ângulos articulares a intervalos de um a três minutos. Sua aplicação tanto pode ser de forma simples quanto de forma complexa, por meio de trabalhos resistidos imóveis que incluam exercícios sem movimentos que induzam a um estado de encurtamento das fibras musculares, mediante o uso de implementos fixos ou móveis que promovam uma resistência invariável constante.

O método isotônico é uma técnica de variação neuromecânica que consiste em aplicar intensamente um esforço não isocórico no ato motor expresso sob a presença de deslocamentos dinâmicos. A execução desse método nas sessões de musculação busca levar a efeito o incremento de 90% a 100% da força máxima, por meio de uma atividade muscular capaz de fornecer tensões concêntricas e excêntricas em diferentes ângulos articulares. Sua aplicação tanto pode ser de forma simples quanto de forma complexa, por meio de trabalhos resistidos móveis que incluam exercícios com movimentos que induzam um estado de encurtamento e de alongamento das fibras musculares, mediante o uso de implementos fixos ou móveis que promovam uma resistência invariável constante, e ainda, que promovam uma resistência crescente, acomodada e adaptada.

O método autotônico é uma técnica de variação neuromecânica que consiste em aplicar intensamente um esforço isocórico no ato motor expresso sob a ausência de deslocamentos dinâmicos. A execução desse método nas sessões de musculação busca levar a efeito o incremento da força estática, mediante uma atividade muscular isométrica capaz de expressar uma fase concêntrica e uma fase excêntrica à meia amplitude de movimento, reiniciando, logo após o tempo estipulado de isometria na meia amplitude de movimento, o restante do percurso da fase concêntrica e da fase excêntrica, a fim de dar continuidade em toda a amplitude no ângulo articular predeterminado da fase concêntrica e da fase excêntrica. Sua aplicação tanto pode ser de forma simples quanto de forma complexa, por meio de trabalhos resistidos mistos que incluam exercícios de movimentos parcelados que induzam um estado de encurtamento e de alongamento das fibras musculares, mediante o uso de implementos fixos ou móveis que promovam uma resistência invariável constante, e ainda, que promovam uma resistência crescente, acomodada e adaptada.

O método pliométrico é uma técnica de variação neuromecânica que consiste em aplicar intensamente um esforço não isocórico no ato motor expresso sob a presença de deslocamentos dinâmicos. A execução desse método nas sessões de musculação busca levar a efeito o incremento da força máxima elástica e explosiva, mediante uma atividade muscular capaz de fornecer tensões concêntricas e excêntricas em diferentes ângulos articulares. Sua aplicação tanto pode ser de forma simples quanto de forma complexa, por meio de trabalhos resistidos móveis que incluam exercícios com movimentos balísticos que induzam o reflexo miotático ou nono-sináptico, mediante o uso de implementos acessórios que promovam uma motricidade capaz de induzir um estado de encurtamento e de alongamento muito rápido das fibras musculares.

O método de resistência intervalada é uma técnica de variação neuromecânica que consiste em aplicar intensamente um esforço tônico no ato motor expresso sob a presença de deslocamentos dinâmicos realizados em débito de oxigênio. A execução desse método nas sessões de musculação busca levar a efeito o incremento da capacidade de sustentar em passagens sucessivas e periódicas, em um período predeterminado, uma atividade muscular que manifeste uma contração isotônica dentro ou além do limiar anaeróbico, em um tempo de recuperação em torno de um minuto e meio a três minutos, sem a incidência de uma fadiga iminente. Sua aplicação tanto pode ser de forma simples quanto de forma complexa, por meio de trabalhos resistidos dinâmicos com intervalos de recuperação prefixados para cada série predeterminada. Séries estas constituídas de três a quinze repetições direcionadas para três a quatro grupos de exercícios básicos, acrescidos de um exercício complementar de recuperação ativa realizado em um tempo de um a três minutos, mediante o uso de implementos fixos ou móveis inseridos em um número de estações preestipuladas.

O método de resistência intermitente é uma técnica de variação neuromecânica que consiste em aplicar intensamente um esforço tônico no ato motor expresso sob a presença de deslocamentos dinâmicos realizados em débito de oxigênio. A execução desse método nas sessões de musculação busca levar a efeito o incremento da capacidade de sustentar em quatro séries de repetições máximas determinado peso em um período predeterminado, por meio de uma atividade muscular que manifeste uma contração isotônica, em um tempo de recuperação situado em torno de dez a quinze segundos, sem a incidência de uma fadiga iminente em toda a amplitude do ângulo articular. Sua aplicação tanto pode ser de forma simples quanto de forma complexa, por meio de interrupções que se dão nos trabalhos resistidos periódicos, constituídas de uma pausa prefixada para cada série de repetições máximas predeterminadas, mediante o uso de implementos fixos ou móveis.

O método de resistência mista é uma técnica de variação neuromecânica que consiste em aplicar intensamente a associação de um esforço isocórico e de um esforço tônico no ato motor expresso sob a ausência e a presença de deslocamentos realizados em débito de oxigênio. A execução desse método nas sessões de musculação busca levar a efeito o incremento da capacidade de sustentar determinado peso em um período predeterminado, mediante o ajustamento de duas atividades musculares distintas capazes de manifestar dentro ou além do limiar anaeróbico uma contração isométrica e uma contração isotônica. Sua aplicação tanto pode ser de forma simples quanto de forma complexa, por meio da conjugação de trabalhos resistidos estáticos e dinâmicos com intervalos de recuperação prefixados para cada série predeterminada, bem como que envolva uma organização entre exercícios que manifestem movimentos e os que não manifestem movimentos, mediante o uso de implementos fixos ou móveis.

O método de resistência contínua é uma técnica de variação neuromecânica que consiste em aplicar intensamente um esforço isotônico no ato motor expresso sob a presença de deslocamentos dinâmicos realizados em débito de oxigênio. A execução desse método nas sessões de musculação busca levar a efeito o incremento da capacidade de sustentar determinado peso em um período predeterminado, por meio de uma atividade muscular capaz de expressar uma fase concêntrica e uma fase excêntrica sem a incidência de uma fadiga iminente em toda a amplitude do ângulo articular. Sua aplicação tanto pode ser de forma simples quanto de forma complexa, por meio de trabalhos resistidos que incluam exercícios de movimentos localizados que induzam um estado de encurtamento e de alongamento das fibras musculares, mediante o uso de implementos fixos ou móveis que promovam uma resistência muscular geral anaeróbica.

O método de *endurance* é uma técnica de variação neuromecânica que consiste em aplicar intensamente um esforço tônico no ato motor expresso sob a presença de deslocamentos dinâmicos que aumentam a oxigenação tecidual. A execução desse método nas sessões de musculação busca levar a efeito o incremento da capacidade de sustentar em um período predeterminado uma atividade muscular que manifeste uma contração isotônica dentro ou além do limiar aeróbico, por meio de uma atividade muscular capaz de expressar uma fase concêntrica e uma fase excêntrica sem a incidência de uma fadiga iminente em toda a amplitude do ângulo articular. Sua aplicação tanto pode ser de forma simples quanto de forma complexa, por meio de trabalhos resistidos sucessivos e periódicos com intervalos de recuperação predeterminados, que incluam exercícios dinâmicos com repetições preestipuladas, que induzam um estado de encurtamento e de alongamento das fibras musculares, mediante o uso de implementos fixos ou móveis que promovam uma resistência muscular geral aeróbica.

O método de *endurance* em circuito é uma técnica de variação neuromecânica que consiste em aplicar intensamente um esforço isotônico no ato motor expresso sob a presença de deslocamentos dinâmicos que aumentam a oxigenação tecidual. A execução desse método nas sessões de musculação busca levar a efeito o incremento da capacidade de sustentar determinado peso em um período predeterminado, mediante uma atividade muscular capaz de expressar uma fase concêntrica e uma fase excêntrica sem a incidência de uma fadiga iminente em toda a amplitude do ângulo articular. Sua aplicação tanto pode ser de forma simples quanto de forma complexa, por meio de trabalhos resistidos sucessivos e periódicos com intervalos de recuperação curtos, que incluam exercícios dinâmicos distribuídos em estações com passagens prefixadas, bem como que incluam exercícios dinâmicos com repetições preestipuladas, distribuídas em estações com movimentos rápidos que induzam um estado de encurtamento e de alongamento das fibras musculares, mediante o uso de implementos fixos ou móveis que promovam uma resistência muscular geral aeróbica.

O método de *endurance* acentuado é uma técnica de variação neuromecânica que consiste em aplicar intensamente um esforço isotônico no ato motor expresso sob a presença de deslocamentos dinâmicos muito rápidos que aumentam a oxigenação tecidual. A execução desse método nas sessões de musculação busca levar a efeito o incremento da capacidade de realizar um número elevado de repetições em um curto período, por meio de uma atividade muscular capaz de induzir a incidência de esforços submáximos com uma frequência cardíaca situada em torno de 120 a 130 batimentos por minuto, por meio de intervalos de recuperação parcial. Sua aplicação tanto pode ser de forma simples quanto de forma complexa, por meio de trabalhos resistidos sucessivos e periódicos com intervalos de recuperação curtos, que incluam exercícios dinâmicos distribuídos em estações com passagens prefixadas, bem como que incluam exercícios dinâmicos com repetições préestipulada, distribuídas em estações com movimentos rápidos que induzam uma alternância entre os grupos musculares de diferentes segmentos corporais, mediante o uso de implementos fixos ou móveis que promovam uma resistência muscular geral aeróbica.

O método de *endurance* cardiorrespiratória é uma técnica de variação neuromecânica que consiste em aplicar intensamente um esforço tônico no ato motor expresso sob a presença de deslocamentos dinâmicos que aumentam a oxigenação tecidual. A execução desse método nas sessões de musculação busca levar a efeito o incremento da capacidade de sustentar em um período predeterminado atividades musculares distintas que manifestem uma contração isotônica dentro ou além do limiar aeróbico, sem a incidência de uma fadiga iminente. Sua aplicação tanto pode ser de forma simples quanto de forma complexa, por meio da associação de trabalhos resistidos e não resistidos sucessivos e periódicos com intervalos de recuperação predeterminados, que incluam exercícios dinâmicos cíclicos e acíclicos com repetições preestipuladas, mediante o uso de implementos fixos ou móveis em paralelo a uma prática ergométrica em particular, a fim de promover uma capacidade aeróbica geral.

O método de ação periférica do coração, ou ainda, método *peripheral heart action* (PHA), é uma técnica de variação neuromecânica que consiste em aplicar intensamente um esforço isotônico no ato motor expresso sob a presença de deslocamentos dinâmicos realizados de forma rápida e de forma ritmada. A execução desse método nas sessões de musculação busca levar a efeito o incremento do emagrecimento e da redução do percentual de gordura corporal, por meio de uma atividade muscular capaz de elevar a capacidade de oxigenação tecidual, bem como de manifestar uma hiperemia em toda a amplitude do ângulo articular, a fim de induzir uma elevação prolongada do metabolismo basal. Sua aplicação tanto pode ser de forma simples quanto de forma complexa, por meio de trabalhos resistidos constituídos por quatro ou cinco exercícios que envolvam um grande número de grupos musculares, e ainda, por meio de intervalos de descanso que permitam uma nova estimulação no ciclo constante de congestionamento do fluxo sanguíneo, mediante o uso de implementos fixos ou móveis.

O método de aceleração compensada, ou ainda, método *power traning* e *speed--training*, é uma técnica de variação neuromecânica que consiste em aplicar um esforço diferenciado no ato motor flexivo e extensivo. A execução desse método nas sessões de musculação busca levar a efeito o incremento progressivo da força máxima, por meio de uma atividade muscular composta de duas fases consecutivas e complementares, sendo a primeira fase constituída de movimento rápido e controlado que expresse uma amplitude completa na ação mecânica concêntrica, e a segunda fase constituída de movimento lento e controlado que expresse uma amplitude completa na ação mecânica excêntrica, a fim de permitir corretamente uma manipulação sobre cargas moderadas e elevadas. Sua aplicação tanto pode ser de forma simples quanto de forma complexa, por meio de trabalhos resistidos dinâmicos que incluam exercícios distintos que permitam uma variação no mecanismo de encurtamento e de alongamento, antes de se atingir o ponto de fadiga muscular, mediante o uso de implementos fixos ou móveis.

O método do choque, ou ainda, método *biophase*, é uma técnica de variação neuromecânica que consiste em aplicar alterações semanais nos esforços expressos no ato motor flexivo e extensivo. A execução desse método nas sessões de musculação busca levar a efeito o incremento progressivo da força máxima, por meio de atividades musculares diariamente variadas e divididas em dois ou três microciclos diferentes, constituídos de movimentos que expressem uma alternância na amplitude completa de uma ação mecânica concêntrica e excêntrica, a fim de permitir, em decorrência de modificações constantes sobre a intensidade de uma sobrecarga imposta, uma nova estimulação muscular. Sua aplicação tanto pode ser de forma simples quanto de forma complexa, por meio de trabalhos resistidos dinâmicos que incluam exercícios distintos alternados semanalmente, mediante o uso de implementos fixos ou móveis.

O método de duplo recrutamento é uma técnica de variação neuromecânica que consiste em aplicar esforços diferenciados no ato motor flexivo e extensivo. A execução desse método nas sessões de musculação busca levar a efeito o incremento progressivo da força máxima, por meio de atividades musculares constituídas de movimentos que expressem uma alternância no ritmo de execução de uma ação mecânica concêntrica e excêntrica, a fim de permitir, em decorrência de modificações constantes sobre o número preestabelecido de repetições, uma nova estimulação muscular. Sua aplicação tanto pode ser de forma simples quanto de forma complexa, por meio de trabalhos resistidos dinâmicos que incluam uma sequência de exercícios distintos, constituídos de repetições iniciais realizadas de forma lenta, e ainda, de repetições finais realizadas de forma rápida, mediante o uso de implementos fixos ou móveis.

O método hipóxico é uma técnica de variação neuromecânica que consiste em aplicar esforços diferenciados no ato motor flexivo e extensivo com a glote fechada. A execução desse método nas sessões de musculação busca levar a efeito o aumento da pressão intratorácica, por meio de uma atividade muscular que manifeste determinado movimento por meio do estado de apneia, a fim de induzir, em decorrência da suspensão voluntária da respiração, um aumento da pressão intratorácica em paralelo a contrações isotônicas. Sua aplicação tanto pode ser de forma simples quanto de forma complexa, por meio de trabalhos resistidos dinâmicos que incluam exercício realizado concomitante à interrupção temporária da ação fisiológica do processo respiratório, mediante o uso de implementos fixos ou móveis realizados com a respiração bloqueada.

O método de oclusão vascular também descrito como Kaatsu training é uma técnica de variação neuromecânica que consiste em aplicar esforços diferenciados no ato motor flexivo e extensivo com uma redução do fluxo sanguíneo no músculo e consequente elevação da pressão hidrostática. Sua aplicação tanto pode ser simples quanto complexa, por meio de trabalhos resistidos dinâmicos que incluam exercícios com baixa carga de peso, realizados concomitante ao bloqueio temporário da ação fisiológica do processo circulatório, mediante o uso de implementos fixos ou móveis realizados com vasoconstrição.

O método instintivo é uma técnica de variação neuromecânica que consiste em aplicar esforços diferenciados no ato motor flexivo e extensivo. A execução desse método nas sessões de musculação busca levar a efeito o incremento progressivo da força máxima, por meio do impulso espontâneo de atividades musculares diariamente variadas e constituídas de movimentos que expressem uma alternância natural no seu ritmo de execução, a fim de permitir, em decorrência de modificações guiadas pela percepção intuitiva, uma nova estimulação muscular. Sua aplicação tanto pode ser de forma simples quanto de forma complexa, por meio da experiência prática de trabalhos resistidos dinâmicos que incluam exercícios distintos, mediante o uso de implementos fixos ou móveis.

O método *nautilus* é uma técnica de variação neuromecânica que consiste em aplicar esforços intensos expressos a partir de uma posição de pré-estiramento muscular. A execução desse método nas sessões de musculação busca levar a efeito o incremento progressivo da força máxima, por meio de uma atividade muscular constituída de movimentos que promovam o isolamento muscular na amplitude completa de uma ação mecânica isotônica. Sua aplicação tanto pode ser de forma simples quanto de forma complexa, por meio de trabalhos resistidos dinâmicos que explorem o potencial de uma fase excêntrica, e que envolvam exercícios distintos incluídos em séries predeterminadas compostas de repetições e intervalos preestabelecidos, mediante o uso de implementos unicamente fixos que possuam um sistema de engrenagem que promova uma resistência dinâmica variável adaptativa durante toda a amplitude articular.

O método pique de contração é uma técnica de variação neuromecânica que consiste em aplicar um esforço isocórico no ato motor flexivo. A execução desse método nas sessões de musculação busca levar a efeito o incremento de uma tensão isométrica de dois a quatro segundos, no ponto em que uma atividade muscular manifeste um movimento sem encaixe articular, na ação mecânica concêntrica que expresse o menor comprimento das fibras musculares. Sua aplicação tanto pode ser de forma simples quanto de forma complexa, por meio de trabalhos resistidos dinâmicos que incluam exercícios distintos que permitam uma ação isotônica máxima no ponto de maior encurtamento das fibras musculares, mediante o uso de implementos fixos ou móveis.

O método de repetição forçada é uma técnica de variação neuromecânica que consiste em aplicar um esforço na repetição final de uma série. A execução desse método nas sessões de musculação busca levar a efeito o incremento da *endurance* muscular anaeróbica, por meio de uma carga de trabalho na ordem dos 30% ao final de duas ou três repetições forçadas de uma série. Sua aplicação tanto pode ser de forma simples quanto de forma complexa, por meio de trabalhos resistidos dinâmicos que incluam exercícios distintos que expressem uma última repetição na fase mais acentuada da ação concêntrica, a fim de desenvolver a eficiência do sistema energético ativado, bem como de elevar as reservas de fosfagênio e aumentar a tolerância aos efeitos fisiológicos do ácido lático, e ainda, de aumentar a eficiência da atividade enzimática que está diretamente envolvida na glicólise anaeróbica, mediante o uso de implementos fixos ou móveis.

O método roubado é uma técnica de variação neuromecânica que consiste em vencer durante o ato motor flexivo a intensidade muito elevada de um esforço. A execução desse método nas sessões de musculação busca levar a efeito a superação de uma sobrecarga muito intensa, por meio de um movimento retrovertido do corpo logo no início da primeira repetição de uma série, ou ainda, por meio de um movimento retrovertido do corpo empregado nas três últimas repetições de uma série, a fim de permitir, em decorrência de balanceios constantes sobre a intensidade da sobrecarga imposta, o auxílio de outros grupos musculares não priorizados e objetivados. Sua aplicação tanto pode ser de forma simples quanto de forma complexa, por meio de trabalhos resistidos dinâmicos que incluam exercícios distintos, mediante o uso de implementos fixos ou móveis.

O método de trabalho pesado, ou ainda, método *heavy-duty*, é uma técnica de variação neuromecânica que consiste em aplicar um esforço de intensidade muito elevada e de curta duração no ato motor flexivo e extensivo. A execução desse método nas sessões de musculação busca levar a efeito o incremento progressivo da força máxima, por meio de uma série dividida e constituída por uma sobrecarga de treinamento muito intensa, a fim de induzir um esforço acentuado na fase concêntrica e na fase excêntrica de determinada atividade muscular. Sua aplicação tanto pode ser de forma simples quanto de forma complexa, por meio da conjugação de trabalhos resistidos dinâmicos que incluam exercícios variados, mediante o uso de implementos fixos ou móveis.

O método de tensão lenta e contínua é uma técnica de variação neuromecânica que consiste em realizar um ato motor flexivo e extensivo de forma muito vagarosa. A execução desse método nas sessões de musculação busca levar a efeito o incremento da tensão isotônica concêntrica, por meio da realização compassada do número estipulado de repetições, no ponto em que uma atividade muscular manifeste um movimento sem encaixe articular na ação mecânica de encurtamento das fibras musculares. Sua aplicação tanto pode ser de forma simples quanto de forma complexa, por meio de trabalhos resistidos dinâmicos que incluam exercícios distintos que permitam uma ação isotônica concêntrica máxima, mediante o uso de implementos fixos ou móveis.

O método de repetições pausadas, ou ainda, *rest pause training*, é uma técnica de variação neuromecânica que consiste em realizar um motor flexivo de forma muito vagarosa. A execução desse método nas sessões de musculação busca levar a efeito o incremento da tensão isotônica concêntrica máxima, mediante a inclusão de intervalos de dez a quinze segundos, entre o número estipulado de quatro repetições serem executadas, a fim de induzir uma menor ocorrência do despojamento de acetilcolina nas junções neuromusculares, bem como de induzir um maior fluxo sanguíneo e retardamento da fadiga muscular. Sua aplicação tanto pode ser de forma simples quanto de forma complexa, por meio de trabalhos resistidos dinâmicos intensos que incluam exercícios com sobrecargas elevadas que permitam uma atividade muscular muito mais acentuada na ação isotônica concêntrica, mediante o uso de implementos unicamente fixos, sob o auxílio de um ajudante.

O método "dor-tortura-agonia" é uma técnica de variação neuromecânica que consiste em exaurir uma atividade muscular até o ponto falho do ato motor flexivo e extensivo. A execução desse método nas sessões de musculação busca levar a efeito o incremento da força máxima, mediante a execução de um número de repetições que visem provocar a exaustão de um único grupo muscular priorizado, por meio da aplicação de 60% a 70% do peso máximo. Sua aplicação tanto pode ser de forma simples quanto de forma complexa, por meio de trabalhos resistidos dinâmicos que incluam exercícios distintos que expressem um esgotamento muscular, a fim de desenvolver a eficiência do sistema energético ativado, bem como de elevar as reservas de fosfagênio e aumentar a tolerância aos efeitos fisiológicos inibitórios do ácido lático, e ainda, de aumentar a eficiência da atividade enzimática que está diretamente envolvida na glicólise anaeróbica, mediante o uso de implementos fixos ou móveis sob o auxílio de um ajudante.

O método "leve-pesado" é uma técnica de variação neuromecânica que consiste em aplicar esforços diferenciados no ato motor flexivo e extensivo. A execução desse método nas sessões de musculação busca levar a efeito o incremento progressivo da força máxima, por meio de uma atividade muscular composta de dois níveis de intensidades consecutivas e complementares, sendo o primeiro nível constituído de um percentual de carga máxima direcionado para o período inicial de uma série semanal, e o segundo nível constituído de um percentual de carga máxima superior, que é por sua vez direcionado para uma série semanal subsequente. Sua aplicação tanto pode ser de forma simples quanto de forma complexa, por meio de trabalhos resistidos dinâmicos que incluam exercícios distintos que permitam uma variação na sobrecarga, mediante o uso de implementos fixos ou móveis.

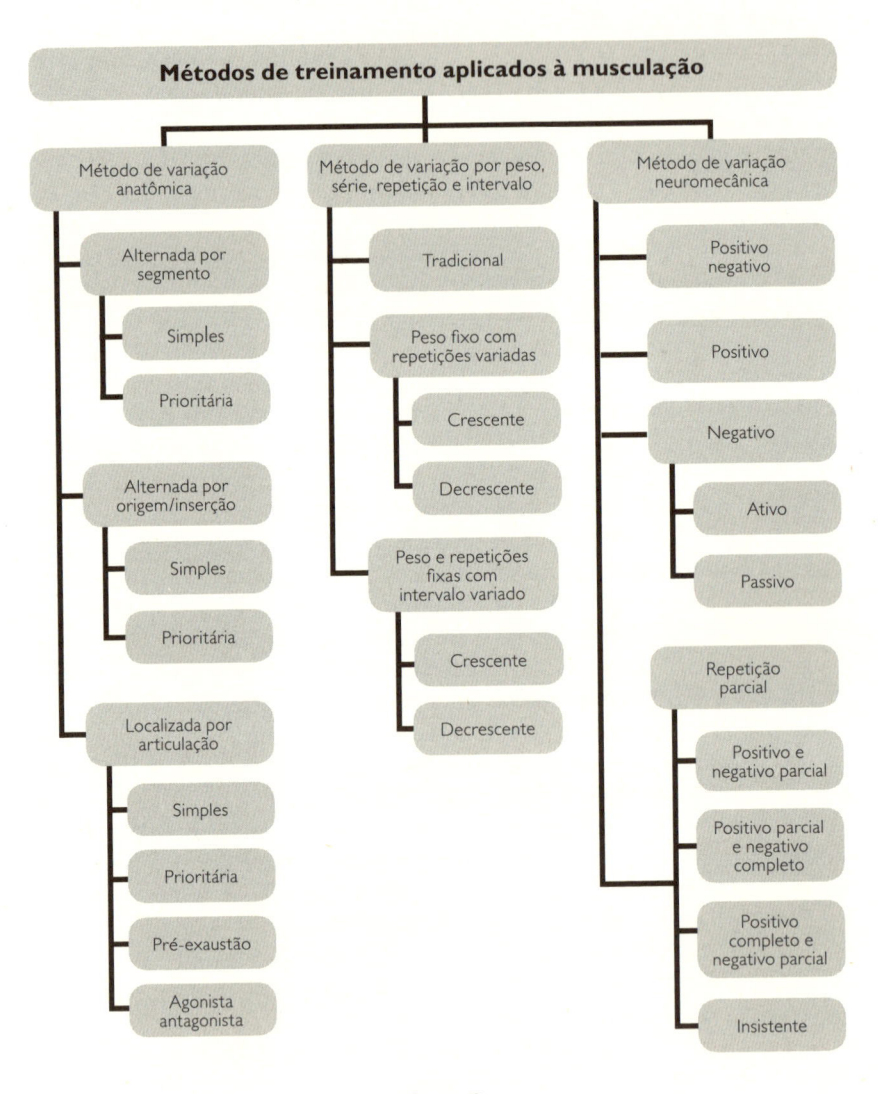

Métodos de treinamento aplicados à musculação

- Método de variação anatômica
  - Alternada por segmento
    - Simples
    - Prioritária
  - Alternada por origem/inserção
    - Simples
    - Prioritária
  - Localizada por articulação
    - Simples
    - Prioritária
    - Pré-exaustão
    - Agonista antagonista
- Método de variação por peso, série, repetição e intervalo
  - Tradicional
  - Peso fixo com repetições variadas
    - Crescente
    - Decrescente
  - Peso e repetições fixas com intervalo variado
    - Crescente
    - Decrescente
- Método de variação neuromecânica
  - Positivo negativo
  - Positivo
  - Negativo
    - Ativo
    - Passivo
  - Repetição parcial
    - Positivo e negativo parcial
    - Positivo parcial e negativo completo
    - Positivo completo e negativo parcial
    - Insistente

Figura 8
Representação gráfica dos diferentes tipos de método de treinamento aplicados no treinamento de musculação.

CAPÍTULO 2

Princípios do treinamento aplicados à musculação

Os princípios que regem o treinamento desportivo como um todo, e que são aplicados de modo consciente na prática diária de trabalhos resistidos distintos, incluem um conjunto de elementos psiconeuromotores, bem como incluem um conjunto de elementos psicobiológicos predominantes que, por outro lado, são diretamente inseridos na organização de um programa de musculação. Segundo o modo de se planejar toda a estrutura de uma sessão de musculação, bem como segundo avaliações procedentes de observações que se dão tanto sobre os resultados quantitativos quanto qualitativos obtidos de uma sessão de musculação, os princípios do treinamento desportivo podem atender a objetivos gerais, e ainda podem atender a objetivos específicos. Importa destacar que a aplicação de tais princípios pode ser estabelecida de forma associativa entre dois ou mais preceitos.

De modo geral, os princípios do treinamento desportivo aplicados no universo da musculação reúnem preceitos intrinsecamente associados a funções de atividades orgânicas, motoras e mentais, que por outro lado interferem de maneira incisiva no aperfeiçoamento completo das diferentes fases de aprendizagem de um ato motor, bem como interferem de maneira incisiva nos procedimentos técnicos mais globalizados e diversificados que se dão em todos os aspectos estruturais, anatômicos e mecânicos de um ato motor abrangente e não individualizado incluído em uma sessão de musculação, mediante a prática de trabalhos resistidos constituídos por exercícios que, na grande maioria, são comuns à maior parte do desenvolvimento progressivo de vários grupos de músculos corporais.

De maneira específica, os princípios do treinamento desportivo aplicados no universo da musculação reúnem preceitos intrinsecamente associados a funções de atividades orgânicas, motoras e mentais, que por outro lado interferem de forma incisiva no aperfeiçoamento restrito das diferentes fases de aprendizagem de um ato motor, bem como interferem de forma incisiva nos procedimentos técnicos menos globalizados e pouco diversificados que se dão em todos os aspectos estruturais, anatômicos e mecânicos de um ato motor exclusivo e individualizado incluído em uma sessão de musculação, mediante a prática de trabalhos resistidos constituídos por exercícios que, na grande maioria, são comuns ao aumento progressivo de um grupo de músculos em particular.

Os princípios tanto gerais quanto específicos incluídos na musculação requerem, uma terminologia própria, que vise estabelecer um estudo especial em relação à origem e à estrutura, bem como vise estabelecer um estudo especial em relação ao conhecimento aplicado em dois ou mais preceitos associativos ou não, que se destinam a aprimorar os mais diversificados tipos de trabalho resistido, inseridos por sua vez durante todas as etapas de uma sessão de musculação. Comumente, relacionam-se os princípios de um treinamento resistido com a fisiologia, a bioquímica e a biomecânica, pois, em uma de suas vertentes, é crucial avaliar a consistência lógica de teorias, assim como de suas credenciais científicas.

A problemática dos princípios de um treinamento resistido compreende, sobretudo, a questão da possibilidade do desenvolvimento corporal quanto à possível capacidade de se alcançar gradativamente o nível de aperfeiçoamento muscular total, ante a diversidade de métodos, bem como ante a ampla distinção entre o mundo biofísico cognoscível e o mundo biofísico incognoscível que regem conjuntamente o sistema musculoesquelético do corpo humano em si. Portanto, tomando por base os processos biofísicos que ocorrem no sistema musculoesquelético, os princípios que guiam o treinamento resistido podem ser descritos separadamente, de acordo com preceitos intimamente direcionados e associados a questões biológicas relativas à natureza fisiológica, psicológica e biomecânica.

O princípio da assiduidade envolve uma relação intrínseca entre o conjunto de preceitos aplicados na elaboração de um programa de exercícios, e os processos psicológicos que desencadeiam respostas adaptativas na fase fundamental, de transferência e de conservação de uma sessão de musculação. Esse princípio preconiza estabelecer mecanismos associados a aspectos cognitivos que permitam incitar positivamente o hábito de sustentar regularmente um trabalho resistido constante, e ainda, estabelecer mecanismos associados a aspectos cognitivos que permitam consolidar o costume de se praticar um trabalho resistido diário, mediante uma capacidade perceptiva periódica que reforce a frequência de todas as etapas de uma atividade muscular.

O princípio da adaptação geral envolve uma relação intrínseca entre o conjunto de preceitos aplicados na elaboração de um programa de exercícios, e os processos fisiológicos que desencadeiam respostas adaptativas na fase fundamental, de transferência e de conservação de uma sessão de musculação. Esse princípio preconiza estabelecer um ajustamento sobre o esforço muscular manifestado de modo mais abrangente, e ainda, um ajustamento sobre as funções orgânicas que são capazes de induzir uma síndrome de adaptação global, por meio da apropriação dos conhecimentos que se dão em relação aos aspectos bioquímicos capazes de desencadear a assimilação compensatória.

O princípio do isolamento muscular envolve uma relação intrínseca entre o conjunto de preceitos aplicados na elaboração de um programa de exercícios e os processos biomecânicos que desencadeiam respostas adaptativas na fase fundamental, de transferência e de conservação de uma sessão de musculação. Esse princípio preconiza trabalhos resistidos que promovam uma ação mecânica individualizada, que minimize, por sua vez, a expressão de um sinergismo entre o ato motor de músculos não objetivados, e ainda, preconiza trabalhos resistidos que expressem uma ação mecânica que diminua o efeito dos músculos sinérgicos ou acessórios, levando-se em consideração reflexões quanto ao aspecto mecânico que dizem respeito à prioridade de uma ação a ser exercida pelo grupo muscular almejado.

O princípio intervalado envolve uma relação intrínseca entre o conjunto de preceitos aplicados na elaboração de um programa de exercícios, e os processos fisiológicos que desencadeiam respostas adaptativas na fase fundamental, de transferência e de conservação de uma sessão de musculação. Esse princípio preconiza estabelecer uma alternância entre a carga e a recuperação empregada em um trabalho resistido, e ainda preconiza estabelecer um ajustamento sobre os esforços aplicados, bem como sobre o repouso passivo incluído após a manifestação de uma atividade muscular, levando-se em consideração reflexões quanto à alternância da sobrecarga aplicada em um exercício, e o tempo de recuperação imposto entre as séries de um trabalho resistido, a fim de estabelecer uma aplicação sistemática, cíclica ou rítmica de esforços em exercícios expressos em um ritmo regular, com pausas de repouso frequentes e curtas.

O princípio da adequação da sobrecarga na idade envolve uma relação intrínseca entre o conjunto de preceitos aplicados na elaboração de um programa de exercícios e os processos fisiológicos que desencadeiam respostas adaptativas na fase fundamental, de transferência e de conservação de uma sessão de musculação. Esse princípio preconiza estabelecer o ajustamento sobre o esforço muscular manifestado em conformidade com a faixa etária, e ainda estabelecer o ajustamento sobre as funções orgânicas que são capazes de induzir uma adaptação orgânica de acordo com a faixa etária, indicando de forma criteriosa uma sobrecarga segundo a idade biológica.

O princípio da amplitude do movimento envolve uma relação intrínseca entre o conjunto de preceitos aplicados na elaboração de um programa de exercícios, e os processos biomecânicos que desencadeiam respostas adaptativas na fase fundamental, de transferência e de conservação de uma sessão de musculação. Esse princípio preconiza estabelecer o ajustamento sobre o esforço muscular manifestado em toda a amplitude articular, e ainda estabelecer o ajustamento mecânico sobre a alavanca articular capaz de explorar uma fase excêntrica acentuada, especificando e indicando de forma criteriosa um trabalho resistido com máxima tensão e potência em duas etapas, sendo a primeira etapa iniciada a partir de uma completa distensão do músculo exercitado, e a segunda etapa finalizada a partir de um movimento que complemente um encurtamento do músculo exercitado, a fim de induzir de forma criteriosa a amplidão de um movimento expresso em um programa de exercícios, bem como de induzir uma grande extensão articular.

O princípio da adaptação específica envolve uma relação intrínseca entre o conjunto de preceitos aplicados na elaboração de um programa de exercícios e os processos fisiológicos que desencadeiam respostas adaptativas na fase fundamental, de transferência e de conservação de uma sessão de musculação. Esse princípio preconiza estabelecer o ajustamento sobre um esforço muscular mais exclusivo, e ainda estabelecer o ajustamento sobre as funções orgânicas que são capazes de induzir uma síndrome de adaptação particularizada e própria, por meio da apropriação dos conhecimentos que se dão em relação aos aspectos bioquímicos capazes de desencadear uma assimilação compensatória e peculiar.

O princípio da aprendizagem envolve uma relação intrínseca entre o conjunto de preceitos aplicados na elaboração de um programa de exercícios, e os processos psicológicos que desencadeiam respostas adaptativas na fase fundamental, de transferência e de conservação de uma sessão de musculação. Esse princípio preconiza estabelecer mecanismos cognitivos referentes ao ensino da fase inicial de um trabalho resistido, e ainda mecanismos cognitivos referentes ao ensino de cada estágio de um trabalho resistido em particular, mediante um estudo, uma observação e uma experiência sobre a correta assimilação e automatização de um ato motor que permita induzir diretamente procedimentos mecânicos isentos de erros.

O princípio da reiteração envolve uma relação intrínseca entre o conjunto de preceitos aplicados na elaboração de um programa de exercícios e os processos fisiológicos que desencadeiam respostas adaptativas na fase fundamental, de transferência e de conservação de uma sessão de musculação. Esse princípio preconiza estabelecer o ajustamento sobre o número de repetições subsequentes a serem incluídas no mesmo ato motor de um trabalho resistido, e ainda, estabelecer o ajustamento sobre o tempo suficiente de recuperação a ser incluído entre cada série de um trabalho resistido, a fim de favorecer um processo de síntese bioquímica que permita induzir à assimilação compensatória e, consequentemente, induzir gradativamente à hipertrofia do grupo muscular exercitado.

O princípio da avaliação envolve uma relação intrínseca entre o conjunto de preceitos aplicados na elaboração de um programa de exercícios, e os processos psicológicos que desencadeiam respostas adaptativas na fase fundamental, de transferência e de conservação de uma sessão de musculação. Esse princípio preconiza estabelecer mecanismos associados a aspectos cognitivos que permitam fazer a mensuração quantitativa e qualitativa sobre o trabalho resistido realizado, e ainda, mecanismos associados a aspectos cognitivos que favoreçam uma reflexão dos aspectos quantitativos e qualitativos obtidos pelo trabalho resistido realizado, a fim de estimar todo o seu efeito, bem como induzir a uma percepção informativa que favoreça a somatização periódica de todas as etapas de uma atividade muscular.

O princípio da conscientização envolve uma relação intrínseca entre o conjunto de preceitos aplicados na elaboração de um programa de exercícios, e os processos psicológicos que desencadeiam respostas adaptativas na fase fundamental, de transferência e de conservação de uma sessão de musculação. Esse princípio preconiza estabelecer mecanismos associados a aspectos cognitivos que permitam fazer uma reflexão sobre a importância do correto movimento a ser expresso em um trabalho resistido, e ainda, mecanismos associados a aspectos cognitivos que permitam aguçar o cuidado sobre o correto direcionamento de um esforço manifestado em um trabalho resistido, bem como induzir à percepção que favoreça a faculdade de estabelecer julgamentos e questionamentos quanto à eficácia de todas as etapas de uma atividade muscular, a fim de despertar o senso critico no planejamento e na inclusão de exercícios a serem executados.

O princípio da elevação progressiva de carga envolve uma relação intrínseca entre o conjunto de preceitos aplicados na elaboração de um programa de exercícios, e os processos fisiológicos que desencadeiam respostas adaptativas na fase fundamental, de transferência e de conservação de uma sessão de musculação. Esse princípio preconiza estabelecer o ajustamento sobre a intensidade de carga aplicada no mesmo ato motor de um trabalho resistido, e ainda, estabelecer o ajustamento suficiente sobre o incremento gradual de uma sobrecarga imposta entre cada série de um trabalho resistido, a fim de favorecer um processo de síntese bioquímica que permita induzir à ascensão dos diversos estágios evolutivos da hipertrofia muscular objetivada.

O princípio da continuidade progressiva no incremento de carga envolve uma relação intrínseca entre o conjunto de preceitos aplicados na elaboração de um programa de exercícios, e os processos fisiológicos que desencadeiam respostas adaptativas na fase fundamental, de transferência e de conservação de uma sessão de musculação. Esse princípio preconiza estabelecer o ajustamento na sequência ordenada e ininterrupta de uma intensidade de carga a ser aplicada em um trabalho resistido, e ainda, estabelecer o ajustamento incessante e contínuo sobre incremento gradual de uma sobrecarga imposta entre cada série de um trabalho resistido, a fim de favorecer um processo de síntese bioquímica que permita induzir à hipertrofia de grupos musculares objetivados.

O princípio da durabilidade envolve uma relação intrínseca entre o conjunto de preceitos aplicados na elaboração de um programa de exercícios, e os processos fisiológicos que desencadeiam respostas adaptativas na fase fundamental, de transferência e de conservação de uma sessão de musculação. Esse princípio preconiza estabelecer por um longo período o ajustamento na sequência ordenada de uma intensidade de carga a ser aplicada em um trabalho resistido, e ainda, estabelecer por um longo período o ajustamento incessante e contínuo sobre o incremento gradual de uma sobrecarga a ser imposta entre cada série de um trabalho resistido, a fim de favorecer um processo de síntese bioquímica que permita induzir à hipertrofia de grupos musculares objetivados, bem como favorecer uma conservação da energia muscular disponível durante os diversos estágios do processo de hipertrofia dos grupos musculares objetivados.

O princípio da eficiência envolve uma relação intrínseca entre o conjunto de preceitos aplicados na elaboração de um programa de exercícios, e os processos fisiológicos que desencadeiam respostas adaptativas na fase fundamental, de transferência e de conservação de uma sessão de musculação. Esse princípio preconiza estabelecer o ajustamento ideal sobre a velocidade a ser aplicada na manifestação de um ato motor incluído em um trabalho resistido, e ainda, estabelecer o ajustamento sobre o ritmo de execução de um ato motor imposto entre cada série de um trabalho resistido, e também estabelecer a manifestação de exercícios conduzidos em um ritmo lento e regular, com pausas de repouso frequentes e curtas, a fim de favorecer um processo de síntese bioquímica que não permita induzir o acúmulo de fadiga muscular precoce.

O princípio da especificidade do movimento envolve uma relação intrínseca entre o conjunto de preceitos aplicados na elaboração de um programa de exercícios, e os processos biomecânicos que desencadeiam respostas adaptativas na fase fundamental, de transferência e de conservação de uma sessão de musculação. Esse princípio preconiza estabelecer o ajustamento direcionado sobre um gesto motor particularizado a ser manifestado em um treinamento resistido, e ainda, estabelecer o ajustamento mecânico sobre um tipo de gesto desportivo a ser requisitado em determinado tipo de trabalho resistido, especificando e indicando de forma criteriosa a qualidade física ou os parâmetros de desenvolvimento muscular a serem incluídos na montagem ou na elaboração de um programa de exercícios, a fim de envolver a execução de um movimento complementar que permita aprimorar um ato motor pertencente ou relativo a determinado esporte.

O princípio da estimulação voluntária envolve uma relação intrínseca entre o conjunto de preceitos aplicados na elaboração de um programa de exercícios, e os processos fisiológicos que desencadeiam respostas adaptativas na fase fundamental, de transferência e de conservação de uma sessão de musculação. Esse princípio preconiza estabelecer o ajustamento sobre a capacidade perceptiva dos estímulos originados no interior da estrutura musculoesquelética, e ainda, estabelecer o ajustamento ideal sobre a capacidade proprioceptiva que exterioriza um ato motor de um trabalho resistido, a fim de desenvolver os receptores mecânicos e sensoriais, que visem desenvolver percepções associadas ao movimento e à posição corporal durante os diversos estágios da hipertrofia de grupos musculares objetivados, bem como a fim de favorecer um processo de síntese bioquímica que não permita induzir o acúmulo de fadiga muscular precoce.

O princípio da estruturação das séries de exercícios envolve uma relação intrínseca entre o conjunto de preceitos aplicados na elaboração de um programa de exercícios, e os processos fisiológicos que desencadeiam respostas adaptativas na fase fundamental, de transferência e de conservação de uma sessão de musculação. Esse princípio preconiza estabelecer o ajustamento sobre os esforços manifestados nas séries iniciais de um trabalho resistido direcionado para grandes grupamentos musculares, seguidos, automaticamente, dos esforços manifestados nas séries finais de um trabalho resistido subsequente, direcionado por outro lado para pequenos grupamentos musculares, a fim de estabelecer uma aplicação adequada de sobrecarga em programas constituídos de exercícios expressos em um ritmo regular, com pausas de repouso frequentes e curtas, bem como a fim de induzir uma conservação de energia direcionada para grupos musculares maiores, e de induzir uma conservação de energia direcionada para grupos musculares menores.

O princípio da individualidade biológica envolve uma relação intrínseca entre o conjunto de preceitos aplicados na elaboração de um programa de exercícios, e os processos fisiológicos que desencadeiam respostas adaptativas na fase fundamental, de transferência e de conservação de uma sessão de musculação.

Esse princípio preconiza estabelecer o ajustamento ideal sobre a variabilidade de esforços a serem aplicados em exercícios incluídos em um trabalho resistido particularizado, bem como estabelecer o planejamento individualizado de um programa de exercícios personalizados, a fim de favorecer o desenvolvimento corporal de uma característica biológica particular, que vise favorecer um processo de síntese bioquímica que permita induzir a hipertrofia de grupos musculares objetivados, bem como vise favorecer o processo biológico que permita induzir à conservação da energia de grupos musculares peculiares.

O princípio da intensidade envolve uma relação intrínseca entre o conjunto de preceitos aplicados na elaboração de um programa de exercícios, e os processos fisiológicos que desencadeiam respostas adaptativas na fase fundamental, de transferência e de conservação de uma sessão de musculação. Esse princípio preconiza estabelecer o ajustamento ideal sobre a variabilidade de esforços a serem aplicados em exercícios incluídos em um trabalho resistido, bem como estabelecer o ajustamento sobre o grau elevado de uma carga a ser aplicada no mesmo ato motor de um trabalho resistido diário, bem como estabelecer uma qualificação ideal sobre o incremento gradual de uma sobrecarga a ser imposta em um programa de exercícios.

O princípio da interdependência de estímulos envolve uma relação intrínseca entre o conjunto de preceitos aplicados na elaboração de um programa de exercícios, e os processos fisiológicos que desencadeiam respostas adaptativas na fase fundamental, de transferência e de conservação de uma sessão de musculação. Esse princípio preconiza estabelecer o ajustamento ideal sobre a intensidade do esforço a ser aplicado em um trabalho resistido, e ainda, estabelecer o ajustamento ideal sobre o número de repetições a serem incluídas nas séries de um trabalho resistido, bem como estabelecer uma sujeição mútua entre as variáveis referentes à carga, às séries, às repetições e aos intervalos impostos em diferentes tipos de trabalho resistido, excluindo a hipótese e a possibilidade de um aumento simultâneo da sobrecarga, do número de séries, de repetições e do tempo de intervalo, a fim de favorecer o processo de síntese bioquímica que permita induzir respostas positivas na hipertrofia de grupos musculares almejados.

O princípio da interdependência do volume e da intensidade envolve uma relação intrínseca entre o conjunto de preceitos aplicados na elaboração de um programa de exercícios, e os processos fisiológicos que desencadeiam respostas adaptativas na fase fundamental, de transferência e de conservação de uma sessão de musculação. Esse princípio preconiza estabelecer o ajustamento ideal sobre a intensidade do esforço a ser aplicado em variáveis distintas de um trabalho resistido, e ainda, estabelecer o ajustamento ideal e recíproco sobre uma dependência funcional estreitamente associada ao esforço, às repetições e às séries incluídas em um trabalho resistido, bem como estabelecer uma sujeição mútua na sobrecarga a ser imposta ou nas séries ou no número de repetições estipuladas em um trabalho resistido, excluindo, por outro lado, a hipótese e a possibilidade de um aumento simultâneo da sobrecarga ou nas séries ou nas repetições.

O princípio da manobra de valsava envolve uma relação intrínseca entre o conjunto de preceitos aplicados na elaboração de um programa de exercícios, e os processos fisiológicos que desencadeiam respostas adaptativas na fase fundamental, de transferência e de conservação de uma sessão de musculação. Esse princípio preconiza estabelecer o direcionamento de toda uma compressão interna para a musculatura da caixa torácica, e ainda estabelecer o aumento da pressão intratorácica e a diminuição do retorno venoso ao coração, e também estabelecer o mecanismo que permita expirar forçadamente o ar inspirado para o interior dos pulmões, contra os lábios fechados e a glote aberta, bem como estabelecer sobre a prática de um trabalho resistido constituído de exercícios supinos ou de exercícios agachados, a aplicação de uma sobrecarga em paralelo com um controle voluntário do processo respiratório que interfira no controle nervoso autônomo do coração.

O princípio da motivação envolve uma relação intrínseca entre o conjunto de preceitos aplicados na elaboração de um programa de exercícios, e os processos psicológicos que desencadeiam respostas adaptativas na fase fundamental, de transferência e de conservação de uma sessão de musculação. Esse princípio preconiza estabelecer mecanismos associados a aspectos cognitivos que permitam estimular a prática constante e regular de trabalhos resistidos, e ainda, estabelecer mecanismos associados a aspectos cognitivos que permitam despertar a vontade e o prazer pela busca do esforço a ser manifestado em um trabalho resistivo, e também induzir um conjunto de fatores conscientes ou inconscientes que desperte uma curiosidade ou interesse pela prática regular de trabalhos resistidos, bem como desperte o entusiasmo imediato pela busca da eficácia de resultados positivos que remetem a todas as etapas de um trabalho resistido.

O princípio da periodicidade envolve uma relação intrínseca entre o conjunto de preceitos aplicados na elaboração de um programa de exercícios, e os processos fisiológicos que desencadeiam respostas adaptativas na fase fundamental, de transferência e de conservação de uma sessão de musculação. Esse princípio preconiza estabelecer a divisão em ciclos sobre determinada atividade muscular a ser aplicada em um trabalho resistido, e ainda, estabelecer a intermitência cíclica na atividade muscular sucessiva e regular de um trabalho resistido, bem como expor o ajustamento ideal entre as diferentes fases de uma atividade muscular transcorrida entre tempos ou datas diferenciadas, a fim de favorecer o processo sucessivo de síntese bioquímica que permita induzir respostas positivas na hipertrofia de grupos musculares almejados.

O princípio da periodização da sobrecarga envolve uma relação intrínseca entre o conjunto de preceitos aplicados na elaboração de um programa de exercícios, e os processos fisiológicos que desencadeiam respostas adaptativas na fase fundamental, de transferência e de conservação de uma sessão de musculação. Esse princípio preconiza estabelecer a divisão em ciclos sobre a carga excessiva aplicada em um trabalho resistido, e ainda, estabelecer a intermitência cíclica sobre a carga excessiva aplicada em um trabalho resistido extenuante, e também estabelecer o ajustamento entre as fases de aplicação do esforço mais elevado, entre tempos ou datas diferenciadas, a fim de favorecer o processo de síntese bioquímica que permita induzir respostas positivas na hipertrofia de grupos musculares almejados, bem como a fim de elevar o incremento gradual de uma sobrecarga em ciclos diversificados.

O princípio da pré-exaustão envolve uma relação intrínseca entre o conjunto de preceitos aplicados na elaboração de um programa de exercícios, e os processos fisiológicos que desencadeiam respostas adaptativas na fase fundamental, de transferência e de conservação de uma sessão de musculação. Esse princípio preconiza estabelecer a preexistência da fadiga muscular nos diferentes ciclos que envolvam a inclusão de uma sobrecarga em um trabalho resistido, e ainda, estabelecer o esgotamento miofibrilar na intermitência cíclica de um trabalho resistido intenso, e também estabelecer um pré-ajustamento da fadiga muscular precoce nos diferentes períodos de um trabalho resistido, bem como aplicar uma intensidade de esforço que promova um esgotamento muscular, a fim de favorecer processos sucessivos de sínteses bioquímicas que permitam induzir, consecutivamente, novas respostas na hipertrofia de grupos musculares almejados.

O princípio da progressão gradual envolve uma relação intrínseca entre o conjunto de preceitos aplicados na elaboração de um programa de exercícios, e os processos fisiológicos que desencadeiam respostas adaptativas na fase fundamental, de transferência e de conservação de uma sessão de musculação. Esse princípio preconiza estabelecer a existência de uma sobrecarga que manifeste uma mudança na permanência do estímulo aplicado sobre um trabalho resistido, e ainda, estabelecer a elevação gradativa sobre a intensidade de um trabalho resistido, bem como estabelecer um ajustamento sobre o aumento constante do esforço a ser aplicado em um trabalho resistido, a fim de favorecer processos sucessivos de sínteses bioquímicas que permitam induzir, consecutivamente, novas respostas na hipertrofia de grupos musculares almejados.

O princípio da proporcionalidade envolve uma relação intrínseca entre o conjunto de preceitos aplicados na elaboração de um programa de exercícios, e os processos fisiológicos que desencadeiam respostas adaptativas na fase fundamental, de transferência e de conservação de uma sessão de musculação. Esse princípio preconiza estabelecer a existência de uma sobrecarga capaz de manifestar uma mudança inalterável do estímulo aplicado sobre determinado trabalho resistido, e ainda, estabelecer a criação de estratégias ideais que permitam adaptar a intensidade de um esforço a ser aplicado em determinado trabalho resistido, bem como expor uma acomodação constante do esforço manifestado em determinada atividade muscular, a fim de favorecer processos sucessivos de sínteses bioquímicas que permitam induzir, consecutivamente, novas respostas na hipertrofia de grupos musculares almejados.

O princípio da recuperação muscular envolve uma relação intrínseca entre o conjunto de preceitos aplicados na elaboração de um programa de exercícios, e os processos fisiológicos que desencadeiam respostas adaptativas na fase fundamental, de transferência e de conservação de uma sessão de musculação. Esse princípio preconiza estabelecer a existência de um aumento na capacidade de reabilitação do músculo fatigado, por meio da inclusão de seguidas pausas entre os exercícios, e ainda, por meio da inclusão de repousos passivos após uma sessão de treinamento extenuante, a fim de favorecer, após a realização de um trabalho resistido intenso, o processo gradativo de síntese bioquímica que permita induzir à assimilação compensatória.

O princípio da regeneração periodizada envolve uma relação intrínseca entre o conjunto de preceitos aplicados na elaboração de um programa de exercícios, e os processos fisiológicos que desencadeiam respostas adaptativas na fase fundamental, de transferência e de conservação de uma sessão de musculação. Esse princípio preconiza estabelecer a forma ideal de assegurar parcialmente ou totalmente o restabelecimento da força muscular máxima, por meio do emprego de uma sobrecarga elevada durante todo o período de um trabalho resistido intenso, e ainda, estabelecer a forma ideal de assegurar a existência de uma correta intermitência cíclica de uma sobrecarga a ser imposta em um trabalho resistido, bem como estabelecer a inclusão de atividades musculares transcorridas entre sessões de trabalhos resistidos distintos, a fim de favorecer o processo de síntese bioquímica que permita induzir à renovação natural da miofibrila.

O princípio da relação ideal entre desenvolvimento e componentes de desempenho envolve uma relação intrínseca entre o conjunto de preceitos aplicados na elaboração de um programa de exercícios, e os processos biomecânicos que desencadeiam respostas adaptativas na fase fundamental, de transferência e de conservação de uma sessão de musculação. Esse princípio preconiza estabelecer o correto ajustamento direcionado sobre o equilíbrio postural a ser manifestado em um treinamento resistido, e ainda, estabelecer o perfeito ajustamento sobre a forma mais correta de se expressar o gesto mecânico requisitado em um trabalho resistido, e também orientar sobre a correção técnica de um movimento a ser expresso em um exercício, a fim de favorecer o estabelecimento da posição corporal inicial e final ideal, bem como favorecer o correto aprimoramento de movimentos que não induzam a possíveis lesões que comprometam o rendimento de uma atividade muscular.

O princípio da relação ideal entre as fases de formação envolve uma relação intrínseca entre o conjunto de preceitos aplicados na elaboração de um programa de exercícios, e os processos fisiológicos que desencadeiam respostas adaptativas na fase fundamental, de transferência e de conservação de uma sessão de musculação. Esse princípio preconiza estabelecer a transposição de uma atividade muscular geral para uma atividade muscular específica, e ainda, estabelecer o momento ideal para a passagem sucessiva entre os estágios iniciativos, intermediários e avançados, bem como criar mecanismos que busquem estimular toda a dinâmica para a transposição evolutiva de um trabalho resistido, a fim de assegurar a existência de uma estratégia que permita anular a monotonia, bem como a fim de assegurar a inclusão de atividades musculares variadas que favoreçam o processo de hipertrofia muscular.

O princípio da repetição envolve uma relação intrínseca entre o conjunto de preceitos aplicados na elaboração de um programa de exercícios, e os processos fisiológicos que desencadeiam respostas adaptativas na fase fundamental, de transferência e de conservação de uma sessão de musculação. Esse princípio preconiza estabelecer a existência de um número estipulado de movimentos manifestados a intervalos regulares, e ainda, estabelecer a existência de uma sequência sucessiva de movimentos expressos ininterruptamente em um trabalho resistido, a fim de estabelecer toda a dinâmica de uma atividade muscular composta por contrações isotônicas, contrações estas que venham a favorecer, por outro lado, o processo de síntese bioquímica que permita induzir respostas positivas na hipertrofia de grupos musculares almejados.

O princípio da reversibilidade da ação envolve uma relação intrínseca entre o conjunto de preceitos aplicados na elaboração de um programa de exercícios, e os processos fisiológicos que desencadeiam respostas adaptativas na fase fundamental, de transferência e de conservação de uma sessão de musculação. Esse princípio preconiza estabelecer o retrocesso decrescente sobre as variáveis incluídas em um trabalho resistido, e ainda, estabelecer o retrocesso gradativo sobre uma sobrecarga imposta em determinada atividade muscular, e também enfatizar o processo decrescente e gradativo de uma sobrecarga, a fim de favorecer um estado de quase equilíbrio sobre as funções bioquímicas das estruturas miofibrilares.

O princípio da saúde envolve uma relação intrínseca entre o conjunto de preceitos aplicados na elaboração de um programa de exercícios, e os processos psicológicos que desencadeiam respostas adaptativas na fase fundamental, de transferência e de conservação de uma sessão de musculação. Esse princípio preconiza estabelecer mecanismos associados a aspectos cognitivos que permitam estimular o hábito de se submeter a avaliações físicas periódicas, e ainda, estabelecer mecanismos associados a aspectos cognitivos que permitam despertar a vontade e o prazer pela prática gradual de uma atividade resistida, seja para fins terapêuticos, seja para fins profiláticos, e também induzir um conjunto de fatores conscientes ou inconscientes que desperte a disposição duradoura pela busca da eficácia de todas as etapas de uma atividade muscular, a fim de promover a aptidão física por meio da prática salutar de um programa de exercícios.

O princípio da segurança envolve uma relação intrínseca entre o conjunto de preceitos aplicados na elaboração de um programa de exercícios, e os processos psicológicos que desencadeiam respostas adaptativas na fase fundamental, de transferência e de conservação de uma sessão de musculação. Esse princípio preconiza estabelecer mecanismos associados a aspectos cognitivos que permitam despertar o senso de percepção sinestésica quanto aos perigos e riscos existentes em um trabalho resistido, e ainda despertar mecanismos associados a aspectos cognitivos que permitam estabelecer uma percepção sinestésica quanto aos movimentos que possam induzir lesões e, consequentemente, movimentos que exponham perigos e que venham a comprometer a integridade do sistema musculoesquelético.

O princípio da seletividade envolve uma relação intrínseca entre o conjunto de preceitos aplicados na elaboração de um programa de exercícios, e os processos psicológicos que desencadeiam respostas adaptativas na fase fundamental, de transferência e de conservação de uma sessão de musculação. Esse princípio preconiza estabelecer a capacidade de escolha sobre as atividades musculares a serem incluídas em um trabalho resistido, e ainda, despertar o senso crítico sobre a preferência de exercícios a serem incluídos em um trabalho resistido, e também estabelecer a capacidade particular de optar sobre procedimentos que possam induzir movimentos aceitáveis ou não aceitáveis existentes em todas as etapas de uma atividade muscular, a fim de estabelecer normas quanto à escolha sobre os tipos de recurso material a serem empregados em um programa de treinamento particularizado.

O princípio da sobrecarga crescente envolve uma relação intrínseca entre o conjunto de preceitos aplicados na elaboração de um programa de exercícios, e os processos fisiológicos que desencadeiam respostas adaptativas na fase fundamental, de transferência e de conservação de uma sessão de musculação. Esse princípio preconiza estabelecer o aumento gradual e sistemático do esforço aplicado ao longo de todo um trabalho resistido, e ainda, preconiza estabelecer, de forma sistemática, o acréscimo ascendente do peso a ser aplicado em determinado trabalho resistido, e também estabelecer o incremento progressivo e gradual de uma carga ascendente aplicada no final de cada repetição, a fim de favorecer um estado bioquímico que induza uma restauração miofibrilar durante o processo de assimilação compensatória, bem como favorecer processos sucessivos de sínteses bioquímicas que permitam induzir, consecutivamente, novas respostas na hipertrofia de grupos musculares almejados.

O princípio da sobrecarga envolve uma relação intrínseca entre o conjunto de preceitos aplicados na elaboração de um programa de exercícios, e os processos fisiológicos que desencadeiam respostas adaptativas na fase fundamental, de transferência e de conservação de uma sessão de musculação. Esse princípio preconiza estabelecer o emprego elevado de um estímulo mais forte ao longo de todo trabalho resistido, e ainda, preconiza estabelecer o emprego de um esforço acentuado nas contrações isotônicas, para favorecer, no final da assimilação compensatória, adaptações ampliadas no período de restauração miofibrilar, bem como a fim de favorecer processos sucessivos de sínteses bioquímicas que permitam induzir, consecutivamente, novas respostas na hipertrofia de grupos musculares almejados.

O princípio da sobrecarga alternada envolve uma relação intrínseca entre o conjunto de preceitos aplicados na elaboração de um programa de exercícios, e os processos fisiológicos que desencadeiam respostas adaptativas na fase fundamental, de transferência e de conservação de uma sessão de musculação. Esse princípio preconiza estabelecer o revezamento sobre o emprego de um esforço aplicado ao longo de todo um trabalho resistido intenso, e ainda preconiza estabelecer uma variação sucessiva sobre os esforços acentuados aplicados em determinados tipos de trabalho resistido, bem como estabelecer o incremento sobre o revezamento de um esforço muito elevado aplicado no final de cada repetição, a fim de favorecer processos sucessivos de sínteses bioquímicas que permitam induzir, consecutivamente, novas respostas na hipertrofia de grupos musculares almejados.

O princípio da sobrecarga contínua envolve uma relação intrínseca entre o conjunto de preceitos aplicados na elaboração de um programa de exercícios, e os processos fisiológicos que desencadeiam respostas adaptativas na fase fundamental, de transferência e de conservação de uma sessão de musculação. Esse princípio preconiza estabelecer a elevação constante e progressiva do esforço aplicado ao longo de todo um trabalho resistido, e ainda preconiza estabelecer uma sequência ordenada e ininterrupta sobre o esforço aplicado acentuadamente em determinado tipo de trabalho resistido, e também preconiza estabelecer o incremento sucessivo de um esforço muito elevado aplicado no final de cada repetição, a fim de promover adaptações mais ampliadas no período de restauração miofibrilar, bem como favorecer processos sucessivos de sínteses bioquímicas que permitam induzir, consecutivamente, novas respostas na hipertrofia de grupos musculares almejados.

O princípio da sobrecarga direcionada envolve uma relação intrínseca entre o conjunto de preceitos aplicados na elaboração de um programa de exercícios, e os processos fisiológicos que desencadeiam respostas adaptativas na fase fundamental, de transferência e de conservação de uma sessão de musculação. Esse princípio preconiza aplicar um esforço muito elevado de forma muito bem orientada, e ainda preconiza estabelecer a aplicação de uma sobrecarga muito bem guiada ou muito bem conduzida no final de cada repetição, a fim de favorecer um estado bioquímico que induza uma restauração miofibrilar durante o processo de assimilação compensatória, bem como a fim de favorecer processos sucessivos de sínteses bioquímicas que permitam induzir, consecutivamente, novas respostas na hipertrofia de grupos musculares almejados.

O princípio da sobrecarga eficaz envolve uma relação intrínseca entre o conjunto de preceitos aplicados na elaboração de um programa de exercícios, e os processos fisiológicos que desencadeiam respostas adaptativas na fase fundamental, de transferência e de conservação de uma sessão de musculação. Esse princípio preconiza discriminar uma tensão que pode ser desejável daquela que pode ser indesejável, e ainda, preconiza aplicar com eficiência um trabalho resistido desejado e expresso com cargas elevadas, e também preconiza validar o incremento progressivo de uma tensão desejada no final de cada repetição, a fim de favorecer um estado bioquímico que induza uma restauração miofibrilar durante o processo de assimilação compensatória, bem como a fim de favorecer processos sucessivos de sínteses bioquímicas que permitam induzir, consecutivamente, novas respostas na hipertrofia de grupos musculares almejados.

O princípio da sobrecarga ideal vinculada com recuperação envolve uma relação intrínseca entre o conjunto de preceitos aplicados na elaboração de um programa de exercícios, e os processos fisiológicos que desencadeiam respostas adaptativas na fase fundamental, de transferência e de conservação de uma sessão de musculação. Esse princípio preconiza aplicar conjuntamente um esforço muito elevado de forma proficiente, ajustados, por outro lado, com um perfeito tempo de recuperação miofibrilar, e ainda preconiza estabelecer um correto trabalho resistido expresso com cargas muito elevadas, ajustadas, consecutivamente, com um perfeito tempo de recuperação muscular, e também preconiza validar o correto incremento de uma tensão, que por sua vez não pode ser automaticamente superada quanto à sua completa inclusão, a fim de favorecer um estado bioquímico que induza o período de restauração miofibrilar no processo de assimilação compensatória, bem como favoreça processos sucessivos de sínteses bioquímicas que permitam induzir, consecutivamente, novas respostas na hipertrofia de grupos musculares almejados.

O princípio da sobrecarga individualizada envolve uma relação intrínseca entre o conjunto de preceitos aplicados na elaboração de um programa de exercícios, e os processos fisiológicos que desencadeiam respostas adaptativas na fase fundamental, de transferência e de conservação de uma sessão de musculação. Esse princípio preconiza aplicar um esforço muito elevado e particularizado, e ainda preconiza aplicar de maneira especial um trabalho resistido expresso com cargas muito elevadas, ajustado, por outro lado, com a necessidade do emprego específico de um esforço personalizado, e também preconiza o incremento particular de uma tensão exclusiva aplicada no final de cada repetição, a fim de favorecer um estado bioquímico que induza o processo de assimilação compensatória, bem como favoreça processos sucessivos de sínteses bioquímicas que permitam induzir, consecutivamente, novas respostas na hipertrofia de grupos musculares almejados.

O princípio da sobrecarga sequencialmente correta envolve uma relação intrínseca entre o conjunto de preceitos aplicados na elaboração de um programa de exercícios, e os processos fisiológicos que desencadeiam respostas adaptativas na fase fundamental, de transferência e de conservação de uma sessão de musculação. Esse princípio preconiza aplicar apropriadamente um esforço muito elevado, e ainda, preconiza retificar adequadamente um trabalho resistido expresso com cargas muito elevadas, ajustadas por outro lado com a necessidade do exato emprego de um esforço, e também preconiza o incremento de uma tensão isenta de erros no final de cada repetição incluída em uma série de exercícios, a fim de obter o resultado satisfatório de um estado bioquímico que favoreça o período de restauração miofibrilar na assimilação compensatória, bem como favoreça processos sucessivos de sínteses bioquímicas que permitam induzir, consecutivamente, novas respostas na hipertrofia de grupos musculares almejados.

O princípio da sobrecarga variada envolve uma relação intrínseca entre o conjunto de preceitos aplicados na elaboração de um programa de exercícios, e os processos fisiológicos que desencadeiam respostas adaptativas na fase fundamental, de transferência e de conservação de uma sessão de musculação. Esse princípio preconiza aplicar diversificadamente um esforço muito elevado, e ainda preconiza aplicar alternadamente trabalhos resistidos desiguais expressos com cargas muito elevadas, ajustadas por outro lado com a necessidade do emprego de esforços divergentes, e também preconiza o incremento de tensões modificadas no final de cada repetição, a fim de obter o resultado satisfatório de um estado bioquímico que favoreça uma quebra da homeostasia, bem como que favoreça o período de restauração miofibrilar na assimilação compensatória, assim como favoreça processos sucessivos de sínteses bioquímicas que permitam induzir, consecutivamente, novas respostas na hipertrofia de grupos musculares almejados.

O princípio da supercompensação envolve uma relação intrínseca entre o conjunto de preceitos aplicados na elaboração de um programa de exercícios e os processos fisiológicos que desencadeiam respostas adaptativas na fase fundamental, de transferência e de conservação de uma sessão de musculação. Esse princípio preconiza aplicar esforços elevados, e ainda, preconiza aplicar trabalhos resistidos expressos com cargas muito elevadas, ajustadas por outro lado com a necessidade do emprego de esforços intensos, e também preconiza o incremento de tensões elevadas no final de cada repetição, a fim de favorecer uma elevação sobre o estado bioquímico que induza um período de restauração miofibrilar acentuado durante o processo de assimilação compensatória, assim como favoreça processos sucessivos de sínteses bioquímicas que permitam induzir, consecutivamente, novas respostas na hipertrofia de grupos musculares almejados.

O princípio da transferência envolve uma relação intrínseca entre o conjunto de preceitos aplicados na elaboração de um programa de exercícios, e os processos fisiológicos que desencadeiam respostas adaptativas na fase fundamental, de transferência e de conservação de uma sessão de musculação. Esse princípio preconiza substituir procedimentos anteriormente aplicados em um programa de treinamento, levando-se em consideração reflexões quanto aos resultados positivos ou negativos obtidos nos estágios anteriores, e ainda preconiza adiar ou retardar a aplicação de novas estratégias de treinamento, e também preconiza estabelecer o momento ideal de se ultrapassar o estágio atual alcançado, a fim de transpassar, manter ou superar resultados positivos obtidos nos estágios anteriores, bem como favorecer uma mudança que permita superar o desenvolvimento muscular obtido em um estágio de treinamento inicial.

O princípio da variabilidade envolve uma relação intrínseca entre o conjunto de preceitos aplicados na elaboração de um programa de exercícios, e os processos tanto fisiológicos quanto psicológicos que desencadeiam respostas adaptativas na fase fundamental, de transferência e de conservação de uma sessão de musculação. Esse princípio preconiza diversificar procedimentos aplicados em um programa de treinamento, levando-se em consideração reflexões quanto ao aspecto que diz respeito à monotonia dos treinos, e ainda preconiza substituir alternadamente um programa de treinamento, caso haja estagnação das reações de adaptação dos processos miofribilares, e também preconiza estabelecer o momento ideal de se mudar todo o procedimento de um trabalho resistido, caso haja saturação psicológica, bem como caso haja uma queda gradativa no aspecto motivacional.

O princípio do hipertreinamento envolve uma relação intrínseca entre o conjunto de preceitos aplicados na elaboração de um programa de exercícios, e os processos tanto fisiológicos quanto psicológicos que desencadeiam respostas adaptativas na fase fundamental, de transferência e de conservação de uma sessão de musculação. Esse princípio preconiza evitar uma saturação sobre os procedimentos aplicados em um programa de treinamento, levando-se em consideração reflexões quanto ao aspecto que diz respeito ao estresse muscular crônico, e ainda preconiza a suspensão temporária de um trabalho resistido, caso haja saturação mecânica e esgotamento muscular acentuado, e também preconiza estabelecer o momento ideal de se variar todo o procedimento de um trabalho resistido, caso haja um desequilíbrio homeostático que induz a uma fadiga muscular, nervosa e mental, bem como a alterações morfológicas, bioquímicas e psicológicas indesejáveis.

```
                    Princípios do treinamento aplicados à musculação
                                            |
            ┌───────────────────────────────┼───────────────────────────────┐
   Princípios relativos à          Princípios relativos à          Princípios relativos à
     natureza fisiológica            natureza psicológica            natureza biomecânica
            |                              |                              |
       Adaptações                    Adaptações                     Adaptações
        orgânicas                 comportamentais                    mecânicas
```

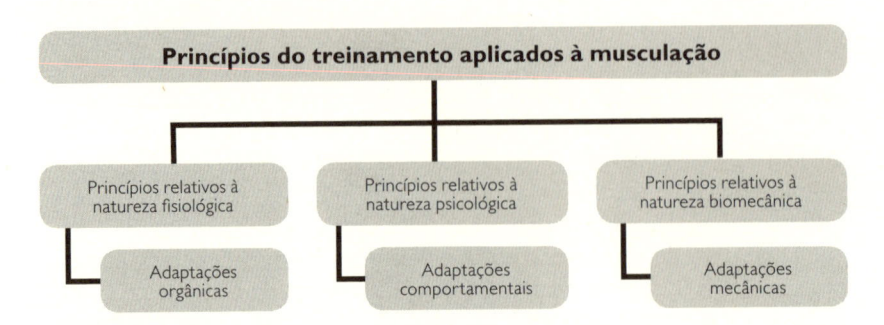

Figura 8.1
Representação gráfica dos diferentes tipos de método de treinamento aplicados no treinamento de musculação.

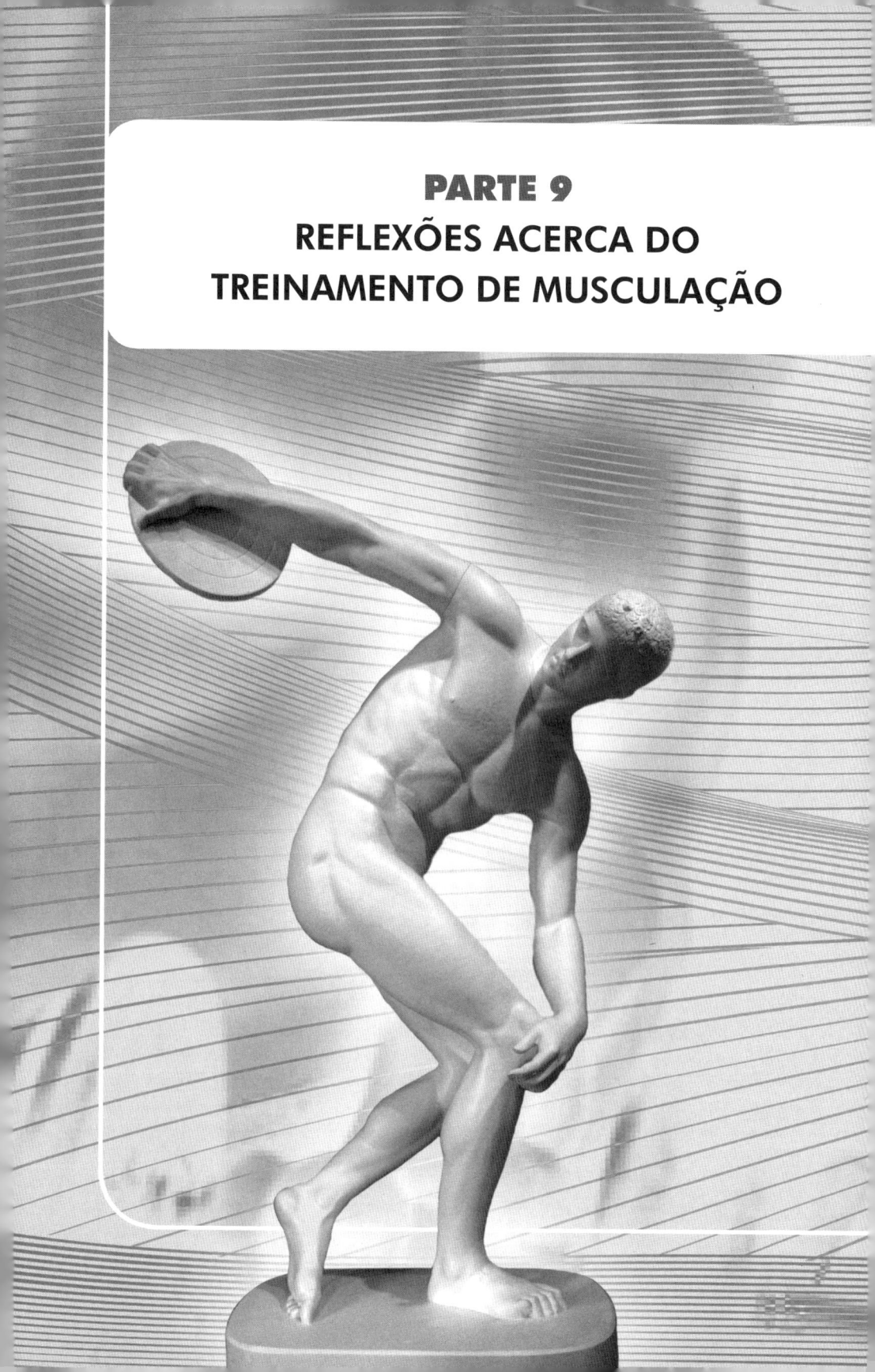

PARTE 9
REFLEXÕES ACERCA DO TREINAMENTO DE MUSCULAÇÃO

CAPÍTULO 1

Reflexões quanto aos aspectos metodológicos

Em musculação, diferentes métodos de treinamento são utilizados com o propósito de tornar mais elaborado o planejamento de um programa de exercícios incluídos em um trabalho resistido constante e regular executado em uma sessão de musculação. Importa ressaltar que, em decorrência da variabilidade de procedimentos empregados nas sessões de musculação, algumas reflexões precisam ser feitas sobre os métodos utilizados na prática de um treinamento em particular. Os meios que buscam classificar as mais variadas metodologias em um trabalho resistido envolvem uma sequência de procedimentos quer relativos à organização anatômica, quer relativos ao esforço manifestado, bem como aqueles relativos à atividade muscular e articular executada. Cabe destacar que todos os procedimentos que remetem à organização anatômica, ao esforço, e ainda à atividade muscular, diretamente envolvem processos bioquímicos que causam reações psiconeuromotoras que, consequentemente, modificam as funções orgânicas que dizem respeito a ajustamentos psicológicos, fisiológicos e biomecânicos.

Todo o procedimento de uma contração muscular abrange diferentes tipos de ação mecânica que expressam um tipo de trabalho muscular estático ou dinâmico, e esses tipos de ação mecânica diretamente remetem à natureza de um trabalho resistido particularizado que desencadeia reações fisiológicas e biomecânicas subsequentes. Toda reação fisiológica ou biomecânica induz a uma resposta adaptativa individualizada que tanto pode ser de aspecto positivo ou de aspecto negativo. Portanto, planejar adequadamente um trabalho resistido em uma sessão de musculação requer aplicar, de maneira apropriada, procedimentos metodológicos regidos por princípios que satisfaçam a ordem anatômica, a intensidade e a atividade neuromotora.

Os métodos que dizem respeito à organização da ordem anatômica requerem um amplo exame quanto ao aspecto estrutural do sistema musculoesquelético, e ainda requerem questionamentos sobre manifestações cinesiológicas que decorrem de toda motricidade corporal, bem como requerem uma análise do perfil morfológico de grupos musculares a serem hipertrofiados. Os métodos que dizem respeito à intensidade requerem um amplo exame quanto ao aspecto organizacional das variáveis incluídas em um programa de treinamento, e ainda requerem questionamentos sobre as alterações orgânicas que decorrem de todo um processo bioquímico envolvido em um trabalho resistido. E por fim, os métodos que dizem respeito à atividade neuromotora requerem um amplo exame quanto ao aspecto funcional de uma estrutura muscular, bem como requerem questionamentos sobre alterações contráteis que decorrem de todo um processo mecânico expresso pelo sistema de alavanca articular.

Cabe ainda destacar que reflexões relativas a procedimentos metodológicos envolvem uma análise quanto à escolha de grupos musculares e articulações que devem atuar em determinado tipo de exercício, e ainda de uma relação estabelecida entre peso, série, repetição, intervalo e ritmo de execução, e também envolvem uma análise quanto a alterações que se dão na manifestação de uma força resistida, assim como do gasto energético obtido em diferentes tipos de tensão muscular. Reflexões relativas aos princípios que regem todo aspecto metodológico envolvem uma análise quanto às ações mecânicas que partem da natureza de um trabalho muscular específico, e ainda envolvem uma análise quanto aos aspectos anatômicos referentes a planos e a eixos de movimento, e também envolvem a análise quanto aos conceitos mecânicos que regem a dinâmica das alavancas articulares, assim como dos efeitos das forças externas e internas que atuam em toda a atividade muscular.

Entretanto, a aplicação de uma sequência de procedimentos incluídos em uma sessão de musculação, no intuito de se obter um treinamento de força de alto nível, requer, além de uma relação entre as reflexões já descritas, um amplo exame sobre quatro diretrizes que compõem, por sua vez, o conjunto de instruções ou indicações estabelecidas pela metodologia do treinamento. A primeira delas diz que a partir da realização de determinado treinamento isométrico, o número de repetições dos exercícios elaborados e incluídos deverá adaptar-se sempre ao tempo de contração isométrica de cada vez. Pois em um trabalho muscular de característica isométrica, não cabe falar de ritmo de execução dos exercícios, uma vez que não é possível esta especificação em um tipo de trabalho de contração estática.

Pela segunda diretriz, sabe-se que em determinado tipo de treinamento isotônico todo processo de adequação da sobrecarga imposta sempre será mais difícil, logo no início, do que no término de toda manifestação do movimento, e isso ocorre por força da capacidade adaptativa do músculo diante de uma intensidade de esforço elevada, que por sua vez induz o incremento da hipertrofia. Pela terceira diretriz, sabemos que o ritmo de execução dos exercícios incluídos em uma sessão de musculação pode ser depreendido das diretrizes metodológicas relativas ao treinamento isocinético, uma vez que a variável aceleração não ocorre quando implementos isocinéticos são utilizados no intuito de favorecer um trabalho muscular, por meio de uma resistência constante e máxima, em diferentes alavancas articulares. E por fim, a quarta e última diretriz estabelece, de maneira criteriosa e bem planejada, a necessidade de um nexo entre a especificação das cargas, que por sua vez serão impostas nos exercícios incluídos em uma sessão de musculação, e por outro lado pelo número determinado de repetições a serem executadas no transcorrer de todo treinamento.

Importa ressaltar que outros aspectos podem ser considerados, além das quatro diretrizes anteriormente mencionadas. Esses aspectos envolvem importantes estudos e investigações, que margeiam todo processo de trabalho muscular manifestado durante as sessões de musculação, na intenção de destacar questões acerca da metodologia do treinamento, que possam conduzir a novos questionamentos. Portanto, podemos destacar os seguintes aspectos descritos adiante.

De início, no primeiro aspecto, cumpre ter presente que as limitações e o aumento do desgaste energético, que por sua vez se dá em todo esforço muscular manifestado diante de determinado movimento articular, podem ser causados pela hipertrofia muscular excessiva, podendo esta hipertrofia muscular excessiva vir a prejudicar não somente a coordenação neuromuscular, como também a capacidade de flexibilidade do músculo.

Em segundo lugar, um ponto a ser levado em consideração consiste na ideia de que a aplicação de sucessivos e novos estímulos, e ainda a elevação adequada da intensidade de um esforço, são meios pelos quais se obtêm, de forma gradativa e progressiva, tanto o desenvolvimento da força muscular quanto o desenvolvimento da hipertrofia de um músculo, quando submetido a exercícios que manifestem variadas formas de tensões ou contrações musculares, e também quando submetido a um percentual de carga devidamente ajustado e adequado às necessidades individuais.

Em terceiro lugar, ao interromper a prática constante da musculação, tanto a força quanto a hipertrofia muscular adquiridas ao longo de todo um trabalho de práticas constantes de atividades físicas, aos poucos vão regredindo de maneira gradativa, uma vez que o tempo de retenção dos progressos conquistados dependerá diretamente de um patamar mínimo de estímulo a ser aplicado no músculo.

Em quarto lugar, de modo geral, a tensão muscular que se dá logo no começo de uma contração muscular é a manifestação de uma força inicial que se encontra disponível no princípio de cada treinamento resistido, por outro lado, a tensão muscular que se dá ao longo de todo processo de treinamento resistido é a manifestação de uma força máxima, que por sua vez é alcançada em determinada etapa do treinamento resistido e, finalmente, a manifestação de uma força limite é o valor final do momento extremo da tensão muscular obtida no final de todo o processo de treinamento resistido.

Em quinto lugar, todo planejamento e elaboração de um programa de musculação envolvem diretamente a manifestação e o desenvolvimento de uma força inicial que, por sua vez, evolui gradativamente até a manifestação e o desenvolvimento de uma força limite. Entretanto, esse processo que se dá a partir da evolução de uma força inicial rumo a uma força limite abrange cinco fatores, que por outro lado estão diretamente associados ao desenvolvimento de um músculo, a saber: grau de contração muscular, duração das contrações musculares diárias, número de contrações musculares diárias, frequência das contrações musculares, e comprimento da parte do músculo exercitado.

Em sexto lugar, todo planejamento ou elaboração de um programa de musculação envolve o direcionamento das metas a serem alcançadas, de acordo com estágios distintos de toda uma evolução do treinamento resistido. E esses estágios que se dão ao longo de toda uma evolução do treinamento resistido compreendem uma série de modificações que ocorrem na fase fundamental, na fase de transferência e, por fim, na fase de conservação.

Em sétimo lugar, o direcionamento e a forma como são executados os diferentes tipos de exercício, que por sua vez são incluídos em um programa de musculação, bem como a inclusão de diferentes níveis de intensidade de trabalho muscular, e ainda a aplicação de certos métodos de treinamento vão diretamente ao encontro do perfil bastante diferenciado de praticantes submetidos a sessões de musculação, ou seja, vão ao encontro de praticantes que necessitam de potência muscular, de praticantes que necessitam de força explosiva, ou ainda daqueles que necessitam de resistência prolongada.

Em oitavo lugar, o treinamento de musculação deve divergir segundo a especialidade desportiva, e esta divergência se dá a partir do direcionamento e da adequação de determinado tipo de trabalho muscular, de acordo com a montagem ou elaboração de um programa de exercícios, diante dos parâmetros de desenvolvimento muscular de um ato motor pertencente a determinado esporte, ou ainda diante do planejamento individualizado e sistematizado de um programa de exercícios personalizados a serem executados no intuito de aperfeiçoar e aprimorar determinado gesto desportivo.

Em nono lugar, os exercícios executados contra pequena resistência e com muitas repetições ordinariamente não produzem músculos hipertrofiados, enquanto exercícios executados contra a maior resistência e um menor número de repetições produzem hipertrofia muscular. Pois a assimilação compensatória, que favorece o desenvolvimento da força, e o incremento do ganho de massa muscular, se dá por meio de um programa de exercícios constituídos por certo número de repetições apropriadas, e ainda por meio do emprego de estímulos mais fortes.

Em décimo e último lugar, é importante que se tenha um dia de descanso para cada dois dias de treinamentos resistidos consecutivos de musculação, uma vez que a inclusão de seguidas pausas entre os exercícios ou repousos passivos após uma sessão de treinamento extenuante favorece positivamente a assimilação compensatória de todo o trabalho muscular realizado. Entretanto, esses intervalos dependem do estágio e da complexidade do treinamento, e também do nível do praticante.

CAPÍTULO 2

Reflexões quanto aos aspectos da preparação física

Na atualidade, a preparação física expressa, por meio de trabalhos resistidos diários, praticamente preenche de maneira direta o conjunto de exigências necessárias que buscam atender as prescrições de um treinamento físico de alto nível. Porém, cabe destacar que a grande maioria dos trabalhos resistidos incluídos em sessões de musculação envolve uma relação direta entre três tópicos, ou seja, uma relação direta entre o ajustamento adequado de uma sobrecarga imposta em implementos fixos ou móveis, o correto direcionamento da incidência de uma força para grupos musculares almejados, e a aplicação criteriosa e sistemática de um correto trabalho resistido particularizado para diferentes estágios de uma aptidão física. Porém, a forma pela qual se realiza o planejamento sistemático de um trabalho resistido particularizado para diferentes estágios de uma aptidão física, e ainda, a forma pela qual se elabora um programa de treinamento individualizado para três estágios de um desenvolvimento muscular, requer traçar objetivos, bem como requer aplicar de forma peculiar uma norma, um método ou uma técnica de treinamento resistido especializado e próprio para determinada pessoa.

Estabelecer uma meta que busque satisfazer uma norma, um método ou uma técnica atribuída a uma só pessoa, traduz-se na elaboração de uma sessão de musculação que atenda separadamente e isoladamente metas divergentes entre três categorias de praticantes, a saber: iniciantes, intermediários e avançados. Importa destacar que a preparação física obtida por meio de trabalhos resistidos incluídos em sessões diárias de musculação se destina a uma atividade muscular que vise provocar contrações musculares periódicas em um praticante principiante, e ainda em um praticante que está de permeio, assim como em um praticante que revele um domínio ou um proceder adiantado, em face de um treinamento que se repete com intervalos regulares, seja ele isométrico, isotônico, ou isocinético. Contudo, não podemos esquecer que os diferentes tipos de contração muscular oriunda a esses meios de treinamento também podem ser obtidos pela prática de exercícios executados em implementos fixos, ou com a utilização de formas especiais e variadas de exercícios executados em implementos móveis, mediante uma definição de objetivos a serem aplicados em um trabalho resistido para uma fase fundamental, de transferência e de manutenção.

Vale ressaltar que a prática constante da musculação, de maneira geral, não tem o mesmo significado e não tem as mesmas implicações quanto à questão da busca do desenvolvimento muscular almejado na ausência do aumento dos níveis de intensidade da força. Pois o treinamento regular com pesos, bem como o aumento progressivo dos níveis de uma força em particular, por meio da prática diária de treinamentos resistidos, representa indiscutivelmente grande valor tanto na constituição física corporal geral quanto na constituição física corporal específica, assim como representa grande importância para o desenvolvimento de alguns dos objetivos e implicações na aptidão física global, que satisfaça, por sua vez, todo um aspecto motor que atenda a determinados gestos desportivos em especial.

A noção de que por meio do repouso e da alimentação o músculo possui a capacidade de restituir as energias consumidas durante todo o processo de contração, reforça a ideia da aquisição de novas condições de preparo para cargas de trabalhos ainda maiores. Juntos, o período de restauração e o período de restauração ampliada são capazes de promover uma assimilação compensatória capaz de conduzir um resultado crescente e, ainda, de estabelecer um ponto de equilíbrio entre o trabalho e a reposição. Entretanto, se houver uma pausa excessiva entre as sessões de musculação, assim como se houver uma carga insuficiente, o resultado crescente da assimilação compensatória não ocorrerá, e sua inexistência impede uma melhora no desempenho da hipertrofia do músculo almejado, seja para a preparação física geral ou específica de praticantes iniciantes, intermediários ou avançados.

De modo geral, todo objetivo direcionado para praticantes que se situam na fase fundamental consiste na preparação inicial do desenvolvimento muscular, enquanto todo objetivo direcionado para praticantes que se situam na fase de transferência consiste na preparação de permeio do desenvolvimento muscular, a fim de induzir uma superação adquirida na fase anterior, e por fim, todo objetivo direcionado para praticantes que se situam na fase de conservação, consiste na preparação física de manutenção do desenvolvimento muscular adquirido, a fim de induzir à conservação dos níveis adquiridos nas fases anteriores. Portanto, a eficiência de um trabalho muscular globalizado não é estabelecida apenas pela inclusão de diferentes tipos e meios de um treinamento resistido abrangente, nem pela prática e elaboração de diferentes exercícios executados de maneira total em diferentes e variados implementos fixos ou móveis, mas sim pela relação particularizada que se dá entre os conceitos relevantes que versam sobre a aptidão fisiológica e biomecânica dos praticantes iniciantes, intermediários e avançados.

Muitos obstáculos margeiam a preparação física por meio da musculação, por força de mitos que a seu respeito foram espalhados. Entre esses mitos, dizia-se que a musculação poderia prejudicar a pessoa que a pratica, deixando aquele que a cultiva lento e desajeitado. Isso é falso, pois a musculação, pelo contrário, leva seu praticante a reagir com maior prontidão aos estímulos. Contudo, existe outra situação indesejável, diferente do mito apresentado, e que consiste no fato do aparecimento do estado de treinamento sobrecarregado. Isso ocorre quando o período de restauração não está terminado, e os trabalhos resistidos prosseguem, sem que exista uma pausa suficiente, e ainda sem o bom senso em relação à aplicação de cargas excessivas que não obedecem a um ritmo gradual. Outro mito é dizer que não se deve prescrever programas de musculação para adolescentes, uma vez que levantar peso comprime a coluna e deteria o crescimento.

De fato, a sobrecarga de peso prejudica o crescimento de um adolescente, pois a estrutura óssea, por apresentar um baixo teor de cálcio, opõe menos resistência à pressão e à curvatura, por serem relativamente elásticas. Contudo, o aparelho motor de um adolescente, no tempo de impulso do crescimento, encontra-se muito sensível e apropriado para os estímulos de força. Aumentando os níveis de força, durante todo o desenvolvimento geral do adolescente, uma resposta positiva será verificada em toda movimentação nas diferentes modalidades desportivas, tornando-o mais dinâmico, fluente e preciso. Portanto, um direcionamento adequado da musculação, em relação ao tipo de adolescente em questão, envolve distinguir na planilha de treino as atividades propostas, o tempo de duração, o número de repetições, o percentual de carga aplicado, e a individualidade biológica de cada um. Esses procedimentos desempenham um papel crucial e muito importante, tanto na formação corporal geral, quanto na formação específica do adolescente.

Também é muito frequente ouvir que se alimentar antes do treino causa prejuízos não só à saúde, de modo geral, como também provocaria uma queda no rendimento dos níveis de força, em particular. Pelo contrário, é bom planejar uma refeição leve à base de carboidratos de baixo índice glicêmico, a fim de proporcionar um balanço energético positivo para o treinamento resistido incluído nas sessões de musculação. Entretanto, essa questão dependerá do bom senso de cada um, pois a atividade digestiva, por outro lado, não se deve rivalizar com a atividade física oriunda do treinamento resistido executado nas sessões de musculação. Outro mito, que também encontramos, é o que afirma que a musculação torna o músculo, além de hipertrofiado, sem elasticidade e flexibilidade. De início, cumpre dizer que fisiologicamente falando nunca há exagero quanto ao volume de um músculo. Relações desse tipo são oriundas de critérios estéticos ou sociais, o que tem sempre um forte componente subjetivo. Quanto à elasticidade e flexibilidade, existem estudos que evidenciam aumentos importantes na amplitude articular de praticantes de musculação. Assim, força e flexibilidade são qualidades físicas adquiridas nas sessões de musculação, mediante o treino de exercícios de alongamentos que se dão antes ou após exercícios resistidos. Basta observar que se houver um trabalho simultâneo durante as sessões de musculação, pela inclusão de exercícios de alongamentos e resistidos, essa dificuldade será contornada. Dessa forma, o treinamento de força por exercícios resistidos pode aumentar a flexibilidade. Importa destacar que o volume, ou seja, o número de séries a serem incluídas em um programa de treinamento resistido pode influenciar os ganhos de flexibilidade. Porém, apesar de a realização do treinamento resistido ser capaz de promover ganhos de flexibilidade em diferentes tipos de metodologias, a exata demanda para a prescrição dessas duas valências, força muscular e flexibilidade articular, quando incluídas em um programa de musculação supervisionado, não aparece de forma clara na literatura.

As observações em relação aos mitos apresentados tiveram como ponto de partida a análise das seguintes teses que aqui transformamos em hipóteses a serem investigadas. A primeira hipótese é a seguinte: muitas das afirmações que circulam nas academias, e até em certos ambientes acadêmicos, não resistem a uma análise de caráter fisiológico. A segunda hipótese é a seguinte: é também frequente encontrar a afirmação, nutricionalmente falsa, segundo a qual a suplementação e a utilização de recursos ergogênicos são fatores condicionantes para alcançar aptidão física. A terceira hipótese poderia ser assim formulada: a carga em treinamento resistido de sessões de musculação é irrelevante, não importando qual seja a faixa etária do aluno, o que é falso fisiologicamente. A quarta hipótese, frequentemente dita e praticada nas academias, é a seguinte: para se tornar fisicamente apto, é irrelevante seguir esse ou aquele princípio, já que todos eles se equivalem, o que é insustentável segundo a metodologia científica do treinamento desportivo. Finalmente, nossa quinta hipótese cabe ser assim formulada: práticas incorretas de treinamento resistido não restringem ou danificam as articulações, o que é falso biomecanicamente falando.

Resumindo, o capítulo seguinte é um exame do valor dessas hipóteses e mitos de um ponto de vista objetivo. Com o intuito de promover de tal modo o aperfeiçoamento do senso crítico dos profissionais de educação física, na medida em que os leva à aquisição de uma visão correta e segura, assim como à aquisição do sentido reflexivo, sobre a busca por novas adaptações fisiológicas e morfológicas miofibrilares que promovam o processo de uma hipertrofia muscular globalizada, e tambéma à aquisição de um sentido reflexivo sobre a estagnação do desenvolvimento muscular decorrente de um trabalho resistido mal direcionado quanto à utilização de cargas insuficientes aplicadas nas três fases de uma preparação física, assim como sobre alguns procedimentos referentes à prática de exercícios com pesos executados nas sessões de musculação em academia.

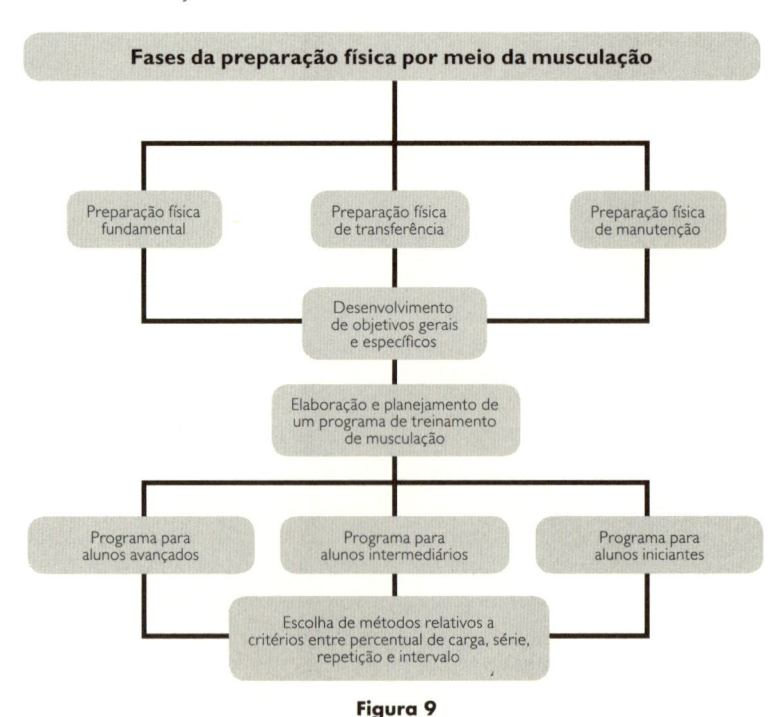

Figura 9
Diagrama das exigências correlacionadas para uma reflexão metodológica quanto aos aspectos da preparação física por meio da musculação de alto nível.

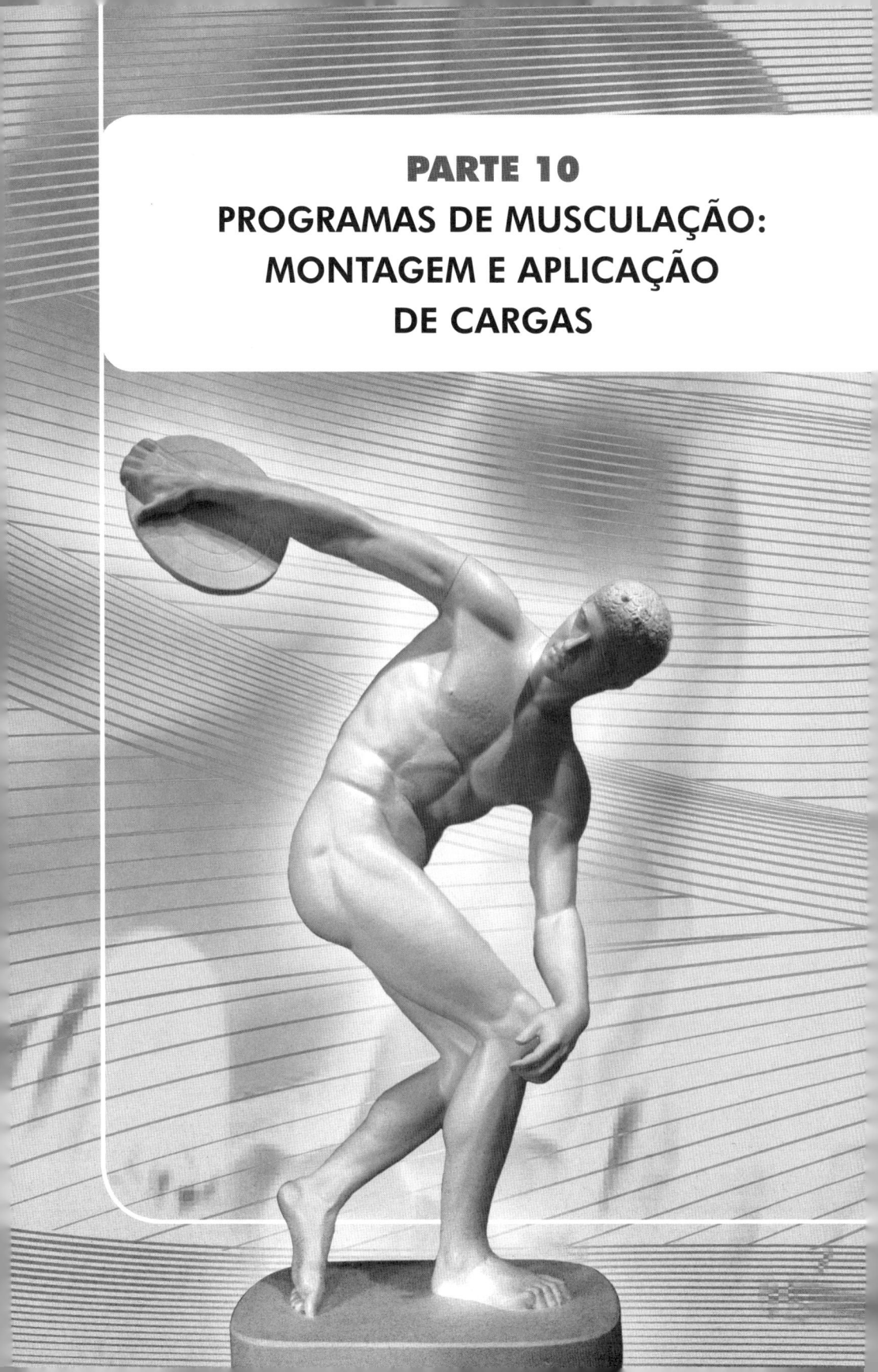

PARTE 10
PROGRAMAS DE MUSCULAÇÃO: MONTAGEM E APLICAÇÃO DE CARGAS

CAPÍTULO 1

Planejamento – elaboração e montagem de programas

O planejamento, a elaboração e a montagem do programa de um treinamento resistido contêm em si uma ficha de consulta individualizada, na qual são registrados os meios e as formas de se executar um exercício ou um recurso material, e ainda são registradas as avaliações e os testes a serem aplicados antecipadamente e periodicamente em uma sessão de musculação. Um programa de treinamento resistido consiste em uma exposição resumida de informações que devem orientar a prática de exercícios expressos tanto em implementos fixos quanto em implementos móveis, e está diretamente associado aos objetivos gerais ou específicos incluídos nas diferentes fases de uma preparação física.

Contudo, ao organizar um programa de treinamento resistido deve-se levar em consideração o perfeito direcionamento de objetivos gerais e específicos inseridos na confecção pessoal de uma sessão de musculação, no intuito de se respeitar as diferentes fases de um desenvolvimento muscular em especial. Os objetivos gerais reúnem um conjunto de metas abrangentes aplicadas durante todas as etapas progressivas do desempenho físico, e inclui informações referentes aos fatores biológicos, ao tipo de frequência, ao número de repetições, ao intervalo de recuperação e ao número de séries. Já os objetivos específicos reúnem um conjunto de metas exclusivas que se aplicam a aspectos isolados de um programa individualizado, e inclui informações referentes ao uso de um princípio ou de um método em particular.

É importante ressaltar que toda esquematização das metas abrangentes ou exclusivas, a serem alcançadas no transcorrer de uma sessão de musculação, requer uma análise especial no planejamento de um cronograma. Demarcar o momento certo para aplicar ajustes necessários no cronograma de um treinamento resistido envolve um controle e um acompanhamento sistemático, direcionado por outro lado, na elaboração de uma periodização clássica descrita como linear, e ainda, com uma periodização ondulatória descrita de não linear. A periodização linear e não linear, quando aplicadas nas sessões de musculação, são baseadas na variação do volume e da intensidade, a fim de promover a recuperação e o rendimento dos ganhos de força do treinamento resistido. A variação no volume se dá na duração de uma sessão de musculação, ou seja, envolve a manipulação no número de repetições, de séries e de exercícios, enquanto a variação da intensidade se dá na manipulação do peso que deve ser elevado ou movido, na velocidade, na amplitude dos movimentos e na redução dos intervalos. Na periodização não linear ou ondulatória, as alterações mais frequentes do volume e da intensidade ocorrem em um período constituído por fases mais curtas, ou seja, um ciclo de 7 a 10 dias. A periodização não linear ou ondulatória envolve todo um planejamento do treinamento resistido no aspecto de ondulação, ou seja, requer planejar um treinamento resistido por meio de ciclos que expressam formas de ondas curtas, médias ou longas e, a periodização linear ou clássica envolve todo um planejamento do treinamento resistido em aspecto sequencial ou direto, por um macrociclo/ciclo longo, mesociclo/ciclo médio e microciclo/pequeno ciclo de vavariação diária.

A periodização cíclica consiste em aplicar em uma sessão de musculação modificações adequadas que permitam ajustar, ao longo de todo um cronograma previamente estabelecido, uma variável a ser incluída em uma fase específica do planejamento de um treinamento resistido dividido em períodos básico, adaptativo, específico, readaptado e de transição. O básico compreende um ciclo de 4 a 8 semanas, em um conjunto de 2 a 3 microciclos e de 1 a 2 mesociclos, e busca priorizar mais o volume que a intensidade, situando o percentual de carga entre 40% e 49% ou 50% e 59%. O período adaptativo compreende um ciclo de 4 a 8 semanas, em um conjunto de 2 a 3 microciclos e de 1 a 2 mesociclos, e busca priorizar qualidades físicas relacionadas à força, velocidade e resistência, situando o percentual de carga entre 50% e 59%. O período específico compreende um ciclo de 4 a 12 semanas, em um conjunto de 1 a 3 microciclos e de 1 a 3 mesociclos, e busca priorizar qualidades físicas específicas de um praticante de musculação em particular, situando o percentual de carga entre 40% e 100%. O período readaptado compreende um ciclo de 1 a 4 semanas, em um conjunto de 1 a 2 microciclos e de 1 mesociclo, e busca priorizar o recondicionamento físico do praticante de musculação afastado dos treinamentos resistidos por um período de 15 a 30 dias, sendo o percentual de carga a ser reintroduzida para o período readaptado de 40% a 49% ou 50% a 59%. Porém, para períodos de afastamento entre 7 a 10 dias, o percentual de carga a ser reintroduzido não deve sofrer muitas variações, cabe apenas modificar o volume do treino resistido, reduzindo o número de grupos por série. O período de transição compreende um ciclo de 1 a 4 semanas, em um conjunto de 1 a 2 microciclos e de 1 mesociclo, e busca priorizar a manutenção de um treinamento resistido capaz de produzir repouso controlado, afastando o praticante de musculação de esforços demasiados e elevados, situando o percentual de carga em torno de 40% e 49% ou em torno de 50% e 59%. Dependendo do cronograma, a periodização cíclica pode ser estruturada em um ciclo anual ou plurianual, bem como pode ser funcionalmente dividida em microciclo, mesociclo e macrociclo.

O ciclo anual refere-se a um planejamento do treinamento resistido prolongado e de grande abrangência, que se realiza e se repete continuamente em um ciclo muito longo e que, por outro lado, apresenta-se dividido em três tipos de formação distinta, a saber, formação básica, formação intermediária e formação de alto desempenho, bem como se apresenta subdividido em duas fases, ou seja, em uma fase de aquisição e em outra fase de manutenção do desempenho muscular adquirido. Um ciclo plurianual refere-se a um planejamento do treinamento resistido prolongado e de grande abrangência, que se realiza e se repete continuamente em um ciclo muito longo e que, por outro lado, apresenta-se submetido a várias adaptações e ajustes ao longo de todo o planejamento de uma sessão de musculação.

O microciclo refere-se a um planejamento do treinamento resistido de menor abrangência, compreendido por sua vez em um curto espaço de tempo. Representa o somatório dos ciclos inseridos nas sessões do treinamento resistido utilizados normalmente durante um período de duração semestral. Dependendo da condição física ou do objetivo, o número de microciclos incluídos nas sessões de musculação pode variar de 1 a 4 semanas ou de 3 a 8 semanas. Os microciclos podem ser subdivididos de acordo com a intensidade de trabalho muscular, com o nível de condicionamento físico, assim como de acordo com as adaptações orgânicas. Quanto à distribuição da intensidade de carga a ser inserida ao longo de uma semana, o microciclo pode incluir uma resistência regular, crescente, decrescente, crescente-decrescente, e ainda uma resistência variável.

Um microciclo consiste na combinação de dias na menor fração do processo de treinamento resistido, ou seja, normalmente possui uma duração de 4 a 12 dias, envolvendo o trabalho de todas as qualidades físicas em um período de pelo menos três vezes por semana. Quanto à sua finalidade, os microciclos se distinguem em ordinário, choque, incorporação e recuperação. Um microciclo ordinário objetiva incrementar o grau do treinamento resistido, em que na fase de estímulos, sejam aplicadas cargas moderadas, progressivas e graduais, a fim de induzir uma sucessão acumulativa dos esforços. O microciclo de choque objetiva alcançar o máximo de carga possível, mediante o incremento do volume ou da intensidade. O microciclo de incorporação visa proporcionar a transição entre duas fases ou períodos, mediante a aplicação de estímulos médios que viabilizem um crescimento gradual. O microciclo de recuperação possui o objetivo de induzir a recuperação metabólica, mediante uma redução dos estímulos por meio do aumento de dias de repouso.

O mesociclo refere-se a um planejamento do treinamento resistido que engloba uma sequência ordenada de microciclos, e que caracteriza por outro lado uma estrutura organizada pelo conjunto de microciclos inseridos na periodização das sessões de musculação. De acordo com os tipos de microciclo que o compõe, e ainda de acordo com a aplicação sistemática das cargas de trabalho em sua dinâmica, bem como de acordo com a composição da estrutura de uma atividade muscular direcionada para diferentes fases de uma preparação física, o mesociclo apresenta uma série de particularidades que nos permitem classificá-lo em mesociclo básico, de preparação e de transição. De forma geral, um mesociclo pode variar de três a quatro meses, e constitui o elemento estrutural da periodização. Um mesociclo proporciona a homogeneidade do trabalho muscular resistido a ser executado em uma sessão de musculação, e pode variar de três a cinco semanas. Em mesociclos ocorrem oscilações de cargas, que se dão, no intuito de possibilitar um resultado acumulativo para um mês. Além do mesociclo básico, de preparação e transição, existem ainda outros, e são descritos como incorporação, estabilizador, controle e recuperativo.

O macrociclo refere-se a um planejamento do treinamento resistido de maior abrangência, compreendido por sua vez em um longo período. Representa o somatório dos mesociclos inseridos nas sessões de treinamento resistido utilizados normalmente durante o período de duração semestral, trimestral ou anual. O macrociclo tem como característica o planejamento e o desenvolvimento em conjunto do volume e da intensidade de um esforço muscular na fase pré-preparatória, preparatória e de transição de um treinamento resistido. No macrociclo, as mudanças rítmicas podem ocorrer durante longos períodos com cargas elevadas, ou ainda durante curtos períodos com cargas reduzidas. O macrociclo é constituído por mesociclos que podem ter durações variadas, dependendo do tipo de objetivo, do interesse e da necessidade. Um macrociclo se subdivide em períodos distintos, a saber, de pré-preparação, de preparação, de manutenção e de transição. O período de pré-preparação é constituído de duas fases, ou seja, uma de diagnóstico e outra de adaptação. O período de preparação é constituído também por duas fases: uma básica e outra específica. O período de manutenção envolve a consistência das modificações comportamentais, morfológicas e fisiológicas obtidas pelo treinamento resistido, e possui duração variável em função da disponibilidade de tempo. O período de manutenção requer um processo de ajuste ao condicionamento físico, a partir das novas carências que serão geradas. O período de transição visa propiciar a recuperação metabólica, no intuito de que se evite a inibição reativa, propiciando a criação de uma predisposição para a continuidade do treinamento resistido.

A fase de diagnóstico do período preparatório envolve a realização dos testes físicos, antropométricos e clínicos, sendo realizada logo no início de uma sessão de musculação. A fase de adaptação do período preparatório envolve estratégias que viabilizem a saída do alto grau de sedentarismo, e ainda, que viabilize a modificação de um quadro de incidência da hipocinesia. A fase básica do período de preparação envolve o incremento do volume sobre a intensidade, mediante trabalhos de resistência aeróbica de baixa intensidade e de resistência muscular localizada, com mais ênfase no emagrecimento e na redução da composição corporal, e geralmente dura três mesociclos. A fase específica do período de preparação envolve a predominância da intensidade sobre o volume, mediante trabalhos de resistência aeróbica de alta intensidade e de força dinâmica, de maior ênfase no aumento do peso magro da composição corporal, e geralmente dura três mesociclos. De forma geral, um macrociclo pode variar de 9 a 12 meses.

O planejamento muscular do microciclo consiste em uma forma, de elaboração e de montagem do treinamento resistido de curta duração, que abrange geralmente uma divisão cíclica e repetitiva do somatório da sessão de um trabalho muscular semanal, com o objetivo de estabelecer e de enfatizar uma alternância entre os dias em que os estímulos devem ser aumentados ou reduzidos, assim como de estabelecer uma alternância entre os métodos que devem ser utilizados ou aplicados em um programa de musculação. A aplicação de um microciclo está condicionada ao tempo disponível para a prática de sessões semanais de musculação, e também ao intervalo de recuperação dessas mesmas sessões.

O planejamento muscular do mesociclo consiste em uma forma de elaboração e de montagem do treinamento resistido de média duração, que abrange geralmente uma divisão cíclica e repetitiva do somatório da sessão de um trabalho muscular de três a cinco semanas, com o objetivo de estabelecer e de enfatizar uma alternância entre os dias em que os estímulos devem ser aumentados ou reduzidos, assim como estabelecer uma alternância entre os métodos que devem ser utilizados ou aplicados em um programa de musculação.

O planejamento muscular do macrociclo consiste em uma forma de elaboração e de montagem do treinamento resistido de longa duração, que abrange geralmente uma divisão cíclica e repetitiva do somatório da sessão de um trabalho muscular trimestral, semestral e anual, que corresponda, por outro lado, com o período de uma atividade muscular de toda uma temporada. Tem o objetivo de desenvolver e aprimorar a hipertrofia muscular, e também de induzir manifestações musculares até o desempenho máximo. Resulta da relação que se dá entre abrangência e intensidade dos estímulos, e da necessidade de uma alternância entre essa relação.

Como vimos, podemos perceber que há várias maneiras de se dividir ou periodizar uma rotina de treinamento resistido. Percebe-se também que periodizar todo o processo de elaboração e montagem de um programa de musculação requer estabelecer rotinas que ofereçam a opção de poder exercitar o mesmo grupo muscular duas vezes na mesma semana, ou ainda intercalar a atividade de determinado grupo muscular, duas, três ou cinco vezes no transcorrer de uma semana. Importa salientar que ao se montar um modelo de treinamento resistido periodizado, há que se levar em conta a adequação de uma atividade muscular resistida, com os objetivos que atendam necessidades individualizadas e particularizadas. Quanto à montagem de um treinamento resistido periodizado, há programas elaborados para desenvolver grupos musculares segmentados primários e secundários, assim como há programas elaborados para desenvolver grupos musculares estabilizadores, antagonistas e sinergistas.

Porém, periodizar uma sessão de musculação envolve uma supervisão coordenada e constante, que vise avaliar o nível de rendimento, bem como avaliar a necessidade de manter ou modificar um conjunto de variáveis que dizem respeito a cargas, séries e repetições. Cabe destacar que uma supervisão periódica sobre determinada atividade muscular diretamente remete à ideia de princípios fisiológicos e biomecânicos que perfazem todo um contexto metodológico aplicado no treinamento resistido. Contexto esse relativo à inclusão sistemática de objetivos psicomotores, psicobiológicos e psicofisiológicos, assim como à inclusão sistemática de objetivos neuromusculares e neurossensoriais que atendam, por outro lado, a aquisição gradativa do desenvolvimento muscular, mediante o planejamento de um microciclo, mesociclo ou macrociclo.

Os objetivos psicomotores estão intimamente associados aos aspectos relacionados à psicomotricidade, ou seja, aos movimentos corporais fixados pela mente, movimentos esses que imediatamente dizem respeito à particularidade de uma atividade neurológica que controla e que coordena toda a ação motriz de uma atividade muscular resistida manifestada por diferentes tipos de exercício em uma sessão de musculação.

Os objetivos psicobiológicos estão intimamente associados aos aspectos relacionados à psique e à estrutura miofibrilar, ou seja, aos processos mentais particularizados capazes de induzir positivamente e gradativamente uma alteração na estrutura contrátil de grupos musculares almejados em uma sessão de musculação. E por fim, os objetivos psicofisiológicos estão intimamente associados aos aspectos relacionados à psique e às funções orgânicas, ou seja, aos processos mentais particularizados capazes de induzir uma alteração na atividade proprioceptiva de grupos musculares exercitados em uma sessão de musculação.

Os objetivos neuromusculares estão intimamente associados aos aspectos relativos a nervos e a músculos, ou seja, relativos a fibras nervosas e a fibras musculares concomitantemente. Diz respeito ainda à atividade integrada do sistema nervoso somático com o sistema músculoesquelético, bem como a qualquer ação neurológica e mecânica que induza à cinestesia da aptidão técnica da aprendizagem motora, mediante a percepção cognitiva que favoreça a eficácia da assimilação de gestos motores expressos por um trabalho muscular resistido.

Os objetivos neurossensoriais estão intimamente associados aos aspectos relativos a nervo e aos órgãos do sentido, ou seja, relacionados à atividade neuroquímica que induz à eficácia da correta assimilação e manifestação de tensões motoras expressas por um trabalho resistido. Já os objetivos psicofísicos estão intimamente associados aos aspectos afetivos, ou seja, relacionados a fatores positivos que despertem a força de vontade, a autoconfiança e o autocontrole durante a prática de um trabalho resistido.

Periodizar uma sessão de musculação envolve ainda o ajustamento de elementos que compõem um programa de musculação, elementos esses que diretamente se traduzem em informações referentes à frequência, à repetição, ao intervalo de recuperação, aos fatores biológicos e à série. Os fatores biológicos são informações referentes à idade e ao sexo, e de informações sobre o nível de aptidão física inicial, e ainda de informações obtidas durante o processo de anamnese. A frequência consiste na disponibilidade de tempo para executar um programa de exercícios resistidos propostos para uma sessão de musculação, ou ainda pela disponibilidade de tempo que permita realizar sessões semanais de exercícios resistidos incluídos em um programa de musculação.

A repetição consiste no número de trabalhos resistidos incluídos dentro de uma série, ou seja, é a unidade que compõe a estrutura continuada de sucessivos movimentos de um trabalho resistido a ser realizado ou executado sequencialmente e que está correlacionada com percentual de carga a ser aplicado em determinado exercício resistido. A repetição máxima é o ponto de maior intensidade de determinado movimento incluído em uma série, ou seja, é o último grau possível de um trabalho resistido que um grupo muscular consegue manifestar, diante de um movimento extenuante ou exaustivo, antes de surgir fadiga.

O intervalo de recuperação consiste no descanso que faz recobrar as energias gastas, ou ainda, no período que segue a parâmetros fisiológicos individualizados, e que deve ser incluído entre os grupos e entre as passagens de um exercício resistido para outro. O intervalo de recuperação tem a função de promover a reabilitação do grupamento muscular exercitado, e ainda tem a função de restaurar parcialmente as fontes energéticas depredadas durante a manifestação de determinado esforço físico resistido. O intervalo de recuperação pode ser incluído ou no espaço de tempo que se dá após a execução de um trabalho muscular para outro, ou no espaço de tempo que se dá entre a execução de uma série para outra.

A série consiste em uma sucessão determinada e limitada do conjunto de exercícios a serem executados em uma sessão de musculação, ou seja, consiste em uma sequência ininterrupta de grupos de exercícios resistidos incluídos a um fim específico. A série se dá por uma relação entre intervalo, trabalho e recuperação, e representa, normalmente, a reunião ou um conjunto de todas as repetições, e ainda, a reunião ou o conjunto do número de vezes que determinado exercício deverá ser realizado nas sessões de musculação. De acordo com o perfil do praticante de musculação, a série se distingue em: série para praticantes iniciantes, série para praticantes intermediários, e série para praticantes avançados.

Importa salientar ainda que todo o planejamento e periodização de um programa de musculação utilizado nas diferentes fases de uma preparação física envolvem diretamente a aplicação de diretrizes pertinentes ao número de exercícios por sessão, ao tipo de ordem anatômica dos exercícios, e também envolve a aplicação de diretrizes pertinentes ao tipo de implementos fixos ou móveis, implementos esses que tanto podem ser operados por meio de recursos mecânicos simples ou complexos ao longo de todo processo de uma sessão de musculação.

Os recursos materiais abrangem a utilização de diversas formas de trabalho muscular, e consistem em um conjunto de apetrechos que servem como meios mecânicos disponíveis no intuito de favorecer, de maneira geral, o alcance e o desenvolvimento da força e da hipertrofia muscular, assim como também no intuito de favorecer, de maneira específica, o alcance e o desenvolvimento de uma qualidade física, e ainda, o alcance e o desenvolvimento de uma qualidade motora direcionada a um gesto desportivo em particular. Contudo, tanto o desenvolvimento de uma qualidade física quanto o desenvolvimento de uma qualidade motora envolvem aprimorar determinada valência física intimamente ligada à coordenação, à flexibilidade, à força, à velocidade, à resistência, à agilidade, e também envolve aprimorar determinada valência física intimamente ligada ao equilíbrio, ao ritmo e à capacidade de descontração muscular.

De acordo com o perfil do praticante, o planejamento de um programa de musculação incluído em um treinamento resistido isotônico, isométrico ou isocinético, distingue-se em básico, intermediário e avançado. Um programa de musculação básico é um tipo de exposição sumária de intenções destinadas para praticantes iniciantes, e que consiste em uma instrução básica voltada para a execução de exercícios resistidos simples ou complexos. Um programa de musculação básico consiste em orientações quanto à utilização de métodos de treinamento gerais ou específicos, que visem priorizar a formação de uma ampla base motora.

Um programa de musculação intermediário, também descrito como programa de conexão ou de formação, é um tipo de exposição sumária de intenções destinadas para praticantes que se situam em uma transição entre o treinamento de formação e o treinamento de alto desempenho. Um programa de musculação intermediário consiste em instruções novas, a fim de favorecer o aumento adicional e sensível da intensidade de carga, sob a observação da tolerância psicofísica que permita assegurar estímulos mais abrangentes, ou ainda, que permita intercalar uma experiência com outros métodos de treinamento, no propósito de assegurar a obtenção de pré-requisitos necessários para o aumento da hipertrofia de determinado músculo.

Um programa de musculação avançado, também descrito como programa de alto desempenho, é um tipo de exposição sumária de intenções destinadas para praticantes que se situam em um alto nível de preparação física. Um programa de musculação avançado consiste em instruções que visem intercalar diferentes métodos de treinamento, e ainda, diferentes programas de exercícios, no intuito de manter o desempenho individual alcançado ao longo das sessões de musculação, e também consiste em instruções que visem conduzir um praticante com aptidão física elevada para um trabalho muscular resistido com máxima intensidade e volume de treinamento.

É importante lembrar que todo o direcionamento de um programa de musculação, seja ele básico, intermediário ou avançado, envolve a existência de uma harmonia entre todos os procedimentos relacionados ao planejamento, ao controle e ao tipo de avaliação dos exercícios resistidos a serem executados, e ainda envolve a existência de uma harmonia que se dá na inclusão ou na esquematização de objetivos gerais ou específicos direcionados ao alcance do desempenho individual de um treinamento isotônico, isométrico ou isocinético em particular. Bem como no intuito de conduzir, por meio de um sistema de treinamento resistido dinâmico, um praticante de musculação, seja ele iniciante, intermediário ou avançado, rumo ao alcance do desenvolvimento muscular ideal e simétrico, tanto sua abrangência quanto sua intensidade.

De acordo com a esquematização dos objetivos gerais ou específicos previamente escolhidos e inseridos no treinamento resistido isotônico, isométrico ou isocinético, o direcionamento de um programa de musculação pode atender propósitos para fins atlético-desportivos, fins da modelagem física, e para fins recreativos, ou também pode atender propósitos estéticos, corretivos e preventivos. Porém, importa destacar que para qualquer propósito direcionado, um programa de musculação sempre será influenciado a longo prazo por um conjunto de variáveis e componentes que atuam de modo restrito, na circunstância de um trabalho muscular mais simples, bem como por um conjunto de variáveis e componentes que atuam de modo irrestrito, na circunstância de um trabalho muscular mais complexo.

Quando o planejamento de um programa de musculação é estruturado individualmente, todo o conteúdo que o compõe abrange fatores essenciais direcionados para a aquisição do desempenho muscular próprio de um único praticante de musculação. Porém, em relação ao número de praticantes envolvidos, o planejamento de um programa de musculação pode ser estruturado individualmente ou coletivamente. A inclusão de todo o conteúdo de um programa individual, sistematicamente se dá a partir da individualização de objetivos

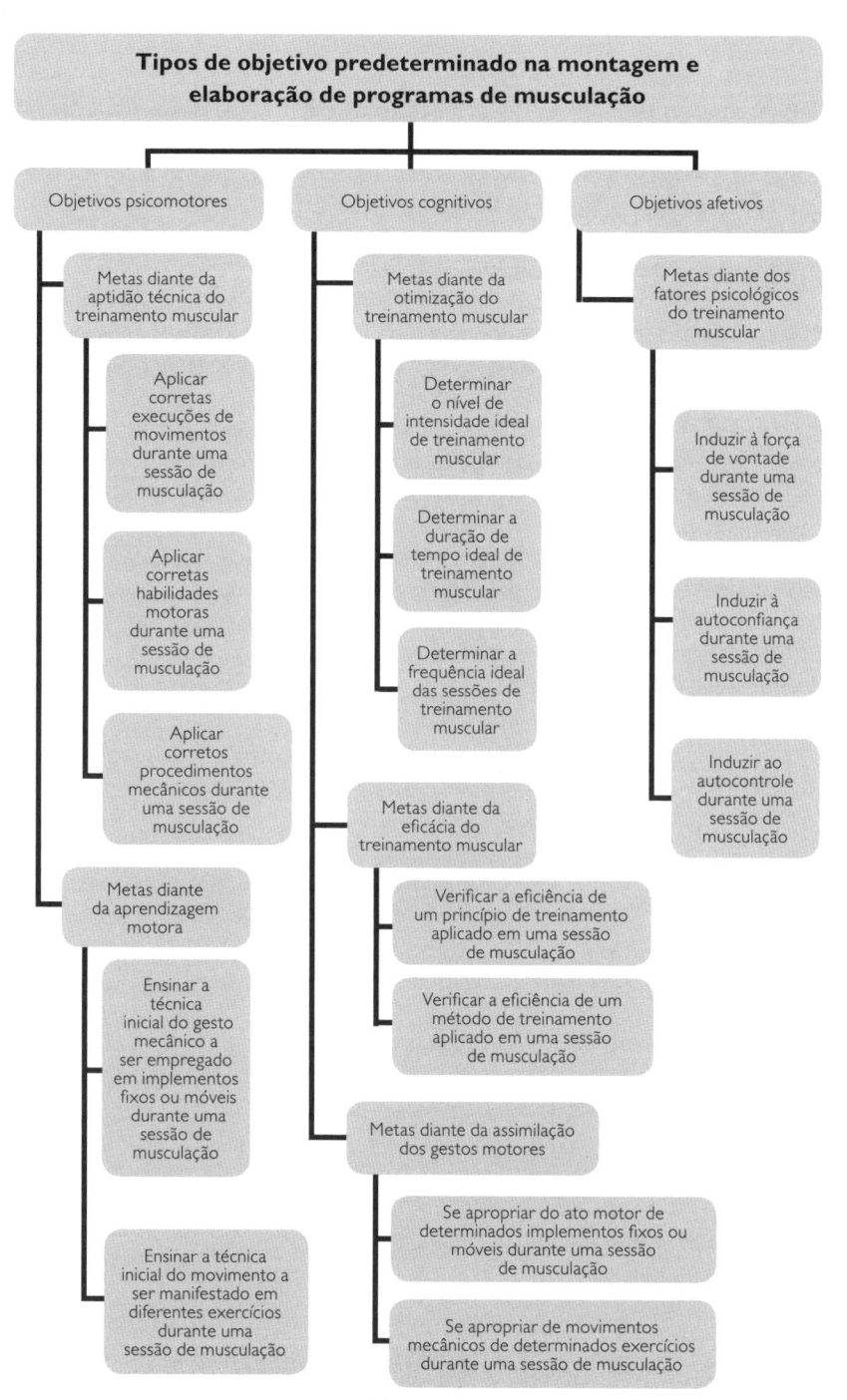

Tipos de objetivo predeterminado na montagem e elaboração de programas de musculação

Objetivos psicomotores

Metas diante da aptidão técnica do treinamento muscular
- Aplicar corretas execuções de movimentos durante uma sessão de musculação
- Aplicar corretas habilidades motoras durante uma sessão de musculação
- Aplicar corretos procedimentos mecânicos durante uma sessão de musculação

Metas diante da aprendizagem motora
- Ensinar a técnica inicial do gesto mecânico a ser empregado em implementos fixos ou móveis durante uma sessão de musculação
- Ensinar a técnica inicial do movimento a ser manifestado em diferentes exercícios durante uma sessão de musculação

Objetivos cognitivos

Metas diante da otimização do treinamento muscular
- Determinar o nível de intensidade ideal de treinamento muscular
- Determinar a duração de tempo ideal de treinamento muscular
- Determinar a frequência ideal das sessões de treinamento muscular

Metas diante da eficácia do treinamento muscular
- Verificar a eficiência de um princípio de treinamento aplicado em uma sessão de musculação
- Verificar a eficiência de um método de treinamento aplicado em uma sessão de musculação

Metas diante da assimilação dos gestos motores
- Se apropriar do ato motor de determinados implementos fixos ou móveis durante uma sessão de musculação
- Se apropriar de movimentos mecânicos de determinados exercícios durante uma sessão de musculação

Objetivos afetivos

Metas diante dos fatores psicológicos do treinamento muscular
- Induzir à força de vontade durante uma sessão de musculação
- Induzir à autoconfiança durante uma sessão de musculação
- Induzir ao autocontrole durante uma sessão de musculação

Figura 10
Diagrama do conjunto de diferentes tipos de procedimento utilizados em um treinamento de musculação de alto nível.

e de tarefas, assim como da individualização de formas de trabalho muscular, além da individualização de métodos e de princípios de treinamento que serão empregados no transcorrer de uma sessão de musculação destinada a um só praticante. Importa ainda destacar que esta individualização também se faz diante da particularidade de avaliações tanto fisiológicas quanto biomecânicas, que consequentemente estão diretamente envolvidas no alcance da função orgânica, e ainda, no alcance da função mecânica pertinente à atividade muscular de uma pessoa em especial.

Quando o planejamento de um programa de musculação é estruturado de maneira coletiva, todo o conteúdo que o compõe abrange fatores essenciais direcionados para a aquisição do desempenho muscular de duas ou mais pessoas, que diretamente estão envolvidas em uma sessão de musculação. A inclusão de todo o conteúdo de um programa coletivo, sistematicamente se dá a partir da coletivização de objetivos e de tarefas, assim como da coletivização de formas de trabalho muscular, além da coletivização de métodos e de princípios de treinamento que serão empregados no transcorrer de uma sessão de musculação destinada a um grupo de praticantes. Importa ainda destacar que essa coletivização também se faz diante da pluralidade de avaliações tanto fisiológicas quanto biomecânicas, que, consequentemente, estão diretamente envolvidas no alcance da função orgânica, e ainda, no alcance da função mecânica pertinente da atividade muscular direcionada para uma equipe em especial que esteja situada no mesmo nível de condicionamento físico.

CAPÍTULO 2

Metodologia na aplicação da intensidade de carga

Tratando-se da hipertrofia de um músculo, quando submetido a um tipo de treinamento de força, a intensidade de carga é provavelmente a variável mais importante em uma sessão de musculação. A intensidade de carga consiste no grau de um esforço exigido por um exercício resistido incluído em um programa de musculação, e se refere diretamente ao peso que alguém pode suportar. A intensidade de carga se distingue em peso estável, peso contínuo, peso intervalado e peso prolongado. O peso estável refere-se à manutenção de uma carga de trabalho aplicado para todos os grupos de exercícios, o peso contínuo refere-se à sequência de uma carga de trabalho aplicada sem interrupção para todos os grupos de exercícios, o peso intervalado refere-se à intermitência de uma carga de trabalho aplicado para todos os grupos de exercícios, e por fim, o peso prolongado refere-se a uma carga de trabalho duradouro aplicado para todos os grupos de exercícios.

No intuito de se alcançar melhores resultados diante do desenvolvimento da hipertrofia de determinado grupo muscular, é necessário que haja a existência de uma progressão no incremento de carga, e ainda é necessário que haja a existência de um resultado bastante favorável quanto à aplicação da intensidade de uma carga, pois a progressão e o resultado do desenvolvimento muscular dependem do aumento gradual da intensidade de uma carga de trabalho, tanto em termos absolutos quanto em termos relativos, e por outro lado diretamente interfere e limita valores a serem atribuídos ao volume, ao número de repetições totais, e ainda, ao número de repetições por série.

Em termos absolutos, a intensidade máxima de uma carga é expressa pela porcentagem real do esforço exercido ao suportar verdadeiramente um peso, e em termos relativos, a intensidade máxima de uma carga é expressa pela porcentagem teórica do esforço exercido ao suportar um peso especulativo. Entretanto, a porcentagem teórica de um peso nem sempre coincide com as possibilidades reais que um executante possui ao suportar determinada carga de um exercício. Portanto, a intensidade relativa de uma carga deve ser interpretada como a expressão do percentual especulativo, de uma sequência de esforços úteis para a dinâmica no ciclo de um trabalho muscular, e essa sequência de esforços obedece a uma ordem numérica e gradativa de tensões que são solicitadas para uma sessão de musculação.

A intensidade relativa de uma carga, quando é expressa por uma sequência de esforços repetitivos, evolve o emprego de séries e de repetições. O emprego das séries se traduz pelo número de vezes que um mesmo exercício deverá ser executado, e o emprego das repetições se traduz pelo número de vezes que o movimento de determinado exercício resistido deverá ser manifestado. Contudo, o planejamento quanto ao volume de uma série e de uma repetição exige a aplicação de dois procedimentos distintos. O primeiro procedimento consiste na ideia de realizar um número definido de repetições em determinada série, acompanhado atentamente por um critério de porcentagem de carga máxima absoluta a ser aplicada em uma sessão de treinamento, e o segundo procedimento consiste na ideia de realizar um número de repetições indefinidas em determinada série, acompanhado atentamente por um critério de porcentagem de carga máxima relativa a ser aplicada em uma sessão de treinamento.

Entretanto, independente do procedimento a ser aplicado, o objetivo sempre consistirá em realizar repetições preestabelecidas em uma zona eficaz de treinamento, no intuito de superar uma adequada intensidade de carga. Porém, a adequação de uma intensidade de carga, por outro lado, expressa nos dois procedimentos, como porcentagem de uma repetição máxima a ser executada, não é a mesma para o perfil de um praticante iniciante, intermediário e avançado. A intensidade de carga, como porcentagem de uma repetição máxima para o perfil de um praticante iniciante, deve situar-se a partir de 50% a 60%, até chegar, progressivamente, à combinação adequada de intensidades de cargas situadas para o perfil de um praticante intermediário que, consequentemente, evolui gradativamente e lentamente à combinação de intensidades de cargas altas situadas entre 80% a 100% para o perfil de praticantes mais avançados.

É importante destacar que ao aplicar um número de repetições em uma série, como forma de expressar a intensidade máxima de determinada carga, duas situações distintas podem ocorrer. A primeira situação se dá pela realização de um número máximo possível de repetições em cada série, até atingir a fadiga muscular, e a segunda situação se dá pela realização de uma ou mais repetições, sem atingir o estado de fadiga muscular. Entretanto, independente do modo como a intensidade de uma carga esteja situada em relação ao alcance ou não de um estado de fadiga muscular, e ainda independente do modo como um número de repetições esteja incluído, com o propósito de servir como expressão do grau mais elevado de um esforço a ser superado em uma série, é importante atentarmos para a noção de uma intensidade da carga ideal, que por sua vez deve ser inserida no planejamento de uma série de exercícios, como uma das formas mais eficazes e precisas de aproximar-se do desenvolvimento muscular, especialmente quando o objetivo é o desenvolvimento da força máxima.

Outro ponto que merece atenção envolve a aplicação de modo consciente de uma intensidade de carga média a ser incluída no planejamento de uma série de exercícios. A intensidade de carga média consiste em um grau de esforço que é utilizado para representar, durante determinado período de um ciclo de treinamento, um nível moderado de trabalho muscular. O valor atribuído à intensidade de carga média se dá pelo cálculo de um percentual razoável de esforço, a ser utilizado em um exercício ou no transcorrer de uma sessão de musculação e que pode ser aplicado em termos absolutos e relativos.

Em termos absolutos, temos a aplicação de uma carga convertida a valores únicos de um trabalho muscular não excessivo, que diretamente se traduz pelo grau moderado da intensidade de um esforço expresso em quilos, e em termos relativos, temos a aplicação de uma carga convertida a valores únicos de um trabalho muscular não excessivo, que diretamente se traduz pelo grau moderado da intensidade de um esforço expresso em percentuais.

Quando a carga média se converte a um trabalho muscular não excessivo, expresso a valores únicos tanto em quilos quanto em percentuais, consequentemente os valores proporcionais de uma intensidade de treinamento moderado serão constituídos por um nível de trabalho muscular equilibrado e harmônico. A aplicação de uma carga média, tanto em termos absolutos quanto em termos relativos, serve para fazer o acompanhamento e a evolução individualizada de cada praticante de musculação.

Porém, de acordo com a diversidade de implementos fixos ou móveis a serem incluídos no planejamento de um programa de treinamento isotônico, isométrico ou isocinético, e ainda de acordo com as possibilidades individuais de cada praticante diante do esforço exercido em diferentes tipos de trabalho muscular, a aplicação de uma carga média absoluta deve se referir sempre a um só exercício em particular, uma vez que não é possível calcular o valor único expresso em quilos do peso que deverá ser atribuído em todos os recursos materiais envolvidos em uma sessão de musculação, e a aplicação média do cálculo proporcional de uma carga relativa também deve se referir sempre a um só exercício em particular, uma vez que não é possível calcular o valor único expresso em percentuais do peso que deverá ser atribuído em todos os recursos materiais envolvidos em uma sessão de musculação.

No treinamento resistido expresso nas sessões de musculação, é frequente distribuir o número de repetições a serem executadas de acordo com a intensidade do percentual de carga a ser superado. E essa distribuição se dá no intuito de favorecer a comunicação ideal entre os diferentes métodos de trabalho isotônico, isométrico ou isocinético, que por outro lado são comumente empregados no planejamento de uma sessão de musculação. Portanto, a comunicação ideal que se dá entre os diferentes níveis de esforço físico passa a ser comumente oferecida tanto de forma adequada quanto de forma apropriada, por toda mecânica muscular expressa em diferentes tipos de trabalho mecânico, sejam eles isotônicos, isométricos ou isocinéticos. Porém, durante toda evolução de um treinamento muscular, a eficácia desta comunicação ideal só é concretizada a partir do correto direcionamento de um objetivo geral ou específico, no intuito de se alcançar intensidades mais eficazes, diante da correta adequação e aplicação de quatro zonas distintas de treinamento resistido.

A primeira zona de treinamento resistido consiste em repetições a serem realizadas com intensidades compreendidas entre 80% e 85% de carga, por peso máximo para determinado exercício. A segunda zona de treinamento resistido consiste em repetições a serem realizadas com intensidades compreendidas entre 85% e 90% de carga, por peso máximo para determinado exercício resistido. A terceira zona de treinamento resistido consiste em repetições a serem realizadas com intensidades compreendidas entre 90% e 95% de carga, por peso máximo para determinado exercício. E por fim, a quarta zona de treinamento resistido são repetições a serem realizadas com intensidades compreendidas entre 95% e 100% de carga, por peso máximo para determinado exercício resistido.

As zonas distintas de treinamento resistido correspondem a faixas delimitadas de esforços, e envolvem um percentual de carga a ser empregado em uma sessão de musculação, no intuito de favorecer o desenvolvimento e o condicionamento muscular diante da execução de determinados exercícios dinâmicos e abrangentes. Isso considerando a que a porcentagem representada pela carga utilizada no treinamento resistido quase nunca coincide com valores exatos do percentual de um esforço ideal, tanto em uma ordem numérica quanto em uma ordem gradativa. O mais habitual é que a aplicação do percentual de carga se dê por meio de uma alternância ascendente entre as zonas de treinamento resistido.

Contudo, ante a aptidão física de diferentes tipos de praticante de musculação, submetidos por sua vez a toda possibilidade de acréscimos no volume do treinamento resistido a ser realizado, o direcionamento ou a aplicação de determinado percentual de carga atribuído a uma zona de treinamento resistido segue critérios particulares de aspectos fisiológicos distintos, que por sua vez estão diretamente relacionados ao nível de aptidão física individual de cada praticante de musculação, seja ele iniciante, intermediário ou avançado, e também segue aspectos fisiológicos distintos, que por sua vez estão diretamente relacionados à manifestação de um esforço individualizado, diante de valências físicas a serem desenvolvidas por um praticante de musculação, seja ele iniciante, intermediário ou avançado.

Determinar a melhor combinação possível entre percentual de carga, série e repetições, no intuito de se estabelecer metas perante o alcance do desenvolvimento de uma valência física requer um parâmetro intrínseco de um estudo em particular. Portanto, muitas propostas foram apresentadas ao longo de toda a evolução das pesquisas que margeiam os fundamentos do treinamento resistido. Porém, no intuito de estabelecer uma síntese sobre todo estudo realizado em relação aos efeitos fundamentais manifestados por diferentes intensidades de carga, diante do alcance de uma valência física em especial, destacamos logo a seguir diferentes percentuais de esforço a serem aplicados em uma sessão de musculação.

A aplicação de um esforço, com intensidades compreendidas entre 20% a 60% de carga, inclui um volume máximo de treinamento resistido composto por 15 ou 30 repetições possíveis, entre cada série constituída por dois ou quatro grupos de determinado exercício, a fim de desenvolver a resistência muscular localizada. A aplicação de um esforço, com intensidades compreendidas entre 30% a 70% de carga, inclui um volume máximo de treinamento resistido composto por 5 ou 8 repetições possíveis, ou ainda inclui um volume máximo de treinamento resistido composto por 10 ou 20 repetições possíveis, entre cada série constituída por dois ou seis grupos de determinado exercício, a fim de desenvolver tanto a resistência muscular localizada, quanto a potência muscular. E a aplicação de um esforço, com intensidades compreendidas entre 65% a 80% de carga, inclui um volume máximo de treinamento resistido composto por 6 ou 12 repetições possíveis, entre cada série constituída por três ou seis grupos de determinado exercício, a fim de desenvolver tanto a potência muscular, quanto a força dinâmica.

A aplicação de um esforço, com intensidades compreendidas entre 80% a 85% de carga, inclui um volume máximo de treinamento resistido composto por 3 ou 6 repetições possíveis, entre cada série constituída por três ou seis grupos de determinado exercício, a fim de desenvolver a força dinâmica. A aplicação de um esforço, com intensidades compreendidas entre 85% a 90% de carga, inclui um volume máximo de treinamento resistido composto por 2 ou 5 repetições possíveis, entre cada série constituída por três ou quatro grupos de determinado exercício, a fim de desenvolver tanto a força dinâmica, quanto a força pura. E a aplicação de um esforço, com intensidades compreendidas entre 90% a 100% de carga, inclui um volume máximo de treinamento resistido composto por 1 ou 3 repetições possíveis, entre cada série constituída por quatro ou seis grupos de determinado exercício, a fim de desenvolver a força pura.

É importante destacar que a relação estabelecida entre as cargas de 20% a 80%, com um volume máximo de treinamento resistido composto por 5 ou 30 repetições, entre cada série constituída por dois ou seis grupos de determinado exercício, tem como objetivo fundamental o máximo esgotamento muscular e o mínimo desenvolvimento da hipertrofia de um músculo, e ainda tem como objetivo fundamental a mínima manifestação da força máxima e o mínimo recrutamento dos processos neuromusculares e, em contrapartida, tem como objetivo fundamental a incidência máxima sobre os processos metabólicos, no intuito de induzir à produção máxima de lactato e a depleção máxima de glicogênio.

É importante ainda destacar que a relação estabelecida entre as cargas de 80% a 100%, com um volume máximo de treinamento resistido composto por 1 ou 5 repetições, entre cada série constituída por três ou seis grupos de determinado exercício, tem como objetivo fundamental alcançar e manter a força, e ainda tem como objetivo fundamental manter a velocidade adquirida em um trabalho precedente de cargas máximas.

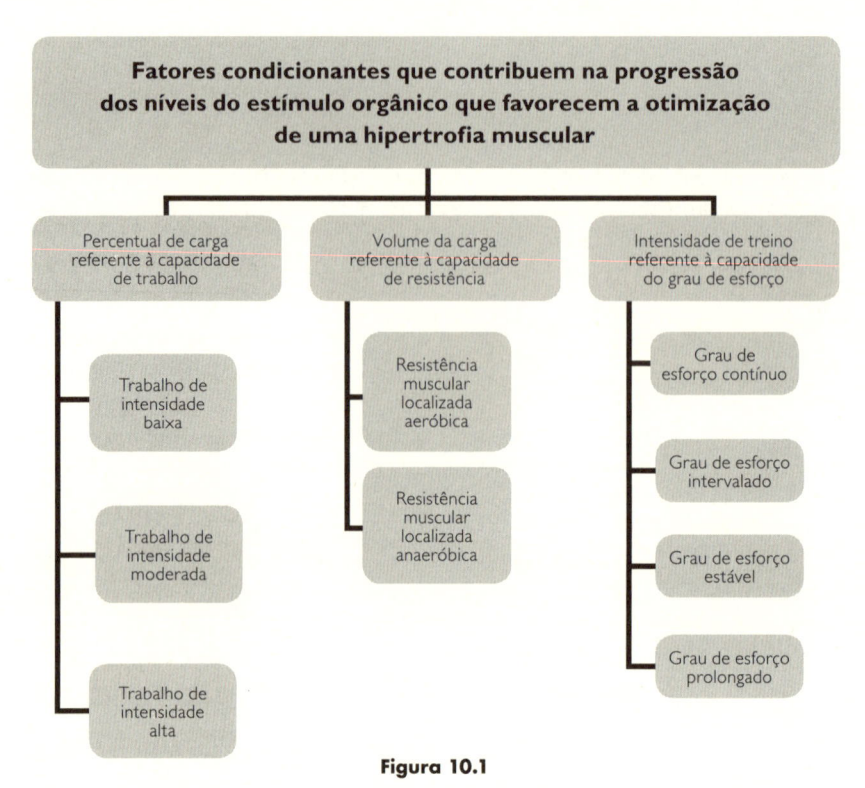

```
Fatores condicionantes que contribuem na progressão
dos níveis do estímulo orgânico que favorecem a otimização
de uma hipertrofia muscular
```

- Percentual de carga referente à capacidade de trabalho
  - Trabalho de intensidade baixa
  - Trabalho de intensidade moderada
  - Trabalho de intensidade alta
- Volume da carga referente à capacidade de resistência
  - Resistência muscular localizada aeróbica
  - Resistência muscular localizada anaeróbica
- Intensidade de treino referente à capacidade do grau de esforço
  - Grau de esforço contínuo
  - Grau de esforço intervalado
  - Grau de esforço estável
  - Grau de esforço prolongado

Figura 10.1
Diagrama dos fatores condicionantes de otimização no desenvolvimento muscular.

PARTE 11
AVALIAÇÃO E TESTES DE APTIDÃO FÍSICA

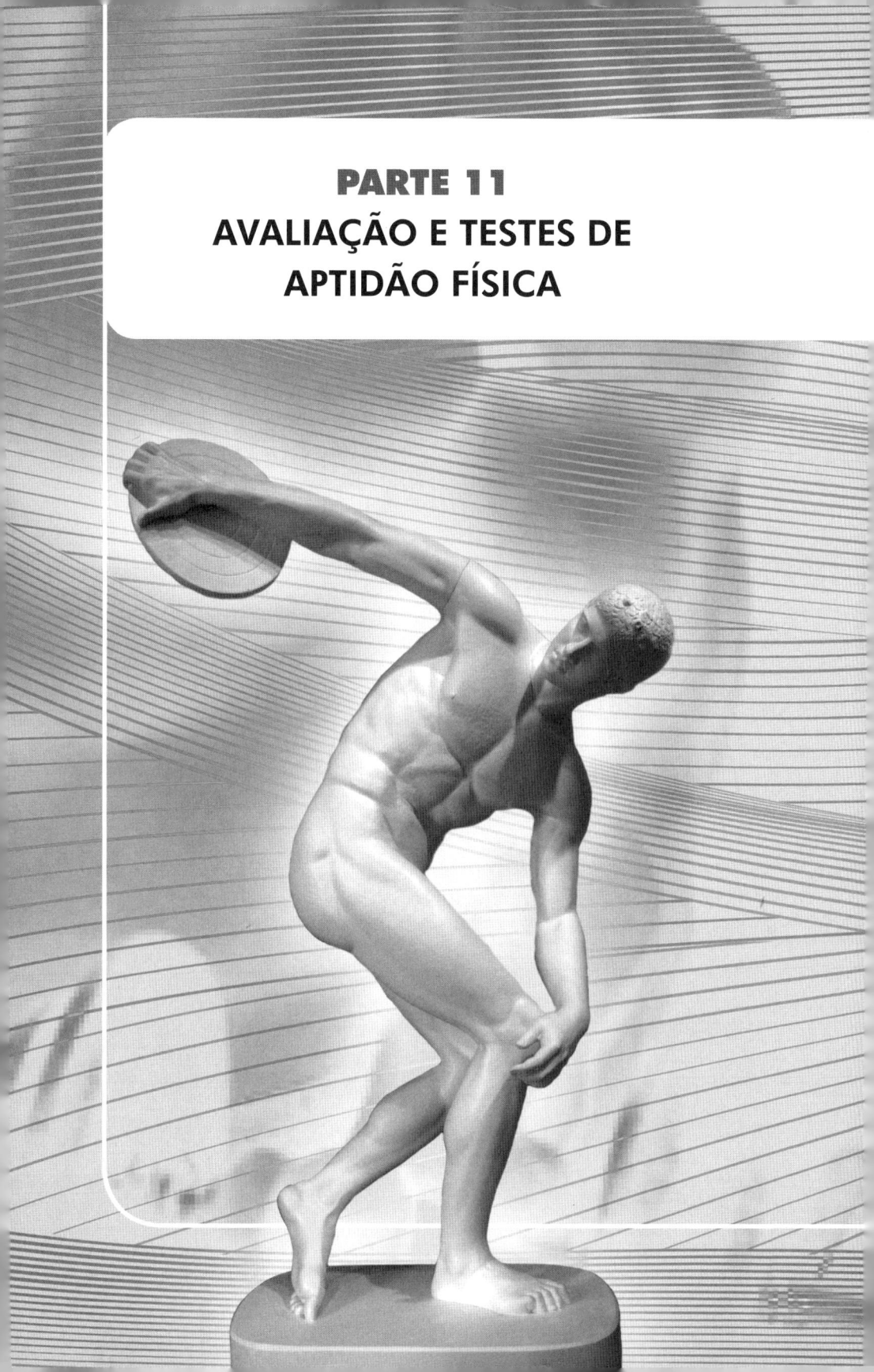

CAPÍTULO 1

Avaliações físicas

As avaliações físicas compreendem um conjunto de processos subjetivos ou objetivos que se utiliza de dados quantitativos com bases numéricas, no intuito de mensurar valores que possam expressar o desempenho de uma pessoa submetida a sessões de musculação, ou ainda, que possam expressar determinados componentes envolvidos no treinamento com pesos, assim como valores que indiquem o reconhecimento da obtenção de um estado de condicionamento físico adquirido em determinada sessão de exercícios resistidos. Esse conjunto de procedimentos é composto por tipos de avaliação antropométrica, somatotipológica, postural, funcional, neuromotora, cardiorrespiratória, nutricional, e ainda por diferentes protocolos incluídos nas avaliações das valências físicas. Valências físicas essas que constituem requisitos muito importantes para o direcionamento de determinado tipo de treinamento resistido.

As avaliações físicas, quando direcionadas para o universo da musculação, consistem em um conjunto de procedimentos que implicam determinar a eficiência dos efeitos obtidos em uma sessão de treinamento resistido, e geralmente distinguem-se em avaliação imediata e avaliação não imediata. A avaliação imediata examina os efeitos rápidos obtidos logo após cada sessão de musculação, e a avaliação não imediata examina os efeitos prolongados obtidos em várias sessões de musculação. Tanto as avaliações físicas imediatas quanto as avaliações físicas não imediatas, costumam ser realizadas, por sua vez, ao longo de todo um processo de treinamento resistido previamente elaborado.

Contudo, independente dos efeitos rápidos ou prolongados obtidos ao longo de todo um processo de treinamento resistido, tanto a avaliação física imediata quanto a avaliação física não imediata, permitem uma análise concisa sobre os objetivos almejados, bem como sobre as metas que foram atingidas no transcorrer de uma sessão de musculação. Cabe destacar que toda análise sobre os objetivos e as metas a serem alcançadas em uma sessão de musculação busca, por outro lado, levar a efeito, durante todo o processo de análise, considerações pertinentes às condições ambientais, aos exercícios escolhidos e aplicados, e ainda considerações pertinentes à abrangência e a intensidade dos estímulos, diante da adequação dos princípios e dos métodos a serem incluídos no planejamento e na periodização de determinado treinamento resistido.

As avaliações antropométricas consistem em um conjunto de procedimentos direcionados em mensurar o tamanho e as proporções dos segmentos corporais, a partir de índice cintura quadril e de massa corpórea, ou ainda a partir de diferentes pontos anatômicos de análise do corpo humano. As avaliações antropométricas incluem medidas lineares longitudinais, medidas lineares transversais, medidas circunferenciais, e ainda medidas que expressem valores referentes à massa ou ao peso da gordura corporal.

As medidas lineares longitudinais referem-se às dimensões das alturas e dos comprimentos corporais obtidos por meio de um estadiômetro e de um antropômetro ou paquímetro. As medidas lineares transversais referem-se às dimensões dos diâmetros corporais obtidos por meio de um antropômetro ou paquímetro, ou ainda por meio de um compasso de pontas rombas. As medidas circunferenciais referem-se às dimensões dos perímetros corporais obtidos por meio de uma fita métrica. E por fim, as medidas de massa ou peso referem-se às quantidades de volume corporal total obtidas por meio de balanças, e ainda nas medidas dos percentuais de gordura das dobras cutâneas do corpo obtidas por meio de um plicômetro ou adipômetro.

Os pontos anatômicos de análise antropométrica consistem em um lineamento horizontal ou vertical contínuo e imaginário, que une regiões ou áreas fixas e determinadas intimamente associadas a determinada estrutura óssea do corpo humano, a partir da posição anatômica. Os índices antropométricos consistem em uma relação que se dá entre os valores numéricos referentes ao peso e à estatura, e ainda em uma relação que se dá entre os valores numéricos referentes à circunferência de determinadas regiões corporais, no intuito de determinar o excesso e a distribuição de gordura corporal tanto na cintura quanto no quadril.

As avaliações somatotipológicas consistem em um conjunto de procedimentos direcionados em examinar o perfil físico do corpo humano, a fim de descrever o seu aspecto somático, ou ainda, consistem em um conjunto de análises realizadas sobre as diferentes formações físicas do corpo humano, e também em um conjunto de análises que são realizadas sobre os diferentes aspectos temperamentais do ser humano. As análises que se dão sobre as diferentes formações físicas, e ainda as análises que se dão sobre os diferentes aspectos temperamentais do ser humano, ocorrem, por sua vez, por meio de uma relação estabelecida entre os estudos morfológicos, fisiológicos e psicológicos.

A relação estabelecida entre os estudos morfológicos, fisiológicos e psicológicos, envolve um conjunto de procedimentos avaliatórios distintos. Esses procedimentos avaliatórios consistem em classificar a constituição física diante de um fenótipo em particular, a partir da observação visual e da mensuração longitudinal, transversal e perimétrica dos segmentos corporais, e ainda a partir da análise dos pontos antropométricos do corpo na posição anatômica, e também de análises estatísticas e psicofisiológicas, assim como da análise do percentual de gordura corporal.

Por meio de uma observação visual dos segmentos corporais, o fenótipo se distingue em respiratório, digestivo, muscular e cerebral. Por meio de uma análise visual e da mensuração dos segmentos corporais, o fenótipo se distingue em uma combinação morfológica tida como ideal, e ainda em duas combinações morfológicas distintas que levam em consideração o aspecto da deposição excessiva ou não de gordura no organismo, sendo a primeira caracterizada por uma camada de tecido adiposo mais acentuado, e a segunda caracterizada por uma camada de tecido adiposo mais escasso.

Por meio de uma análise das medidas antropométricas longitudinal, transversal e perimétrica dos segmentos corporais, expressas por sua vez a partir de uma observação estatística, o fenótipo se distingue em normotipo, braquitipo e longitipo. Por meio de uma análise das medidas antropométricas longitudinal, transversal e perimétrica dos segmentos corporais, expressas, por sua vez, a partir de uma observação estatística, e ainda fundamentada por estudos psicofisiológicos, o fenótipo se distingue em quatro biótipos distintos, a saber: longilíneo estênico, longilíneo astênico, brevilíneo estênico e brevilíneo astênico.

Por meio de uma análise das medidas antropométricas longitudinal, transversal e perimétrica dos segmentos corporais, expressas por sua vez a partir de uma observação estatística, e ainda a partir de uma observação fundamentada por estudos psicofisiológicos com ênfase sobre a constituição física de determinada pessoa, o fenótipo se distingue em quatro biótipos distintos, a saber: leptosônico, pícnico, atlético e displásico.

Por meio de uma análise em conjunto, a partir da visualização dos segmentos corporais, e dos pontos antropométricos do corpo na posição anatômica, e ainda a partir de uma análise dos valores numéricos obtidos na mensuração longitudinal, transversal e perimétrica, em paralelo com os valores numéricos obtidos na análise do percentual de gordura corporal, o fenótipo se distingue em três biótipos distintos, a saber: endomorfo, mesomorfo e ectomorfo.

As avaliações posturais consistem em um conjunto de procedimentos objetivos ou subjetivos que são direcionados em diagnosticar desequilíbrios ou desvios patológicos associados na atitude da pessoa humana, bem como em relação ao modo de manter o corpo em posição ortostática, ante a comportamentos dinâmicos ou estáticos. As avaliações posturais são realizadas a partir de pontos anatômicos situados na posição anterior, lateral e posterior do corpo.

O procedimento de avaliação postural de forma objetiva consiste no uso de radiografias ou de fotografias, e o procedimento de avaliação postural de forma subjetiva é feito por observações do corpo à frente de um simetrógrafo. Os pontos anatômicos de análise postural consistem em um lineamento horizontal ou vertical contínuo e imaginário, que une determinados lugares fixos situados na superfície anterior e posterior do corpo, a partir da posição anatômica.

As avaliações funcionais consistem em um conjunto de procedimentos objetivos ou subjetivos direcionados em diagnosticar a capacidade de mobilização orgânica, e ainda direcionados em diagnosticar a capacidade de ajustes orgânicos, perante as demandas metabólicas que ocorrem no sistema bioenergético do corpo humano. As avaliações funcionais envolvem resultados diretos e indiretos obtidos por meio da aplicação de determinados protocolos ou testes específicos, diante do consumo de oxigênio, MET e Kcal consumido, no intuito de possibilitar a correta prescrição e adequação do volume e da intensidade de uma carga de trabalho, e ainda no intuito de servir como parâmetro comparativo para verificar o grau de evolução do treinamento físico regular.

As avaliações neuromotoras consistem em um conjunto de procedimentos objetivos ou subjetivos direcionados em diagnosticar a ocorrência simples ou complexa das diferentes manifestações musculoesqueléticas que ocorrem, por sua vez, durante a construção e o aperfeiçoamento de toda dinâmica de um ato motor bem estruturado. As avaliações neuromotoras envolvem resultados diretos e indiretos obtidos por meio da aplicação de determinados protocolos ou testes específicos, ante a índices de força, de resistência, de velocidade, de flexibilidade, de agilidade, de equilíbrio e de coordenação, no intuito de servir como parâmetro comparativo para verificar o grau de evolução do treinamento resistido regular, e ainda no intuito de quantificar o desenvolvimento somático de uma qualidade motriz adquirida durante sessões diárias de musculação.

As avaliações cardiorrespiratórias consistem em um conjunto de procedimentos direcionados em diagnosticar a capacidade da eficiência máxima ou submáxima dos sistemas respiratório e cardiovascular que ocorrem durante todo o processo da dinâmica respiratória. As avaliações cardiorrespiratórias envolvem resultados diretos e indiretos obtidos por meio da aplicação de determinados protocolos ou testes específicos, diante de índices de potência aeróbica máxima. Essas avaliações são feitas no intuito de servir como parâmetro comparativo para verificar o grau de evolução de um esforço, e ainda no intuito de verificar o grau de captação de oxigênio, e também no intuito de servir como parâmetro comparativo para verificar quantitativamente os valores somáticos referentes à frequência cardíaca e à pressão arterial.

As avaliações nutricionais consistem em um conjunto de procedimentos direcionados em diagnosticar o número de calorias necessárias para controle da massa corporal, e ainda em um conjunto de procedimentos direcionados em diagnosticar, identificar e selecionar as necessidades fisiológicas de nutrientes que, por sua vez, são necessários para o funcionamento adequado do organismo. As avaliações nutricionais envolvem resultados diretos e indiretos obtidos por meio de cálculos referentes ao consumo e ao gasto energético, ante uma recomendação sobre quantidades dietéticas diárias e apropriadas de carboidratos, proteínas, lipídeos, vitaminas e minerais. Estas avaliações são feitas no intuito de auxiliar na elaboração de um programa alimentar bem estruturado, e também no intuito de servir como uma condição primária na realização da correta prática alimentar de um praticante de musculação.

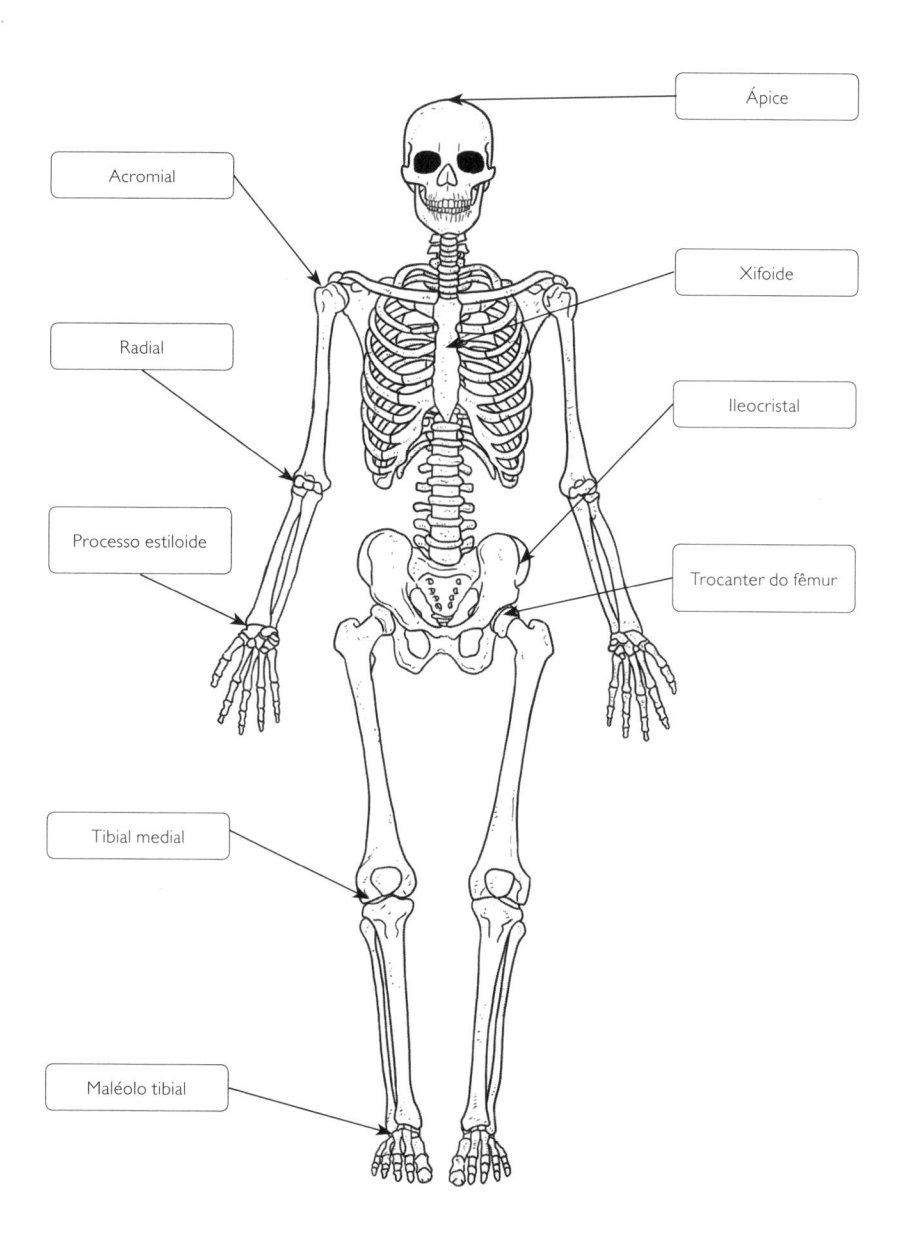

Figura 11
Pontos anatômicos de análise antropométrica de maior relevância
utilizada na avaliação postural.

CAPÍTULO 2

Testes de aptidão física

Os testes de aptidão física utilizados na musculação consistem em um conjunto de procedimentos direcionados em mensurar ou examinar os aspectos neuromotores essenciais, bem como mensurar ou examinar aspectos essenciais das funções fisiológicas, a partir da verificação qualitativa e quantitativa do desempenho físico, por meio da aplicação de provas de força isotônica máxima, força isométrica máxima, força isocinética máxima, força explosiva, resistência muscular localizada, resistência anaeróbica, resistência aeróbica, velocidade, flexibilidade, agilidade, equilíbrio e coordenação.

O teste de força isotônica máxima requer aferir o grau mais elevado de uma tensão muscular que promova um movimento articular amplo e variado, a partir da verificação de contrações dinâmicas concêntricas e excêntricas manifestadas por determinados grupos musculares submetidos à intensidade de um esforço variável e constante. Essa verificação é geralmente obtida por meio do cálculo de uma repetição máxima tanto crescente quanto decrescente. O cálculo de uma repetição máxima crescente ou decrescente obtido em um teste de força isotônica máxima se dá em relação à inclusão empírica de determinada carga aplicada em implementos fixos ou móveis previamente estabelecidos.

O teste de força isométrica máxima requer aferir o grau mais elevado de uma tensão muscular que não promova um movimento articular amplo e variado, a partir da verificação de contrações estáticas manifestadas por determinados grupos musculares submetidos à intensidade de um esforço variável e constante. Essa verificação é geralmente obtida por meio do valor numérico exposto em um dinamômetro, mediante o movimento de preensão dos músculos da mão, de extensão dos músculos da coluna, assim como mediante o movimento de extensão do joelho, ou ainda por meio do valor numérico exposto em um tensiômetro com cabo, mediante uma tensão muscular aplicada em exercícios estáticos previamente estabelecidos.

O teste de força isocinética máxima requer aferir o grau mais elevado de uma tensão muscular que promova um movimento articular amplo e variado, a partir da verificação de contrações dinâmicas concêntricas e excêntricas manifestadas por determinados grupos musculares submetidos à intensidade de um esforço variável e adaptável em toda amplitude do deslocamento de um ângulo articular estabelecido. Essa verificação é geralmente obtida por meio de um trabalho muscular realizado tanto em um aparelho de polia irregular quanto em um aparelho com freios centrífugos, e ainda por meio de um trabalho muscular realizado em um aparelho cuja engrenagem possa ser constituída por um amortecedor hidráulico ou pneumático.

O teste de força explosiva requer aferir o grau mais elevado de uma tensão muscular que promova um movimento articular amplo a variado, a partir da verificação de contrações dinâmicas concêntricas e excêntricas manifestadas por determinados grupos musculares submetidos à intensidade de um esforço variável e constante que se dê no menor tempo possível. Essa verificação é geralmente obtida por meio do valor numérico atribuído ao movimento de impulsão vertical ou horizontal, e ainda por meio do valor numérico atribuído ao movimento de arremesso ou de deslocamentos com subidas escalonadas.

O teste de resistência muscular localizada requer aferir o maior número de repetições possíveis, a partir da verificação de contrações dinâmicas concêntricas e excêntricas manifestadas por determinados grupos musculares submetidos à intensidade de um esforço variável e constante sustentado por um longo período. Essa verificação é geralmente obtida por meio do valor numérico atribuído ao total de repetições expressas por exercícios dinâmicos previamente estabelecidos, mediante o movimento de flexão dos braços sobre o solo, o movimento de flexão do tronco em decúbito dorsal com os joelhos flexionados, o movimento de agachamento, e ainda o movimento de puxada ou suspensão do corpo na barra fixa.

O teste de resistência anaeróbica requer aferir a sobrecarga do influxo nervoso das placas motoras, a partir da verificação de esforços manifestados por determinados grupos musculares, diante da capacidade de sustentar o maior tempo possível um débito de oxigênio, um trabalho muscular realizado em estado de fadiga neuromuscular. Esta verificação é obtida por meio do cálculo proveniente do ajuste cardiorrespiratório e hemodinâmico global, aplicados geralmente em provas de campo constituídas por corridas e caminhadas.

O teste de resistência aeróbica requer aferir um esforço máximo ou submáximo a partir da verificação direta e indireta de esforços manifestados em uma atividade física, diante da capacidade de sustentar o maior tempo possível a ausência do estado de fadiga neuromuscular, um trabalho muscular realizado em metabolismo oxidativo. Essa verificação é obtida por meio do cálculo proveniente do ajuste cardiorrespiratório e hemodinâmico global, aplicados geralmente em provas de campo constituídas por corridas e caminhadas, ou ainda em provas de esforço realizadas por diferentes tipos de ergômetro.

O teste de velocidade requer aferir movimentos sucessivos e rápidos a partir da verificação direta ou indireta de estímulos imediatos manifestados em uma atividade física, diante da capacidade de reagir ou de se deslocar em um tempo muito reduzido. Essa verificação é obtida por meio do valor numérico obtido do ato de empunhar um bastão que se desloca no sentido da gravidade, e ainda por meio do cálculo do tempo proveniente de provas de campo constituídas geralmente por corridas vigorosas.

O teste de flexibilidade requer aferir toda a amplitude do ângulo articular de movimentos predeterminados, ou ainda aferir o grau de amplitude articular de movimentos específicos ou predeterminados. A aplicação desse teste se dá a partir da verificação do movimento manifestado por uma estrutura musculoesquelética ante a elasticidade de um segmento corporal. Essa verificação é obtida por meio de valores numéricos expressos em medidas angulares, lineares e adimensionais visualizadas por meio de um goniômetro, hidrogoniômetro, flexômetro, e ainda por meio do banco de Wells, flexíndice e trenas metálicas ou réguas.

O teste de agilidade requer avaliar deslocamentos eficientes e velozes, ou ainda requer avaliar movimentos que expressem trocas rápidas de determinada postura do corpo, tanto no sentido quanto na direção. A aplicação desse teste se dá a partir da verificação direta da alternância de uma posição corporal diante da capacidade de se deslocar com rapidez no espaço. Essa verificação é obtida por meio de tarefas que expressem a resposta imediata na mudança de um estímulo neuromuscular, quando aplicadas em provas de campo geralmente constituídas por corridas sinuosas com obstáculos.

O teste de equilíbrio requer avaliar a manutenção do corpo, seja em uma posição estática, a partir da verificação de uma postura sem oscilações ou desvios, ou ainda em uma posição dinâmica, a partir da verificação de uma postura que expresse a manutenção de determinado movimento corporal tanto eficiente quanto controlado. Essa verificação é obtida por meio da marcação de tempo mediante um cronômetro, aplicado em provas imóveis dotadas de pouco dinamismo e ausência de percurso, ou em provas móveis dotadas de dinamismo e de percurso em atividades que podem ser constituídas de saltos com apenas um único apoio.

O teste de coordenação requer aferir a integridade e o controle de uma atividade muscular a partir da verificação de estímulos imediatos de um trabalho mecânico completo, ou ainda requer aferir a integridade e o controle de uma atividade motriz abrangente a partir da verificação da agilidade, da flexibilidade, do equilíbrio e da sinestesia do corpo. A aplicação desse teste envolve avaliar uma resposta motora integrada por intermédio de uma sequência de movimentos simples ou complexos. Esta avaliação é obtida por meio de valores numéricos atribuídos em tarefas que expressem uma resposta mecânica imediata. Essa resposta mecânica abrange diretamente a integração entre a percepção visual e os segmentos das mãos e dos pés, mediante a capacidade de mudança em atos motores distintos geralmente constituídos por arremessos, assim como por chutes direcionados para um alvo específico.

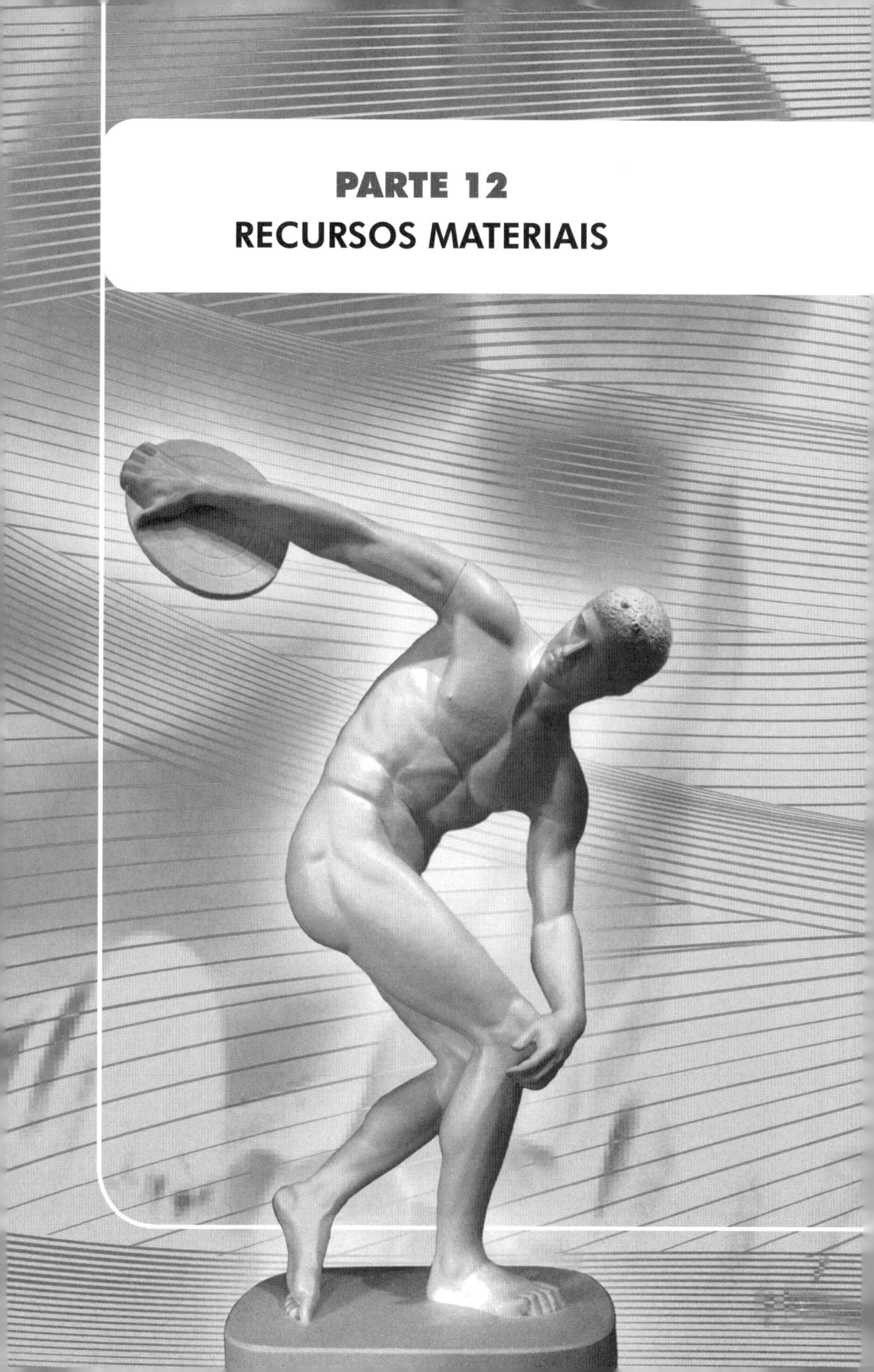

PARTE 12
RECURSOS MATERIAIS

CAPÍTULO 1

Tipos de recurso material

Os recursos materiais ou equipamentos de musculação são objetos necessários à execução de diferentes tipos e formas de exercício, e são projetados e fabricados de acordo com os princípios da ergonomia e da biomecânica. Em princípio, um bom planejamento de exercícios a serem incluídos em um programa de treinamento resistido requer um critério seletivo entre os diferentes tipos de recurso material utilizados na prática da musculação.

O recurso material consiste no ato ou efeito de recorrer a um conjunto de objetos que servem para equipar uma sala de musculação, e que por sua vez se distinguem como: recurso material de reposição, recurso material de proteção, recurso material de suporte, recurso material acessório, recurso material de avaliação, recurso material ergométrico, recurso material fixo, recurso material intermediário e recurso material móvel.

Os recursos materiais de reposição incluem um conjunto de objetos destinados a recompor a ausência de determinada peça, no intuito de restabelecer o correto funcionamento de determinada máquina de musculação. Os recursos materiais de reposição são representados por diferentes tipos de petrecho, tais como: cabos de aço, correias, roldanas, freios, rolamentos blindados, parafusos cromados em aço, hastes de guia de aço, placas de peso em ferro fundido, manoplas, regulagem com engate, rolete injetado, presilhas ou fixadores, pinos de graduação, ganchos e terminais para cabos de aço.

Os recursos materiais de proteção envolvem diretamente diferentes tipos de objeto utilizados nas salas de musculação, no intuito de favorecer ou beneficiar a integridade do corpo, ou seja, incluem um conjunto de objetos destinados em resguardar o corpo contra possíveis danos. Os recursos materiais de proteção são representados por diferentes tipos de petrecho, tais como: de luvas, cintos, tipoias abdominais, ataduras ou faixas elásticas.

Os recursos materiais de suporte envolvem diretamente diferentes tipos de objeto utilizados nas salas de musculação, no intuito de assentar de forma segura outros petrechos. Os recursos materiais de suporte são representados por diferentes tipos e formatos de estruturas metálicas ou cavaletes, que servem para colocar, de maneira segura, diferentes tipos e formatos de barras ou halteres.

Os recursos materiais acessórios envolvem diretamente diferentes tipos de objeto secundário utilizado nas salas de musculação, no intuito de complementar um petrecho principal, ou seja, são objetos destinados a favorecer segurança e conforto durante a prática de determinados exercícios. Os recursos materiais acessórios são representados por diferentes tipos de equipamento complementar, como: bancos, colchonetes, bastões, bolas e estepes.

Os recursos materiais de avaliação física incluem um conjunto de equipamentos destinados em mensurar o corpo, ou seja, são objetos que servem para coleta de dados antropométricos circunferenciais, transversais e longitudinais, e ainda são objetos que servem para diagnosticar o grau de mobilidade, a postura, o percentual de gordura corporal, habilidades físicas e motoras. Os recursos materiais de avaliação física são representados por diferentes tipos de instrumento, tais como: plicômetros ou adipômetros, dinamômetros, estadiômetros, paquímetros ou antropômetros, goniômetros ou flexímetros, banco de Wells, simetrógrafos e balanças.

Os recursos materiais ergométricos incluem um conjunto de equipamentos destinados a favorecer o condicionamento cardiorrespiratório, ou seja, são objetos que servem para avaliar a atividade física muscular, metabólica e respiratória. Os recursos materiais ergométricos são representados por diferentes tipos e formatos de aparelhos ergômetros, tais como: esteira ergométrica, ciclo ergômetro horizontal e vertical, remo ergômetro e elíptico.

Os recursos materiais fixos e móveis incluem um conjunto de equipamentos existentes nas salas de musculação, por sua vez necessários à execução do treinamento contra resistência, e ainda necessários ao levantamento de pesos. Os recursos materiais fixos ou móveis são representados por diferentes tipos e formas de implementos que, de acordo com a possibilidade de se deslocar no espaço, podem ser permanentes, de permeio, e não permanentes.

Os recursos materiais permanentes incluem todo um conjunto de equipamentos que não se deslocam de um lugar para o outro no espaço, e que na grande maioria se encontram fixados ao solo. Os recursos materiais permanentes são representados por uma ampla variedade de máquinas existentes nas salas de musculação, que tanto podem operar por meio de mecanismos ou engrenagens simples, quanto por meio de mecanismos ou engrenagens complexas.

Os recursos materiais de permeio incluem todo um conjunto de equipamentos que não se deslocam com facilidade de um lugar para o outro no espaço, e que necessariamente não se encontram fixados ao solo. Os recursos materiais de permeio são representados por uma ampla variedade de aparelhos existentes nas salas de musculação, que tanto podem operar por meio de mecanismos ou engrenagens simples, quanto por meio de mecanismos ou engrenagens complexas.

Os recursos materiais não permanentes incluem todo um conjunto de equipamentos que se deslocam com grande facilidade de um lugar para o outro no espaço, e que na maioria das vezes não se encontram fixados ao solo. Os recursos materiais não permanentes são representados por uma ampla variedade de instrumentos existentes nas salas de musculação, que operam por meio de mecanismos simples e que servem de agente mecânico para todo trabalho muscular.

CAPÍTULO 2

Implementos permanentes e de permeio

Os implementos permanentes e de permeio são tipos de recurso material que fazem parte do mobiliário de uma sala de musculação, e que incluem diferentes tipos e formatos de máquinas ou aparelhos utilizados no treinamento resistido e que, por sua vez, envolvem um conjunto de equipamentos de finalidades específicas que podem ou não se deslocar com facilidade de um lugar para outro no espaço, ou ainda por um conjunto de equipamentos simples ou complexos de finalidades específicas, que podem ou não se encontrar fixados ao solo. Esses implementos são representados por aparelhos ginásticos permanentes, aparelhos de musculação permanentes e de permeio, e por diferentes tipos de máquina de musculação.

Os aparelhos ginásticos permanentes são tipos de equipamento utilizado na ginástica olímpica, e que por sua vez constitui recursos materiais utilizados na prática do treinamento resistido nas sessões de musculação. Esses aparelhos são projetados no intuito de utilizar o próprio peso corporal como sobrecarga, acrescido ou não de carga complementar e consistem em desenvolver a musculatura c orporal por meio de contrações musculares estáticas ou dinâmicas sob a manifestação de uma resistência invariável constante. Esses aparelhos são representados por espaldar, barras fixas de comprimentos variados, e ainda por diferentes tipos de paralela.

Os aparelhos de musculação permanentes, assim como os aparelhos de musculação de permeio, são tipos de equipamento essencial utilizado no treinamento resistido para desenvolver, de maneira específica, determinados grupos musculares. Esses aparelhos utilizam como carga mecanismos variados, tais como: freios centrífugos, amortecedores hidráulicos ou pneumáticos, placas de ferro ou anilhas, e ainda o próprio peso corporal como um tipo de sobrecarga de treinamento. Os aparelhos de musculação permanentes e de permeio consistem em um conjunto de equipamentos que podem promover movimentos direcionados e conduzidos, ou ainda movimentos não direcionados ou conduzidos. Esses servem de agente mecânico na execução de um trabalho muscular que, de acordo com o tipo de carga utilizada, distinguem-se em: aparelhos extensores com carga, aparelhos infimétricos, aparelhos desmodrômicos, aparelhos com bateria de peso e aparelhos sem bateria de peso.

Os aparelhos extensores com carga consistem em tipos de equipamento permanente ou de permeio, que operam por meio de mecanismos que induzem o corpo a manifestar uma tensão isotônica ou isométrica, mediante contrações musculares dinâmicas ou estáticas em oposição a uma força externa imposta por polias regulares. Esses são tipos de equipamento muito mais simples do que as máquinas de polias regulares, e servem de agente mecânico, no intuito de estender com grande amplitude certos músculos ou grupamentos musculares, por meio de trabalhos estáticos, sob a manifestação de uma resistência invariável constante, e ainda por meio de trabalhos dinâmicos, sob a manifestação de uma resistência variável crescente.

Os aparelhos infimétricos consistem em tipos de equipamento que tanto podem ser permanentes quanto de permeio, e que por sua vez operam por meio de mecanismos que induzem o corpo a manifestar uma tensão isotônica ou isométrica, por meio de contrações musculares dinâmicas ou estáticas em oposição a uma sobrecarga imposta pelo próprio peso corporal. Esses são tipos de equipamento muito mais simples do que uma máquina de musculação, e servem de agente mecânico, no intuito de desenvolver a musculatura corporal sob a manifestação de uma resistência variável adaptativa e invariável constante.

Os aparelhos desmodrômicos consistem em tipos de equipamento que tanto podem ser permanentes quanto de permeio, e que por sua vez operam por meio de mecanismos que induzem o corpo a manifestar uma tensão isotônica, por meio de contrações musculares dinâmicas em oposição a uma força externa imposta por freios centrífugos, amortecedores hidráulicos ou pneumáticos. Esses são tipos de equipamento muito mais simples do que uma máquina isocinética, e servem de agente mecânico no intuito de desenvolver a musculatura corporal, sob a manifestação de uma resistência variável acomodada.

Os aparelhos com bateria de pesos são tipos de equipamento que não se deslocam com facilidade de um lugar para o outro, e que por sua vez são muito utilizados na prática do treinamento resistido durante as sessões de musculação. Esses utilizam como carga uma coluna constituída por placas de ferro, e incluem um conjunto de equipamentos de finalidades específicas. A estrutura dos aparelhos com bateria de pesos opera por um mecanismo muito mais simples do que uma máquina, e é projetada no intuito de promover contrações musculares estáticas ou dinâmicas, sob a manifestação de uma resistência variável adaptativa ou invariável constante. Esses aparelhos com bateria de peso são representados por um conjunto bastante diversificado de módulos complexos.

Os módulos complexos são tipos de equipamento muito utilizados no treinamento resistido, e são essenciais para desenvolver, de maneira específica, determinados grupos musculares. Os módulos complexos não podem se deslocar de um lugar para outro no espaço, e são representados por diferentes tipos de equipamento que operam por meio de muitos mecanismos e que, necessariamente, são fixados ao solo. Esses módulos consistem, de modo geral, na unidade de mobiliário distinto e intrincado que compõe uma sala de musculação, e são representados por diferentes tipos de máquina de musculação.

Os aparelhos sem bateria de peso são tipos de equipamento que não se deslocam com facilidade de um lugar para o outro, e que por sua vez são muito utilizados na prática do treinamento resistido durante as sessões de musculação.

Esses aparelhos utilizam como carga anilhas adaptadas, e incluem um conjunto de equipamentos de finalidades específicas. A estrutura dos aparelhos sem bateria de pesos opera por um mecanismo muito mais simples do que um aparelho com bateria de peso, e é projetada no intuito de promover contrações musculares estáticas ou dinâmicas, sob a manifestação de uma resistência invariável constante. Esses aparelhos são representados por um conjunto bastante diversificado de módulos simples.

Os módulos simples são tipos de equipamento muito utilizados no treinamento resistido, e são essenciais para desenvolver de maneira específica, durante as sessões de musculação, determinados grupos musculares. Esses módulos não podem se deslocar com facilidade de um lugar para outro no espaço, e são representados por diferentes tipos de equipamento que operam por meio de poucos mecanismos. Os módulos simples consistem, de modo geral, na unidade de mobiliário distinto e de pouca complexidade que compõe uma sala de musculação que, necessariamente, não são fixados ao solo, e que são representados por um conjunto diversificado de pórticos ou cremalheira de potência, e ainda por diferentes tipos de remadas palancas, imprensas flexoextensoras simples, bancos reguláveis e bancos supinos.

Os pórticos ou cremalheira de potência são aparelhos de musculação sem bateria de pesos que possuem uma estrutura de metal constituída por duas hastes denteadas e paralelas dispostas verticalmente, a fim de permitir o encaixe de uma barra disposta horizontalmente. Eles se distinguem em pórticos com barra guiada ou multiexercitadores, e em pórticos com barra livre ou gaiola. Os pórticos com barra guiada ou multiexercitadores possuem uma engrenagem constituída por dois cilindros paralelos que impõe um movimento direcionado, e dois ganchos móveis que servem para acomodar uma barra horizontal, e são projetados no intuito de possibilitar uma variedade de exercícios por meio de diferentes ajustes de alturas. Os pórticos com barra livre ou gaiola não possuem uma engrenagem constituída por dois cilindros paralelos, e todo movimento e acomodação de uma barra horizontal se dá de maneira livre sobre duas hastes denteadas.

As remadas palancas são aparelhos de musculação sem bateria de pesos que possuem uma estrutura de metal constituída por uma base para os pés, uma barra móvel disposta obliquamente com um encaixe para anilhas de diferentes formatos, e duas empunhaduras emborrachadas. As remadas palancas se distinguem em remada sem apoio de peito, e em remada com apoio de peito. As remadas palancas permitem um trabalho mecânico por meio de dobradiças, e são projetadas no intuito de possibilitar movimentos em diferentes inclinações, assim como de produzir movimentos articulares sob a manifestação de uma resistência invariável constante.

As imprensas flexoextensoras simples são aparelhos de musculação sem bateria de pesos, que possuem uma estrutura de metal constituída por uma base para os pés, um encosto e suportes de segurança ajustável, empunhaduras emborrachadas, duas hastes que servem de guias de movimento, e uma barra disposta horizontalmente com um encaixe para anilhas de diferentes formatos.

As imprensas flexoextensoras se distinguem em: flexoextensor vertical, flexoextensor horizontal e flexoextensor inclinado. As imprensas flexoextensoras permitem um trabalho mecânico por meio de dois cilindros paralelos que impõem um movimento direcionado, e ainda permitem um trabalho mecânico por meio de uma regulagem que impõe uma movimentação em diferentes angulações, assim como uma regulagem capaz de produzir um movimento articular sob a manifestação de uma resistência invariável constante.

Os bancos reguláveis são instrumentos de musculação que consistem em diferenciados tipos de assento. São tipos de objetos que servem de agente mecânico na execução de qualquer trabalho muscular. Esses objetos de musculação possuem uma peça de metal regulável que serve para ajustar a posição do corpo em relação à altura, e ainda duas hastes de metal com furos ou denteadas que servem de suportes para barras de diferentes comprimentos e formatos. Os bancos reguláveis se destinam à prática de exercícios verticais, horizontais ou oblíquos em diferentes alturas, e são diferenciados entre si de acordo com a finalidade, com o tipo de exercício que se propõe, e ainda com o tipo de grupamento muscular que são destinados a desenvolver, estando a posição do corpo tanto em decúbito dorsal quanto em decúbito ventral.

Os bancos supinos são instrumentos de musculação que consistem em diferenciados tipos de assento. São objetos que servem de agente mecânico na execução de qualquer trabalho muscular que tem por base a posição perpendicular ou oblíqua do corpo em decúbito dorsal, ventral ou lateral. Esses bancos possuem uma peça de metal regulável que serve para ajustar a posição do corpo em relação à altura, e ainda duas hastes de metal com furos ou denteadas que servem de suportes para barras de diferentes comprimentos e formatos; podem ser reguláveis ou não, e de acordo com a posição perpendicular ou oblíqua do corpo em decúbito dorsal, ventral ou lateral, e ainda de acordo com a posição da cabeça do corpo em decúbito dorsal, os bancos supinos se distinguem em: reto, inclinado e declinado.

O banco supino reto é um tipo de assento com uma peça de metal regulável que serve para ajustar a posição do corpo em relação à altura, e ainda de duas hastes de metal com furos ou denteadas que servem de suportes para barras de diferentes comprimentos e formatos. Esse banco se destina à prática de exercícios simples ou complexos, a partir de uma posição do corpo em decúbito dorsal, ventral ou lateral; não requer curvatura ou inflexão do corpo e serve de agente mecânico na execução de qualquer trabalho muscular realizado de forma retilínea, a partir da posição do corpo em uma angulação situada em 180 graus.

O banco supino inclinado é um tipo de assento com uma peça de metal regulável que serve para ajustar a posição do corpo em relação à altura, e ainda de duas hastes de metal com furos ou denteadas que servem de suportes para barras de diferentes comprimentos e formatos. É um tipo de banco que se destina à prática de exercícios simples ou complexos, a partir de uma posição do corpo em decúbito dorsal, estando a posição da cabeça situada em aclive e em diferentes angulações; não requer curvatura ou inflexão do corpo em decúbito dorsal, e serve de agente mecânico na execução de qualquer trabalho muscular realizado de forma retilínea, a partir da posição do corpo em uma angulação geralmente compreendida entre 30 a 45 graus com a cabeça direcionada para cima.

O banco supino declinado é um tipo de assento com uma estrutura constituída por um rolete de pressão para os pés, e ainda de uma peça de metal regulável que serve para ajustar a posição do corpo em relação à altura, e também de duas hastes de metal com furos ou denteadas que servem de suportes para barras de diferentes comprimentos e formatos. Esse banco se destina à prática de exercícios simples ou complexos, a partir de uma posição do corpo em decúbito dorsal, estando a posição da cabeça em declive e em diferentes angulações; não requer curvatura ou inflexão do corpo em decúbito dorsal, e serve de agente mecânico na execução de qualquer trabalho muscular realizado de forma retilínea, a partir da posição do corpo em uma angulação geralmente compreendida entre 30 a 45 graus com a cabeça direcionada para baixo.

As máquinas de musculação são tipos de equipamento fixados ao solo, que envolve um conjunto amplo de equipamentos complexos de finalidades específicas. São constituídas por engrenagens que permitem manifestar movimentos não livres e direcionados, e que são projetados no intuito de utilizar placas de ferro ou anilhas de diferentes modelos como carga. As máquinas de musculação promovem contrações musculares estáticas sob a manifestação de uma resistência invariável constante, e promovem também contrações musculares dinâmicas sob a manifestação de uma resistência variável ou invariável constante. As máquinas de musculação são representadas por diferentes tipos de módulo que, na maioria das vezes, possui uma estrutura mecânica complexa.

Dependendo de como são projetados, os módulos complexos podem promover um exercício em uma única unidade funcional como um todo homogêneo, ou ainda podem promover diferentes exercícios por meio de unidades funcionais distintas, reunidas em um todo homogêneo. Quando projetado para promover um exercício em uma única unidade funcional e homogênea, é descrito como módulo unifuncional, e quando projetado de maneira a promover vários exercícios diferenciados, em uma única unidade funcional como um todo homogêneo, é descrito como módulo polifuncional ou multifuncional, porém, quando projetado de forma a promover vários exercícios diferenciados, por meio de unidades funcionais distintas, reunidas em um todo homogêneo, é descrito como um aglomerado.

Um módulo unifuncional consiste em um equipamento de musculação constituído por mecanismos simples ou complexos, planejado no intuito de proporcionar um único exercício em uma estação convergente, e que, em alguns casos, pode ser descrito como uma máquina convergente. Um módulo polifuncional consiste em um equipamento de musculação constituído por mecanismos simples ou complexos, planejado no intuito de proporcionar vários exercícios em estações divergentes, e que, em alguns casos, pode ser descrito como uma máquina divergente ou como um aglomerado.

Um aglomerado consiste em um equipamento de musculação formado por diferentes módulos englobados, constituídos por mecanismos simples ou complexos, planejado no intuito de proporcionar vários exercícios em estações divergentes, e que, em alguns casos, pode também ser descrito como uma máquina divergente. Uma máquina divergente é um equipamento de musculação simples ou complexo, que permite realizar diferentes exercícios, por meio de trabalhos mecânicos específicos em estâncias diferenciadas, ou seja, durante a realização de determinado exercício, e envolve uma mudança na posição corporal, ou uma mudança de um módulo para o outro. Já uma máquina convergente é um equipamento de musculação simples ou complexo, que permite realizar um único exercício, por meio de trabalhos mecânicos específicos em uma restrita estância, ou seja, durante a realização de determinado exercício, não envolve uma mudança na posição corporal, ou uma mudança de um módulo para outro.

As máquinas de musculação referem-se ainda a um conjunto de mecanismos de finalidade específica, que foram concebidos para o treinamento resistido, no intuito de desenvolver praticamente todos os principais grupamentos musculares do corpo, por meio de tensões estáticas que se dão a partir de um trabalho muscular isométrico, e ainda por meio de tensões dinâmicas que se dão a partir de um trabalho muscular isotônico. De acordo com a finalidade de promover um trabalho muscular por meio de tensões estáticas, as máquinas de musculação podem ser descritas como máquinas isométricas, e, de acordo com a finalidade de promover um trabalho muscular por meio de tensões dinâmicas, as máquinas de musculação podem ser descritas como máquinas isotônicas. Contudo, as máquinas de musculação, que possibilitam um trabalho muscular isométrico ou isotônico, seguem a mesma diretriz formulada para os implementos livres ou móveis.

Dependendo do princípio de funcionamento, uma máquina de musculação pode ser descrita como simples ou complexa. As máquinas simples promovem o desenvolvimento muscular por meio de um sistema mecânico isolado e ajustável, que opera por meio de um princípio mecânico constituído por apenas um único mecanismo ou componente, ou ainda que opera por meio de um princípio mecânico que não envolve outros mecanismos ou componentes acrescentados. Já as máquinas complexas promovem o desenvolvimento muscular mediante um sistema mecânico compartilhado e ajustável, que opera por meio de princípios mecânicos constituídos por dois ou mais mecanismos ou componentes, ou ainda que opera por meio de princípios mecânicos que envolvem um conjunto de outros mecanismos ou componentes. Entretanto, independent do princípio de funcionamento ou do tipo de componente mecânico, tanto as máquinas simples, quanto as máquinas complexas de musculação, na maioria das vezes são descritas como máquinas articuladas, ou como máquinas de tração.

Uma máquina articulada consiste em um equipamento de musculação simples ou complexo, que produz um trabalho muscular mediante um dispositivo mecânico que opera por meio de dois ou mais mecanismos ou componentes, constituídos por duas peças de metal unidas por um eixo em comum. E uma máquina de tração consiste em um equipamento de musculação simples ou complexo, que produz um trabalho muscular mediante um dispositivo mecânico que opera por meio de dois ou mais mecanismos ou componentes, constituídos por cordas, correntes ou cabos de aço. Contudo, em relação à disposição, ou ao número e tipo de peças constitutivas, as máquinas de musculação podem operar por intermédio de mecanismos diferenciados como dobradiças, polias regulares ou irregulares, elásticos ou elastrômero de borracha, e ainda por amortecedores hidráulicos ou pneumáticos. As máquinas de musculação que operam por meio de mecanismos hidráulicos ou pneumáticos são comumente descritas como máquinas isocinéticas.

As máquinas de musculação que operam por meio de dobradiças, ou ainda por meio de polias regulares, são projetadas no intuito de possibilitar um trabalho muscular estático ou dinâmico, sob a manifestação de uma resistência invariável constante. As máquinas de musculação que operam por meio de polias irregulares ou excêntricas são projetadas no intuito de possibilitar um trabalho muscular dinâmico, sob a manifestação de uma resistência variável adaptativa. Uma máquina de musculação que opera por meio de polias regulares ou irregulares inclui um conjunto de equipamentos projetados no intuito de tracionar, por meio de correntes ou cabos de aço, uma carga imposta por anilhas adaptadas ou placas de ferro. E as máquinas de musculação que operam por meio de amortecedores hidráulicos ou pneumáticos são projetadas no intuito de possibilitar um trabalho muscular dinâmico, sob a manifestação de uma resistência variável acomodada. Entretanto, na maioria das vezes, os implementos fixados ao solo que compõem uma sala de musculação são representados por diferenciados tipos de máquina que oferecem uma resistência dinâmica variável ou invariável constante por meio de polias regulares, ou por meio de polias irregulares.

As máquinas de polias regulares são tipos de equipamento fixo concebido para o treinamento de força, que funciona por meio de uma roldana de raios iguais, de aspecto simétrico e presa a um eixo, cuja circunferência recebe uma correia ou um cabo de aço, da qual em uma das extremidades é aplicada uma força, e na outra, uma resistência, que tanto pode ser dinâmica ou estática invariável constante. As máquinas de polias irregulares ou excêntricas são tipos de equipamento fixo concebido para o treinamento de força, que funciona por meio de uma roldana de material rígido, de raios desiguais, de aspecto assimétrico ou excêntrico, presa a um eixo, e cuja circunferência recebe uma correia ou um cabo de aço, da qual em uma das extremidades é aplicada uma força, e na outra, uma resistência dinâmica variável adaptativa.

Contudo, dependendo do aspecto constitutivo das peças que compõem todo um complexo mecânico, uma máquina de polia regular pode ser classificada como fixa ou móvel. Sendo que uma máquina de polia móvel se distingue em cadernal e talha. Uma máquina de polia que possui uma configuração mecânica constituída por um sistema composto por uma roldana fixa exerce um trabalho que altera a direção e o sentido da força potente e resistente, e uma máquina de polia que possui uma configuração mecânica constituída por um sistema composto por roldanas móveis, exerce um trabalho que divide a força resistente entre o ponto de fixação da corda e a força potente. Uma máquina de polia móvel é descrita como cadernal quando possui uma configuração mecânica constituída por um sistema composto por várias roldanas móveis, e um mesmo número de roldanas fixas. Uma máquina de polia móvel é descrita como talha quando possui uma configuração mecânica constituída por um sistema composto por várias roldanas móveis, e apenas uma roldana fixa.

As máquinas de musculação que operam por meio de elásticos, ou ainda, por meio de elastômero de borracha, são projetadas no intuito de possibilitar um trabalho muscular dinâmico, sob a manifestação de uma resistência variável crescente constante. Essas máquinas são descritas como máquinas do tipo soloflex. Elas operam por meio de um sistema constituído por um componente elástico que, quando é esticado, produz um movimento articular que aumenta exponencialmente uma força previsível e constante.

Existem ainda tipos de máquina de musculação que identificam graficamente a relação que se dá entre o ângulo articular e a força produzida por um músculo. Essas máquinas de musculação são descritas como máquinas isocinéticas. As máquinas isocinéticas, ou máquinas de resistência dinâmica variável acomodada, são tipos de equipamento fixo concebido para o treino de musculação, e que funcionam por meio de freios centrífugos, ou mediante amortecedores hidráulicos ou pneumáticos, e que oferecem uma resistência proporcional em todos os sentidos e ângulos, a uma velocidade de movimentação constante. Essas máquinas usam um dispositivo descrito como dinamógrafo. Esses dispositivos servem para registrar as curvas de cargas dos músculos envolvidos em determinado exercício.

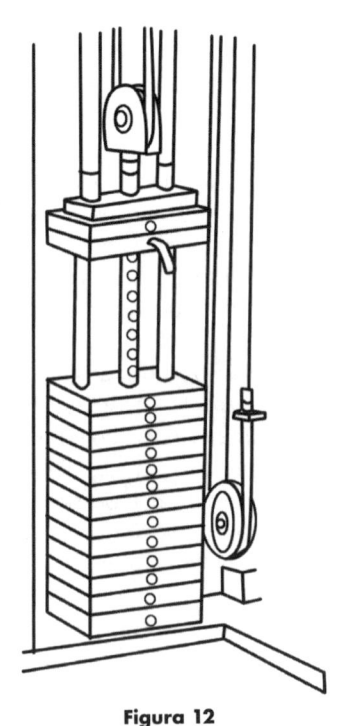

Figura 12
Representação de uma bateria de peso dos aparelhos permanentes utilizados nas salas de musculação.

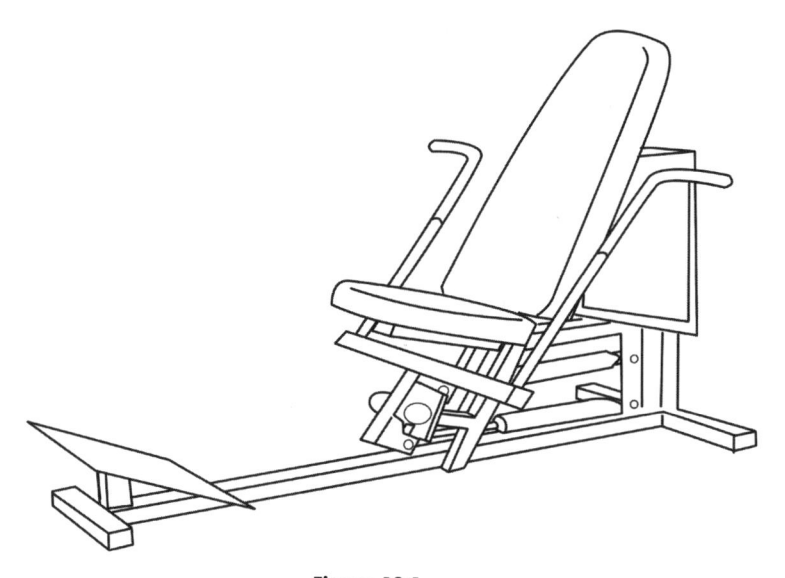

Figura 12.1
Tipo de máquina de esforço isocinético com dois cilindros hidráulicos

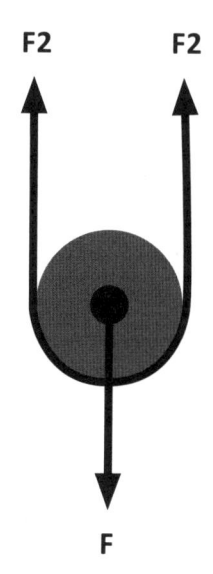

Figura 12.2
Representação de uma polia e a sua equação básica: No equilíbrio, a força F sobre o eixo da polia é igual e oposta à soma das tensões, e essas tensões são iguais.

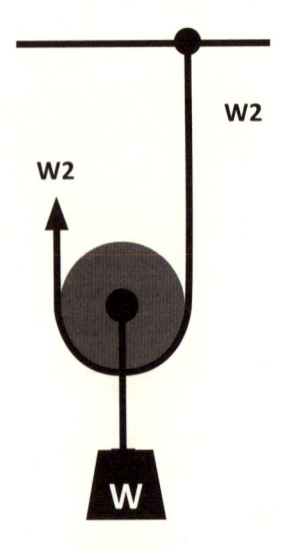

Figura 12.3
Representação de um sistema de polias simples.

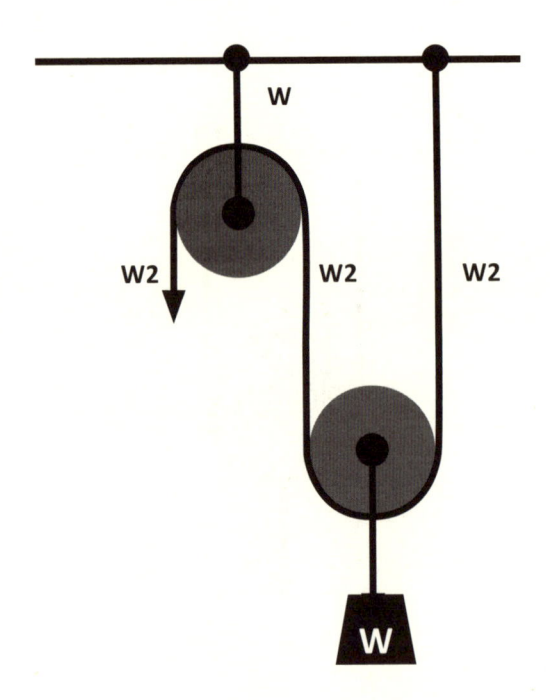

Figura 12.4
Figura 12.4
Outra representação de um sistema de roldanas simples no qual a força de elevação é redirecionada para baixo.

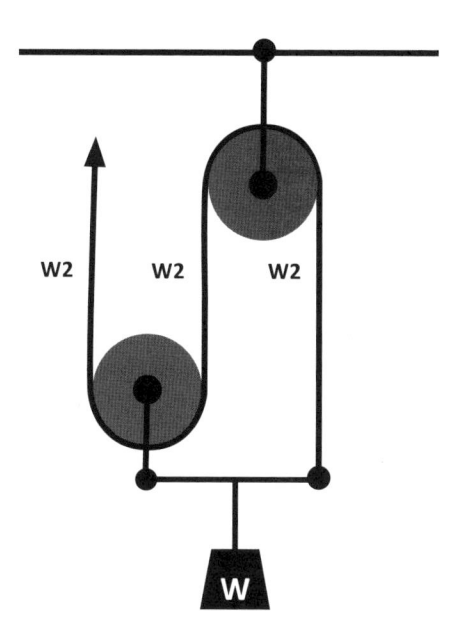

Figura 12.5
Outra representação de um sistema de polias simples composto.

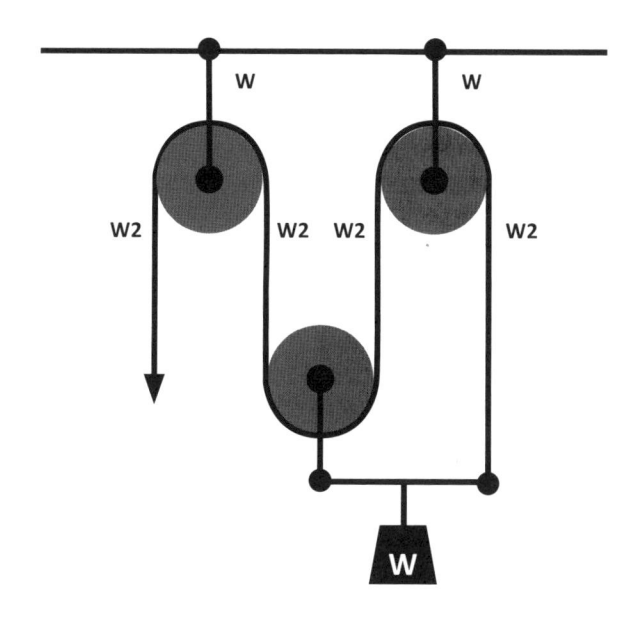

Figura 12.6
Representação de um sistema de polias simples composto, com uma polia adicional de redirecionamento da força de elevação para baixo.

Figura 12.7
Representação de um sistema de polias mais complicado que o modelo de polias simples composto, com uma polia adicional de redirecionamento da força de elevação adicionada.

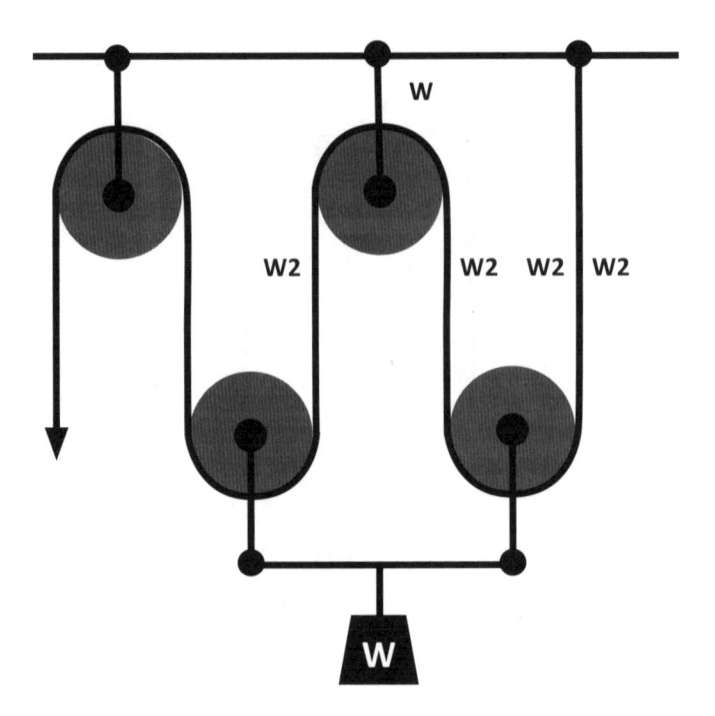

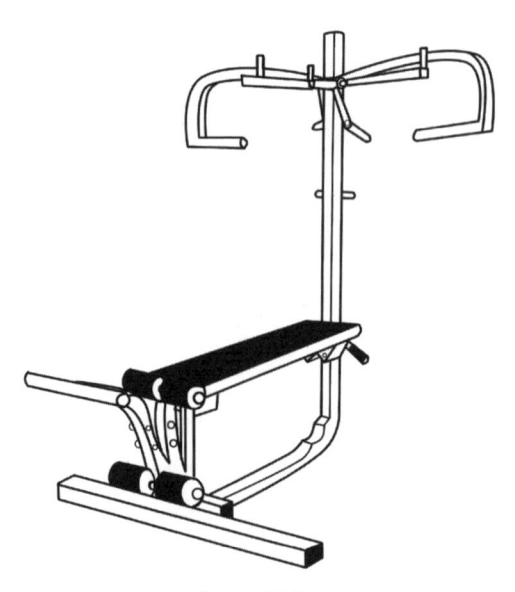

Figura 12.8
Tipo de máquina soloflex com elastômero de borracha resistente para criar resistência variável.

CAPÍTULO 3

Implementos não permanentes

Os implementos não permanentes são tipos de recurso material livres ou móveis que incluem diferentes tipos de petrecho que são utilizados na prática da musculação e que, por sua vez, envolve um conjunto de equipamentos de finalidades específicas que se deslocam com facilidade de um lugar para outro no espaço, ou ainda por um conjunto de equipamentos de finalidades específicas que não se encontram fixados ao solo. Os implementos livres ou móveis são equipamentos muito mais simples do que um aparelho de musculação, e se distinguem em: implementos livres alternativos, e em implementos livres tradicionais.

Esses implementos são tipos de recurso material não permanentes que, de maneira geral, não fazem parte do mobiliário de uma sala de musculação, mas que servem como uma opção entre duas ou mais possibilidades de desenvolver determinados grupamentos musculares, por meio de um trabalho mecânico adicional ao treinamento de força. Os implementos livres alternativos, necessariamente, não se prendem ao corpo, mas servem como sobrecarga, e promovem contrações estáticas ou dinâmicas, sob a manifestação de uma resistência variável crescente, e ainda promovem contrações estáticas ou dinâmicas, sob a manifestação de uma resistência invariável constante. Os implementos são representados por diferentes tipos de objeto, tais como: cordas, extensores elásticos ou extensores sem carga, sacos de areia, câmaras de ar, medicine Ball ou bolas de diferentes tamanhos.

Os aparelhos extensores sem carga consistem em tipos de equipamento não permanentes, que operam por meio de mecanismos que induzem o corpo a manifestar uma tensão isotônica ou isométrica, por meio de contrações musculares dinâmicas ou estáticas, em oposição a uma força externa imposta por molas, ou por tiras, ou ainda por cordões de borracha. Esses aparelhos são tipos de equipamento muito mais simples do que os extensores com carga, e servem de agente mecânico, no intuito de estender com grande amplitude certos músculos ou grupamentos musculares, por meio de trabalhos estáticos, sob a manifestação de uma resistência invariável constante, e ainda por meio de trabalhos dinâmicos, sob a manifestação de uma resistência variável crescente.

Os implementos livres tradicionais são tipos de recurso material que, de modo geral, fazem parte do mobiliário de uma sala de musculação, e estão diretamente associados a conhecimentos ou práticas muito arraigadas de se desenvolver determinado grupamento muscular, além de envolver um trabalho mecânico que se dá por meio de exercícios muito habituais. Os implementos livres tradicionais promovem contrações estáticas ou dinâmicas, sob a manifestação de uma resistência invariável constante, e são representados por aparelhos ginásticos não fixos, e ainda por instrumentos de musculação de diferentes tipos e formatos.

Os aparelhos ginásticos não fixos são tipos de equipamento comumente utilizados pela ginástica olímpica, e que por sua vez constituem também recursos materiais não permanentes utilizados na prática da musculação; são projetados no intuito de utilizar o próprio peso corporal como sobrecarga, e consistem em desenvolver a musculatura corporal por meio de contrações musculares estáticas ou dinâmicas, sob a manifestação de uma resistência invariável constante. Esses aparelhos são representados por diferentes tipos de plinto, cavalete, prancha e espaldares.

Os instrumentos de musculação incluem um conjunto de equipamentos móveis e não permanentes mais simples do que um aparelho de musculação, e ainda mais simples do que uma máquina de musculação, que servem de agente mecânico na execução de qualquer tipo de trabalho muscular com grande amplitude corporal, e na execução de qualquer trabalho muscular com um posicionamento corporal bastante diversificado. Esses instrumentos são representados por diferentes tipos de equipamento lastrado, e ainda por diferentes tipos de equipamento não lastrado.

Os equipamentos lastrados são tipos de petrecho utilizados no treinamento de força, que são essenciais para desenvolver de maneira específica determinados grupos musculares; consistem em um conjunto de mecanismos, em geral, mais simples do que um aparelho ou uma máquina de musculação, que servem de agente mecânico na execução de um trabalho muscular de movimentos livres e não direcionados. Esses equipamentos incluem um conjunto de petrechos que se prendem ao corpo como sobrecarga, e promovem contrações estáticas ou dinâmicas, sob a manifestação de uma resistência invariável constante; são representados por um conjunto diversificado de caneleira, sapato de ferro, cinto de peso, colete de peso, peso de pescoço e mochilas de peso.

Os equipamentos não lastrados são tipos de petrecho utilizados no treinamento de força, que são essenciais para desenvolver, ou de modo geral, ou de maneira específica, determinados grupos musculares; consistem em um conjunto de mecanismos, em geral, mais simples do que um aparelho ou uma máquina de musculação, que servem de agente mecânico na execução de um trabalho muscular de movimentos livres e não direcionados. Esses equipamentos incluem um conjunto de petrechos que utilizam anilhas como sobrecarga, e promovem contrações estáticas ou dinâmicas, sob a manifestação de uma resistência invariável constante; são representados por um conjunto diversificado de halter, e ainda por um conjunto diversificado de barras de diferentes comprimentos e formatos.

PARTE 13
REFLEXÕES ACERCA DOS EXERCÍCIOS

CAPÍTULO 1

Exercícios de musculação

Os exercícios de musculação consistem em uma sequência de movimentos repetidos, e incluem um conjunto de atividades planejadas e praticadas regularmente, com a finalidade de desenvolver ou melhorar o desempenho muscular; geralmente impõem o emprego de pesos que, progressivamente e gradativamente, são elevados no intuito de promover o fortalecimento e a hipertrofia de determinados músculos ou grupos musculares. Esses exercícios envolvem objetivos distintos diretos, e expõem de modo geral ou específico metas a serem alcançadas, em um processo sistemático de treinamento resistido. Podendo essas metas serem mantidas, elevadas ou reduzidas de acordo com o desempenho do praticante de musculação. Contudo, de maneira geral, o emprego de exercícios de musculação, quando incluídos em um programa de treinamento resistido, envolve em sua maioria propósitos a serem alcançados no anseio à hipertrofia muscular.

Esses propósitos diferenciam-se de acordo com aspectos psicomotores, cognitivos e afetivos. Os propósitos psicomotores referem-se às metas que margeiam o desempenho físico, e compreendem fatores condicionantes ligados diretamente ao processo de aprendizagem motora dos exercícios de musculação, e precisamente suas subcategorias, tais como: resistência, força, velocidade, capacidade de coordenação, e aptidão técnica. Os propósitos afetivos referem-se às metas que margeiam a capacidade de adquirir, durante a execução diária dos exercícios de musculação, fatores afetivos positivos, tais como: força de vontade, autoconfiança e autocontrole. Os propósitos cognitivos referem-se às metas que margeiam a capacidade de adquirir os conhecimentos básicos para aperfeiçoar e aumentar tanto a eficácia, quanto a assimilação dos gestos motores referentes aos exercícios de musculação.

As bases biomecânicas que regem a prática dos exercícios de musculação envolvem um conjunto de leis e princípios que, diretamente, aplicam-se no sistema de uma alavanca articular. E o correto domínio dessas leis e princípios é um fator condicionante que determina a capacidade de desempenho de um treinamento resistido em particular. Todavia, a capacidade de desempenho de um treinamento, por sua vez, traduz-se no grau de eficiência mecânica obtido de imediato por uma correta análise dos movimentos dos exercícios de musculação.

Os exercícios de musculação estão diretamente relacionados a diferentes tipos de movimento do corpo, e ainda a diferentes músculos ou grupamentos musculares. De fato, os exercícios de musculação proporcionam aos músculos força, potência, volume, e ainda, dependendo da forma e do objetivo a ser almejado, podem proporcionar também elasticidade e resistência. Dessa maneira, os exercícios de musculação favorecem um desenvolvimento harmonioso do aparelho locomotor, no intuito de prevenir os possíveis problemas provocados pela inatividade. De acordo com o grupamento muscular no qual estão direcionados, os exercícios de musculação costumam ser divididos por séries distintas, durante o período de uma semana, e envolvem ainda um direcionamento alternado de grupos musculares distintos para cada dia.

Os exercícios de musculação, quando envolvem o emprego de pesos, ou ainda algum tipo de incremento de sobrecargas, permitem um desenvolvimento harmonioso da hipertrofia muscular. Esse desenvolvimento harmonioso, no entanto, ocorre quando todos os grupos musculares são exercitados corretamente, e ainda quando seguem os métodos e os princípios que margeiam a metodologia do treinamento desportivo quando aplicados ao treinamento resistido. Pode-se controlar a moderação e o gradualismo dos exercícios de musculação alterando-se o número de séries e repetições, e inclusive alterando-se a quantidade de peso utilizado. No entanto, convém lembrar que o mais importante não é fazer exercícios com o máximo de peso possível, mas sim fazer que as últimas repetições de cada série de um exercício resistido, após serem executados, provoquem um estado fisiológico de depleção e síntese de continuidade muscular.

Em uma sessão de treinamento resistido, a ordem dos exercícios de musculação, quando direcionados a diferentes grupos musculares, é elaborada por um ajuste bastante amplo e diversificado, e segue um critério muito pessoal. Normalmente, essa ordem envolve um conjunto diversificado de exercícios direcionados para todos os grupos musculares em uma sessão, ou até mesmo envolve dois ou três exercícios distintos direcionados para dois ou três grupos musculares específicos em uma sessão. Quando direcionados para todos os grupos musculares do corpo, basicamente a ordem dos exercícios de musculação é elaborada para atingir grandes músculos, e logo depois pequenos músculos.

Cada exercício de musculação é composto por várias séries de repetições, sendo cada repetição um movimento completo, e uma série, um conjunto de repetições. Inicialmente, costuma-se realizar algumas repetições sem pesos ou com pesos leves e, depois, costuma-se realizar três ou quatro séries de oito a vinte repetições. Entre cada repetição de um exercício de musculação, costuma-se também incluir intervalos no intuito de promover alguns segundos de descanso. Esse descanso se dá de série para série, ou até mesmo de exercício para exercício, e envolve um curto intervalo de tempo.

Sabe-se que o corpo humano é capaz de executar e manifestar diferentes movimentos articulares, e que esses movimentos caracterizam diferentes tipos de deslocamento. Portanto, em relação ao número de articulações envolvidas, e ainda em relação à direção percorrida e à posição anatômica, e também à combinação de movimentos, os exercícios de musculação se distinguem em: monoarticular, multiarticular, linear, curvilíneo, rotatório, articular em plano único, articular em plano duplo ou múltiplo.

Porém, diante do treinamento resistido, realizado em uma sessão de musculação, todo deslocamento manifestado pelo corpo se dá a partir de uma sequência ordenada e sem interrupções, de trabalhos musculares planejados e praticados regularmente, caracterizados por exercícios intermitentes. Os exercícios de musculação intermitentes incluem um conjunto de atividades motrizes realizadas por períodos alternados, e envolvem interrupções que se dão entre o descanso, e até mesmo entre os treinos de intensidade muito elevada.

Em relação ao número de articulações envolvidas, os exercícios de musculação de deslocamento monoarticular envolvem um conjunto de atividades motrizes planejadas e praticadas regularmente, com o fim de manifestar contrações dinâmicas individualizadas, por meio de uma única articulação interposta em seu trajeto de ação. Já os exercícios de musculação de deslocamento multiarticular ou poliarticular, envolvem um conjunto de atividades motrizes planejadas e praticadas regularmente, com o fim de manifestar contrações dinâmicas, por meio de mais de duas articulações interpostas em seu trajeto de ação.

Em relação à direção e ao sentido percorrido no espaço, os exercícios de musculação de movimento linear envolvem um conjunto de atividades motrizes resistidas planejadas, repetitivas e praticadas regularmente, que manifestem contrações dinâmicas oriundas de trabalhos musculares expressos em uma translação retilínea, e que expõem um trajeto ou sentido que não apresente curvatura e sinuosidade ou inflexão. Já os exercícios de musculação de movimento linear, que seguem um trajeto curvo e sinuoso ou inflexível, envolvem um conjunto de atividades motrizes que manifestem tipos de ativações anisométricas expressas em uma translação curvilínea. E por fim, os exercícios de musculação de movimento angular envolvem um conjunto de atividades motrizes que manifestem contrações dinâmicas concêntricas e excêntricas expressas em uma alavanca de primeira, segunda ou de terceira classe.

Em relação à posição anatômica, e também em relação à combinação de movimentos, os exercícios de musculação de deslocamento articular que ocorrem num único plano anatômico envolvem um conjunto de atividades motrizes planejadas e praticadas regularmente, com o fim de manifestar contrações dinâmicas, por meio de movimentos combinados, que se dão, por sua vez, em uma mesma superfície perpendicular horizontal ou vertical, a partir de uma única posição anatômica. Já os exercícios de musculação de deslocamento articular que ocorrem em dois ou mais planos anatômicos envolvem um conjunto de atividades motrizes planejadas e praticadas regularmente, com o fim de manifestar contrações dinâmicas, por meio de movimentos combinados, que se dão, por sua vez, entre a superfície perpendicular horizontal e a superfície perpendicular vertical, a partir de diferentes posições anatômicas.

Para ter uma noção da eficiência de um exercício de musculação, é importante nos apropriarmos de uma análise cinesiológica qualitativa, a partir de três elementos, que diretamente se aplicam sobre o movimento humano, ou seja:

técnica, progressão e descrição. A técnica se traduz pela maneira ou habilidade especial de se executar o correto movimento de um exercício de musculação, a progressão se traduz pela sucessão ininterrupta e constante dos diferentes estágios do movimento de um exercício de musculação, e a descrição se traduz pelo ato de descrever o correto movimento de um exercício de musculação. Nesse sentido, um treinamento resistido, ao proceder por análise, passa a ser descrito como um exercício de musculação analítico. Um exercício de musculação analítico refere-se ao tipo de trabalho muscular que é planejado e praticado regularmente, e que passa por um critério de elaboração minucioso, no qual cada estágio de todo movimento articular é examinado a fim de se conhecer sua natureza e sua eficácia.

Levando-se em consideração todo um processo de deslocamento gradual e progressivo, de uma atividade motriz resistida que é planejada e praticada regularmente, e que procede do simples para o complexo, um exercício de musculação pode ser descrito como sintético. Um exercício de musculação sintético refere-se ao tipo de trabalho muscular resistido planejado e praticado regularmente, que inclui uma manifestação articular, por meio de movimentos simples, que, por sua vez, evoluem gradativamente para outra manifestação articular, por meio de movimentos mais complexos. Os exercícios de musculação sintéticos se distinguem em: exercício sintético específico, e em exercício sintético geral.

Um exercício de musculação sintético específico envolve uma atividade motriz resistida planejada e praticada regularmente, que manifesta um trabalho muscular simples, que evolui gradativamente para um trabalho muscular mais complexo, e ainda que manifesta movimentos direcionados, no intuito de desenvolver exclusivamente determinado grupamento muscular em especial. Um exercício de musculação sintético geral ou generalizado envolve uma atividade motriz resistida planejada e praticada regularmente, que manifesta um trabalho muscular simples, que evolui gradativamente para um trabalho muscular mais complexo, e ainda que manifesta movimentos direcionados, no intuito de desenvolver, em geral, a maior parte ou a totalidade de um grupo de músculos. No entanto, quando se tem como objetivo manifestar movimentos fundamentais ou essenciais, ou ainda manifestar movimentos adaptativos ou de ajustes, um exercício de musculação pode ser descrito como básico, complementar e localizado.

Um exercício de musculação básico refere-se a uma atividade motriz resistida planejada e praticada regularmente, que se dá pela manifestação de um trabalho muscular bastante abrangente, que envolve, por sua vez, durante sua execução, grandes grupos musculares e articulações. Um exercício de musculação complementar refere-se a uma atividade motriz resistida planejada e praticada regularmente, que se dá pela manifestação de um trabalho muscular bastante específico, que envolve, por sua vez, o desenvolvimento restrito e isolado de certos grupos musculares, a fim de aumentar o limiar anaeróbico.

Em relação ao direcionamento e à fixação de movimentos para determinada região corporal, um exercício de musculação pode ser descrito como localizado. Um exercício localizado de musculação consiste em uma atividade motriz resistida planejada e praticada regularmente, que é direcionada para um músculo ou para um grupo muscular específico, com o propósito de assegurar a perfeita simetria corporal em relação à hipertrofia muscular, ou ainda com o propósito de assegurar o máximo desenvolvimento muscular em relação a certos segmentos corporais.

De acordo com a intensidade de um trabalho muscular muito elevado ou muito baixo, e ainda de acordo com a resposta motora de um estímulo muscular diante de uma intensidade cardiorrespiratória mínima ou máxima, um exercício de musculação pode ser descrito como um exercício de intensidade aeróbica, ou como um exercício de intensidade aeróbica. Um exercício de musculação de intensidade aeróbica refere-se a uma atividade motriz planejada e praticada regularmente, que manifesta um trabalho muscular capaz de ser sustentado por um período muito prolongado, sob uma intensidade cardiorrespiratória muito elevada. Já um exercício de musculação de intensidade anaeróbica refere-se a uma atividade motriz resistida planejada e praticada regularmente, que manifesta um trabalho muscular capaz de ser sustentado por um período muito reduzido, sob uma intensidade cardiorrespiratória muito baixa.

Tratando-se do aspecto que diz respeito à ausência ou à presença de movimentos, os exercícios de musculação podem ser descritos como exercícios cinéticos ou exercícios estáticos. Os exercícios cinéticos de musculação envolvem uma série de atividades motrizes resistidas intensas e devidamente planejadas, ante a determinada tensão muscular, no intuito de manifestar uma contração isotônica capaz de produzir movimentos simples, ou ainda no intuito de manifestar uma contração isotônica capaz de produzir movimentos múltiplos e complexos, sob o efeito imposto de uma resistência externa variável acomodada, adaptada ou crescente, e também sob o efeito de uma resistência externa invariável constante. Já os exercícios estáticos de musculação envolvem uma série de atividades motrizes resistidas intensas e devidamente planejadas, perante determinada tensão muscular, no intuito de manifestar uma contração isométrica capaz de produzir calor, na ausência de movimentos simples, ou ainda na ausência de movimentos múltiplos ou complexos, sob o efeito imposto de uma resistência externa invariável constante.

Dependendo do tipo de tensão ocasionada por determinado trabalho mecânico, diante da capacidade do músculo em deslocar um objeto, os exercícios de musculação podem se distinguir em exercícios de empurrar ou de compressão, e ainda em exercícios de puxar ou de tração. Os exercícios de empurrar ou de compressão comumente praticados nas salas de musculação consistem em atividades resistidas motrizes que se destinam a efetuar um processo de afastamento articular, ou seja, visam impelir determinado peso a fim de torná-lo distante do corpo, sendo a força aplicada durante o movimento proporcional ao peso que se espera deslocar para longe de si. Os exercícios de puxar ou de tração comumente praticados nas salas de musculação são atividades motrizes resistidas que se destinam a efetuar um processo de aproximação articular, ou seja, visam atrair determinado peso a fim de torná-lo mais junto do corpo, sendo a força aplicada durante o movimento proporcional ao peso que se espera deslocar para perto de si.

Tratando-se do tipo de metabolismo, os exercícios de musculação podem se distinguir em exercícios de componente aeróbio, ou em exercícios de componente anaeróbico. Os exercícios de musculação de componente aeróbico exercem um efeito sobre a capacidade de aumentar o fluxo sanguíneo, e também exercem um efeito sobre a capacidade de aumentar a oxigenação tecidual, e comumente são executados por meio de aparelhos descritos como ergômetros. Os exercícios de musculação de componente anaeróbico exercem um efeito sobre a capacidade de promover um esforço máximo por meio da ativação de um sistema alático, e também exercem um efeito sobre a capacidade de promover um esforço máximo, por meio da ativação de um sistema lático.

Os exercícios de musculação de componente aeróbico são, na maioria das vezes, atividades motrizes resistidas que costumam desenvolver um processo metabólico, capaz de fornecer energia para gerar resistência muscular, mediante uma fosforilação oxidativa que utiliza o oxigênio proveniente do ambiente. Ou seja, refere-se a um trabalho muscular complementar planejado e praticado regularmente, que na maioria das vezes utiliza energia proveniente de uma sequência de reações bioquímicas, a partir do catabolismo de glicose e de lipídeos, e que costuma ser descrito comumente como um exercício livre ou coadjuvante, que promove um aquecimento corporal mediante um condicionamento muscular, metabólico e respiratório.

Os exercícios de musculação de componente anaeróbico são, na maioria das vezes, atividades motrizes que costumam desenvolver um processo metabólico capaz de fornecer energia para gerar força muscular, mediante um estoque intramuscular de trifosfato de adenosina e de fosfocreatina, ou ainda mediante reações que convertem a glicose em piruvato, sem a utilização do oxigênio proveniente do ambiente. Ou seja, referem-se a um trabalho muscular planejado e praticado regularmente, que na maioria das vezes utiliza a energia proveniente de uma sequência de reações bioquímicas láticas ou aláticas, no intuito de obter resultados favoráveis perante esforços de intensidade máxima.

Em relação à capacidade de exercer ou de manifestar determinada ação mecânica, que por sua vez se dá por meio de um movimento muito atuante que diretamente expressa um tipo de trabalho muscular de intensidade forte ou muito intensa, e ainda em relação à capacidade de exercer ou de manifestar determinada ação mecânica, que por sua vez se dá por meio de um movimento pouco atuante que diretamente expressa um tipo de trabalho muscular de intensidade fraca ou pouco intensa, determinada atividade motriz resistida pode ser descrita como um exercício de musculação ativo, ou como um exercício de musculação passivo.

Um exercício de musculação ativo se dá pela execução de uma atividade motriz que exerce uma ação mecânica bastante abrangente e de intensidade forte ou muito intensa, por intermédio da manifestação de ações que podem expressar trabalhos musculares que se dão na ausência de movimentos articulares, ou ainda por meio da manifestação de ações que podem expressar trabalhos musculares que se dão na existência de movimentos articulares. Os trabalhos musculares abrangentes e intensos, que se dão por meio da ausência de movimentos articulares, são comumente descritos como exercícios de musculação ativos e estáticos, e os trabalhos musculares abrangentes e intensos, que se dão por meio da existência de movimentos articulares, são comumente descritos como exercícios de musculação ativos e dinâmicos.

Um exercício de musculação ativo e estático se dá pela execução de uma atividade motriz resistida que age ou exerce uma ação mecânica por meio da manifestação de uma tensão muscular intensa, que por outro lado induz o músculo a se contrair isometricamente, por meio de uma intensidade constante e variável, sem produzir movimento articular. Um exercício de musculação ativo e dinâmico se dá pela execução de uma atividade motriz resistida que age ou exerce uma ação mecânica, mediante a manifestação de uma tensão muscular intensa, por meio de uma intensidade constante adaptada e variável, produzindo movimento nas articulações sinoviais. O grau de movimentos expressos nos exercícios ativos e dinâmicos se dá de forma bastante ampla, e por sua vez se distingue em exercícios de movimentos deslizantes, exercícios de movimentos angulares, e ainda em exercícios de movimentos rotatórios.

Um exercício de musculação passivo se dá pela execução de uma atividade motriz resistida que exerce uma ação mecânica pouco ou muito abrangente, e de intensidade fraca ou muito intensa, por meio da manifestação de ações que podem expressar trabalhos musculares que se dão em uma amplitude articular voluntária pouco extensa, ou ainda mediante a manifestação de ações que podem expressar trabalhos musculares que se dão em uma amplitude articular voluntária muito extensa. Os trabalhos musculares pouco abrangentes e de pouca intensidade, que se dão por meio de uma amplitude articular pouco extensa, são comumente descritos como exercícios de musculação passivos não forçados, e os trabalhos musculares muito abrangentes e de muita intensidade, que se dão por meio de uma amplitude articular muito extensa, são comumente descritos como exercícios de musculação passivos forçados.

Um exercício de musculação passivo não forçado se dá pela execução de uma atividade motriz resistida que age ou exerce uma ação mecânica por meio da manifestação de um alongamento muscular pouco excessivo, que por outro lado induz o músculo a afastar-se da origem de sua inserção, por meio de um trabalho de flexibilidade pouco intenso, no qual o movimento resultante do exercício é realizado dentro dos limites de uma amplitude articular voluntária. Um exercício de musculação passivo forçado se dá pela execução de uma atividade motriz que age ou exerce uma ação mecânica, mediante a manifestação de um alongamento muscular excessivo, que por outro lado induz o músculo a afastar-se da origem de sua inserção, por meio de um trabalho de flexibilidade muito intenso, em que o movimento resultante do exercício é realizado além dos limites de uma amplitude articular voluntária.

CAPÍTULO 2

Exercícios de flexibilidade

Os exercícios de flexibilidade incluem um conjunto de atividades físicas planejadas e praticadas regularmente, com o fim de desenvolver ou melhorar a elasticidade do sistema musculoesquelético. Esses exercícios podem ser evidenciados pela amplitude dos movimentos de diferentes segmentos articulares do corpo humano em determinado sentido, ou ainda pela capacidade de amplitude articular desses segmentos, quando submetidos a determinado movimento manifestado por um trabalho muscular.

Desse modo, os exercícios de flexibilidade induzem a um aumento no grau de extensão articular, e ainda induzem a um aumento do nível de extensão do músculo em relação à sua origem e inserção, no intuito de contribuir para uma melhor agilidade corporal, e também no intuito de contribuir para uma melhor velocidade na mobilidade articular diante da elasticidade muscular. Portanto, os exercícios de flexibilidade podem atuar como um fator preventivo contra possíveis acidentes que possam ocorrer durante a prática de treinamentos resistidos.

Entretanto, um alto nível de hipertrofia muscular pode limitar as possibilidades de movimentos de uma articulação, diminuindo, dessa maneira, o grau de mobilidade articular de determinado segmento corporal. Portanto, os exercícios de flexibilidade, quando incluídos nas sessões de musculação, devem ser orientados no sentido de desenvolver a mobilidade articular com o propósito de provocar um aumento na amplitude e na capacidade elástica dos músculos e das articulações, a fim de permitir um aproveitamento mais econômico de energia, durante o aperfeiçoamento de determinado trabalho mecânico resistido.

As sessões dos exercícios de flexibilidade devem ser frequentes durante todo treinamento de musculação, sendo imprescindível, no entanto, um aquecimento precedente, constituído por exercícios que provoquem a sudorese em execuções de movimentos descontraídos, ou seja, convém estabelecer séries de exercícios tranquilos ou serenos ao final de uma sessão de musculação, constituídas por um número preestabelecido de movimentos bem conduzidos e repetitivos, a fim de permitir que um músculo estirado apresente uma extensão máxima entre sua origem e o ponto de inserção final.

É importante lembrar que as sessões de exercícios de flexibilidade devem ser interrompidas por alguns dias, quando se constatar dores que denunciem possíveis lesões nos músculos exercitados, diante de uma tração acelerada e excessiva ou violenta. Desse modo, é importante que haja um bom senso quanto à inclusão de exercícios de flexibilidade antes de treinamentos resistidos fortes e acelerados, assim como também imediatamente antes ou depois de trabalhos com cargas excessivas, que por sua vez induzam a um retesamento muscular demasiado.

Geralmente, a maioria dos estiramentos musculares provenientes da prática de exercícios de flexibilidade é ocasionada por movimentos rápidos. Portanto, convém lembrar que quanto mais lentos forem realizados os exercícios de flexibilidade, as resistências serão menores e, consequentemente, haverá uma menor possibilidade de lesões nas fibras musculares. Um indicador de que o estiramento ainda não foi obtido em um exercício de flexibilidade será o fato de o praticante de musculação ainda conseguir um relaxamento na posição pseudoestendida.

Diante de treinamentos resistidos com cargas excessivas, que por sua vez tornam um músculo retesado por sucessivas contrações, é necessário incluir exercícios de flexibilidade, no intuito de induzir uma descontração muscular. Um exercício de flexibilidade de descontração é um tipo de atividade física que visa promover um relaxamento muscular logo após uma sessão de musculação exaustiva. Os exercícios de descontração indicados após as sessões de musculação visam restabelecer a extensão dos movimentos das articulações e dos músculos forçados, e induzir a uma elasticidade corporal.

A elasticidade corporal, obtida por meio de exercícios de flexibilidade, pode ser medida em unidades tanto angulares quanto lineares, pois a elasticidade corporal soma todas as mobilidades parciais do corpo humano. Existem diversas formas de atividades físicas que visam desenvolver a elasticidade corporal, sendo que a mais usada paralelamente ao treino de musculação é o exercício estático de flexibilidade, também descrito como exercício de alongamento por extensão, que para a língua inglesa é traduzido por *stretching*.

O alongamento por extensão envolve um conjunto de exercícios que produzem uma força excêntrica, e visam promover uma extensão no comprimento do músculo de maneira específica e rápida, com o objetivo de aumentar a mobilidade das articulações. Os exercícios de alongamento por extensão são ideais para restabelecer o comprimento original de um músculo encurtado e retesado. Existem duas formas distintas de se aplicar o exercício de alongamento por extensão, a primeira forma se dá por meio de um alongamento por extensão ativa (*stretching negative*), outra forma se dá por meio de um alongamento por extensão passiva (*stretching passive*).

O exercício de alongamento que se dá por meio de uma extensão ativa envolve um tipo de estiramento que induz uma tensão no músculo de forma intensa, a fim de alcançar um grau de mobilidade articular o máximo possível, sem o auxílio de uma força externa aplicada por outra pessoa. Já o exercício de alongamento que se dá por meio de uma extensão passiva envolve um tipo de estiramento que induz uma tensão no músculo de forma mais intensa do que o alongamento por extensão ativa, a fim de aumentar o grau de mobilidade articular o máximo possível, por meio do auxílio de uma força externa aplicada por outra pessoa.

Existe ainda outra forma de atividade física que visa também desenvolver a elasticidade corporal, antes ou após uma sessão de musculação. Essa se dá por meio da prática de exercícios descritos como: alongamentos de balanceio, ou ainda descritos como alongamentos elásticos. O alongamento de balanceio se dá por uma sucessão de movimentos oscilantes, que se manifestam alternadamente em sentidos opostos e a intervalos regulares, ou seja, é um tipo de exercício de balançar ritmicamente um braço ou uma perna, até a posição mais externa possível, com o propósito de aquecer a musculatura antes de uma sessão de musculação, ou ainda com o propósito de descontrair a musculatura após uma sessão de musculação muito intensa.

CAPÍTULO 3

Exercícios de resistência

Os exercícios de resistência, no sentido específico do treinamento físico, podem ser interpretados por meio de duas ciências distintas, ou seja, por meio da fisiologia do exercício e por meio da biomecânica do exercício, e envolve a existência de conceitos que se dão por força de uma ação muscular que requer tanto tipos de contração por meio de manifestações estáticas, ou tipos de contração por meio de manifestações dinâmicas, que ocorrem nas alavancas do corpo humano.

Porém, de modo geral, os exercícios de resistência, quando interpretados tanto pela fisiologia do exercício, quanto pela biomecânica do exercício, requerem o estudo sobre a aptidão do músculo em exercer tensão durante um período prolongado diante de uma força que se opõe a outra, e que por sua vez não cede aos efeitos induzidos pela fadiga durante um trabalho tanto estático quanto dinâmico.

Entretanto, pela perspectiva dos objetivos que margeiam a fisiologia, os exercícios de resistência incluem um conjunto de atividades físicas planejadas e praticadas regularmente, com o fim de desenvolver e melhorar o trabalho das funções orgânicas, por meio de movimentos que induzem sucessivas contrações musculares em um período muito prolongado, e requerem a manifestação de uma força muscular duradoura capaz de exercer uma tensão máxima contra uma resistência externa, ante uma possibilidade tanto estática quanto dinâmica.

De maneira geral, os exercícios de resistência se distinguem em aeróbicos e anaeróbicos. Contudo, levando-se em consideração a aptidão do músculo em exercer uma característica especial de trabalho fisiológico, por meio de determinado movimento que induz uma tensão repetida durante um período prolongado, e ainda pela capacidade de abranger certos músculos ou grupamentos musculares, um exercício de resistência pode ser descrito, de maneira específica, como um exercício de resistência muscular geral, ou ainda como um exercício de resistência muscular localizada.

Um exercício de resistência aeróbica é um tipo de atividade física que se dá pela manifestação e sustentação de um esforço por um período longo, dentro dos limites do equilíbrio fisiológico denominado estado-estável (*steady--state*), e que se utiliza de um processo metabólico que emprega moléculas de oxigênio provenientes do ambiente externo para a oxidação da glicose com a concomitante obtenção de energia. Um exercício de resistência aeróbica recebe também outras denominações, tais como: *endurance*, capacidade aeróbica, *endurance* extensiva, potência aeróbica, círculo-*endurance, endurance* cardiorrespiratória, *endurance* orgânica e estâmina. A progressão da sobrecarga de trabalho, obtida por meio de um exercício de resistência aeróbica, deve ser feita, fundamentalmente, na variável volume de treinamento.

Um exercício de resistência anaeróbica é um tipo atividade física que se dá pela manifestação e sustentação de um esforço por um período longo, e que se utiliza de um processo metabólico de obtenção de energia mediante a destruição de glicose em condições de débito de oxigênio. Um exercício de resistência anaeróbica recebe outras denominações, tais como: resistência, capacidade anaeróbica, estâmina, potência anaeróbica e *endurance* intensiva. O prolongamento de esforços máximos, por meio de exercícios de resistência anaeróbica, deve ser feito, fundamentalmente, pela manutenção da velocidade e do ritmo de movimentação, apesar do crescente débito de oxigênio, e também da consequente fadiga muscular.

A variável principal capaz de medir um exercício de resistência anaeróbica se dá pela mensuração do momento de sustentação de um esforço em débito de oxigênio, quando se manifesta um esforço muscular por um longo período. Ao finalizar uma sessão de musculação constituída por exercícios anaeróbicos, ocorrem logo após mecanismos fisiológicos de compensação, que por sua vez permitem a reconstituição das reservas de oxigênio do organismo, além da eliminação dos detritos metabólicos por meio do suor, e ainda, da recomposição das reservas de oxigênio ao nível de mioglobina dos músculos.

Um exercício de resistência muscular geral é um tipo de atividade física que se dá pela manifestação e sustentação de um esforço que envolve mais de 1/6 ou 1/7 da musculatura corporal, e que ocorre por meio de movimentos que induzem uma contração muscular estática em um tempo muito prolongado, ou por meio de movimentos que induzem uma contração muscular dinâmica, decorrente de tensões repetidas e prolongadas. De acordo com o percentual da capacidade orgânica exigida, os exercícios de resistência muscular geral se distinguem em aeróbicos e anaeróbicos.

Um exercício de resistência muscular geral aeróbico é um tipo de atividade física que se dá pela manifestação e sustentação de um esforço em um tempo superior a três minutos, e que envolve mais de 1/6 ou 1/7 da musculatura corporal, por meio de movimentos que induzem uma contração muscular estática, ou ainda por meio de movimentos que induzem tensões repetidas e prolongadas oriundas de contrações musculares dinâmicas. Já um exercício de resistência muscular geral anaeróbico é um tipo de atividade física de intensidade elevada, que se dá pela manifestação e sustentação de um esforço em um tempo inferior a três minutos, e que envolve mais de 1/6 ou 1/7 da musculatura corporal, por meio de movimentos que induzem uma contração muscular estática, ou ainda por meio de movimentos que induzem tensões repetidas e prolongadas oriundas de contrações musculares dinâmicas.

Um exercício de resistência muscular localizada é um tipo de atividade física que se dá pela manifestação e sustentação de um esforço que envolve menos de 1/6 ou 1/7 da musculatura corporal, por meio de movimentos que induzem tensões repetidas e continuadas por um tempo muito prolongado, tanto em condições aeróbicas, quanto em condições anaeróbicas. Um exercício de resistência muscular localizada recebe também outras denominações, tais como: resistência local, resistência de força, resistência muscular, *endurance* local, *endurance* muscular e capacidade muscular local.

O direcionamento e a prática de um exercício de resistência muscular localizada durante as sessões de musculação podem ocorrer por meios diretos e indiretos, e seguem critérios e procedimentos distintos quanto à execução de atividades físicas distintas. Os meios diretos são aqueles que selecionam atividades físicas que atingem de imediato o objetivo almejado no aperfeiçoamento da resistência muscular localizada, enquanto os meios indiretos são aqueles que selecionam atividades físicas que não atingem de imediato o objetivo almejado no aperfeiçoamento da resistência muscular localizada.

Um exercício de resistência muscular localizada aeróbico é um tipo de atividade física de grau muito elevado que se dá pela sustentação de um esforço repetitivo que envolve menos de 1/6 ou 1/7 da musculatura corporal, e que ocorre por meio da manifestação de movimentos que induzem uma contração muscular estática, ou ainda por meio da manifestação de movimentos que induzem uma contração muscular dinâmica, oriundas de tensões sucessivas em um tempo muito prolongado, e que requer uma intensidade de carga menor do que 20% ou 30% de força máxima.

Um exercício de resistência muscular localizada anaeróbico é um tipo de atividade física de grau muito elevado, que se dá pela manifestação e sustentação de um esforço repetitivo que envolve menos de 1/6 ou 1/7 da musculatura corporal, e que ocorre por meio da manifestação de movimentos que induzem uma contração muscular estática, ou ainda por meio da manifestação de movimentos que induzem uma contração muscular dinâmica, oriundas de tensões sucessivas em um tempo muito prolongado, e que requer uma intensidade de carga igual ou superior a 50% de força máxima.

Pela perspectiva dos objetivos que margeiam a biomecânica, os exercícios de resistência incluem um conjunto de atividades físicas planejadas e praticadas regularmente, com o fim de manifestar uma tensão interna que se opõe a uma tensão externa, e que por sua vez não cede à ação da gravidade durante determinado trabalho mecânico resistido que se dá ante uma possibilidade tanto estática quanto dinâmica. De modo geral, e biomecanicamente falando, os exercícios de resistência se distinguem em isotônicos e isométricos.

Contudo, considerando, de maneira específica, a aptidão do músculo em exercer uma característica especial de trabalho mecânico durante uma sessão de musculação, por meio de determinado movimento que induza uma tensão repetida em um período prolongado, um exercício de resistência também pode ser descrito como um exercício de musculação de resistência variável adaptativa, acomodada e crescente, ou ainda como um exercício de musculação de resistência invariável constante.

Um exercício de musculação de resistência variável adaptativa é um tipo de atividade física planejada e praticada regularmente em um programa de treinamento resistido que se dá pela sustentação de um esforço muscular repetitivo e constante, por meio da manifestação de movimentos articulares que induzam tensões dinâmicas sujeitas a mudanças. Mudanças essas que, por sua vez, adaptam-se durante toda a trajetória de um deslocamento em relação à velocidade angular.

Um exercício de resistência variável acomodada é um tipo de atividade física planejada e praticada regularmente em um programa de treinamento resistido que se dá pela sustentação de um esforço muscular repetitivo e constante, por meio da manifestação de movimentos articulares que induzam tensões dinâmicas sujeitas a mudanças. Mudanças essas que, por sua vez, adaptam-se durante toda a trajetória de um deslocamento angular em relação à alavanca articular.

Um exercício de resistência variável crescente é um tipo de atividade física planejada e praticada regularmente em um programa de treinamento resistido que se dá pela sustentação de um esforço muscular repetitivo e constante, por meio da manifestação de movimentos articulares que induzam tensões dinâmicas gradativas, que progridem durante toda a trajetória de um deslocamento angular em relação à amplitude de um segmento corporal.

Um exercício de resistência invariável é um tipo de atividade física planejada e praticada regularmente em um programa de treinamento resistido que se dá pela sustentação de um esforço muscular repetitivo e constante, por meio da manifestação de movimentos articulares que induzam um trabalho mecânico proveniente de uma força imutável ou inalterada. Trabalho mecânico esse que, por sua vez, opõe-se ao movimento de um sistema articular por meio de contrações que induzam tensões musculares tanto estáticas quanto dinâmicas.

CAPÍTULO 4

Exercícios de força e de potência

Um exercício de força consiste em um tipo de atividade física que se dá pela manifestação de um esforço resistivo, necessário para deslocar determinado objeto por meio de movimentos que induzam contrações isométricas e anisométricas concêntricas e excêntricas. Os esforços que são empregados em um exercício de força são direcionados como maneira básica para se alcançar objetivos tanto gerais, quanto específicos. Objetivos esses que, em sua grande maioria, dão-se em relação a uma hipertrofia muscular almejada. Importa ressaltar que todo exercício de força é submetido a uma adequação quanto à individualidade biológica de cada praticante de musculação. E essa adequação direciona toda execução de um exercício de força, de acordo com objetivos estéticos, profiláticos ou terapêuticos.

Partindo de uma análise biomecânica geral, o fator principal a ser destacado durante a prática do exercício de força realizado em uma sessão de musculação consiste na manifestação e na intensidade de uma tensão que seja capaz de promover uma contração muscular, e ainda, na manifestação de uma tensão que seja capaz de vencer uma resistência na ação que lhe permita realizar o trabalho mecânico de empurrar, tracionar, ou ainda, na ação que lhe permita realizar o trabalho mecânico de elevar determinado peso ou determinada carga.

Porém, partindo de uma análise biomecânica mais específica ou aprofundada, diante da manifestação e da intensidade de uma tensão produzida por um exercício de força realizado em uma sessão de musculação, o fator principal a ser destacado consiste no efeito da soma dos diâmetros das fibras musculares, e também no ângulo de inserção dessas mesmas fibras, com o propósito de desenvolver uma força resistiva capaz de vencer a resistência externa imposta por determinado peso ou carga, ao executar um movimento curto e de pouca repetição, em um ritmo lento ou acelerado.

Partindo de uma análise fisiológica geral, o fator principal a ser destacado durante a prática do exercício de força realizado em uma sessão de musculação consiste na manifestação e na intensidade de uma contração que seja capaz de promover e de desencadear alterações estruturais quanto à hipertrofia de um músculo, e ainda, na manifestação e na intensidade de uma contração que seja capaz de promover e de desencadear gasto energético quanto ao ciclo alongamento-encurtamento muscular. A adaptação neurogênica ou neural corresponde à primeira fase de adaptação proporcionada pelos exercícios de força incluídos em um treinamento resistido, enquanto a adaptação miogênica ou morfológica corresponde à segunda fase de adaptação proporcionada pelos exercícios de força incluídos em um treinamento resistido. A adaptação neurogênica ocorre no início do treinamento resistido de base, e promove adaptações neurais do sistema muscular, ou seja, promove uma aprendizagem motora em razão da coordenação do movimento a ser executado.

Com o avanço do treinamento resistido, as fases intermediárias e avançadas se tornam ainda mais importantes para as adaptações musculares condicionadas a fatores hipertróficos. Partindo desse princípio, o ACSM (American College of Sports Medicine, 2001) relacionou as adaptações neurais aos fatores hipertróficos para o aumento da força em exercícios resistidos, levando-se em consideração a progressão gradual de um treinamento resistido, e constatou que o aumento da força expresso nos exercícios resistidos deu-se em razão das adaptações neurais, enquanto o restante deu-se em razão dos fatores hipertróficos. Portanto, observa-se que, há uma relação inversa, considerando a hipertrofia como responsável por esse aumento, mediante a prescrição de exercícios de força.

Porém, partindo para uma análise fisiológica mais específica ou aprofundada, diante da manifestação e da intensidade de uma contração produzida por um exercício de força em uma sessão de musculação, o fator principal a ser destacado consiste no processo bioquímico que se dá sobre as atividades enzimáticas dos mecanismos celulares, subcelulares e moleculares, e também no processo bioquímico que se dá em relação às respostas e adaptações metabólicas do organismo durante todo o processo de alongamento e encurtamento muscular.

Em um ponto de vista termogênico, um exercício de força consiste em um tipo de atividade física resistida que envolve a produção de calor por meio de uma tensão muscular que se dá durante um período, tanto na ausência de movimentos repetitivos, quanto na existência de movimentos repetitivos. A produção de calor que se dá pela prática de uma atividade física na ausência de movimentos repetitivos é obtida por meio de exercícios de força estáticos, e a produção de calor que se dá pela prática de uma atividade física na existência de movimentos repetitivos é obtida por meio de exercícios de força dinâmicos.

De acordo com o tipo de trabalho mecânico estático ou dinâmico, elaborado em um programa de treinamento resistido, e que por sua vez se dá perante uma alternância ou constância regular de movimentos manifestados por um esforço muscular periódico, ou ainda de acordo com o tipo de trabalho mecânico estático ou dinâmico, elaborado em certa ordem anatômica, e que por sua vez se dá diante da concentração de tensões musculares tônicas ou fásicas oriundas de uma contração isométrica ou anisométrica concêntrica e excêntrica, determinada atividade física resistida executada em uma sessão de musculação pode ser descrita como um exercício cíclico de força, ou ainda, pode ser descrita como um exercício acíclico de força.

Um exercício cíclico de força é um tipo de atividade física resistida executado em uma sessão de musculação que se dá pela manifestação de tensões fásicas que promovem deslocamentos repetidos em uma mesma frequência, e ainda pela manifestação de tensões fásicas que promovem deslocamentos repetidos em um mesmo período e a intervalos regulares. Esse exercício envolve diretamente a existência de uma alternância entre as contrações musculares. Contrações essas oriundas de um trabalho mecânico dinâmico e revezado, disposto, por sua vez, por meio de uma sequência metodológica de procedimentos variados e substituídos regularmente. Procedimentos esses que se dão em relação às fases de contração e de relaxamento muscular, diante da posição permanente do corpo em determinados implementos fixos ou móveis.

Um exercício acíclico de força é um tipo de atividade física resistida executado em uma sessão de musculação, que se dá pela manifestação de tensões tônicas que promovem deslocamentos não repetidos em uma mesma frequência, e ainda, pela manifestação de tensões tônicas que promovem deslocamentos não repetidos em um mesmo período a intervalos não regulares. Esse exercício envolve diretamente a existência de uma constância entre as contrações musculares. Contrações essas oriundas de um trabalho mecânico dinâmico e não revezado, disposto por meio de uma sequência metodológica de procedimentos variados e substituídos regularmente. Procedimentos esses que se dão em relação às fases preparatória, principal e final, ante a diferentes mudanças de posições do corpo em determinados implementos fixos ou móveis.

De acordo com o tipo de atividade física resistida acíclica de força, que por sua vez é elaborada no intuito de manifestar uma tensão tônica de duração relativamente longa, ao final de uma contração isométrica ou anisométrica concêntrica e excêntrica, ou ainda de acordo com o tipo de atividade física resistida acíclica de força, capaz de vencer uma grande resistência variável ou invariável, diante de uma velocidade de execução lenta ou nula, determinado tipo de trabalho mecânico executado em uma sessão de musculação pode ser descrito como um exercício de força tônico explosivo, tônico elástico-explosivo, e também como um exercício de força tônico elástico-explosivo e reflexo.

Um exercício de força tônico flexo-explosivo é um tipo de atividade física resistida executada em uma sessão de musculação que se dá pela manifestação de um movimento lento, contínuo e controlado, que promove um tipo de trabalho muscular muito intenso e relativamente estático, executado em um ritmo pausado no intuito de desenvolver um esforço crescente logo no início de uma contração concêntrica. Um exercício de força tônico flexo-explosivo pode também ser descrito como um exercício de força tônico isométrico-explosivo, pelo fato de promover um pico máximo de esforço concêntrico, no intuito de vencer até o final do movimento de flexão a magnitude de uma resistência variável ou invariável imposta por um trabalho muscular, com repetições periódicas executadas tanto em implementos fixos, quanto em implementos móveis.

Um exercício de força tônico elástico-explosivo flexo-extensor é um tipo de atividade física resistida executada em uma sessão de musculação que se dá pela manifestação de um movimento moderado, contínuo e controlado, que promove um tipo de trabalho muscular dinâmico relativamente intenso, executado em um ritmo ininterrupto no intuito de desenvolver, consecutivamente, um esforço crescente logo no início de uma contração concêntrica, e um esforço decrescente logo no início de uma contração excêntrica. Um exercício de força elástico-explosivo flexo-extensor pode também ser descrito como um exercício de força anisométrico-explosivo, pelo fato de promover um pico máximo de esforço concêntrico e excêntrico contrabalanceado, no intuito de vencer até a fase final do movimento de flexão e de extensão a magnitude de uma resistência variável ou invariável imposta por um trabalho muscular, com repetições periódicas executadas tanto em implementos fixos, quanto em implementos móveis.

Um exercício de força tônico elástico-explosivo extensor é um tipo de atividade física executado em uma sessão de musculação que se dá pela manifestação de um movimento lento, contínuo e controlado, que promove um tipo de trabalho muscular muito intenso e relativamente dinâmico, executado em um ritmo pausado no intuito de desenvolver um esforço decrescente logo no início de uma contração excêntrica. Um exercício de força tônico elástico-explosivo extensor pode também ser descrito como um exercício de força tônico elástico-explosivo reativo, pelo fato de promover um pico máximo de esforço excêntrico, no intuito de vencer, até o final do movimento de extensão, a magnitude de uma resistência variável ou invariável que se opõe ao sentido de uma ação extensiva, imposta por um trabalho muscular com repetições periódicas executadas tanto em implementos fixos, quanto em implementos móveis.

De acordo com o tipo de manifestação de um esforço, que por sua vez é necessário para expressar a intensidade de uma tensão interna que se dá contra o efeito de uma resistência variável ou invariável, ao exercer uma contração muscular voluntária estática ou dinâmica, ou ainda de acordo com o tipo de força reativa que se manifesta durante a execução de determinada ação muscular, e também de acordo com o tipo de esforço capaz de exercer o máximo de tensão muscular, diante de determinado tipo de trabalho mecânico de compressão ou de tração executado em uma sessão de musculação, tanto em implementos fixos, quanto em implementos móveis, determinada atividade física resistida pode ser descrita como um exercício de força isotônica, isométrica estático-máximo, anisométrica concêntrica dinâmico-máximo, anisométrica concêntrica dinâmico-explosivo, anisométrica excêntrica dinâmico-máximo, e ainda como um exercício de potência ou exercício pliométrico.

Um exercício de força isotônica é um tipo de atividade física resistida executada em uma sessão de musculação que promove a manifestação de uma energia física de compressão que passa diretamente sobre o centro de gravidade em determinada alavanca articular do corpo humano, ou ainda, que promove a manifestação de uma energia física de tração que não passa diretamente sobre o centro de gravidade de determinada alavanca articular do corpo humano. É um tipo de trabalho mecânico dinâmico que promove durante determinado tempo uma contração muscular voluntária concêntrica ou excêntrica, mediante um movimento de flexão ou de extensão que se dá contra uma resistência externa variável adaptada, acomodada e crescente, e ainda mediante um movimento de flexão ou de extensão que se dá contra uma resistência externa invariável constante imposta por implementos fixos ou móveis. Um exercício de força isotônica é ainda um tipo de atividade física resistida que promove um encurtamento ou aumento no comprimento das fibras musculares, diante de ações contínuas e progressivas oriundas de trabalhos concêntricos ou excêntricos, que promove a capacidade de resistir durante determinado tempo a repetições ajustadas a cargas submáximas.

Um exercício de força isométrica estático-máximo é um tipo de atividade física intensa executada em uma sessão de musculação que promove a manifestação de uma energia física sem movimentos articulares. É um tipo de trabalho mecânico resistivo e estático de intensidade constante e variável, que promove durante determinado tempo uma contração muscular voluntária imóvel, mediante uma ação concêntrica ou excêntrica estática de oposição que se dá contra uma resistência externa invariável e constante imposta por implementos fixos ou móveis. Um exercício de força isométrica estático-máximo é ainda um tipo de atividade física resistida que não promove um processo de encurtamento das fibras musculares, ante um esforço crescente manifestado logo no início de uma contração concêntrica ou excêntrica estática, que promove um pico máximo de esforço resistivo, quando se busca vencer a magnitude de uma resistência imposta por um trabalho mecânico prolongado e sem deslocamentos.

Um exercício de força anisométrica concêntrica dinâmico-máximo é um tipo de atividade física resistida rigorosa executada em uma sessão de musculação que promove a manifestação de uma energia física de compressão que passa diretamente sobre o centro de gravidade de determinada alavanca articular do corpo humano. É um tipo de trabalho mecânico flexivo e dinâmico de intensidade constante e adaptada, que promove durante determinado tempo uma contração muscular voluntária isotônica, mediante um movimento de flexão que se dá contra uma resistência externa variável adaptada, acomodada e crescente, e ainda mediante um movimento de flexão que se dá contra uma resistência externa invariável constante imposta por implementos fixos ou móveis. Um exercício de força anisométrica concêntrica dinâmico-máximo é ainda um tipo de atividade física resistida que promove uma diminuição no comprimento das fibras musculares, perante um esforço crescente e excessivo manifestado, consequentemente, em um único movimento de encurtamento muscular, que promove um pico máximo de esforço isotônico positivo, quando se busca vencer a magnitude de uma resistência imposta por um trabalho mecânico intenso.

Um exercício de força anisométrica concêntrica dinâmico-explosivo é um tipo de atividade física resistida rigorosa executada em uma sessão de musculação que promove a manifestação súbita de uma energia física compressiva que passa diretamente sobre o centro de gravidade de determinada alavanca articular do corpo humano. É um tipo de trabalho mecânico flexivo e dinâmico de intensidade constante e adaptada que promove durante determinado tempo uma contração muscular voluntária isotônica, mediante um movimento de flexão que se dá contra uma resistência externa variável adaptada, acomodada e crescente, e ainda mediante um movimento de flexão que se dá contra uma resistência externa invariável constante imposta por implementos fixos ou móveis. Um exercício de força anisométrica concêntrica dinâmico-explosivo é ainda um tipo de atividade física resistida que promove uma diminuição no comprimento das fibras musculares, diante de um esforço crescente e excessivo manifestado, consequentemente, no transcorrer do movimento de encurtamento muscular, que promove um pico máximo de esforço isotônico positivo quando se busca vencer a magnitude de uma resistência imposta por um trabalho mecânico intenso, e que envolve de forma sincronizada e instantânea o maior número de unidades motoras.

Um exercício de força anisométrica excêntrica dinâmico-máximo é um tipo de atividade física rigorosa executada em uma sessão de musculação que promove a manifestação de uma energia física de tração que não passa diretamente sobre o centro de gravidade de determinada alavanca articular do corpo humano. É um tipo de trabalho mecânico extensivo e dinâmico de intensidade variável que promove durante determinado tempo uma contração muscular voluntária isotônica, mediante um movimento de extensão que se dá contra uma resistência externa variável adaptada, acomodada e crescente, e ainda mediante um movimento de extensão que se dá contra uma resistência externa invariável constante imposta por implementos fixos ou móveis. Um exercício de força anisométrica excêntrica dinâmico-máximo é ainda um tipo de atividade física resistida que promove um aumento no comprimento das fibras musculares diante de um esforço crescente e excessivo manifestado, consequentemente, no transcorrer do movimento de alongamento muscular, que promove um pico máximo de esforço isotônico negativo quando se busca vencer a magnitude de uma resistência imposta por um trabalho mecânico intenso, que por sua vez se opõe ao sentido do movimento de extensão.

Um exercício de potência ou exercício pliométrico é um tipo de atividade física resistida intensa não necessariamente executada em uma sessão de musculação que promove a manifestação simultânea de uma energia física explosiva de aceleração e de desaceleração muito rápida, que afeta diretamente a estabilidade do centro de gravidade do corpo humano. É um tipo de trabalho mecânico extensivo e dinâmico de intensidade variável que promove durante determinado tempo uma contração muscular automática e potente, mediante um movimento ininterrupto e concomitante de flexão e de extensão, que se dá por sua vez por meio de diferentes tipos de salto contínuo vertical longitudinal executados em um mesmo espaço ou não, ou ainda por meio de diferentes tipos de salto contínuo vertical de profundidade executados em um mesmo espaço ou não. Um exercício de potência ou exercício pliométrico é ainda um tipo de atividade física resistida que consiste em desenvolver a força explosiva ou a potência muscular por meio de movimentos executados em diferentes ângulos articulares. Movimentos esses que visam aumentar gradativamente o reflexo miotático, e também que visam aumentar o reflexo monossináptico, ante uma tensão que estimule repetidamente o processo de alongamento e de contração de determinado grupamento muscular.

Um exercício pliométrico é excelente como complemento a um programa de treinamento resistido durante uma sessão de musculação direcionada a desenvolver a potência, a velocidade, a agilidade, e ainda a capacidade de um esforço reativo, diante de diferentes tipos de trabalho muscular dinâmico, interligados por sua vez a atividades físicas de agachamento, de supino, e também de levantamento. A capacidade de um esforço reativo, que por sua vez é manifestado por meio de determinado exercício pliométrico, envolve tipos distintos de exercício de potência com impulsões verticais, exercício de potência com movimentos de transferências, exercício de potência com movimentos de balanceios dos membros superiores ou inferiores, e ainda exercício de potência com movimentos flexivos ante a diferentes posições corporais.

Um exercício de potência com impulsão vertical envolve diretamente vários tipos de salto de profundidade que partem de diferentes níveis de altura, conjugados por sua vez com deslocamentos laterais do corpo, e ainda com deslocamentos do corpo para frente ou para trás, a partir da posição de cócoras ou agachado. Um exercício de potência com movimento de transferência envolve diretamente vários tipos de mudança do corpo no espaço, com trocas sucessivas de um nível mais alto para um nível mais baixo, ou ainda de um nível mais baixo para um nível mais alto, conjugados por sua vez com deslocamentos corporais que partem para frente, para trás, ou ainda para os lados. Um exercício de potência com movimento de balanceio dos membros superiores ou inferiores envolve diretamente oscilações alternadas, constantes e sucessivas dos braços ou das pernas, conjugados por sua vez com flexões laterais ou rotações do tronco, ou ainda com flexões nos segmentos corporais, por meio de golpes que expressam socos, chutes ou pontapés. Um exercício de potência com movimento flexivo envolve diretamente curvaturas com rotações ininterruptas do tronco, conjugados por sua vez com diferentes tipos de passe, arremesso ou lançamento, a partir da posição do corpo em decúbito dorsal. De acordo com o tipo de método empregado, um exercício de potência se distingue em: exercício de potência elástica explosiva, e em exercício de potência elástica explosivo-reativa.

Um exercício de potência elástica explosivo é um tipo de atividade física resistida intensa não necessariamente executada em uma sessão de musculação, que promove a manifestação simultânea de uma ação motora dinâmica e explosiva concêntrica e excêntrica, por meio de movimentos ininterruptos que promovem alterações no comprimento das fibras musculares em diferentes ângulos articulares, e ainda em diferentes posições corporais. É um tipo de trabalho mecânico rápido e contínuo, que consiste em uma ação motora que se apoia na manifestação de um alongamento previo, por meio de um movimento potente e acelerado, que busca a máxima utilização de determinado grupamento muscular, no intuito de aumentar gradativamente a capacidade de contração rápida de um músculo agonista e sinergista, diante da inibição de um músculo antagonista. Um exercício de potência elástica explosivo é ainda um tipo de atividade física resistida que promove uma elevada potência contrátil, concentrando toda a intensidade da sobrecarga de um trabalho mecânico no movimento que tende a induzir o músculo a contrair.

Um exercício de potência elástica explosivo-reativo é um tipo de atividade física resistida intensa não necessariamente executada em uma sessão de musculação que promove a manifestação simultânea de uma ação motora dinâmica e explosiva concêntrica e excêntrica, por meio de movimentos ininterruptos que promovam alterações no comprimento das fibras musculares em diferentes ângulos articulares, e ainda em diferentes posições corporais. É um tipo de trabalho mecânico rápido e contínuo, que consiste em uma ação motora imediata e muito rápida, que se apoia na utilização da energia elástica armazenada no músculo, por meio da manifestação de uma força que se opõe a outra que lhe é contrária. Um exercício de potência elástica explosivo-reativa é ainda um tipo de atividade física resistida que promove um pico máximo de esforço reativo e elástico negativo, quando se busca vencer a magnitude de uma resistência imposta por um trabalho mecânico intenso e explosivo, que por sua vez se opõe ao sentido do movimento de contração.

PARTE 14
REFLEXÕES ACERCA DO ASPECTO NUTRICIONAL

CAPÍTULO 1

Sistemas energéticos

Os sistemas energéticos se diferenciam pelo aspecto que diz respeito à complexidade e regulação, bem como quanto à disponibilidade em permitir ao músculo esquelético exercer trabalho mecânico por meio de dois processos metabólicos distintos, ou seja, por meio de processos metabólicos aeróbicos ou anaeróbicos. Esses dois processos metabólicos se dão, respectivamente, em atividades físicas ergométricas ou resistidas prescritas em uma sessão de musculação, uma vez que a prática diária dessas atividades físicas, independentemente, requer um processo aeróbico ou anaeróbico como um sistema energético predominante quanto à sua prática. Cada sistema energético predominante envolvido em uma atividade física resistida, seja ele ergométrico ou resistido, é utilizado de acordo com a intensidade e duração de um esforço imposto aos exercícios manifestados.

Importa evidenciar que o processo de formação da adenosina trifosfato (ATP) consiste em um importante mecanismo gerador de energia para o organismo, sendo grande parte desta energia utilizada diretamente nas contrações musculares, bem como nas atividades físicas aeróbicas e anaeróbicas envolvidas em uma sessão diária de musculação. Existem basicamente três tipos de sistema energético e, de acordo com o tipo de mecanismo biológico aeróbico ou anaeróbico utilizado para produzir adenosina trifosfato (ATP), eles são classificados em fosfogênico, glicolítico e oxidativo. Cabe destacar que o objetivo principal desses três sistemas consiste em liberar uma energia proveniente de carboidratos, lipídios e proteínas incluídos na alimentação e transformá-los, por meio de sucessivas reações químicas, em adenosina trifosfato (ATP).

O sistema fosfogênico, também descrito como sistema creatinofosfático, é uma via metabólica anaeróbica alática que utiliza rapidamente o glicogênio armazenado no fígado e no músculo como fonte energética e que, no transcorrer de seu processo bioquímico, acaba por utilizar somente carboidratos como fontes de energia. Esse sistema representa uma fonte imediata de energia para o músculo, e requer poucas reações químicas mediante uma demanda muito baixa do consumo de oxigênio; está diretamente relacionado aos altos índices de energia que são produzidos para suprir a ação muscular executada em um curto período. Fisiologicamente, consiste no processo menos complicado de gerar adenosina trifosfato (ATP) existente no organismo humano.

A geração de adenosina trifosfato (ATP) proveniente do sistema fosfogênico depende da atuação de várias reações enzimáticas, e quando produzida, fica armazenada no músculo, pronta para ser utilizada imediatamente pelo exercício resistido executado durante as sessões de musculação.

A creatina fosfato ou fosfocreatina (PCr) presente no sistema fosfogênico é um composto químico que tem uma cadeia de fosfato de alta energia, exatamente como a adenosina trifosfato (ATP). A creatina fosfato ou fosfogênio (PCr) se decompõe na presença da enzima creatina fosfoquinase, e a energia liberada por meio dessa decomposição é utilizada para formar a adenosina trifosfato (ATP), a partir da adenosina difosfato (ADP). O tempo de atuação da adenosina trifosfato (ATP), ou seja, o tempo em que ela fornece energia para a contração muscular é de aproximadamente 10 segundos. Então, para efetividade mais prolongada de uma contração muscular, mais adenosina trifosfato (ATP) deve ser produzida para o músculo. Para auxiliar o processo de mais adenosina trifosfato (ATP) para uma ação mais prolongada de uma contração muscular, a creatina fosfato ou fosfogênio (PCr) fornece uma molécula de fosfato para a adenosina difosfato (ADP) recriar mais adenosina trifosfato (ATP). A adenosina trifosfato (ATP) recriada a partir da adenosina difosfato (ADP) passa a ser metabolizada novamente como fonte energética, fornecendo, desse modo, mais adenosina trifosfato (ATP) para a contração muscular.

O sistema glicolítico, também descrito como sistema de glicólise anaeróbica é uma via metabólica lática que utiliza rapidamente o glicogênio armazenado no fígado e no músculo como fonte energética e que, no transcorrer de seu processo bioquímico, acaba por utilizar somente carboidratos como fontes de energia, liberando, durante o seu processo bioquímico, aproximadamente duas vezes mais adenosina trifosfato (ATP) do que o processo bioquímico decorrente do sistema fosfogênico. O sistema glicolítico representa uma fonte imediata de energia que requer muitas reações químicas, mediante uma demanda muito baixa do consumo de oxigênio, ocasionando, consequentemente, a formação de ácido lático no organismo.

Esse sistema está diretamente relacionado aos altos índices de energia que são produzidos para suprir a ação muscular executada em um curto período. Fisiologicamente, o sistema glicolítico consiste no processo mais complicado de gerar adenosina trifosfato (ATP), justamente por exigir longas reações bioquímicas. O sistema glicolítico lático representa uma fonte intermediária que gera adenosina trifosfato (ATP) para o músculo, quando é requisitado para atuar em determinado exercício resistido executado em um período compreendido entre 45 a 90 segundos, mediante uma ação muscular que exija altos índices de energia, e ainda mediante a sustentação de esforços de alta intensidade em um tempo que não ultrapasse dois minutos. É desse modo visto como uma fonte glicolítica rápida de energia capaz de sustentar exercícios resistidos de alta intensidade. Contudo, o principal fator limitante na capacidade desse sistema não é exatamente a depleção de energia, mas sim o acúmulo de lactato que ocorre na corrente sanguínea. A maior capacidade de resistência ao ácido lático observada em um praticante de musculação se dá mediante sua capacidade de tolerar os efeitos oriundos do acúmulo de ácido lático no músculo.

O sistema oxidativo é uma via metabólica aeróbica que utiliza rapidamente o glicogênio armazenado no fígado e no músculo como fonte energética e que, no transcorrer de seu processo bioquímico, acaba por utilizar carboidratos, lipídios e proteínas como fontes de energia, liberando, durante o seu processo bioquímico, uma quantidade substancial de adenosina trifosfato (ATP) para o músculo. É um tipo de sistema que utiliza a oxidação de carboidratos, lipídios e proteínas, e que envolve uma demanda elevada no consumo de oxigênio para gerar adenosina trifosfato (ATP), a fim de produzir energia necessária capaz de sustentar uma longa ação muscular, mediante a prática de exercícios resistidos de intensidade baixa para moderada.

Conforme o exercício resistido vai se tornando mais intenso, a produção de adenosina trifosfato (ATP) fica por parte do metabolismo do ácido lático, e ainda por parte do metabolismo do ácido alático. Dentre os exercícios incluídos nas sessões diárias de musculação, que envolve o metabolismo energético aeróbico oxidativo por meio de intensidades acima de 75% a 85% da frequência cardíaca máxima, destacam-se aqueles que fazem uso de diferentes tipos de recurso ergométrico. Importa destacar que, qualquer atividade aeróbica sustentada continuamente em um tempo mínimo de cinco minutos já pode ser considerada como um tipo de atividade física resistida que envolve diretamente o sistema oxidativo como fonte energética.

Durante o desencadeamento do sistema oxidativo, a adenosina trifosfato (ATP) proveniente do processo de catabolismo dos lipídios na presença de oxigênio envolve processos bioquímicos que decorrem de reações químicas complexas que se dão por meio da atuação de diferentes tipos de enzima. O sistema oxidativo possui três fases distintas muito importantes para o processo de regeneração de adenosina trifosfato (ATP), sendo a primeira fase constituída por uma reação química que promove o catabolismo lipídico na presença de oxigênio. A segunda fase constituída por uma reação química que promove o catabolismo do carboidrato no percurso glicolítico aeróbico ou anaeróbico, e a terceira fase constituída por uma reação química que promove o catabolismo de proteínas. Entretanto, os caminhos para a regeneração de adenosina trifosfato (ATP) no sistema oxidativo baseiam-se nos substratos de carboidratos, e ainda nos substratos de lipídios. Desse modo, o glicogênio e os ácidos graxos são duas principais fontes de combustível a serem utilizadas no sistema metabólico oxidativo. Portanto, o sistema metabólico oxidativo requer grande quantidade de oxigênio para converter o glicogênio em 39 moléculas de adenosina trifosfato (ATP), e ainda requer grande quantidade de oxigênio para converter os ácidos graxos em 130 moléculas de adenosina trifosfato (ATP). Ocasionalmente a proteína pode ser também usada como fonte de combustível metabólico, mas isso só ocorre quando o músculo passa por um desgaste fisiológico excessivo, decorrente de exercícios resistidos submetidos a intensidades muito elevadas, mediante níveis extremamente baixos de glicogênio intramuscular armazenado.

A participação do oxigênio durante o catabolismo de carboidratos no sistema oxidativo pode ocorrer tanto sob uma reação aeróbica quanto anaeróbica, sendo que durante o catabolismo dos carboidratos no sistema oxidativo a quebra do glicogênio requer uma participação muito efetiva do oxigênio na glicólise aeróbica, e uma participação pouco efetiva do oxigênio na glicólise anaeróbica. Em contrapartida, a participação do oxigênio é muito mais efetiva no processo de regeneração de adenosina trifosfato (ATP) no catabolismo lipídico no interior das mitocôndrias, fornecendo grandes quantidades desse componente para as contrações musculares nos exercícios tanto aeróbicos quanto anaeróbicos.

Durante o catabolismo lipídico, o metabolismo dos ácidos graxos resulta na formação de acetil-CoA, que é por sua vez o maior provedor para o ciclo do ácido tricarboxílico. A principal função do ciclo do ácido tricarboxílico é degradar o substrato acetil-CoA em dióxido de carbono e átomos de hidrogênio, e isso ocorre na mitocôndria. Durante o catabolismo do carboidrato, o metabolismo da glicose inicia-se com a glicólise anaeróbica e, a partir de cada molécula de glicose que entra no percurso glicolítico, formam-se duas moléculas de piruvato ou lactato, e ainda, mais duas moléculas de adenosina trifosfato (ATP), sendo que a maior parte do piruvato ou lactato que entra no percurso glicolítico é formada em acetil-CoA, a partir de uma conversão que ocorre na enzima piruvato deidrogenase. No sistema oxidativo, o catabolismo das proteínas fornece aminoácidos cetogênicos e glicogênicos que, por sua vez, são oxidados por deaminação e conversão, formando substratos intermediários que entram no ciclo do ácido tricarboxílico.

Com efeito, podemos concluir que, mediante a bioquímica do exercício tanto aeróbico quanto anaeróbico, existem quatro tipos de mecanismo químico envolvidos no processo de formação de adenosina trifosfato (ATP), em que a adenosina trifosfato (ATP) é quebrada enzimaticamente para formar dois compostos, ou seja, adenosina difosfato (ADP) e fosfato inorgânico (Pi) e, a formação desses dois compostos consiste em gerar uma energia química que se converta em energia física, por meio de um processo mecânico que ocorre no mecanismo de contração muscular expresso em determinada alavanca do corpo humano. Prosseguindo, a creatina fosfato ou fosfogênio (PCr) é quebrada enzimaticamente para formar dois compostos, a saber, creatina e fosfato.

O fosfogênio (PCr) ao ser quebrado enzimaticamente fornece energia liberando uma de suas moléculas de fosfato, tornando-se um composto químico descrito como adenosina difosfato (ADP). Uma síntese muito elevada de adenosina trifosfato (ATP) acaba por evitar que o músculo utilize outro sistema de energia, ou seja, acaba por evitar que o músculo venha a utilizar o sistema de glicólise anaeróbica, que por outro lado tem como subproduto o ácido lático, que é um composto químico causador ou indutor de uma fadiga muscular momentânea que se dá sobre determinado trabalho mecânico exercido por um músculo.

Ou seja, o efeito do ácido lático sobre o músculo induz a uma sensação de "queimação" nas ações mecânicas intensas e, conforme essa sensação vai se elevando durante todo o transcorrer de uma ação mecânica intensa, o acúmulo de ácido lático produzido pelo sistema de glicólise anaeróbica no músculo acaba por fazer que uma pessoa submetida a esta ação mecânica interrompa o trabalho muscular o qual exerce, prejudicando desta maneira, a eficiência de todo o processo de contração muscular. Portanto, o sistema energético fosfogênico consiste na fonte energética ideal e mais rápida destinada para esforços rápidos de intensidade elevada utilizados nas séries de exercícios resistidos. Exercícios esses incluídos, por outro lado, em um programa de musculação destinado para a obtenção de força e de massa muscular.

Cabe observar que, o emprego do termo aeróbico e anaeróbico em todo processo fisiológico que ocorre no corpo humano, é de uso hesitante. Com isto, não há, portanto, uma prevalência quanto ao uso correto de aeróbio/aeróbico e anaeróbio/anaeróbico.

Figura 14
Pirâmide nutricional brasileira.

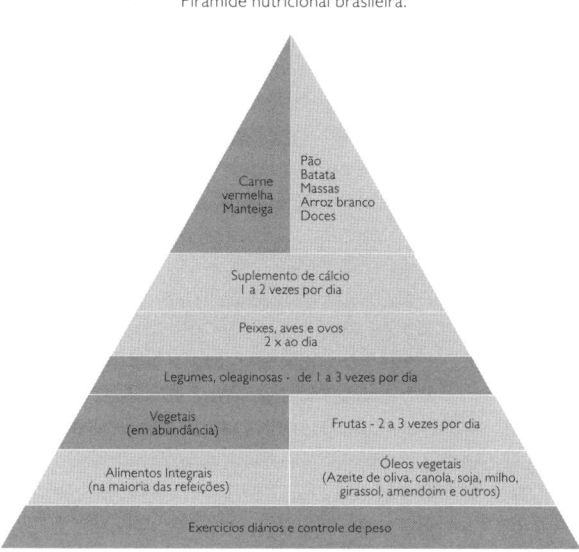

Figura 14.1
Pirâmide nutricional funcional.

CAPÍTULO 2

Musculação e alimentação

A musculação é uma atividade física resistida que envolve grande dispêndio calórico, é ainda uma atividade física que diretamente está associada a um conjunto de ações mecânicas que diretamente envolve a síntese de nutrientes, tanto durante quanto após a execução de um trabalho muscular com níveis de intensidade fraca, moderada ou muito elevada. Importa destacar que todas as calorias gastas em um trabalho muscular devem ser repostas de maneira adequada e equilibrada. Pois, se pela alimentação ingerida viermos a consumir certos grupos alimentares em proporções inadequadas e desequilibradas, poderemos, no decorrer dos treinos, emagrecer ou engordar de modo indesejado.

Em princípio, um bom planejamento alimentar direcionado para um praticante de musculação é aquele que busca estabelecer uma dieta bem balanceada. Dieta essa composta de quantidades adequadas de carboidratos, proteínas,

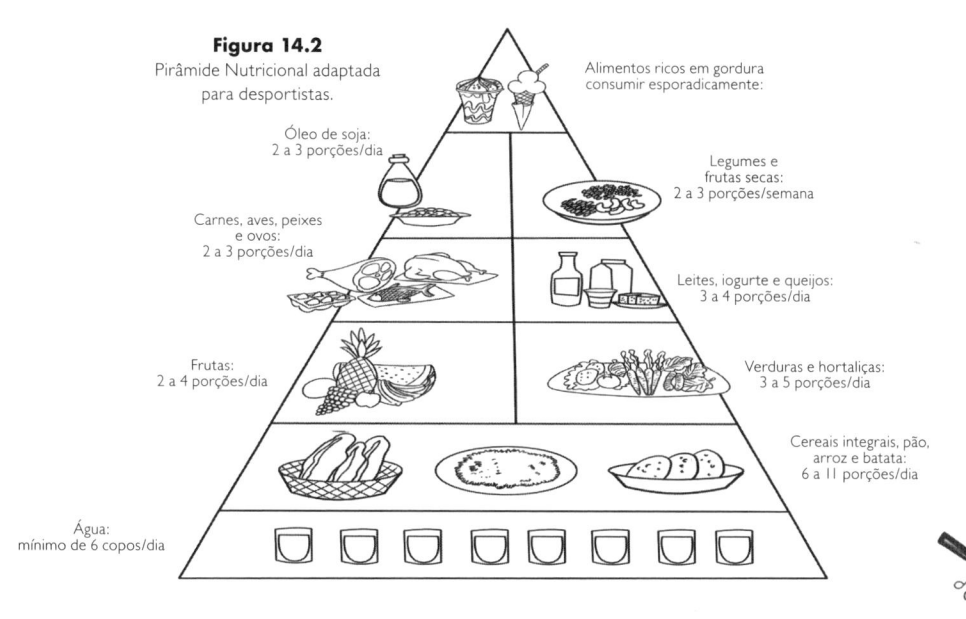

Figura 14.2
Pirâmide Nutricional adaptada para desportistas.

- Alimentos ricos em gordura consumir esporadicamente:
- Óleo de soja: 2 a 3 porções/dia
- Legumes e frutas secas: 2 a 3 porções/semana
- Carnes, aves, peixes e ovos: 2 a 3 porções/dia
- Leites, iogurte e queijos: 3 a 4 porções/dia
- Frutas: 2 a 4 porções/dia
- Verduras e hortaliças: 3 a 5 porções/dia
- Cereais integrais, pão, arroz e batata: 6 a 11 porções/dia
- Água: mínimo de 6 copos/dia

gorduras, vitaminas e minerais. Uma vez ajustada às necessidades diárias de carboidratos, proteínas, lipídeos, vitaminas e minerais, um praticante de musculação irá conseguir ótimos resultados quanto ao desenvolvimento corporal diante do aspecto nutricional que concerne ao aumento ou diminuição de massa magra, ou seja, hipertrofia ou definição muscular.

A pirâmide nutricional funcional é baseada em alimentos funcionais, ou seja, alimentos que exercem funções importantes, tais como a diminuição do colesterol sanguíneo, a prevenção do aparecimento de câncer etc. Os alimentos funcionais incluídos na pirâmide nutricional funcional foram distribuídos de acordo com sua necessidade de ingestão. Assim, os alimentos que precisam ser consumidos em quantidade maior estão na base da pirâmide, enquanto os que precisam ser consumidos em menor quantidade estão no topo da pirâmide. Uma questão que merece destaque na base da pirâmide nutricional funcional consiste na inclusão dos exercícios diários, e ainda, no controle de peso, o que difere das propostas anteriores, que por outro lado, não eram mencionadas. A próxima parte da pirâmide funcional divide-se em duas, a primeira parte consiste em cereais integrais, e a segunda consiste em óleos vegetais. A etapa seguinte, também se divide em duas, a primeira consiste em vegetais, e a segunda parte consiste em frutas. No meio da pirâmide nutricional funcional, estão situadas as oleaginosas e os legumes. No próximo degrau estão o peixe, o frango e ovos. No degrau a seguir, encontra-se uma sugestão de suplementação de cálcio, pois não existe na pirâmide nutricional funcional, uma recomendação para o consumo de laticínios. E por fim, o topo, também se apresenta dividido em duas partes, sendo a primeira constituída por alimentos refinados e aqueles com grande quantidade de açúcar simples, e a segunda parte, constituída por alimentos de difícil digestão e ricos em gordura saturada.

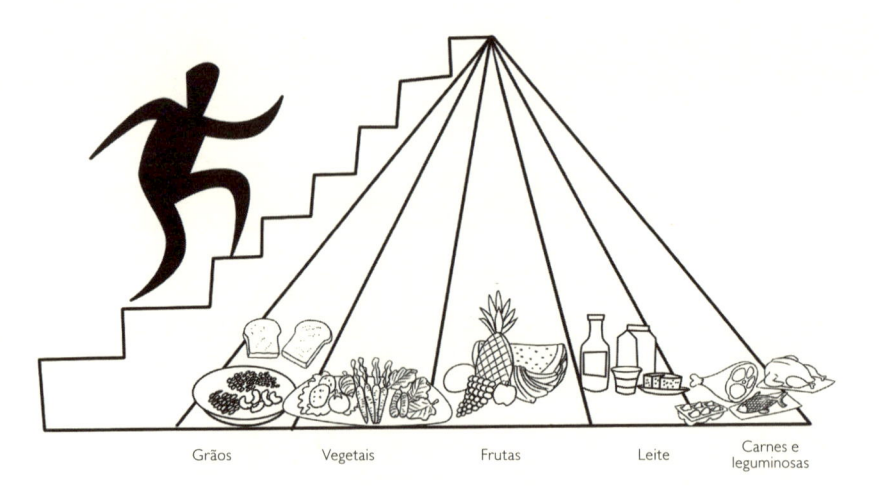

Figura 14.3
Pirâmide nutricional de distribuição vertical.

Quando falamos de praticantes de musculação submetidos a um treinamento resistido, convém destacar as perdas de nutrientes ocasionadas pelo esforço físico resistido diário. Isso explica o aumento da necessidade de determinados nutrientes necessários para o desenvolvimento muscular, e consequente redução dos percentuais de gordura corporal. Assim, alguns nutricionistas desportivos, no intuito por estabelecer uma reeducação nutricional para aqueles submetidos a uma atividade desportiva em particular, criaram uma pirâmide nutricional adaptada. As orientações da pirâmide nutricional adaptada para desportistas dão destaque para a hidratação, ou seja, consumir no mínimo oito copos por dia de água e/ou bebidas reidratantes, para os carboidratos, ou seja, ingerir de 6-11 porções/dia como fonte de energia, priorizando alimentos integrais antes da atividade e carboidrato de alto índice glicêmico após, dependendo da atividade praticada, e ainda, dá destaque para as frutas, verduras e hortaliças, por concentrarem vitaminas, minerais e água. O consumo de frutas seria em torno de 2-4 porções/dia, e o de verduras e hortaliças em torno de 3-5 porções/dia.

Outra orientação destacada na pirâmide adaptada para desportistas é a ingestão adequada de proteína, e o consumo de gordura mono e poli-insaturada. A ingestão adequada de proteína proveniente de carnes, pescados e ovos requer porções de 2-3/dia, e a ingestão de proteína proveniente do consumo de leites e derivados, requer porções de 3 a 4 por dia, buscando sempre selecionar carnes magras e/ou brancas, queijos brancos, leites com baixo teor de gorduras. O consumo de gordura mono e poli-insaturada deve ser evitado, podendo ser consumida esporadicamente. Outra orientação destacada na pirâmide nutricional adaptada é o consumo de leguminosas e frutos secos, e ainda, de suplementos vitamínicos e minerais. Vale destacar que, a suplementação vitamínica ou mineral só deve ser utilizada, quando a ingestão calórica do praticante de musculação for inferior a 1.800 kcal, ou caso haja alguma deficiência de determinado nutriente.

Entretanto, importa destacar que o conceito de pirâmide alimentar modifica-se ao longo dos tempos. Observa-se que nos dias atuais, novas discussões surgiram sobre possíveis mudanças na disposição e composição da pirâmide alimentar. E essas mudanças já foram aderidas pelos Estados Unidos em 2005. Em 2010, nutricionistas desportivos dos Estados Unidos apresentaram uma nova pirâmide nutricional com uma distribuição vertical, destacando fatores como idade e atividade física, e ainda, destacando alguns pontos quanto à prevenção de doenças e à diminuição da prevalência de obesidade. Porém, no Brasil, ainda não consta a nova pirâmide como um padrão no Ministério da Saúde, mas alguns especialistas vêm discutindo essa possibilidade e imagina-se que em breve a pirâmide brasileira seja revisada.

As principais diferenças entre a pirâmide nutricional norte-americana de 2010 e a atual brasileira são: leitura da pirâmide na vertical, porções dadas em gramas ou xícaras por dia, prática de atividade física na forma de exercícios, lazer, esportes e uma vida ativa, além da ingestão adequada de calorias para cada estágio da vida, os carboidratos continuam em destaque, mas dando preferência aos integrais, às gorduras, em especial as saudáveis mono e poli-insaturadas, encontradas em óleos vegetais, peixes, castanhas e nozes, passam a ter destaque.

Ainda se orienta a redução de gordura saturada e a inclusão de castanhas, nozes e amêndoas na alimentação é estimulada, a importância de se aumentar a ingestão e a variedade de frutas, legumes e verduras diariamente. As fontes de proteínas obedecem a uma escolha associada às gorduras saudáveis, ao aumento do consumo de leite e derivados livres de gorduras ou desnatados e produtos à base de soja, ao consumo de alimentos fortificados em vitamina B12, assim como cereais fortificados. Destaca-se também a redução da ingestão de sódio de 2,3 mg/dia para 1,5 mg/dia.

Contudo, dependendo do tipo de perfil de um praticante de musculação iniciante, intermediário ou avançado, envolvido por sua vez em um treinamento de força de intensidade submáxima ou máxima, essa necessidade diária pode ser sensivelmente modificada, consoante os objetivos visados pelo programa em andamento. Quando o objetivo desejado consiste no aumento ou na diminuição da massa muscular, no intuito de se atingir a hipertrofia ou a definição, a distribuição diária de carboidratos, proteínas, lipídeos, vitaminas e minerais, deve corresponder a percentuais estabelecidos em determinado tipo de dieta.

Geralmente, a dieta básica de um praticante de musculação é constituída por 6 a 8g de carboidrato por quilo de peso ao dia, por 3 a 4g de proteína por quilo de peso ao dia, e pela inclusão de 0,4 a 0,6g de lipídeos essenciais por quilo de peso ao dia, enquanto as carências vitamínicas e minerais podem ser contornadas por meio de uma suplementação segura aos cuidados de um nutricionista desportivo. Entretanto, em um treinamento intenso de musculação, para evitar a formação de radicais livres decorrentes dos exercícios extenuantes, é importante utilizar uma combinação de substâncias descritas como antioxidantes.

Importa ainda destacar que, apesar do praticante de musculação utilizar um tipo de dieta direcionado para volume, e outro tipo de dieta direcionado para definição, nem sempre os médicos e nutricionistas desportivos estão de acordo quando o assunto diz respeito à eficácia e à importância desses dois tipos de dieta, assim como também sobre a relevância do uso da suplementação e de diferentes recursos ergogênicos associados ao incremento da força, ante os diferentes tipos de método ou sistema empregado em um programa de treinamento resistido.

De início, devemos estar atentos para a grande diferença que existe entre sedentários, esportistas e atletas de alto nível. Também não devemos perder de vista que importantes pesquisas ainda se encontram em andamento sobre as quantidades ideais, assim como os possíveis efeitos das substâncias vitamínicas e minerais que visam melhorar o desempenho físico. Contudo, o desempenho da força requer uma importância especial ao ritmo de alimentação, e isso se dá pelo fato de que o ritmo de alimentação para o treinamento de musculação é um forte sincronizador de diversas funções fisiológicas coadjuvantes no processo de hipertrofia muscular, ou seja, diferentes alimentos ingeridos reforçam a ideia de uma rotina alimentar que deve ser orientada durante todo o processo de um ciclo de treinamento resistido.

O ritmo da alimentação constitui um ritmo biológico, em que a rotina de alimentação é apenas um sincronizador que age do exterior para o interior.

O reconhecimento das reações que se dão pelo trabalho do fígado, na primeira metade do dia, diante de um regime normal de três refeições, faz que o fígado produza uma maior quantidade de bile, o que assegura a digestão de proteínas e lipídeos, e isso ocorre quando é usada a reserva de glicogênio.

Na segunda metade do dia, o fígado começa a assimilar açúcares e acumular glicogênio e água, aumentando desse modo o volume das células hepáticas. Consequentemente, a maior quantidade de glicogênio é registrada cerca de três horas da madrugada, e a menor próxima das quinze horas da tarde. Durante o período de três a quinze horas, ocorre todo um processo bioquímico, no qual o glicogênio é liberado e estocado. Dessa maneira, o nível máximo de açúcar no sangue situa-se às nove horas da manhã, ao passo que o mínimo de açúcar no sangue situa-se às dezoito horas.

É importante para quem utiliza certos tipos de dietas, suplementos, ou algum recurso ergogênico, que se analise a questão do seguinte modo: fazer um resumo das origens, das funções, dos prós e contras, da ação profilática e terapêutica da dieta ou do suplemento, avaliando os possíveis efeitos benéficos atribuídos aos tipos de dieta para ganho de massa muscular ou definição, como também para o suplemento ou recurso ergogênico que se pretende utilizar, discutindo as pesquisas que sustentam cada argumento positivo e negativo.

Contudo, antes de se elaborar o planejamento alimentar de um praticante de musculação por meio de uma dieta, é importante se apropriar das informações contidas na pirâmide nutricional criada pelo U. S. Department of Agriculture e o U. S. Department of Health and Human Services em 1992. A pirâmide nutricional proporciona uma visão bem abrangente das proporções dos alimentos que devem ser ingeridos em uma refeição fracionada, além de servir como um referencial muito importante para a criação de um programa dietético equilibrado que venha a suprir, segundo a Recommended Dietary Allowances (RDA), a ingestão habitual de certos grupos de alimentos ao longo dos dias. A pirâmide nutricional consiste em um poliedro seccionado em seis categorias ou em seis grupos alimentares. Essa secção ou separação em seis grupos alimentares busca determinar e quantificar as proporções ou porções ideais dos alimentos a serem incluídos em uma refeição.

Assim, de acordo com a pirâmide nutricional, a primeira categoria alimentar, ou seja, o ápice da pirâmide, é constituída por gorduras, óleos e açúcares, e alerta para o uso restrito dessas substâncias nas refeições. A segunda é constituída por leite e laticínios em geral. A terceira categoria alimentar é constituída por ovo, nozes, carne vermelha e branca, além de tipos variados de grão, ou seja, feijão, ervilha, soja, lentilha, grão de bico etc. A quarta é constituída por legumes e hortaliças variadas. A quinta é composta por diferentes tipos de fruta. E, por fim, a sexta categoria alimentar, ou seja, a base da pirâmide, agrega diferentes tipos de massa e cereal.

Todavia, cabe destacar que a quantificação do número ideal de porções de cada categoria alimentar a ser incluída em determinada refeição depende do gasto calórico total diário expresso por um praticante de musculação em particular.

Cabe destacar ainda que cada categoria proporciona, gradativamente, a ingestão parcial de alguns nutrientes essenciais para o organismo, e que nenhuma categoria alimentar pode ser vista ou tida como mais importante que a outra. De maneira geral, um praticante de musculação deve consumir todas as categorias de alimentos em conjunto, para manter uma dieta equilibrada. Segundo McArdle (1992), uma dieta equilibrada deve conter 50% a 60% de carboidratos, 20% a 25% de lipídeos e 10% a 15% de proteínas.

Um bom planejamento alimentar é um dos procedimentos mais importantes para quem se submete a sessões diárias de musculação, uma vez que sem os nutrientes fundamentais e necessários não é possível conseguir reconstruir o tecido muscular danificado durante o trabalho resistido. Desse modo, a melhor maneira de maximizar o ganho de massa muscular é por meio de uma dieta fracionada em alimentos ricos em proteínas e bons carboidratos, distribuídos, por sua vez, em quantidades ideais. O fracionamento de uma dieta consiste em facilitar a ingestão de nutrientes por meio de seis refeições por dia a cada três horas. Todas as refeições fracionadas devem conter proteínas, carboidratos e lipídeos, a fim de manter o corpo em estado anabólico positivo por um longo período.

As proteínas são macronutrientes responsáveis pela reconstrução do tecido muscular, e sua ingestão deve corresponder a cerca de 2g/kg correspondente ao peso corporal, ou seja, um praticante de musculação que possua um peso corporal de 60kg deve ingerir no mínimo 120g de proteína por dia para que busque maximizar o incremento de massa muscular. Os carboidratos são fontes principais de energia para o músculo, e quando ingeridos em conjunto com proteínas, possuem um papel muito importante no processo de reconstrução muscular. Os lipídeos ajudam no bom funcionamento do corpo humano, e ainda na liberação de importantes hormônios anabólicos, tais como a testosterona e o hormônio do crescimento.

O ganho de massa magra, a redução do percentual de gordura corporal e o controle hormonal estão diretamente associados com o tipo de alimentação adotado por um praticante de musculação. O processo de hipertrofia muscular ocorre quando a taxa de síntese proteica muscular excede a taxa de degradação, acarretando um saldo positivo do balanço proteico muscular. Apesar do desconhecimento sobre a duração do aumento do saldo positivo do balanço proteico muscular, sabe-se que a síntese proteica muscular pode permanecer por até 48 horas pós-exercício. A inclusão de proporções adequadas de proteína na alimentação de um praticante de musculação fornece nutrientes oriundos de aminoácidos essenciais de cadeia ramificada que são necessários para o processo de construção muscular. A presença de todos os aminoácidos essenciais em quantias adequadas em um alimento forma uma ingestão de proteína completa, capaz de garantir a manutenção do crescimento muscular.

A ingestão de proteínas é uma das maiores preocupações, já que esse é o nutriente responsável pela construção dos músculos. A presença de todos os aminoácidos essenciais em quantias adequadas em um alimento forma uma ingestão de proteína completa, capaz de garantir a manutenção do crescimento muscular. Proteínas completas a serem incluídas em um programa alimentar para praticantes de musculação são aquelas encontradas em carnes, ovos, leites, peixes, enfim, proteínas na grande maioria de origem animal.

A proteína desempenha um papel muito importante para o treinamento resistido, e constitui-se como substrato energético utilizado durante o trabalho muscular, quando um praticante de musculação se submete a uma sessão de exercícios constantes com cargas muito elevadas. Contudo, a proteína não é capaz de proporcionar mais do que 10% a 15% da energia necessária para o trabalho mecânico a ser desenvolvido pelo músculo. Cabe ao carboidrato e à gordura proporcionar o restante da energia requerida, a fim de se evitar o déficit energético.

Para se obter a energia necessária para o trabalho mecânico exigido em uma sessão de musculação, a proteína passa por um processo bioquímico que transforma aminoácidos em partículas capazes de liberar energia mediante a remoção de nitrogênio dos ácidos graxos e assim serem transferidos para outros compostos. Desse modo, durante o processo bioquímico, alguns aminoácidos podem ser usados diretamente pelo músculo para obtenção de energia, já que um mol de proteína é capaz de produzir 15 ATP.

A principal função do carboidrato para o praticante de musculação consiste no fato de o metabolismo do carboidrato fornecer e armazenar energia para gerar ATP anaerobicamente, mediante exercícios resistidos realizados com intensidades elevadas que exijam a liberação de energia rápida. Os carboidratos ingeridos em uma refeição são transformados em unidades simples e, consequentemente, convertidos em glicose no fígado. O organismo reage ao aumento de glicose no sangue liberando insulina, que é um hormônio capaz de estimular a captação de glicose. A glicose ingerida e não revertida em energia imediata a ser utilizada no trabalho muscular expresso nas sessões de musculação é transformada e estocada sob a forma de gordura no corpo. No planejamento alimentar de um praticante de musculação, os carboidratos podem ser divididos ao longo do dia da seguinte maneira: 20% no café da manhã, 20% na refeição pré-treino, 20% na refeição pós-treino, e 40% restantes divididos igualmente nas demais refeições. Ao estabelecer esse processo de divisão de carboidratos ao longo do dia, é importante que se dê preferência para as fontes de carboidrato que contenham um alto índice glicêmico no período pré-treino, e para fontes de carboidratos que contenham um baixo índice glicêmico no período pós-treino. A modulação que se dá nos períodos pré-treinos e pós-treinos reflete o impacto que ocorre na ingestão de carboidratos, mediante o aspecto glicêmico relacionado diretamente ao controle do hormônio insulina, bem como no controle e armazenamento do glicogênio.

O glicogênio é uma molécula altamente ramificada que pode desencadear uma situação tanto anabólica quanto catabólica, ou seja, que pode favorecer tanto a síntese quanto a degradação. O glicogênio é armazenado nos músculos esqueléticos e no fígado, e a depleção desse substrato permite uma regulação endógena que está diretamente de acordo com as necessidades fisiológicas, assim como com a disponibilidade de energia exigida para exercícios prolongados por mais de duas horas. O glicogênio é um importante substrato que permite manter a glicemia durante o período de jejum prolongado. Na ausência de glicogênio, o organismo utiliza outras vias metabólicas para a geração de energia. Essas vias podem se valer de corpos cetônicos por meio de lipídeos e de aminoácidos cetogênicos, e ainda por meio da gliconeogênese, que é a formação de moléculas de glicose mediante compostos que não são carboidratos, tais como os aminoácidos e os lipídeos.

A depleção do glicogênio é extremamente bem regulada pelo aspecto fisiológico do corpo humano, mas, ao mesmo tempo, pode transformar-se em uma reação desfavorável quando, pelo excesso de energia disponível, o glicogênio é convertido em gordura, e também quando, mediante a ausência de energia proveniente do glicogênio disponível, ocorre a incidência de um estado de hipoglicemia. Esses dois aspectos fisiológicos, ou seja, a conversão do glicogênio em gordura e a incidência da hipoglicemia são provenientes, respectivamente, de processos bioquímicos descritos como glicogênese e glicogenólise. A glicogênese se dá pela síntese do glicogênio em situações em que há excesso de glicose no sangue, ou seja, no momento pós-prandial, enquanto a glicogenólise se dá pela depleção do glicogênio por uma série de reações enzimáticas. Cabe ressaltar que durante os momentos em que disponibilizamos energia para o corpo, a sinalização hormonal implica uma síntese de glicogênio tanto hepática quanto muscular.

O glicogênio é a primeira forma de energia armazenada e utilizada pelo praticante de musculação quando submetido a trabalhos musculares resistidos extenuantes e, quanto maior for o seu estoque, mais rápido será o aumento de massa muscular magra para aqueles que buscam o incremento da hipertrofia. Consequentemente, mais demorada será a redução do percentual de gordura corporal para aqueles que buscam o emagrecimento e definição muscular. Portanto, cabe ao praticante de musculação saber manipular adequadamente os estoques de glicogênio, a fim de obter benefícios pertinentes à lipólise, principalmente para quem está em processo de perda de gordura corpórea, e ainda ao anabolismo muscular, principalmente para quem está em processo de ganho de volume muscular.

Um trabalho muscular resistido de alta intensidade ocorre exclusivamente por meio de vias metabólicas glicolíticas e, consequentemente, acaba por exaurir grande parte do glicogênio armazenado pelo músculo esquelético. Vale destacar que a metabolização da gordura envolve a depleção de glicogênio. Entretanto, outros fatores como a aerobiose em jejum, ou seja, a entrada de compostos na mitocôndria e a oxidação de ácidos graxos em um estado muito baixo de glicogênio muscular e hepático também atuam sobre o processo de metabolização da gordura. Isso se aplica, por exemplo, quando treinamentos resistidos são realizados com um aporte nutricional muito insuficiente.

É importante salientar que esse procedimento induz a um estado catabólico prolongado, uma vez que a oxidação decorrente do trabalho muscular continua ocorrendo, mesmo após o término das sessões de musculação. É importante que os estoques de glicogênio estejam abastecidos, para que se possam realizar trabalhos musculares resistidos de maneira intensa e adequada, e ainda com o máximo de intensidade. E, para que isso ocorra, é fundamental que se estabeleça um tempo de 50 horas, no intuito de restabelecer o processo de assimilação compensatória do músculo, ou seja, recomenda-se repousar cerca de 48 horas para cada grupamento muscular trabalhado. Esse procedimento constitui um princípio básico a ser incluído nas sessões de musculação.

Nesse sentido, o glicogênio acumulado e a glicose sanguínea fornecem a maior parte de energia necessária para o processo bioquímico que desencadeia a ressíntese de ATP. Quando um praticante de musculação está submetido a exercícios resistidos de intensidades leves e moderadas, a ingestão de carboidratos supre cerca de metade das necessidades energéticas exigidas para o trabalho mecânico expresso pelo músculo. Dessa maneira, durante o processo bioquímico o carboidrato pode ser usado diretamente pelo músculo para obtenção de energia, já que um mol de carboidrato é capaz de produzir 38 ATP.

Os lipídeos são biomoléculas compostas por elementos orgânicos insolúveis em água ou parcialmente solúveis, e representam uma fonte em potencial e ilimitada de energia para o corpo humano, e a fonte mais comum de lipídeos existente na alimentação é o triglicerídeo. Os lipídeos podem ser classificados, de acordo com o seu tamanho, em lipídeos de cadeia curta, média, longa e muito longa, e ainda podem ser classificados de acordo com sua função e o seu grau de polaridade ou solubilidade. Em seu processo de metabolização, os lipídeos quando armazenados pelo corpo humano recebem o nome de adipócitos, que são células gordurosas especializadas para a síntese e armazenamento de triglicerídeos, e compreendem cerca de 90% das células existentes no corpo humano. Durante a metabolização dos lipídeos, alguns triglicerídeos são também transportados para o fígado, e grande parte é usada para produzir colesterol. Os lipídeos são macronutrientes essenciais no planejamento de uma dieta, uma vez que sua ingestão adequada favorece o processo digestivo, transporte de vitaminas lipossolúveis, além de compor a estrutura de todas as membranas celulares e servir de precursor para a produção de diversos hormônios.

Cabe ao praticante de musculação manter um aporte lipídico entre 15 e 25% das calorias provenientes de toda dieta, sendo que 1/3 desse percentual deve provir de gorduras saturadas, e os 2/3 restantes devem provir de gorduras monoinsaturadas e de gorduras poli-insaturadas. Uma vez que essas gorduras essenciais aumentam a queima de gordura corporal, baixam o colesterol plasmático, produzem energia, transportam oxigênio, aumentam a sensibilidade à insulina, além de produzir hemoglobina e prostaglândinas ou hormônios.

Entre as gorduras essenciais, podemos destacar a importância do consumo de ômega-3 ou ácidos graxos linolênicos, e ômega-6 ou ácidos graxos linoleicos, no intuito de favorecer processos enzimáticos, em especial as elongases e dessaturases. O ômega-3 é um ótimo lipídeo para a produção de eicosanoides anti-inflamatórios, enquanto o ômega-6 é um ótimo lipídeo para eicosanoides pró-inflamatórios. Alguns estudos mais recentes apontam o ômega-3 como um aliado ao emagrecimento, quando comparado a outros tipos de lipídeo, bem como um forte aliado para o processo de hipertrofia muscular.

Do ponto de vista fisiológico, importa para os praticantes de musculação o conhecimento sobre como a gordura armazenada pelo organismo é retirada do adipócito e utilizada pelos músculos como fonte energética em um trabalho resistido, assim que os ácidos graxos se difundem para dentro da circulação sanguínea. O processo que converte um lipídeo sob a forma de energia se dá a partir da alimentação. Todo lipídeo que é ingerido na alimentação é dissolvido pela ação de sais biliares liberados pelo fígado. As enzimas secretadas pelo pâncreas transformam o lipídeo em ácidos graxos e glicerol e, ao estabelecerem uma recombinação a partir de três moléculas de ácidos graxos para uma de glicerol, formam os triglicerídeos que são, por sua vez, absorvidos pelo sistema linfático e lançados para a corrente sanguínea.

Assim que são transferidos para os músculos, particularmente para as fibras de contração lenta, em que são desintegrados e transformados em energia dentro das mitocôndrias, os lipídeos passam a ser utilizados como combustível para o trabalho resistido. Dependendo do estado de nutrição, da intensidade e da duração de uma sessão de musculação, cerca de 30% a 80% da energia destinada para o trabalho muscular derivam das moléculas adiposas intra e extracelulares, uma vez que um mol de gordura é capaz de produzir 142 ATP. Todo lipídeo em excesso, que por sua vez não é utilizado como fonte de energia pelo músculo, armazena-se na pele sob a forma de tecido adiposo. O acúmulo excessivo de tecido adiposo induz no aumento de peso, e ainda no aumento do percentual de gordura corporal, acarretando, gradualmente, o surgimento da obesidade.

Frequentemente o termo gordura remete à noção de triglicerídeos em seu estado sólido, e o termo óleo, em seu estado líquido. Assim, dependendo da estrutura e da composição dos triglicerídeos na temperatura do ambiente, as gorduras podem ser distinguidas em gorduras sólidas ou líquidas. De maneira geral, de acordo com a estrutura química, as gorduras são classificadas em saturadas, insaturadas e trans.

As gorduras saturadas não possuem ligação dupla entre os átomos de carbono em sua constituição química, fazendo com que os ácidos graxos fiquem repletos de hidrogênio. Uma dieta rica em gorduras saturadas compromete a saúde, no que diz respeito ao colesterol alto, arterosclerose, doença coronária e AVC. No planejamento de uma dieta saudável, as saturadas não devem ultrapassar o percentual de 7% das calorias consumidas diariamente, ou seja, deve corresponder no máximo a 20g de gorduras saturadas por dia, uma vez que o seu consumo excessivo aumenta os níveis de lipoproteínas de baixa densidade (LDL). As gorduras saturadas são encontradas em ampla escala nos alimentos de origem animal, e ainda, em reduzida escala, em alguns alimentos de origem vegetal, tais como o óleo de coco e de palma.

As gorduras insaturadas possuem uma ou mais ligações duplas em sua constituição química, e são normalmente encontradas em estado líquido, e subdividem-se em duas categorias bastante distintas, a saber, monoinsaturadas e poli-insaturadas. Diferente das gorduras saturadas, as insaturadas elevam o nível de lipoproteína de alta densidade no sangue (HDL) e, gradativamente, reduzem o nível de lipoproteína de baixa densidade no sangue (LDL). O processo de redução do nível de lipoproteína de baixa densidade (LDL) reduz a formação e manutenção de ateroma, ou seja, reduz a formação da placa de gordura no interior de veias e artérias que, consequentemente, leva à hipertensão arterial, infarto e derrame cerebral. Os alimentos que contêm gorduras insaturadas incluem o abacate, as nozes, e ainda óleos de origem vegetal, tais como óleo de canola e de oliva.

As gorduras monoinsaturadas são tipos de ácido graxo estáveis e pouco oxidáveis, que possuem em sua estrutura uma ligação molecular dupla. As gorduras monoinsaturadas estão presentes em alimentos como o azeite de oliva, óleo de canola, abacate, amendoim, nozes, amêndoas e castanhas. Apesar das gorduras monoinsaturadas auxiliarem no processo de redução dos níveis de colesterol ruim (LDL) sem, no entanto, reduzir os níveis de colesterol bom (HDL), o seu consumo excessivo não é recomendável.

As gorduras poli-insaturadas são tipos de ácido graxo instáveis e muito oxidáveis, que possuem em sua estrutura uma ligação molecular dupla. As gorduras poli-insaturadas estão presentes em alimentos de origem animal, tais como os peixes de água fria (salmão, atum, arenque, sardinha etc.) e frutos do mar, de onde se obtém o ômega três, e ainda em alimentos de origem vegetal, tais como os óleos de girassol, milho, canola, soja, e sementes oleaginosas (linhaça, abóbora etc.), de onde se obtém o ômega seis.

Assim como as gorduras monoinsaturadas, as poli-insaturadas também auxiliam no processo de redução dos níveis de colesterol ruim (LDL) sem, no entanto, reduzir os níveis de colesterol bom (HDL). Entre os óleos vegetais poli-insaturados, podemos destacar dois tipos de grande valia, a saber, os linoleicos ou ômega-6 e os linolênicos ou ômega-3. Na maioria das vezes, óleos de origem vegetal, tais como de milho e girassol, não fornecem ácidos linoleicos ou ômega-6 de maneira bastante satisfatória. Porém, o único óleo de origem vegetal que contém uma quantidade bastante significativa de ácidos linolênicos ou ômega-3 é o proveniente das sementes de soja.

As gorduras trans são tipos especiais de ácido graxo que possuem em sua estrutura uma ligação molecular dupla, em que dois substituintes iguais, ou seja, hidrogênios localizados em dois estereocentros distintos, situam-se em lados opostos. As gorduras trans são formadas a partir de um processo de hidrogenação artificial, o que resulta na origem de uma gordura processada industrialmente muito nociva à saúde humana. Elas são encontradas em reduzida escala nos alimentos de origem animal como o leite e a banha, e ainda em ampla escala nos alimentos processados como biscoitos, bolos, confeitados e salgadinhos. Entretanto, os alimentos que mais contêm gorduras trans são aqueles provenientes de frituras, molhos industrializados para saladas, margarinas, bem como outros alimentos processados.

O processo natural do corpo humano está direcionado em proporcionar armazenamento e conversão da energia, que ocorre por meio de um processo bioquímico capaz de desencadear um sistema fisiológico que induz a uma reação anabólica e enzimática muito adaptativa. Esse processo visa estabelecer a balança energética que supre toda a demanda calórica do corpo humano. Demanda essa que, por sua vez, é susceptível e manipulada por fatores externos que são contrários à nossa vontade. É importante destacar que uma dieta bem planejada não deve induzir uma perda de peso corporal maior do que 0,8 ou 1,5kg por semana, pois uma perda excessiva e acelerada do peso corporal induz a implicações clínicas que diretamente comprometem a massa muscular.

Cabe destacar que a perda de peso corporal por semana obtida, por outro lado, mediante uma dieta de restrição ou redução calórica dos alimentos, segue uma variação intimamente relacionada com a dimensão particular de determinada estrutura corporal. Cabe ainda destacar que longos períodos em dieta muito baixa em calorias induzem a um fenômeno fisiológico que acarreta a redução vertiginosa sobre a taxa metabólica do organismo, prejudicando o mecanismo de defesa natural e de manutenção do corpo humano. Portanto, quando se permanece por mais de duas semanas ingerindo baixas calorias ocorre uma queda na temperatura corporal e, consequentemente, uma diminuição na atividade dos hormônios da tireoide capazes de estimular a produção do hormônio do crescimento (GH).

Outro ponto de destaque quando o assunto é planejamento alimentar para praticantes de musculação diz respeito à fibra alimentar, termo geral empregado para designar os diversos polissacarídeos de carboidratos encontrados nas paredes das células vegetais. Em uma dieta bem elaborada, recomenda-se uma ingestão situada entre 20 a 30g de fibras diariamente. Por serem resistentes a enzimas digestivas, eles deixam resíduos no trato digestor. As fibras alimentares são encontradas em duas formas básicas, a saber, solúveis e insolúveis em água. As fibras solúveis podem ser metabolizadas no intestino grosso, enquanto as insolúveis atravessam todo o trato gastrintestinal sem serem metabolizadas. Dietas ricas em fibras solúveis requerem a inclusão de aveia, leguminosas, legumes e frutas, e as dietas ricas em fibras insolúveis requerem a inclusão de trigo e verduras.

É importante destacar também a necessidade de não abusar do consumo de frutas, uma vez que a frutose, bem como a sucrose (frutose + glicose), roubam ATP do fígado, e tornam a conversão da tiroxina (T4) mais difícil. Cabe destacar também a importância dos alimentos funcionais, ou seja, o consumo de nutrientes que possuem propriedades benéficas para o organismo. Entre os alimentos funcionais podemos citar o vinho tinto, chá verde, molho de tomate natural, alho, cebola, oleaginosas, e ainda diferentes tipos de tempero natural como manjericão, orégano, alecrim, manjerona, rúcula etc.

Quando o objetivo é o incremento da hipertrofia e aumento de massa muscular, faz-se necessário o correto planejamento de uma nutrição específica. Contudo, no dia a dia, observam-se alguns procedimentos inadequados que acabam por comprometer toda a busca pelo resultado esperado. Portanto, durante o processo de elaboração de uma dieta para ganhos de massa muscular, é necessário o cumprimento de algumas diretrizes metodológicas importantes. A primeira diz que o equilíbrio energético positivo é importante na resposta imunológica e na liberação hormonal. Para proporcionar um adequado ganho de massa muscular, deve-se ingerir em torno de 500 calorias acima do gasto energético por dia. Ou seja, se o indivíduo possui um gasto energético de 2.000 calorias/dia, necessita ingerir pelo menos em torno de 2.500 calorias.

Pela segunda diretriz, é recomendado que se faça um fracionamento sobre o total de calorias/dia estipulado, uma vez que toda alimentação ingerida causa um substancial aumento na síntese proteica e uma pequena inibição na degradação, o que resulta em um acréscimo de proteína muscular. O ideal é manter uma média entre cinco e sete refeições diárias, alimentando-se a cada duas ou três horas, a fim de garantir uma contínua oferta nutricional. Recomenda-se incluir uma ingestão de proteínas adequadas em todas as refeições. A quantidade proteica necessária para o indivíduo que treina com alto volume e intensidade deve ser oferecida durante todo o dia. Essas proteínas devem oferecer, sobretudo, aminoácidos essenciais, ou seja, proteínas de alto valor biológico.

Pela terceira diretriz, cabe destacar a importância do equilíbrio nos nutrientes, pois uma dieta bem balanceada e variada deve conter quantidades adequadas de proteínas, carboidratos e lipídeos, nunca deixando de lado as frutas, verduras e legumes. É importante que se saiba administrar o horário ideal e a quantidade adequada de carboidratos simples e complexos antes e após os treinos, a fim de estabelecer o fornecimento eficiente de energia. Deve-se estabelecer um critério seletivo quanto ao consumo de lipídeos, buscando ingerir quantidades corretas de gorduras essenciais.

A quarta estabelece a necessidade de se manter muito bem hidratado, pois a água é um nutriente de fundamental importância para a reposição de eletrólitos fundamentais. E por fim, a quinta diretriz busca estabelecer um nexo entre as refeições antes e após os treinos. É importante destacar a importância de realizar uma refeição leve em torno de 60 minutos antes do treinamento. Essa refeição deve conter uma quantidade adequada de carboidratos complexos e proteínas, além de ser reduzida em fibras, frutose e gorduras. Cabe ainda destacar a importância de se realizar uma boa refeição depois do treinamento. Imediatamente após o treinamento, é interessante realizar uma refeição o quanto antes, para auxiliar no processo de recuperação e evitar o catabolismo, a fim de garantir maior praticidade, nesse caso o uso de suplementos é extremamente recomendável.

Para pessoas engajadas em sessões diárias de musculação e que realmente desejam obter resultados bastante satisfatórios, a escolha dos alimentos a serem ingeridos é fator fundamental. Portanto, cabe destacar os seguintes alimentos como fontes imprescindíveis de nutrientes a serem incluídos em uma dieta nutricional voltada para aqueles que se submetem a trabalhos musculares resistidos. A aveia é uma excelente fonte de carboidratos complexos tanto para as fases de ganho de massa muscular quanto nos períodos em que se almeja a redução da gordura corporal, é rica em fibras, vitamina E, zinco, selênio, cobre, ferro, magnésio e manganês. O azeite de oliva garante uma ótima ingestão de gordura monoinsaturada e antioxidante, e possui atividade anti-inflamatória e efeito cardioprotetor. A batata doce contém carboidratos complexos de baixo índice glicêmico que são digeridos lentamente no organismo, evitando oscilações nos níveis de insulina durante o trabalho muscular nas sessões de musculação.

Os brócolis, assim como a maioria dos vegetais de coloração verde-escura, tais como couve, almeirão, rúcula e agrião, por exemplo, apresentam grande concentração de vitaminas, sais minerais e fibras, além de possuir pouca caloria.

A carne vermelha magra, como exemplo, coxão mole, lagarto, patinho e alcatra, é uma das melhores fontes proteicas com lenta capacidade de absorção para um praticante de musculação, tanto para o ganho de massa magra quanto para o ganho de definição muscular, e a gordura saturada contida nela são necessárias para uma adequada produção do hormônio testosterona e IGF-1, sendo rica em ferro, zinco e vitamina B12. Frutas frescas, apesar de não serem vistas com bons olhos para praticantes de musculação em níveis avançados, pelo fato de possuírem níveis elevados de frutose, três ou quatro porções devem ser incluídas diariamente na alimentação, pois são fontes de fibras, vitaminas e minerais, além de substâncias bioativas, como bioflavonoides por exemplo.

As leguminosas, como, por exemplo, feijão, lentilhas, grão de bico e soja, assim como a clara de ovo, constituem uma importante fonte nutricional para o período de ganho de massa muscular. O filé de peito de frango apresenta baixo teor de gordura saturada e alta concentração proteica. Os probióticos existentes no queijo cottage e no iogurte desnatado melhoram o funcionamento intestinal e a biodisponibilidade de nutrientes ingeridos, e os prebióticos, entre os quais a inulina, encontrados, por exemplo, no alho, na cebola e na chicória, bem como os galacto-oligossacarídeos, lactulose, rafinose, estaquiose, e também as fruto-oligossacarídeos encontradas, por exemplo, no mel, na banana e na cevada, são importantes agentes alimentares não digeríveis que beneficiam o crescimento seletivo e a atividade de um número limitado de bactérias existentes dentro do intestino grosso. O consumo de semente de linhaça é bastante favorável, pois contém nutrientes de alto valor biológico, por ser rica em ácido alfa linoleico (ALA). A sardinha e o salmão contêm nutrientes de alto valor biológico, pois são ricos em gorduras essenciais do tipo ômega-3, bem como de ácidos eicosapentanoico (EPA) e docohexaenoico (DHA). Os temperos naturais, como por exemplo, alho, cebola, orégano, manjericão, coentro e alecrim, acrescentam um sentido antioxidante na dieta.

Observando atentamente os alimentos descritos, é possível constatar que uns são fontes de carboidratos, porém, são isentos de proteínas. Em contrapartida, outros são fontes de gorduras essenciais, porém, são isentos de carboidratos e de proteínas. Desse modo, percebe-se que o ajustamento adequado entre os alimentos a serem incluídos em uma dieta requer um conhecimento peculiar atribuído a um nutricionista desportivo, e ainda ao profissional médico ou profissional de educação física especializado em nutrição desportiva. Uma vez que todos os nutrientes envolvidos em um planejamento dietético devem atuar sinergicamente no organismo, por meio de proporções distribuídas de maneira ideal ao longo das refeições fracionadas ao longo do dia. Organizando todo um programa alimentar, de acordo com as necessidades, com o estilo de vida, e por fim, com os objetivos a serem almejados, quantificando, por outro lado, proporções ideais de proteínas, lipídeos e carboidratos no fracionamento diário das refeições ao longo dos dias.

Analisando as características dos alimentos, mediante o seu aspecto nutricional para o desenvolvimento da estrutura muscular, podemos distinguir quatro tipos, a saber: construtores, energéticos, vitamínicos e lipídicos. Os alimentos construtores são representados, por exemplo, pelo atum, salmão, sardinha, barra de proteína, clara de ovo, carne bovina de perfil magro, filé de peito de frango, presunto de peru, iogurte, leite, queijo cottage, ricota etc. Os alimentos energéticos são representados, por exemplo, pelo arroz, macarrão, aveia, pão integral, batata, batata doce, feijão, cereais integrais etc. Os alimentos vitamínicos são representados, por exemplo, pelo brócolis, couve-flor, alface, tomate, vegetais folhosos, legumes, frutas em geral etc. Os alimentos lipídicos são representados, por exemplo, pelo azeite de oliva, óleo de canola, óleo de girassol, óleo de gergelim, óleo de amendoim, azeitonas etc.

Tendo por base a noção das diferentes características atribuídas para alimentos construtores, energéticos, vitamínicos e lipídicos, é possível criar uma refeição respeitando-se as seguintes regras: para cada refeição escolha um ou mais alimentos construtores em todas as refeições, até as 18 horas adicione alimentos energéticos em uma refeição evitando, contudo, a inclusão desses alimentos após as 18 horas. Nas refeições do almoço e do jantar, inclua sempre um ou mais alimentos lipídicos importantes para os músculos. Inclua também alimentos vitamínicos em qualquer refeição. E por fim, estabeleça uma boa ingestão de água ao longo do dia.

Importa destacar que todo um programa nutricional fracionado ao longo dos dias, quando direcionado para um praticante de musculação iniciante, intermediário ou avançado, deve levar em consideração, além da individualidade biológica, da idade e do sexo, a estimativa do valor calórico ideal requerido para uma dieta que proporcione ganho de massa muscular, bem como para uma dieta que proporcione redução no percentual de gordura corporal. E estimar o gasto energético do treinamento resistido requer mensurar o tempo em que o esforço de determinado trabalho muscular é expresso durante uma sessão de musculação. Portanto, elaborar um fracionamento de refeições em uma dieta para praticantes de musculação, seja ele iniciante, intermediário ou avançado, envolve levar a efeito a ingestão calórica habitual média e ideal, que satisfaça, por sua vez, tanto a hipertrofia quanto a definição muscular.

Desse modo, se o objetivo almejado for incrementar a hipertrofia, devem-se aumentar as calorias no planejamento de uma dieta. Em contrapartida, se o objetivo almejado for definir a musculatura, devem-se diminuir as calorias no planejamento de uma dieta. O fracionamento das refeições ao longo do dia visa manter o equilíbrio na distribuição das calorias ingeridas, bem como favorecer o melhor aproveitamento dos nutrientes ingeridos. Dividir o valor calórico entre sete refeições diárias comumente é tido como uma estratégia alimentar ideal. O processo de fracionamento das refeições envolve o seguinte esquema:

- Refeição 1 (café da manhã)
20% do valor calórico total previsto em uma dieta

- Refeição 2 (lanche da manhã)
10% do valor calórico total previsto em uma dieta

- Refeição 3 (almoço)
10% do valor calórico total previsto em uma dieta

- Refeição 4 (pré-treino)
20% do valor calórico total previsto em uma dieta

- Refeição 5 (pós-treino)
20% do valor calórico total previsto em uma dieta

- Refeição 6 (jantar)
10% do valor calórico total previsto em uma dieta

- Refeição 7 (ceia)
10% do valor calórico total previsto em uma dieta

CAPÍTULO 3

Os radicais livres antioxidantes e a musculação

Um radical livre é um átomo ou uma molécula que contém um ou mais elétrons desemparelhados em sua órbita externa, e quando um desses elétrons salta para fora da trajetória estabelecida, esse átomo ou molécula, bioquimicamente, torna-se um radical livre altamente instável e energético. Um radical livre para atingir a estabilidade tem de subtrair outro elétron a outro átomo vizinho, desencadeando um processo bioquímico designado por oxidação. A partir da oxidação, dá-se início a uma reação em cascata, ou seja, inicia-se um evento bioquímico muito rápido e altamente destrutivo que representa uma séria ameaça para as células vivas e para o organismo humano. A persistência e a manutenção desse processo bioquímico acabam por originar uma sucessão de estados inflamatórios, a qual ativará diferentes sistemas de decomposição.

Entre aqueles que se submetem a sessões diárias de musculação, os radicais livres podem aparecer em razão de vários fatores, entre eles, por meio de uma capacidade respiratória muito mais desenvolvida durante uma atividade ergométrica de alta intensidade, bem como por meio de um trabalho muscular muito mais exigido durante uma atividade resistida de alta intensidade. Uma vez que, durante a atividade ergométrica de alta intensidade, o consumo de oxigênio por minuto utilizado é 12 a 20 vezes mais elevado que o total oxigênio inspirado, cerca de 5% desse total de oxigênio inspirado acaba por se transformar em superóxidos. Já em um trabalho muscular de alta intensidade, a ausência transitória de oxigênio nos tecidos induz a um aumento dos íons de hidrogênio, os quais, por sua vez, irão reagir com superóxidos, produzindo espécies reativas de oxigênio adicionais.

Durante trabalhos musculares resistidos submetidos a cargas muito elevadas, bem como por meio de esforços muito intensos em sessões diárias e exaustivas de musculação, ao longo do período de uma semana, o corpo humano acaba por formar radicais livres que, rapidamente, são lançados na corrente sanguínea. Tais radicais livres, ao serem lançados, por sua vez, na corrente sanguínea, juntam-se com os ácidos graxos dos fosfolipídios das membranas celulares, e provocam, gradativamente, uma oxidação elevada das gorduras corporais armazenadas, desencadeando um processo bioquímico complexo, responsável, por sua vez, pela redução univalente do oxigênio no interior da mitocôndria.

Assim, a contração e o relaxamento muscular sucessivo, que ocorrem nas sessões de treinamento de força sob o efeito de uma intensa carga física, induzem com frequência a lesões nas fibras musculares. Tais lesões, oriundas da contração e do relaxamento muscular sucessivo, elevam gradativamente a capacidade do metabolismo oxidativo de um músculo. Com o acentuado aumento desses processos oxidativos, decorrente dos exercícios de musculação com cargas elevadas, são criados os pré-requisitos necessários para uma produção crescente dos radicais livres decorrentes da peroxidação lipídica. Ao produzir esses radicais, os processos oxidativos dos músculos são aumentados, contribuindo desse modo para o surgimento do estresse muscular.

A oxidação elevada das gorduras presentes no corpo, conhecida pelo nome de peroxidação lipídica, contribui para aumentar ainda mais a produção de radicais livres na corrente sanguínea. É importante destacar que, além do estresse físico oriundo da prática de exercícios extenuantes, que por sua vez são executados durante uma sessão de musculação muito intensa, existe ainda um conjunto de fatores associados ao estresse emocional, que também potencializam os efeitos prejudiciais dos radicais livres em relação à saúde.

A formação de um radical livre também pode estar diretamente associada a outros fatores, tais como: ao estresse decorrente do treinamento excessivo, à exposição constante de produtos tóxicos ambientais decorrentes do escape dos automóveis, ao tabagismo, à exposição excessiva aos raios X e UV. Cabe ainda ressaltar que um radical livre também pode ser originado a partir da alimentação, ou seja, a partir das carnes e peixes grelhados, ou quando fritamos alimentos preparados a partir de altas temperaturas, ou em óleos degradados. Esses nutrientes gradativamente entram na composição das membranas celulares e, consequentemente, transmitem uma informação para dentro das células, a fim de estabelecer sinais de comunicação entre elas, desencadeando um processo bioquímico descrito como lipoperoxidação, isso é, o ataque aos ácidos gordos contidos no colesterol – LDL. Assim, a produção de radicais livres pode, com o decorrer do tempo, ocasionar arterosclerose, doença cardíaca, cancro, cataratas, enfraquecimento do sistema imunitário, envelhecimento da pele, perda de memória, doença de Alzheimer etc.

Os radicais livres mais reativos existentes são os seguintes: superóxido formado a partir do oxigênio, radical hidróxilo formado a partir do peróxido de hidrogênio, e oxigênio singleto produzido a partir da luz ultravioleta. Os alvos desses radicais livres incidem diretamente sobre as moléculas que compõem as proteínas, mais especificamente as proteínas estruturais como o colágeno e a elastina que se encontram na pele, as proteínas do sistema imunitário que protegem o corpo das doenças, e também as proteínas que entram na composição de hormônios que regulam o crescimento e o metabolismo.

Existe no interior do corpo humano um sistema natural de defesa antioxidante contra a ação e os efeitos produzidos por um radical livre. Os antioxidantes são compostos químicos que impedem ou dificultam as reações de oxidação, e possuem a capacidade de inibir a formação dos radicais livres. Os antioxidantes têm um efeito anticatabólico, diminuindo a ação prejudicial do cortisol sobre a massa muscular. O cortisol é um hormônio liberado quando existe uma situação de estresse e, também, quando elevados esforços físicos são realizados. A ação do cortisol diminui a massa muscular, dificultando o efeito da hipertrofia do músculo.

O sistema de defesa antioxidante natural do nosso corpo é formado de enzimas produzidas nas nossas células, a partir da ingestão de vitaminas e minerais. Desse modo, podemos distinguir duas categorias de antioxidantes, ou seja, os antioxidantes endógenos e os exógenos. Os endógenos são compostos por enzimas descritas como superóxidos dismutase (SOD), catalases e perioxidases, e os antioxidantes exógenos compõem-se nutrientes encontrados nos alimentos e que são descritos como beta caroteno, vitamina C, vitamina E, selênio, zinco, cobre e manganês, e ainda ácido lipoico, polifenois, bioflavonoides, isoflavonas etc.

Dessa maneira, no intuito de minimizar os efeitos nocivos desencadeados pela produção dos radicais livres mais reativos existentes, praticantes de musculação podem se valer do uso de alimentos que contenham nutrientes essenciais aos mecanismos de defesa das células, a partir de antioxidantes exógenos encontrados em diferentes tipos de alimento incluídos em um programa de suplementação terapêutica. Programas de suplementação terapêutica elaborados por especialista em nutrição desportiva para praticantes de musculação a partir da inclusão desses nutrientes, aumentam a capacidade antioxidante e, em certo sentido, sensivelmente auxiliam indiretamente no processo de um condicionamento físico mais saudável.

É muito importante ressaltar que suplementos não devem substituir uma alimentação equilibrada, e que todo programa de suplementação terapêutica deve, impreterivelmente, ser elaborado por um médico ortomolecular, assim como também por um nutricionista desportivo. Entre as muitas variáveis que influenciam as necessidades para a prescrição do programa de suplementação terapêutica direcionada a praticantes de musculação, podemos destacar a duração e intensidade do treino, índice elevado do percentual de gordura corporal, a faixa etária, a alimentação inadequada e, por fim, o tipo de ambiente em que se encontra exposto diariamente. Algumas das melhores fontes alimentares de antioxidantes são: feijão vermelho, feijão frade, feijão preto, maçã, morango, abacate, cereja, pera, ameixa, abacaxi, laranja, kiwi, couve, espinafre, batata inglesa, batata-doce, brócoles, chá verde, café, vinho tinto, sumos de limão e laranja, nozes, pistaches, avelãs, amêndoas, cravo moído, canela, gengibre, orégano, açafrão, chocolate amargo e escuro.

Logo a seguir, exporemos algumas considerações descritas por Hendler em 1997, a respeito dos efeitos de alguns aminoácidos, vitaminas e minerais, como componentes que entram na elaboração de uma estratégia suplementar antioxidante. Contudo, é importante destacar que a eficiência desses componentes como estratégia de combate aos efeitos nocivos dos radicais livres sempre é submetida a investigações cientificas atuais, a fim de evidenciar ou não a sua eficácia. Segundo a Comissão Australiana de Nutrição Desportiva (AIS Sports Nutrition), um componente antioxidante segue critérios que o definem em quatro categorias distintas. Elas classificam os componentes de uma estratégia suplementar como muito ou pouco eficaz, sem nenhuma eficácia ou de uso proibido, e ainda, os que necessitam de mais pesquisa.

Algumas pesquisas descrevem que a vitamina E preserva e desempenha um papel decisivo na manutenção da atividade funcional dos tecidos musculares, decorrente do suposto aumento do fluxo sanguíneo, e ainda da melhor qualidade do oxigênio em todas as células do músculo. De acordo com AIS Sports Nutrition, a vitamina E situa-se em uma categoria C e isso traduz a noção de que a vitamina requer mais pesquisas, a fim de que seja comprovada cientificamente sua eficácia para o aumento da resistência física e da força muscular. A ação antioxidante da vitamina E é potencializada quando ingerida juntamente com outros antioxidantes, tais como: glutationa reduzida, beta caroteno e a vitamina C. A combinação desses antioxidantes inibe a degradação da vitamina C, evitando a formação de ascorbil. A deficiência de vitamina E, além de induzir a um decréscimo de resistência física, pode provocar também um aumento da lesão muscular durante o exercício, e a perda da integridade retículo-sarcoplasmática.

De acordo com Hendler, o beta caroteno ou vitamina A exerce um efeito protetor eficaz na eliminação de uma forma muito tóxica de oxigênio muscular, conhecida como oxigênio singleto. Conforme os argumentos descritos por Hendler, o zinco beneficia o exercício prolongado, pois aumenta a força isométrica, e age como cofator da enzima lactada desidrogenasse, e também como estimulante do sistema imunológico, evitando, desse modo, infecções respiratórias após treinos exaustivos. Ainda, conforme os argumentos positivos descritos por Hendler, o zinco melhora a potência anaeróbica, e a sua deficiência pode afetar o desempenho anaeróbico do músculo. Entretanto, é importante confrontar as observações descritas por Hendler, com a atual posição da AIS Sports Nutrition, para que se estabeleça um parecer mais crítico quanto a sua possível eficácia.

O selênio potencializa a ação da vitamina E, reduzindo o efeito da peroxidação lipídica decorrente do exercício físico prolongado, que por sua vez é executado durante uma sessão de musculação extenuante. Quanto à sua ingestão, como um recurso suplementar antioxidante, há controvérsias em face de sua toxicidade. Em conformidade com a descrição dos argumentos positivos descritos por Hendler, o selênio possui também propriedades anti-inflamatórias, principalmente as decorrentes do estresse físico ocasionado treinamento resistido com cargas muito elevadas.

Segundo Hendler, o manganês tem um importante papel, não só no tratamento da osteoartrite, mas também no que diz respeito à normalização do metabolismo da glicose na corrente sanguínea, em relação ao *diabetes mellitus*. Entretanto, a aplicação de manganês em uma dieta, como um recurso suplementar antioxidante, deve ser cuidadosa. A administração do manganês requer cuidados, em razão de sua toxicidade em grandes dosagens. Para isso, é necessário consultar um especialista em nutrição desportiva, no intuito de elaborar uma estratégia suplementar quanto à sua ingestão.

Cumpre também destacar a coenzima Q-10 e a N-acetilcistina no combate aos radicais livres. A coenzima Q-10 (Coq. 10) é um antioxidante fundamental para a produção de energia celular, e apresenta um efeito sinérgico com a vitamina E, inibindo a peroxidação lipídica, e varrendo, dessa maneira, os radicais livres da corrente sanguínea. De acordo com Hendler, a coenzima Q-10 é vital para a produção de energia aeróbica, sendo sua suplementação recomendada tanto para exercícios aeróbicos quanto anaeróbicos. Porém, conforme AIS Sports Nutrition, a coenzima Q-10 situa-se em uma categoria C, ou seja, trata-se de uma substância sem nenhuma eficácia científica para o desempenho desportivo.

A N-acetilcistina é outro importante antioxidante, sendo também um derivado não tóxico do aminoácido L-cisteína. A N-acetilcistina é um precursor da glutadiona reduzida. Dessa maneira, podemos concluir que a suplementação de antioxidantes é bastante eficaz contra os efeitos dos radicais livres. Entretanto, deve-se levar em consideração que, definir uma estratégia antioxidante para atletas ou simples praticantes de musculação é tarefa de especialistas. Assim, a suplementação, quando prescrita por um nutricionista desportivo ou pela medicina ortomolecular, aumenta a segurança da ingestão desses antioxidantes.

CAPÍTULO 4

Recurso ergogênico na prática da musculação

O termo ergogênico provém da derivação de duas palavras de origem grega, ou seja, de *ergo*, que traduz a ideia ou a noção de trabalho, e de *gen*, que traduz a ideia ou a noção de produção e criação. Assim, tomando o aspecto nutricional, o termo ergogênico pode ser traduzido no sentido daquilo que é ingerido para produzir ou criar trabalho. Direcionando o sentido desse termo para o universo da musculação, pode-se dizer que ela traduz a ideia ou a noção de um tipo de estratégia alimentar utilizada para melhorar a produção do trabalho muscular.

Segundo a forma como são produzidos ou obtidos, os recursos ergogênicos se distinguem em duas categorias bastante distintas, a saber: recurso ergogênico natural e recurso ergogênico farmacológico. O recurso ergogênico natural é obtido por meio de toda substância que não passa por algum processo de manipulação artificial, ou ainda, que não passa por algum mecanismo de processamento industrial. O recurso ergogênico farmacológico é obtido por meio de toda substância que passa por algum processo de manipulação artificial, ou ainda, que passa por algum mecanismo de processamento industrial.

O recurso ergogênico natural consiste em um tipo de estratégia alimentar obtida por meio de substâncias nutricionais não produzidas em laboratórios, que forneçam benefícios funcionais e orgânicos que atendam os objetivos almejados no treinamento resistido. O recurso ergogênico natural, de acordo com sua propriedade química, distingue-se em nove categorias distintas, ou seja, pode ser descrito como um recurso vitamínico, mineral, antioxidante, termogênico, construtor, energético, revigorante, anti-inflamatório e cicatrizante.

É importante lembrar que todas essas categorias de recursos ergogênicos naturais são encontradas em verduras, legumes, frutas e oleaginosas, e ainda são encontradas em chás obtidos por meio das folhas e das raízes de ervas aromáticas. Entre todos os tipos de recurso ergogênico encontrados na natureza, podemos destacar aqueles que diretamente importam para o universo da musculação, ou seja, aqueles que apresentem um aspecto funcional, termogênico, construtor e energético.

Um recurso ergogênico natural com propriedades funcionais é aquele que fornece, por meio de uma alimentação bem balanceada, o betacaroteno, licopeno, fibras, flavonoides, isoflavonas, ômega-3 e probióticos. O betacaroteno é um tipo de nutriente antioxidante que diminui o risco de câncer e de doenças cardiovasculares, é comumente encontrado na abóbora, cenoura, mamão, manga, damasco, espinafre e couve. O licopeno é um tipo de nutriente antioxidante relacionado à diminuição do risco de câncer de próstata, é comumente encontrado no tomate.

As fibras são tipos de nutriente que auxiliam na redução do risco ao câncer de intestino e dos níveis de colesterol sanguíneo, e são comumente encontradas nas frutas, legumes, verduras, e ainda nos cereais integrais. Os flavonoides são tipos de nutriente antioxidante que diminuem o risco de câncer e de doenças cardiovasculares, são comumente encontrados no suco natural de uva e no vinho tinto. Os isoflavonas são tipos de nutriente que auxiliam na redução dos níveis de colesterol sanguíneo e do risco de doenças cardiovasculares, são comumente encontrados na soja. O ácido graxo ômega 3 é um tipo de nutriente que auxilia na redução dos níveis de colesterol sanguíneo e do risco de doenças cardiovasculares, é comumente encontrado nos peixes. Os probióticos são tipos de nutriente que ajudam no equilíbrio da flora intestinal e inibem o crescimento de microrganismos patogênicos, são comumente encontrados nos iogurtes.

Um recurso ergogênico natural com propriedades termogênicas é aquele que fornece, por meio de uma alimentação bem balanceada, substâncias capazes de auxiliar a metabolização de gorduras. Um recurso natural termogênico é obtido por meio do consumo de café, chá verde, chá vermelho, chá branco, gengibre, canela, e ainda por meio de diferentes tipos de pimenta. O café é um nutriente rico em metilxantina, que é uma substância estimulante eficaz na metabolização de gordura, uma xícara de café sem açúcar é suficiente para estimular a lipólise, a termogênese e a diurese.

O chá verde é um nutriente estimulante rico em propriedades termogênicas antioxidantes, cerca de cinco a seis xícaras de chá por dia são suficientes para estimular a lipólise, a termogênese e a diurese. A pimenta é um dos termogênicos mais potentes que existem na natureza, algumas fontes chegam a relatar que cada grama de pimenta ingerida na alimentação é capaz de consumir cerca de 2 a 4kcal do corpo, utilizando, por meio do aumento da temperatura e do metabolismo corporal, a gordura armazenada como forma de energia. A canela é um nutriente aromático termogênico que possui uma substância descrita como polifenois, substância fonte capaz de induzir uma resposta à insulina em indivíduos pré-diabéticos e diabéticos tipo II, evitando que a glicose se converta em gordura e seja armazenada no panículo adiposo.

Um recurso ergogênico natural com propriedades construtoras e energéticas é aquele que fornece, por meio de uma alimentação bem balanceada, nutrientes capazes de regular os processos de obtenção de energia, especialmente o metabolismo da glicose de insulina. Um recurso ergogênico natural construtor e energético é obtido por meio do consumo de diferentes grupos de nutrientes, ou ainda pelo consumo em proporções desiguais de substâncias orgânicas que constituem a principal fonte de energia para o corpo. Um recurso ergogênico natural construtor e energético se dá pelo consumo das proteínas, dos glicídios e lipídios, bem como das vitaminas e minerais existentes no leite.

O leite é um alimento construtor e energético composto basicamente por água, proteínas do tipo lactoalbumina e caseína, carboidratos do tipo lactose, e ainda por tiamina, sódio e cálcio. Para aqueles que se abstêm do uso de recursos ergogênicos farmacológicos, o leite constitui um recurso ergogênico natural ideal para ser consumido logo após uma sessão de musculação. Isso pelo fato de possuir a caseína, que é um tipo de proteína de lenta absorção, e ainda graças à osmolaridade característica e conveniente que possui, quando há uma necessidade de repor muitos dos fluídos perdidos durante o trabalho muscular.

O recurso ergogênico farmacológico consiste em um tipo de estratégia alimentar ou não alimentar obtida por meio de substâncias nutricionais ou não nutricionais produzidas em laboratórios, que forneçam benefícios funcionais e orgânicos que atendam os objetivos almejados no treinamento resistido. O recurso ergogênico farmacológico alimentar obtido por meio de substâncias nutricionais, de acordo com sua propriedade química, distingue-se em oito tipos de suplemento, ou seja, pode ser descrito como um recurso suplementar, vitamínico, mineral, proteico, energético, termogênico, revigorante, antioxidante, e ainda como sendo um recurso suplementar anabólico não esteroide. O recurso ergogênico farmacológico não alimentar obtido por meio de substâncias não nutricionais, de acordo com sua propriedade química, distingue-se em diferentes tipos de estratégia esteroide ou anabolizante.

O recurso ergogênico não esteroide consiste em uma estratégia ou prática utilizada por aqueles que se submetem a sessões diárias de musculação, no intuito de aprimorar ou promover, gradativamente, o incremento da massa muscular e a redução do percentual de gordura corporal, e ainda de promover gradativamente o aumento da força e da energia ou vigor muscular pré-treino e pós-treino. Isso para estabelecer, por meio do aporte nutricional satisfatório, o desencadeamento de processos bioquímicos e anabólicos indispensáveis para o trabalho muscular. De acordo com o princípio ativo da substância existente na composição química, o recurso ergogênico não esteroide se distingue em anabólico, anticatabólico, vasodilatador, volumizador, e ainda como um recurso ergogênico não esteroide vaso-anabolisador.

O recurso ergogênico esteroide e androgênico consiste em uma estratégia ou prática utilizada por aqueles que se submetem a sessões diárias de musculação, no intuito de aprimorar ou promover, gradativamente, o incremento da massa muscular e a redução do percentual de gordura corporal, e ainda de promover, gradativamente, o aumento da força, bem como o aumento da energia ou vigor muscular pré-treino e pós-treino, por meio do desencadeamento de reações bioquímicas anabólicas. As reações anabólicas se dão pelo uso continuado de compostos artificiais derivados dos esteróis ou análogos aos esteróis, ou ainda por meio do uso de esteroides androgênicos anabólicos.

Um recurso ergogênico não esteroide compreende um conjunto de suplementos nutricionais derivados de macronutrientes e de micronutrientes essenciais que, ao serem cuidadosamente manipulados, exercem importantes funções de sustento no organismo humano. Os macronutrientes são constituídos por eletrólitos, carboidratos, proteínas e gorduras, e os micronutrientes são constituídos por vitaminas, minerais e aminoácidos essenciais. Os suplementos nutricionais consistem em um tipo de estratégia alimentar complementar que visa compensar determinada deficiência de substâncias importantes, a serem incluídas no planejamento de uma alimentação. De acordo com o objetivo, os suplementos nutricionais podem ser descritos como termogênico, regulador hormonal, anabólico, anticatabólico, hiperproteico, hipercalórico, vitamínico, mineral, volumizador, vasodilatador, e ainda podem ser descritos como um suplemento nutricional psicoativo vaso-anabólico e psicoativo anti-inflamatório.

Um suplemento termogênico consiste em um tipo de estratégia que serve para compensar uma deficiência na produção do nível de calor ideal existente no corpo humano, por meio da ingestão de substâncias que visem desencadear um processo bioquímico capaz de metabolizar a gordura corporal. Um exemplo de substância termogênica é a carnitina, que é uma amina quaternária que, quimicamente, existe sob a forma de L-carnitina e D-carnitina, e a mistura das duas formas em partes iguais resulta em uma terceira forma descrita como DL-carnitina. O aminoácido L-carnitina é a forma ativa sintetizada no fígado e nos rins, a partir de aminoácidos essenciais, tais como a lisina e a metionina, e por três vitaminas e um mineral, ou seja, pela niacina, B6, C e ferro. O aminoácido L-carnitina é fundamental para o transporte dos ácidos graxos de cadeia longa até a mitocôndria, e as fontes naturais mais ricas de L-carnitina na alimentação são encontradas nas carnes vermelhas.

Um suplemento regulador hormonal consiste em um tipo de estratégia comumente descrita como recurso ergogênico não esteroide, que por sua vez serve para ajustar a atuação bioquímica de determinados hormônios por meio da ingestão de substâncias que possuam um efeito sobre a atividade do sistema endócrino. Um exemplo de substância que atua como regulador hormonal é o extrato de *tribulus terrestris*, uma erva natural que tem sido usada por muitos praticantes de musculação, como uma forma natural de suplemento pró-hormonal, no intuito de elevar a produção do hormônio luteinizante, além de impulsionar os níveis de testosterona. Os efeitos do *tribulus terrestris* têm sido estudados e analisados pelo Instituto Químico e Farmacêutico de Sofia, na Bulgária. Segundo pesquisas realizadas por esse instituto, o mecanismo de ação do *tribulus terrestris*, ao provocar uma vasodilatação, induz a um aumento nas concentrações plasmáticas de testosterona na corrente sanguínea, aumentando, consequentemente, o efeito anabólico sobre o processo de hipertrofia do músculo. Contudo, segundo AIS Sports Nutrition, o *tribulus terrestris* está inserido em uma categoria D, ou seja, compreende uma substância de uso proibido ineficaz no incremento da hipertrofia muscular.

Um suplemento anabólico consiste em um tipo de estratégia comumente descrita como recurso ergogênico não esteroide que, por sua vez, serve para favorecer um conjunto de fenômenos bioquímicos que se processam no corpo humano, por meio da ingestão de substâncias que são destinadas a regenerar a estrutura das fibras musculares, que por sua vez se desgastam durante a fase catabólica do metabolismo. Um exemplo de substância que atua como fonte anabólica é a ação combinada de zinco, magnésio e vitamina B6 em concentrações específicas. Essa combinação é utilizada por muitos praticantes de musculação como uma forma segura e natural em substituição aos suplementos pró-hormonais, no intuito de ganho de massa muscular, sem criar metabólitos esteroides. Especula-se que esse aumento de massa muscular seja ocasionado por meio de um aumento na produção de hormônios anabólicos, tais como a testosterona, e ainda por meio de um aumento da quantidade de hGH a cada noite, melhorando o relaxamento muscular durante o sono, no processo de recuperação do tecido muscular no pós-treino. Entretanto, a ação combinada de zinco, magnésio e vitamina B6, comumente descrita pela sigla ZMA, de acordo com a AIS Sports Nutrition, situam-se numa categoria C, ou seja, a combinação desses elementos presentes no ZMA não possui nenhuma eficácia para o desempenho da força e da hipertrofia muscular.

Um suplemento anticatabólico consiste em um tipo de estratégia que serve para amenizar ou reduzir o processo metabólico destrutivo, por meio da ingestão de substâncias que atuam sobre o efeito do desenvolvimento da fadiga muscular. Um exemplo de substância que atua como uma fonte anticatabólica é a glutamina, um aminoácido derivado do ácido glutâmico mais abundante no plasma sanguíneo, e que se encontra de forma livre no tecido muscular. Apesar de muitos estudos quanto à suplementação de glutamina se contradizerem consistentemente, parece que possui um efeito favorável capaz de promover a recuperação muscular diante de estados catabólicos. A queda dos níveis de glutamina no sangue, decorrente de treinamentos exaustivos, induz a uma baixa no sistema imunológico. Desse modo, a glutamina atua também como um nutriente que reforça as células imunológicas, por servir como fonte de alimento para os leucócitos, ante um estado de queda nas concentrações plasmáticas de glicogênio intramuscular. A glutamina apresenta ainda uma importante função anabólica de volumização celular favorável à hipertrofia muscular, ao promover uma captação de água para o meio intracelular, estimulando dessa maneira a síntese proteica.

Um suplemento hiperproteico consiste em um tipo de estratégia que serve para aumentar o consumo de proteína, a partir da ingestão de altas concentrações de aminoácidos essenciais e não essenciais. Um aminoácido é um composto que contém uma estrutura básica representada por um grupo amina (-NH2), e uma função ácida representada por um grupo carboxila (-COOH). Contam também com uma cadeia orgânica lateral que confere aos aminoácidos diferentes tipos de estrutura, ou seja, aminoácidos livres de estrutura formada por uma pequena cadeia peptídica, e aminoácidos de estrutura mais longa e complexa, formada por uma ramificada cadeia de proteína.

Na maioria das vezes, muitos praticantes de musculação acabam por não conseguir estabelecer uma refeição ideal fracionada ao longo do dia e, como consequência, recorrem ao uso de suplementos proteicos que substituam alimentos sólidos, e que atendam a praticidade quanto à ingestão na forma de preparo e consumo. Cabe lembrar que não é recomendável substituir mais de três refeições sólidas por dia, e isso requer no mínimo que se realizem três refeições ao longo do dia, e que por outro lado não sejam suplementos proteicos.

Existem diferentes tipos de suplemento proteico, tais como: albumina de ovo, caseinato de cálcio, proteína hidrolisada de soja, proteína do soro do leite, etc. Essas proteínas possuem diferentes graus de retenção de nitrogênio no organismo, sendo que a do soro do leite, comumente descrita no mercado como *whey protein,* possui um grau de retenção de nitrogênio mais elevado e, portanto, uma melhor qualidade na capacidade de rápida absorção. Geralmente, costuma-se administrar o uso desse suplemento proteico logo após o treino e no início da manhã, quando justamente se faz necessária uma reposição de aminoácidos no organismo. Costuma-se, ainda, administrar o uso da proteína do soro do leite a outras hidrolisadas, ou seja, pré-digeridas, e ainda as proteínas concentradas, tais como a caseína e a albumina, que são, por sua vez, proteínas que garantem um aporte proteico durante o sono.

Outra questão que vale destacar quanto ao uso de suplementos proteicos diz respeito à administração imediata logo após o treinamento resistido. Assim, ao realizar uma refeição proteica imediatamente após um trabalho muscular resistido, promove-se a recuperação do músculo, e evita-se, consequentemente, a existência de um processo catabólico. Estimulando de forma incisiva a promoção de um melhor perfil hormonal anabólico, diminuição da degradação proteica miofibrilar, e ainda a rápida ressíntese de glicogênio. Assim, nessa situação, ou seja, imediatamente após o treino, a fim de garantir maior praticidade, cabe substituir uma refeição sólida por suplementos proteicos, mediante a praticidade que se dá em razão da dificuldade de transporte, a fim de neutralizar um efeito fisiológico descrito como anorexia pós-esforço, que ocorre imediatamente ao término de uma sessão de musculação muito intensa.

Os aminoácidos de cadeia ramificada podem ajudar na recuperação da massa muscular, já que estudos preliminares indicam que esses aminoácidos complexos podem ter benefício na recuperação das fibras musculares, quando sofrem pequenas rupturas após treinamentos de sobrecargas oriundos da musculação. Existem situações nas quais os aminoácidos essenciais e não essenciais tornam-se importantes como um recurso nutricional complementar, no que diz respeito a treinamentos de força que venham a requerer sobrecargas elevadas, pois ao sofrer microtraumatismos nas estruturas musculares, a suplementação de aminoácidos essenciais e não essenciais demonstra ser bastante favorável na recuperação e no processo de reparo dos miofilamentos do músculo esquelético, alterando respostas metabólicas favoráveis ao exercício, e nas adaptações ao treinamento resistido, induzindo a hipertrofia do músculo trabalhado.

Muitos aminoácidos foram estudados com a finalidade de potencializar ou melhorar o desempenho da hipertrofia muscular. Além de participar da síntese de proteínas, os aminoácidos, em geral, participam de outros processos biológicos importantes, como a formação dos neurotransmissores do cérebro. Os vinte aminoácidos que participam da biossíntese de proteínas estão divididos em dois grandes grupos, ou seja, oito aminoácidos essenciais que não são sintetizados pelo organismo humano, e doze aminoácidos não essenciais que são sintetizados pelo organismo a partir de outras substâncias. Os oito aminoácidos essenciais que não são sintetizados pelo organismo são representados pela fenilalanina, valina, treonina, triptofano, isoleucina, metionina, lisina e leucina, e os doze não essenciais que são sintetizados são representados pela alanina, arginina, ácido aspártico, ornitina, cisteína, glicina, glutamina, ácido glutâmico, histidina, metionina, taurina e tirosina.

Em conformidade com os argumentos positivos descritos por Hendler, a arginina e a ornitina são aminoácidos comercializados como suplementos capazes de desenvolver os músculos e eliminar gordura. Sabe-se que têm efeitos acentuados sobre vários dos principais hormônios endócrinos, desempenhando um papel muito significativo nos músculos. Há certo exagero nas academias de musculação acerca da reputação da arginina e da ornitina no sentido de queimar gorduras e de desenvolver a musculatura. Sabe-se que a arginina e a ornitina estimulam a hipófise, aumentando a secreção do hormônio do crescimento, e esse hormônio, ao ser lançado na corrente sanguínea, ajuda a queimar a gordura e a desenvolver a musculatura. Acredita-se que o efeito do aminoácido cisteína como um suplemento para praticantes de musculação esteja relacionado ao seu papel como precursor da glutationa, que é um tripeptídio antioxidante.

Contudo, segundo as observações de Hendler em relação aos efeitos positivos, a cisteína, quando administrada em conjunto com o ácido pantotênico, possui efeitos favoráveis na prevenção de osteoartrite e artrite reumatoide. A suplementação de cisteína não deve ser ministrada por pessoas diabéticas, pois há indícios de que esse aminoácido pode intervir na produção de insulina. A fenilalanina é um tipo de aminoácido essencial que participa no processo bioquímico associado na síntese dos neurotransmissores de dopamina, norepinefrina e epinefrina, e ainda na liberação de hormônios que ajudam a controlar o apetite. A suplementação de fenilalanina não deve ser ministrada por pessoas que apresentem um quadro de hipertenção arterial.

A leucina, a isoleucina e a valina constituem três aminoácidos de cadeia ramificada que ajudam a restringir a perda de massa muscular, além de possuir uma ação sobre os neurotransmissores do cérebro. Há indícios de que a leucina e a isoleucina possuem uma capacidade de provocar a decomposição enzimática do glutamato. A lisina é um aminoácido essencial que está também associada no desenvolvimento da hipertrofia muscular. Contudo, alega-se que a lisina, em conjunto com a arginina, possui um efeito nutricional complementar favorável no desenvolvimento da massa muscular. Essa alegação se baseia no fato de que 1200mg de lisina, combinados com 1200mg de arginina, desencadearia um efeito significativo na liberação do hormônio do crescimento.

A metionina é um aminoácido essencial que, segundo argumentos não comprovados, pode ajudar no processo de eliminação da gordura corporal. Entretanto, sabe-se que a biossíntese da cisteína e da taurina, que são por sua vez aminoácidos importantes, depende de níveis adequados de metionina. A tirosina é um aminoácido não essencial sintetizado a partir da fenilalanina, e que está muito envolvida com a epinefrina, norepinefrina e dopamina. Existem argumentos de que a tirosina é eficaz no tratamento da TPM, e de que proporcione um efeito satisfatório contra o estresse. Mas, por ter um efeito no aumento da pressão arterial, o uso de tirosina não pode ser administrado por hipertensos, ou por aqueles que sofram de enxaqueca. O triptofano é um aminoácido essencial importante na biossíntese de um neurotransmissor cerebral indutor e regulador de certos estágios do sono, descrito como serotonina.

A beta-alanina é um aminoácido não essencial que, ao ser associado ao aminoácido essencial L-histidina, desencadeia uma reação bioquímica capaz de promover a formação de um dipeptídeo descrito como carnosina. A beta-alanina não possui a capacidade de sintetizar proteínas, assim como fazem outros aminoácidos, e sua produção se dá unicamente a partir da síntese endógena restrita aos hepatócitos. A beta-alanina consiste em um tipo de recurso suplementar utilizado nos períodos que antecedem o treinamento resistido. O uso continuado e isolado de beta-alanina, ou ainda o uso de alguns suplementos proteicos que contenham beta-alanina, desencadeia um fenômeno fisiológico transitório descrito como parestesia, ou seja, uma sensação de formigamento ou coceira na pele. Esse processo fisiológico ocorre em razão da ligação da beta-alanina a neurônios sensoriais na pele, os quais dificilmente são ativados por outras substâncias.

Comparando as concentrações de beta-alanina e L-histidina na corrente sanguínea, observa-se que, em comparação com a beta-alanina, existe uma concentração muito mais elevada de L-histidina. Portanto, faz-se necessário uma suplementação apropriada de beta-alanina, a fim de aumentar a produção muscular de carnosina. A partir do aminoácido beta-alanina e L-histidina, o processo de síntese da carnosina no músculo esquelético é desencadeado pela reação catalisadora da enzima carnosinase presente no aparelho digestório. Essa enzima hidrolisa rapidamente a carnosina, e não permite que ela seja totalmente absorvida pelo organismo. Desse modo, a síntese de carnosina é dependente da captação de beta-alanina e de L-histidina pelas células musculares, uma vez que o músculo esquelético não produz nenhum dos precursores da carnosina.

A carnosina possui uma importante função de tamponamento ácido-básico no tecido muscular, além de estabilizar o pH muscular, ao absorver íons de hidrogênio que são liberados conforme a intensidade do trabalho resistido praticado em uma sessão de musculação. A importância da estabilização do pH muscular se dá mediante a capacidade de rendimento dos músculos quando estão situados em um nível adequado de pH. Conforme os músculos são submetidos a trabalhos resistidos constantes, o pH muscular fica abaixo do nível ideal, ocasionando, gradativamente, uma queda e uma redução no rendimento da força expressa pelo músculo. A carnosina possui também a função de um neurotransmissor, enviando impulsos nervosos por meio de sinapses. Além da capacidade de reforçar o sistema imunológico, e auxilia a quelação de metais iônicos, assim como também auxilia na eliminação de toxinas existentes dentro do corpo. A carnosina está presente naturalmente no tecido muscular, e ainda em vários outros tecidos corporais, tais como: cérebro, nervos e coração.

Um suplemento hipercalórico consiste em um tipo de estratégia que serve para aumentar o consumo calórico, a partir da ingestão de altas concentrações de carboidratos. O consumo suplementar de carboidratos para os músculos constitui um fator importante diante da realização de treinamentos com cargas muito elevadas. Sabe-se que os carboidratos suprem cerca de 50% das fontes energéticas durante a realização de um exercício submáximo, e o seu esgotamento induz à fadiga e a uma redução no desempenho da força muscular. Nesse sentido, a suplementação de carboidrato como um recurso nutricional complementar se dá no intuito de manter o suprimento de glicose para os músculos, prolongando o desempenho e retardando o efeito da fadiga muscular.

Um suplemento vitamínico consiste em um tipo de estratégia que serve para elevar o consumo de nutrientes diversificados que são essenciais em vários processos metabólicos do corpo humano, por meio da ingestão de substâncias orgânicas hidrossolúveis ou lipossolúveis. As hidrossolúveis são representadas pelas vitaminas B1, B2, B3, B5, B6, B7, B9, B12 e C, e as lipossolúveis são representadas pelas vitaminas A, D, E e K. Muitas vitaminas foram estudadas no intuito de se descobrir a influência que podem exercer sobre o desempenho físico. Contudo, para um praticante de musculação que se expõe a treinamentos exaustivos, as carências vitamínicas dizem respeito às seguintes substâncias hidrossolúveis: B1, B2, B5, B6, B7, B12 e C, e também dizem respeito à substância lipossolúvel E.

A vitamina B1 ou tiamina desempenha um importante papel na conversão da glicose presente no sangue para uma energia biológica essencial ao organismo, além de participar de algumas reações metabólicas fundamentais no tecido nervoso. A vitamina B2 ou riboflavina está associada a uma enzima chamada glutationa-redutase, que auxilia na formação da glutationa, um dos maiores protetores contra lesões causadas por radicais livres. A vitamina B5 ou ácido pantotênico desempenha uma função metabólica essencial na produção de hormônios da glândula adrenal, e ainda na produção de energia para o corpo humano.

A vitamina B6 ou piridoxina exerce um importante papel no funcionamento de várias enzimas, sendo essencial para a síntese do ácido nucleico e das proteínas, além de participar no processo de multiplicação celular do sistema imunológico, e de participar no processo de produção das hemácias. Ainda exerce uma atuação sobre o sistema nervoso por meio de sua influência sobre vários minerais e neurotransmissores cerebrais.

A vitamina B7 ou biotina atua como um cofator no processo bioquímico da carboxílase que, por sua vez, está envolvido no processo de síntese do ácido nucleico e na formação da molécula de ATP, e ainda atua no metabolismo das cadeias dos aminoácidos valina, isoleucina e leucina. A vitamina B12 ou cianocobalamina diminui o efeito do estresse ou da fadiga durante períodos de treinamentos exaustivos, exercendo um importante papel como tônico revigorante para o organismo.

A vitamina E ou tocoferol desempenha um papel importante contra distúrbios neurológicos, e ainda alivia as câimbras musculares. E por fim, a vitamina C ou ácido ascórbico possui um papel muito importante no combate aos estados de baixa imunidade ocasionada por treinamentos exaustivos, e ainda no combate aos efeitos nocivos ocasionados pelos radicais livres e pelas nitrosaminas, possuindo, dessa maneira, um efeito protetor antioxidante.

Um suplemento mineral consiste em um tipo de estratégia que serve para elevar o consumo de elementos químicos que são essenciais em vários processos metabólicos do corpo humano, por meio da ingestão de nutrientes inorgânicos diversificados. Muitos minerais foram estudados no intuito de descobrir a influência que podem exercer sobre o desempenho físico. Contudo, para um praticante de musculação que se expõe a treinamentos exaustivos, as carências minerais dizem respeito aos seguintes nutrientes inorgânicos: boro, cálcio, cromo, ferro, fósforo, magnésio, manganês, potássio, selênio, sódio e zinco.

O boro começou a atrair a atenção dos praticantes de musculação a partir da alegação de que seja capaz de dobrar os níveis de testosterona em um curto período, contribuindo, desse modo, para o desenvolvimento muscular. O cálcio exerce uma função importante no fortalecimento ósseo, sendo também necessário no funcionamento adequado do sistema nervoso diante do processo de contração muscular. O cromo pode auxiliar a restaurar parte da sensibilidade do organismo ante os efeitos da insulina, permitindo, assim, um melhor aproveitamento da glicose.

O ferro exerce várias funções na produção biológica de energia, auxiliando o desempenho físico diante da fraqueza muscular e na diminuição da intolerância a exercícios. O fósforo desempenha um papel essencial no processo que envolve a integridade dos tecidos, no armazenamento de informações biológicas, na comunicação celular, e ainda alega-se que possa contribuir na produção de energia, aumentando a síntese de uma substância que amplia a produção de combustível celular no músculo. O magnésio exerce um papel importante entre os praticantes de musculação que se submetem a exercícios regulares e pesados, pois contribui no combate a distúrbios neuromusculares, auxiliando no processo de contração muscular e metabolismo energético.

O manganês exerce uma função importante no metabolismo da glicose, e possui uma atenção entre os praticantes de musculação graças à alegação de que atue na síntese do colesterol, que é um precursor dos esteroides sexuais, e ainda pelo fato de que seja capaz de eliminar o estresse e a fadiga. O potássio intervém na transmissão do influxo nervoso, e ainda no processo da contração muscular, e contribui, também, no combate à fraqueza perante os estados de fadiga.

O selênio é um mineral que atua na defesa do dano oxidante, no sentido de melhorar a imunidade celular, e está presente na enzima glutationa-peroxidase sob a forma de selenocisteína. O sódio é um eletrólito importante para a transmissão nervosa, e também para a contração muscular e equilíbrio de fluidos no organismo. O zinco exerce uma atuação sobre as diversas enzimas catalisadoras que diretamente estão envolvidas na produção do ácido nucleico DNA e também do ácido nucleico RNA, e possui um papel importante na estrutura e no funcionamento das membranas celulares. Outros minerais como cobre, cloreto, germânio, molibdênio, silício, enxofre e vanádio são necessários para a saúde e desenvolvimento físico, em quantidades extremamente reduzidas incluídas em uma dieta normal.

Um suplemento volumizador consiste em um tipo de estratégia que serve para aumentar a captação de água para o meio intracelular, por meio da ingestão de substâncias, tais como a glutamina, que promovam um processo pelo qual as moléculas de água são atraídas para dentro da célula do músculo, no intuito de favorecer a síntese proteica. Entretanto, existem controvérsias quanto ao fenômeno de volumização celular por meio da ingestão de glutamina, no intuito de favorecer o aumento no volume das fibras musculares, a fim de que se promovam condições necessárias para o crescimento muscular.

Um exemplo de substância que atua como uma fonte importante no processo de captação de água para o meio intracelular é a creatina. Ela é um composto produzido naturalmente pelo organismo a partir da formação de três aminoácidos específicos, e que fornece energia necessária aos músculos. Ao ser produzida pelo fígado e ao ser convertida em fosfato de creatina, entra na corrente sanguínea e acaba por ser armazenada em abundância nas células do tecido muscular.

Um exemplo de suplemento volumizador de grande relevância, e que possui um amplo uso nas academias de musculação, é a creatina. O corpo humano produz cerca de 2g de creatina por dia, e cerca de 95% é armazenada nas células do tecido muscular. Armazenando mais creatina do que normalmente é obtida pela dieta, ocorre um processo de saturação de creatina no músculo.

Especula-se que o processo de saturação de creatina no músculo, por meio de doses extras de creatina suplementar, possa servir como uma forma de combustível reservado, a fim de aumentar a energia diante da prática de exercícios intensos. Isso pois, segundo o processo de saturação de creatina, quanto mais creatina é armazenada por uma célula muscular, aumenta-se a quantidade de água em seu interior e, consequentemente, aumenta-se o transporte para dentro do músculo de muitos nutrientes importantes, tais como: proteínas, vitaminas, aminoácidos e minerais.

Porém, quanto aos possíveis benefícios obtidos pela ingestão de creatina, como uma estratégia suplementar direcionada para ganhos do volume muscular, importa destacar sua ingestão por meio de três períodos alternados, ou seja, por meio de um período correspondente à fase de saturação, por meio de um período correspondente à fase de manutenção, e por meio de um período correspondente à fase de descanso. No período correspondente à fase de saturação, costuma-se consumir intensamente creatina. No período correspondente à fase de manutenção tem-se por objetivo manter os níveis de creatina adquiridos na fase de saturação por meio do consumo de uma pequena dose por dia e no período correspondente à fase de descanso, costuma-se evitar o consumo de creatina. A fase de descanso proporciona ao organismo um período de assimilação gradativa de toda a creatina consumida durante a fase de saturação, até que se restabeleça novamente o consumo de creatina, dando início ao recomeço de um novo ciclo.

Assim, podemos melhor exemplificar um ciclo de creatina do seguinte modo, na primeira semana, fase de saturação, ingerir 20g de creatina divididos em quatro doses de 5g durante o dia, devem ser tomadas na seguinte ordem: uma hora após a primeira refeição do dia, meia hora antes do treino, imediatamente após o treino, juntamente com dextrose ou maltodextrina e proteína do soro do leite (*whey protein*), e por fim, 5g devem ser tomadas uma hora antes da última refeição do dia.

Na segunda, terceira e quarta semanas, (que correspondem à fase de manutenção) devem ser ingeridas apenas 5g de creatina por dia e imediatamente após o treino, juntamente com dextrose ou maltodextrina e proteína do soro do leite (*whey protein*). Durante um período de um mês, ou seja, na quinta, sexta, sétima e oitava semanas, tem-se a fase de descanso, e quando não se deve consumir creatina. Após a fase de descanso, ocorre o retorno do ciclo de creatina. Alguns nutricionistas desportivos recomendam o uso de creatina nos dias que em que não há treino, consumindo-a todos os dias, realizando um intervalo de dois meses e retomando o uso novamente.

No intuito de elevar os efeitos da creatina, existe ainda um ciclo descrito como beta-alanina com creatina. A efetividade do ciclo de beta-alanina com creatina promove um efeito sinérgico que, segundo alguns relatos, pode beneficiar, gradativamente, tanto o aumento quanto o ganho de massa muscular, além de aumentar os níveis de força. De acordo com o estudo realizado por Hoffman em 2006, o ciclo de beta-alanina com creatina foi capaz de induzir um incremento maior de massa muscular, e ainda uma redução dos níveis de gordura corporal, do que o ciclo realizado apenas com creatina. Outro estudo realizado por Zoeller, Stout, O'kroy, Torok e Mielke em 2006, constatou que a combinação em conjunto de beta-alanina e creatina foi capaz de promover um aumento na capacidade resistiva do músculo. Apesar de não existirem estudos que comprovem algum risco quanto ao uso prolongado de beta-alanina com creatina, é aconselhável que se faça uma adequação do tipo de ciclo a ser adotado ao perfil do praticante de musculação.

Importa destacar que os efeitos quanto aos resultados obtidos pelos ciclos de quatro, oito e doze semanas, apresentam um resultado bastante controverso entre todos aqueles que o administram. Não cabendo, sob hipótese alguma, atribuir a esses ciclos um modelo eficaz quanto aos possíveis efeitos satisfatórios que possam contribuir para o incremento da hipertrofia e da força muscular. Isso se deve, em grande parte, à individualidade biológica de cada praticante de musculação, assim como aos diferentes efeitos fisiológicos que esses ciclos podem acarretar no organismo humano. Portanto, é muito importante que se estabeleça, antes de tudo, um senso crítico quanto aos prós e contras no que diz respeito aos efeitos desses ciclos, levando em consideração toda uma investigação científica e aprovação por parte de médicos e nutricionistas desportivos, e ainda por parte daqueles profissionais de educação física especializados em nutrição desportiva.

Um suplemento vasodilatador consiste em um tipo de estratégia que serve para aumentar o volume sanguíneo por meio da ingestão de substâncias que promovam uma ampliação no calibre das cavidades do sistema circulatório. Um exemplo de substância que atua como uma fonte importante no processo de vasodilatação é o óxido nítrico (NO_2). O óxido nítrico funciona como uma importante molécula sinalizadora capaz de facilitar a dilatação dos vasos sanguíneos e de reduzir a resistência vascular, sendo produzido por meio de três isoformas da enzima NO sintase, a saber: nNOS (neuronal), eNOS (endotelial) e iNOS (induzível).

Durante o exercício físico, no qual uma redistribuição no fluxo sanguíneo em direção aos músculos ativos é verificada, o óxido nítrico pode desempenhar um papel fundamental na vasodilatação local. Entretanto, em razão das dificuldades metodológicas na mensuração do fluxo sanguíneo durante o exercício físico, inúmeros estudos controversos são apresentados. O papel do óxido nítrico, com ênfase no exercício resistido físico agudo e crônico, é proporcionar um nível de irrigação de sangue no músculo descrito como percentual "pump", ou seja, bombeamento permanente.

O suplemento psicoativo anti-inflamatório consiste em um tipo de estratégia que serve para aliviar a inflamação e a dor ocasionada por treinos resistidos excessivos, e que se dá por meio da ingestão de substâncias que atuam como uma fonte importante no processo psicoativo anti-inflamatório. Como exemplo, podemos destacar dois tipos distintos de suplemento que contenham substâncias psicoativas anti-inflamatórias, a saber, suplementos à base de glucosamina, e ainda suplementos à base de condroitina. A glucosamina é extraída das cascas dos caranguejos, lagostas e camarões e a condroitina, do mexilhão de lábios verdes. A condroitina e a glucosamina fazem parte, bioquimicamente, de um grupo de açúcares complexos comumente conhecidos por glicosaminoglicanas ou mucopolissacarídeos. No corpo humano, essas substâncias encontram-se presentes nos tecidos conectivos, nas cartilagens, nos tendões, na pele, e ainda nas paredes dos vasos sanguíneos e, quando são administradas adequadamente em proporções ideais, apresentam um efeito bastante sinérgico.

O sulfato de glucosamina é uma substância que ajuda a reconstruir as cartilagens danificadas, tendões e tecidos moles. Vários estudos científicos demonstraram que a glucosamina pode ajudar também a reduzir a inflamação nas articulações afetadas. Por isso, é particularmente indicado para o tratamento da osteoartrite (doença caracterizada pela deterioração das cartilagens, podendo provocar dor, inchaço, rigidez e deformação nas articulações). Estudos demonstram que uma suplementação com glucosamina ao longo prazo pode ser um agente modificador do percurso progressivo da osteoartrite. O sulfato de condroitina é uma substância que tem um efeito anti-inflamatório ao nível celular, além de uma ação que participa na síntese dos constituintes da cartilagem, e ainda possui uma ação antidegradativa direta da cartilagem deteriorada.

O suplemento psicoativo pré-treino vaso-anabolizador é um recurso ergogênico nutricional complementar constituído por partículas microscópicas, ou seja, provém de uma tecnologia nano difusa em que os substratos presentes são muito menores do que os suplementos convencionais, possuindo uma capacidade de absorção muito mais rápida e efetiva. Especula-se que o mecanismo de ação do suplemento pré-treino psicoativo vaso-anabolizador seja capaz de induzir um aumento na temperatura corporal por meio de uma extrema ação termogênica e, consequentemente, ocasionando um aumento na sensibilidade dos receptores hormonais, e ainda um aumento no fluxo sanguíneo para os músculos. Trata-se de um tipo de estratégia que serve para incrementar o ganho de massa muscular por meio da ingestão simultânea de um conjunto de substâncias que possam atuar no sistema vascular e hormonal. A base do suplemento pré-treino psicoativo vaso-anabolizador inclui substâncias termogênicas, anticatabólicas, volumizadoras, vasodilatadoras, além de hidrato de carbono complexo, e ainda inclui um conjunto de aminoácidos.

O suplemento psicoativo pós-treino vaso-anabolizador é um tipo de recurso ergogênico constituído por suplementos nutricionais a serem ingeridos imediatamente após o término de uma sessão de musculação. Quando muito intensa, a sessão de musculação torna os músculos fadigados e muito receptivos à entrada de nutrientes, cria-se uma situação de reposição, absorção e armazenamento muito rápido de energia logo após o treino resistido. E esse processo de reposição, absorção e armazenamento, desencadeia um fenômeno fisiológico descrito como período insulino dependente. Esse período possui uma duração de uma a duas horas após o término de uma sessão de musculação, e se manifesta por meio de uma diminuição natural na insulina circulante, e pela entrada da glicose para o interior das células por meio da ação de receptores específicos, sem, no entanto, depender de insulina para esse processo. Durante o período insulino dependente, os nutrientes ingeridos são automaticamente e rapidamente absorvidos pelo organismo, e conduzidos para o interior das células. É justamente nesse período que a suplementação logo após o treino torna-se mais eficaz.

Para praticantes de musculação de nível intermediário, a suplementação logo após os treinos se dá por meio do uso de maltodextrina, dextrose, proteína do soro do leite (*whey protein*), e para alunos em um nível mais avançado se dá mediante o uso de maltodextrina, dextrose, proteína do soro do leite (*whey protein*). E, para os praticantes de musculação em nível mais avançado, a suplementação logo após os treinos resistidos se dá mediante o uso de aminoácidos de cadeia ramificada (BCAAs), glutamina, nutrientes antioxidantes, e ainda pelo uso do ácido beta-hidroxi-beta-metilbutírico (HMB), que é um metabolito do aminoácido leucina.

Porém, os valores atribuídos a quantidades ideais sofrem variações de acordo com a biotipologia de cada praticante de musculação. Geralmente, costuma-se administrar quantidades em torno de um grama de carboidratos por quilo de peso corporal, sendo 50% de maltodextrina e outros 50% de dextrose, e ainda, 0,5g de proteínas hidrolisadas por quilo de peso corporal, a fim de garantir uma ressíntese de glicogênio satisfatória, além de uma liberação do hormônio anabólico insulina que vise otimizar a síntese proteica e interromper a proteólise. Em se tratando do perfil de um praticante de musculação (iniciante, intermediário ou avançado). situado em um nível bem avançado, costuma-se enriquecer essa solução com aminoácidos de cadeia ramificada (BCAAs), juntamente com glutamina e ácido beta-hidroxi-beta-metilbutírico (HMB). Uma boa estratégia, quanto ao planejamento do recurso ergogênico a ser usado, envolve diretamente a aplicação de princípios cronobiológicos que satisfaçam bioquimicamente os fenômenos de absorção e síntese dos nutrientes, em razão de uma perfeita adequação do consumo ao horário ideal. De início, é importante que se faça a distinção entre os tipos de suplemento, tomando por base os diferentes horários ao longo do dia. Portanto, podemos diferenciar os suplementos nutricionais em razão do horário em quatro categorias, a saber: pós-sono, pré-treino, pós-treino e pré-sono.

Os suplementos pós-sono envolvem a ingestão de termogênico à base de cafeína, polivitamínicos, minerais, aminoácidos e hipercalóricos logo no início do primeiro horário da manhã ao acordar, e envolvem ainda, a ingestão de albumina, que é um tipo de proteína com lenta capacidade de absorção, e de beta-alanina conjuntamente com dextrose, que é um tipo de carboidrato de alto índice glicêmico, para contrapor os efeitos ocasionados pelo jejum prolongado do período em que o corpo se encontrava dormindo. Os suplementos pré-sono envolvem a ingestão de beta-alanina associada com albumina e caseína, que são tipos de proteína de absorção lenta, e envolvem ainda o consumo de zinco e magnésio (ZMA), com estômago vazio 30 minutos antes de ir dormir.

Os suplementos pré-treino envolvem a ingestão de beta-alanina, creatina e glutamina associada com *whey protein*, que é um tipo de proteína de rápida absorção, associada ainda com a maltodextrina, que é um tipo de carboidrato de baixo índice glicêmico, e envolve ainda, muito antes de treinar, o consumo de hipercalóricos, aminoácidos de cadeia ramificada (BCAAs), de termogênico à base de cafeína e de óxido nítrico (NO2) sempre com o estômago vazio, em um jejum de duas horas após uma refeição ou 30 minutos antes da próxima refeição que antecede o treino. Os suplementos pós-treino envolvem a ingestão de beta-alanina, creatina e glutamina associada com *whey protein*, que é um tipo de proteína de rápida absorção, associada ainda com a dextrose, que é um tipo de carboidrato de alto índice glicêmico, e envolve ainda o consumo de aminoácidos de cadeia ramificada (BCAAs), e de antioxidantes, por meio de uma fórmula conjugada com vitaminas C e E, betacaroteno, selênio, manganês e zinco.

Na prática de trabalhos musculares expressos nas sessões diárias de musculação, convém destacar um conjunto de procedimentos da maior relevância, a fim de se evitar dúvidas mais frequentes quanto ao uso de suplementos nutricionais. De início, cumpre destacar o uso de suplementos energéticos durante atividades aeróbicas executadas em diferentes aparelhos ergométricos, quando o objetivo almejado na prática da atividade é a redução do percentual de gordura corporal. Os suplementos energéticos só devem ser ingeridos mediante duas situações específicas, ou seja, uma quando o objetivo for preservar as reservas de glicogênio, e outra, quando o objetivo for repor eletrólitos nos exercícios aeróbicos de longa duração.

Outra dúvida muito frequente que ocorre entre os praticantes de musculação que usam suplementos proteicos de rápida absorção, como por exemplo o *whey protein*, deve-se ao fato de que muitos acabam por associá-lo ao leite, e o usam apenas após o horário de treinamento, além de administrá-lo com água antes de dormir. Quanto a isso, existem opiniões muito divergentes e conflitantes, que partem de conclusões estabelecidas por fisiologistas e nutricionistas desportivos. Ainda, cabe relembrar que o *whey protein* é uma proteína produzida por meio de processos de ultrafiltração, microfiltração e troca iônica, e que contém uma concentração de aminoácidos essenciais de alto valor biológico, sendo, por essa razão, considerada uma ótima opção suplementar para quem almeja o incremento da massa muscular. Vale relembrar que no momento pós-treino, o músculo encontra-se muito mais receptivo a absorver os nutrientes ingeridos, favorecendo, dessa maneira, uma situação anabólica muito favorável. Portanto, aconselha-se, logo após o término de uma sessão de musculação, o uso de uma proteína de rápida absorção e de concentrações de aminoácidos bastante satisfatórios como o *whey protein*.

Pela composição elevada na concentração de aminoácidos de alto valor biológico, e ainda pela rápida capacidade metabólica pós-treino, recomenda-se não diluir o *whey protein* novamente ao leite, assim como em qualquer outra substância líquida que seja rica em nutrientes como a lactose, caseína, gorduras e fibras. Isso porque uma vez que esses nutrientes interferem de forma negativa na capacidade de absorção rápida do *whey protein* pelo organismo. Por essa razão, alguns nutricionistas desportivos recomendam diluir o *whey protein* apenas com água, pois ela é isenta de nutrientes que venham a diminuir essa capacidade.

Cabe, portanto, destacar que o leite é um alimento proteico de digestão muito mais lenta do que o *whey protein*, e que a fração proteica do leite é constituída de 80% de caseína e 20% de lactoalbumina e um índice insulinêmico alto. O leite, apesar de possuir alto teor de sódio, e consequentemente, estimular a lipogênese e aumentar a retenção hídrica, não acarreta nenhum efeito cumulativo ou prejudicial à saúde. Cabe ressaltar ainda que a rápida capacidade de absorção do *whey protein* causa um aumento temporário nos níveis de aminoácidos circulantes, não sendo, desse modo, suficiente em reduzir o efeito catabólico. Em contrapartida, a caseína causa um aumento discreto na concentração de aminoácidos circulantes na corrente sanguínea de forma muito mais duradoura, induzindo a um balanço proteico muito mais prolongado e satisfatório. Por essa razão, alguns nutricionistas desportivos defendem a tese de que a combinação de *whey protein* com caseína parece ser muito eficiente ao processo de anabolismo muscular, uma vez que integram proteínas de alto valor biológico com rápida e lenta capacidade de absorção. Essa tese se deve em parte ao fato de que a combinação de *whey protein* com lactose pode induzir lentamente o estímulo pancreático, e favorecer, gradativamente, tanto a produção quanto a elevação dos níveis de insulina circulante.

Outra questão que apresenta opiniões divergentes e que, consequentemente, acaba por gerar muitas dúvidas, diz respeito ao uso de creatina antes do treino, quando se almeja o incremento da massa muscular, e ainda, no uso da creatina associada com dextrose, a fim de potencializar seus efeitos no intuito de elevar o pico de insulina circulante na corrente sanguínea. De início, a creatina é uma substância que é sintetizada no fígado e no pâncreas a partir de três aminoácidos, ou seja: da arginina, da glicina e da metionina.

Importa destacar que a creatina atua em conjunto com a Adenosina Trifosfato (ATP), no intuito de proporcionar energia para diferentes processos bioquímicos que ocorrem no interior da célula muscular, tais como: contração muscular, síntese proteica e transporte de minerais. Cabe ainda destacar que a creatina pode ser obtida em pequenas proporções por meio do consumo de carne vermelha e de peixes, e que, em razão de baixas concentrações de creatina nesses alimentos, recomenda-se sua suplementação, uma vez que ela potencializa o total de creatina muscular em 30% e o fosfato de creatina em 20%.

Quanto aos possíveis efeitos que podem advir do uso de creatina, vale destacar que, quando ingerida exageradamente, e ainda de maneira inadequada ao longo de todos os dias, induz a efeitos que acabam por sobrecarregar a função renal e hepática. Assim, recomenda-se o seu uso em quantidades apropriadas distribuídas em duas fases distintas, ou seja, 200mg por quilo de peso corporal durante cinco dias na fase de carga, e 50mg por quilo de peso corporal durante

45 a 90 dias na fase de otimização. Quanto à dúvida que margeia a pureza, vale destacar a existência de dois tipos de creatina, a saber, a pura monoidratada, e a modificada associada a outros nutrientes. Já quanto à dúvida que margeia na procedência, tanto na produção quanto na manipulação da creatina, importa estarmos atentos para o tipo de creatina que é proveniente de laboratórios devidamente fiscalizados pela Agência Nacional de Vigilância Sanitária (Anvisa), a fim de garantir, de maneira mais segura, o seu consumo.

Quando se tem por meta obter uma saturação favorável, que permita por sua vez induzir a um armazenamento de creatina em grande quantidade nos músculos, costuma-se prescrever um consumo de 20 a 25g por dia, divididos em duas ou quatro porções ao longo de uma semana. Entretanto, muitas controvérsias existem quanto ao processo de saturação de creatina no organismo. Alguns profissionais de educação física, especializados em nutrição desportiva, alegam que entre aqueles que se submetem a trabalhos musculares exaustivos diariamente, e que por sua vez buscam elevar o volume de massa muscular, a saturação de creatina se faz necessária.

Porém, outros alegam que a quantidade adotada de creatina por dia, de 5 a 10g em um período de uma semana, sem o processo de saturação, apresenta também uma resposta bastante satisfatória. No entanto, outros defendem a tese de que a partir do uso continuado de 5g de creatina por dia, ao longo de um período constituído por um ou dois meses, obtêm-se os mesmos resultados ocasionados pela fase de saturação. Importa destacar que a creatina não tem efeito imediato, sua resposta só se dá a partir de alguns minutos após ser ingerida. Observa-se que, logo após, a creatina possui efeito acumulativo de forma gradativa. Portanto, a dose de creatina administrada no primeiro dia não será capaz de influenciar no treinamento desse mesmo dia.

Outra questão bastante discutida é a do momento ideal para se consumir a creatina, ou seja, antes do treino, depois ao acordar e antes de dormir, e ainda sobre quais nutrientes devem ser associados a ela. Vale destacar que um grande grupo de especialistas em nutrição desportiva está de acordo quanto à ingestão de creatina logo após uma sessão de musculação, e ainda ingerir creatina imediatamente ao acordar, logo no início da manhã, uma vez que o consumo de creatina em um estômago vazio, segundo esses especialistas, favorece sua melhor absorção. Alguns especialistas em nutrição desportiva destacam ainda que consumir creatina durante uma sessão de musculação também não é o momento ideal, pois ela causa desidratação durante a prática do exercício resistido.

Entretanto, outro grupo de profissionais especializados em nutrição desportiva recomenda o consumo de creatina antes de iniciar uma sessão de musculação. Em razão das mudanças que ocorrem nos fluidos corporais durante o exercício resistido, a creatina antes de uma sessão de musculação não é absorvido com eficiência, pois seu estoque muscular elevado é estável até o momento de degradação, não havendo, nesse sentido, uma reposição no momento que antecede o treinamento. Portanto, de acordo com as observações desse grupo, o correto é consumir creatina depois do treinamento, pois é nesse momento que o estado metabólico do músculo esquelético está muito mais receptivo à sua captação.

É muito importante lembrar que, em face da individualidade biológica de cada ser humano, que por outro lado desencadeia diferentes processos fisiológicos de absorção da creatina no organismo, cabe que se faça uma investigação pessoal sobre o momento ideal quanto ao consumo apropriado de creatina. Desse modo poderá se estabelecer um momento particularizado e individualizado do uso da creatina, a fim de verificar e abstrair todo o seu potencial de assimilação de maneira mais enfática.

Outra questão que acaba por gerar muitas dúvidas quanto ao uso de creatina diz respeito aos tipos de nutriente que podem ou não ser associados a ela. Percebe-se quanto a isso, entre vários profissionais especializados em nutrição desportiva, opiniões que convergem para a ideia de que ingerir carboidratos simples ou complexos obtidos por meio da maltodextrina, dextrose ou suco de frutas junto com creatina melhora sua capacidade de absorção, já que a liberação de insulina na corrente sanguínea, pelo consumo de carboidratos, possui um papel muito importante no transporte da creatina para o interior das células musculares.

Entre os tipos de suco de frutas, o da uva é visto com a melhor opção para se misturar com creatina, ao passo que o proveniente da laranja é visto como uma opção a ser evitada, pela tese de que o ácido cítrico no suco de laranja pode ocasionar uma diminuição no processo de absorção de creatina. Há controvérsias quando o assunto é o consumo de cafeína com creatina, uma vez que essa associação pode afetar a absorção da creatina pelo organismo, além de contrabalancear os efeitos ergogênicos que decorrem da liberação de hormônios importantes para o metabolismo anabólico, como a insulina, o hormônio do crescimento e a testosterona.

Além de associar creatina com carboidratos, muitos nutricionistas desportivos recomendam, ainda, incluir nessa associação um nutriente rico em proteína. Administrar proteína conjuntamente com o carboidrato e a creatina reforça ainda mais o efeito ergogênico, quando se almeja a obtenção e a promoção do ganho de massa muscular. Desse modo, a associação de proteínas e carboidratos com creatina é vista como uma ótima opção conjugada de nutrientes, uma vez que aumenta a liberação dos principais hormônios anabólicos, tais como: hormônio do crescimento, testosterona e insulina. Tendo por base a síntese de aminoácidos, muitos profissionais especializados em nutrição desportiva destacam que entre a classe de diferentes aminoácidos não essenciais existentes, a glutamina é a que parece ser mais aconselhável de se administrar conjuntamente ao consumo de creatina.

Isso se deve ao fato de a glutamina ser um tipo de aminoácido não essencial de grande importância no controle que se dá entre catabolismo e anabolismo, além de possuir uma efetividade bioquímica excepcional no que diz respeito ao equilíbrio do pH durante o estado de acidose, bem como na possível capacidade de combater o *overtraining*. Esse é um tipo de transtorno metabólico que ocorre no processo fisiológico de hipertrofia muscular, decorrente de treinamentos resistidos exaustivos e excessivos que se dão durante as sessões de musculação.

Com esse embasamento básico, a suplementação com creatina teria a função fisiológica de melhorar, em um curto prazo, o rendimento no treinamento, aumentar o nível de força e potencializar a hipertrofia muscular. Outra função fisiológica atribuída à creatina diz respeito ao fato de ela promover uma retenção hídrica. Segundo estudos fisiológicos, essa retenção hídrica não está totalmente relacionada à construção miofibrilar. Ela representa, na prática, as perimetrias maiores obtidas nas mensurações dos segmentos corporais, o que acaba por aparentar externamente a obtenção do nível de uma hipertrofia muscular induzida por acúmulo de água.

A situação que ocasiona maiores dúvidas quanto à suplementação com creatina está justamente no fato que se dá em relação à sua administração, ou seja, quanto à quantidade ingerida em relação ao peso corporal, bem como o melhor horário para suplementar. Utilizar antes ou após uma sessão de musculação sempre foi a questão de maior relevância, em virtude de diferentes sugestões de profissionais. Vale destacar que, definitivamente, essa indefinição só encontra solução quando deixamos bem claro os objetivos em relação ao tipo de treinamento, assim como o tipo de planejamento alimentar adotado.

Quando se está ciente do propósito almejado, bem como sobre o que realmente se tem como objetivo, mediante a suplementação com creatina e a prática de um treinamento resistido, obtém-se a construção muscular a médio e a longo prazos sem atropelar as fases de todo um planejamento alimentar. Aliando todo um conjunto de procedimentos técnicos quanto à execução do trabalho muscular a uma dieta coerente ao tipo de treinamento em questão, seja por meio da utilização da creatina pré-treino ou pós-treino, gradativamente, aumentam-se as reservas de adenosina trifosfato e fosfato de creatina (ATP-PCr), e com isso a elaboração do treino resistido em uma sessão diária de musculação passará a revelar um rendimento diferenciado e satisfatório. Isso por meio de sessões com maior resistência à fadiga para séries tensionais, assim como também por meio de uma maior percepção ao esforço e recuperação entre as séries, resultando em maior aplicação de força muscular. É importante ressaltar que o nível da força muscular exercida nos exercícios resistidos incluídos nas sessões de musculação apresentará uma adaptação natural no que diz respeito ao aumento significativo do nível de hipertrofia muscular, assim como no aumento significativo de adaptação das miofibrilas.

Muitos estudos levam a crer que quando se tem por objetivo resultados obtidos em curto prazo, por meio do aumento considerável de volume corporal em circunferências, ocasionado por sua vez pela suplementação diária de creatina sem, no entanto, preocupar-se com a capacidade de retenção hídrica desencadeada no processo de construção do volume muscular, a administração de creatina, imediatamente após uma sessão de musculação, parece oferecer uma maior vantagem fisiológica.

Isso em virtude de que, logo após o treinamento resistido intenso, as sobrecargas metabólicas estão muito elevadas, e a fonte energética anaeróbica glicolítica passa a ser mais utilizada e, consequentemente, o substrato energético mais depletado passa a ser o glicogênio muscular, em razão disso ocorre uma maior liberação de hormônios anabólicos recuperativos. Eles, por sua vez, se encarregarão de efetuar a absorção da creatina exógena, assim como de outros macronutrientes, a fim de promover a resíntese do glicogênio muscular.

Esse processo carrega para dentro da célula um valor aproximado de 3g de água por grama de glicogênio, sendo essa água, portanto, a responsável pela retenção hídrica muscular, que representa aquele volume muscular desejável a curto prazo.

Como a necessidade energética de recuperação após treino é a maior possível, os estoques de fosfocreatina e de glicogênio muscular são prioridades recuperativas nesse momento, sendo, portanto, os destinos dos nutrientes ingeridos nessa situação. As respostas metabólicas também se relacionam com a sobrecarga imposta a cada treino, sendo que as tensionais relacionam-se melhor com a utilização da creatina pré-treino, e as metabólicas melhor combinam com a utilização pós-treino. Por isso, a definição de qual melhor situação a tomar, obedece a uma opção de escolha do praticante de musculação em relação ao treinamento resistido, e ainda, quanto as suas perspectivas e anseios em relação a esse suplemento. Resumindo, tomando por base os argumentos positivos de muitos especialistas em nutrição desportiva, a suplementação de creatina é capaz de beneficiar o incremento da massa muscular, quando administrada de forma consciente em torno de 20 a 30 minutos antes dos treinos resistidos. Embora alguns defendam sua administração tanto para o período que antecede quanto para o que sucede o treinamento resistido de uma sessão de musculação, considerando a quantidade indicada por dia referente ao peso corporal, o que provavelmente não ultrapassa 6g diárias.

CAPÍTULO 5

Índice glicêmico, carga glicêmica e musculação

O Índice Glicêmico (IG) é um sistema numérico que indica como um alimento eleva os níveis de glicose sanguínea pós-prandial e, consequentemente, a insulina. Esse sistema numérico foi proposto pelo Dr. David Jenkins, pesquisador da Universidade de Toronto, no Canadá, em 1981. O índice glicêmico representa uma medida que se dá sobre a qualidade de uma quantidade fixa de carboidrato disponível em um alimento, e independe do fato de um carboidrato ser simples ou complexo, uma vez que o corpo não absorve e digere todos os carboidratos na mesma velocidade. De acordo com o potencial de aumentar a glicose sanguínea, o índice glicêmico pode ser classificado em alto, médio e baixo.

A Carga Glicêmica (CG) é um sistema numérico que indica a gradação da quantidade de carboidrato existente nas porções de alimentos a serem ingeridos, ou seja, representa uma medida que se baseia no índice glicêmico e no tamanho da porção de carboidrato existente em uma refeição. O conceito sobre carga glicêmica foi proposto em 1997 pelo Dr. Salmeron, pesquisador da escola de Harvard (EUA). A utilidade da carga glicêmica é estabelecer a noção de que um alimento de alto índice glicêmico, quando consumido em pequenas quantidades, pode gerar o mesmo efeito na glicemia sanguínea, do que um alimento de baixo índice glicêmico quando consumido em quantidades maiores. O marcador da carga glicêmica mede o impacto glicêmico da dieta, sendo calculado por meio da multiplicação do índice glicêmico do alimento pela quantidade de carboidrato contido em uma porção de alimento a ser consumido.

O índice glicêmico e a carga glicêmica consistem em métodos de medida que levam em consideração a qualidade e a quantidade do carboidrato incluído em uma porção alimentar, e sua aplicação no planejamento de uma dieta envolve muitas controvérsias. Elas se dão em decorrência da existência de diversos fatores que interferem na resposta glicêmica dos alimentos, como a procedência do alimento, tipo de cultivo, forma de processamento, cocção, consistência e teor de fibras. Um praticante de musculação, ao recorrer a tabelas, no intuito de selecionar alimentos em relação ao índice glicêmico ou à carga glicêmica, corre o risco primeiramente de identificar alimentos que no caso não são típicos do Brasil, uma vez que dispomos de tabelas internacionais. Além disso, muitos alimentos com baixo índice glicêmico trazem em sua composição altas concentrações de gorduras.

Diante dessa situação, vale ressaltar a importância da orientação nutricional realizada por um nutricionista especialista em nutrição desportiva, no sentido de esclarecer e adequar o planejamento de uma dieta quanto à viabilidade e vantagens na escolha por alimentos com índice glicêmico e carga glicêmica alta, média ou baixa.

A fim de não perder o rendimento, cabe a todo praticante de musculação elaborar o fornecimento de alimentos ricos em carboidratos. De acordo com a capacidade de absorção, os alimentos ricos em carboidratos são classificados em rápidos e lentos. Os alimentos ricos em carboidratos que possuem uma capacidade de absorção rápida costumam ser descritos como de alto índice glicêmico, e os ricos em carboidratos que possuem uma capacidade de absorção lenta costumam ser descritos como alimentos de baixo índice glicêmico.

Atualmente, prescreve-se o consumo de alimentos ricos em carboidratos que forneçam um aporte nutricional necessário antes do treino resistido, bem como aqueles que reponham nutrientes perdidos durante o desgaste físico sofrido após o treino resistido. Porém, a partir desse ponto de vista, é que entra em questão a adequação do alimento rico em carboidrato de lenta ou rápida capacidade de absorção, mediante a aplicação do índice glicêmico no planejamento de uma refeição pré-treino ou pós-treino.

Tomando como referência a hidrólise, ou seja, a modificação química decorrente da quebra de uma molécula de glicídio, e ainda tomando como referência uma reação de polimerização, na maioria das vezes os carboidratos simples e complexos contidos nos alimentos são descritos como monossacarídeos e polissacarídeos. Diante de uma questão muito controversa quanto aos carboidratos simples e complexos em relação ao índice glicêmico, na maioria das vezes os alimentos ricos em carboidratos simples possuem um índice glicêmico alto, e o seu processo de digestão e absorção pelo organismo costuma ser rápido. Isso produz um aumento súbito da glicemia, ao passo que os alimentos ricos em carboidratos complexos possuem um índice glicêmico baixo, e o seu processo de digestão e absorção pelo organismo costuma ser muito lento, produzindo um pequeno e gradual aumento da taxa de glicemia.

Geralmente costuma-se prescrever o consumo de alimentos ricos em carboidratos de baixo índice glicêmico antes de uma sessão de musculação, no intuito de não induzir o aumento súbito da glicemia nos momentos que antecedem o treinamento resistido, uma vez que esse aumento induz uma produção no nível do hormônio insulina que, por outro lado, prejudica a produção adequada dos níveis dos hormônios cortisol e glucagon. O nível ideal de concentração de glicose no sangue situa-se em torno de 80 a 120dg/l, e para manter essa faixa ideal de concentração, a glicose deve ser produzida e liberada de maneira lenta e gradual, ou seja, sem a ocorrência de picos glicêmicos nos momentos que antecedem os treinos resistidos. Em contrapartida, quando ingerimos alimentos que se transformam em glicose muito rapidamente ou em demasia, haverá um aumento rápido do nível de glicose na corrente sanguínea, ou seja, haverá um pico glicêmico com taxa de concentração superior a 120dg/l de glicose na corrente sanguínea, prejudicando, dessa maneira, uma produção adequada dos níveis dos hormônios cortisol e glucagon nos momentos que antecedem os treinos resistidos.

No transcorrer de uma sessão de musculação, ou seja, durante o espaço de tempo existente entre a realização de um exercício resistido para outro, alguns nutricionistas especializados em treinamento desportivo aconselham consumir alimentos ricos em carboidratos de índice glicêmico médio e rápido, pois no decorrer do treinamento o nível dos hormônios cortisol e glucagon inibe a ação da insulina. Portanto, consumindo alimentos ricos em carboidratos de índice glicêmico médio e rápido, é possível absorver a glicose para o interior das células musculares, por meio de uma ação metabólica que é induzida e independente da ação da insulina.

Por fim, imediatamente logo após uma sessão de musculação, ou seja, imediatamente depois que se termina uma sequência de exercícios incluídos em um treinamento resistido, na maioria das vezes alguns nutricionistas especializados em treinamentos desportivos costumam prescrever o consumo de alimentos ricos em carboidratos de alto índice glicêmico. O objetivo é inibir a ação dos hormônios cortisol e glucagon, e de estimular, consequentemente, a produção do hormônio insulina, com o propósito imediato de auxiliar a reposição dos estoques de glicogênio hepático e muscular no intuito de favorecer o processo de recuperação do músculo pós-esforço.

Para que possamos identificar qual é o índice glicêmico dos alimentos, basta atentar para o teor de fibras que determinado alimento possui. Geralmente, a presença de fibras nos carboidratos torna o índice glicêmico mais baixo. Determinado alimento com índice glicêmico muito elevado é geralmente constituído por nutrientes refinados. É muito importante ressaltar que a escolha dos alimentos ideais que devem ser incluídos em um planejamento nutricional direcionado para praticantes de musculação não deve ser baseada unicamente por meio de uma tabela de índice glicêmico ou de carga glicêmica. Isso porque existe uma série de procedimentos que devem ser levados em consideração, e que somente um profissional especializado em nutrição desportiva é capaz de elaborar.

Como a insulina é um hormônio de armazenamento, que por sua vez transforma o alto nível de glicose existente na corrente sanguínea em acúmulo de gordura corporal, o consumo excessivo de alimentos ricos em carboidratos com índice glicêmico e carga glicêmica muito elevada induz uma reação desfavorável. Por outro lado, acarreta o aumento gradativo do peso corporal em decorrência do armazenamento de gordura provocada pela secreção rápida do hormônio insulina pelo pâncreas. Outra reação desfavorável, quanto ao consumo excessivo de alimentos ricos em carboidratos com índice glicêmico e carga glicêmica muito elevada, diz respeito ao excesso do hormônio insulina produzido pelo pâncreas que, ao ser lançado para a corrente sanguínea, acarreta uma redução da glicose para níveis abaixo de 80dg/l, gerando, consequentemente, um processo fisiológico descrito como hipoglicemia.

Quando um praticante de musculação, muito antes de iniciar um treino resistido extenuante, não busca manter um balanço energético positivo pré-treino adequado e, por outro lado, mantém-se em um balanço energético negativo pós-treino prolongado, sem estabelecer uma devida reposição energética pós--treino, percebe-se a ocorrência de uma lenta hipoglicemia momentânea durante e após os treinos, que por outro lado desencadeia no cérebro um mecanismo de defesa exigindo um consumo maior por alimentos de índice e carga glicêmica muito elevada e de forma exacerbada, acionando um comando de fome desordenado e descontrolado que irá armazenar ainda mais gordura no corpo.

Desse modo, é muito importante entre aqueles que se submetem a sessões diárias e exaustivas de musculação que saibam manipular corretamente o balanço energético positivo, quando se almeja o ganho de peso corporal por incremento de massa muscular, bem como saibam manipular corretamente o balanço energético negativo, quando se almeja perda do peso corporal por incremento da definição da massa muscular adquirida, mediante o índice e a carga glicêmica de alimentos incluídos em uma refeição nos períodos pré-treino e pós-treino, no intuito de atender objetivos que satisfaçam tanto a hipertrofia muscular quanto a redução do percentual de gordura corporal. Alimentos ricos em carboidratos com alto índice glicêmico e carga glicêmica são aqueles obtidos por produtos refinados como o açúcar, pão branco, farinha branca, arroz branco, doces e bebidas energéticas, e alimentos ricos em carboidratos com índice e carga glicêmica média e baixa são aqueles obtidos por meio de verduras, vegetais folhosos, frutas, legumes, e ainda de alimentos integrais.

Normalmente, a recomendação e a aplicação quanto ao uso do índice glicêmico e da carga glicêmica baseiam-se, principalmente, em uma substituição de alimentos de alto índice glicêmico, para de baixo índice glicêmico ao longo do dia. Ainda não existe um consenso entre diversos nutricionistas desportivos sobre a recomendação do índice glicêmico e carga glicêmica como estratégia eficiente a ser aliada ao treinamento resistido, que permita a redução do percentual de gordura corporal a fim de favorecer e incrementar a definição muscular. Portanto, questiona-se a relevância e a praticidade da aplicação de tabelas e métodos dietéticos, havendo a necessidade de realização de mais estudos de longa duração com alimentos de alto, médio e baixo índice glicêmico e carga glicêmica a serem incluídos no planejamento alimentar de praticantes de musculação. Entretanto, entre os tipos de alimento rico em carboidratos simples e complexos, a dextrose e a maltodextrina parecem ser igualmente efetivos em melhorar o desempenho físico por meio da produção de energia pré-treino e pós-treino.

A dextrose, mais conhecida como glicose, é uma fonte principal de energia disponível para o músculo. A dextrose é quimicamente considerada um carboidrato simples. O corpo produz glicose a partir dos três elementos extraídos da alimentação, ou seja, as proteínas, a gordura e os hidratos de carbono. Porém, a maior parte dos elementos extraídos está nos hidratos de carbono. A dextrose, por ser um hidrato de carbono simples com um alto índice glicêmico, é absorvida rapidamente, o que estimula a liberação de insulina. A maltodextrina é um hidrato de carbono complexo, que contém em sua estrutura polímeros de dextrose ou glicose, e ainda composto de açúcar simples que consiste em uma fonte energética mais fácil de o músculo assimilar. Apesar de a maltodextrina ser um hidrato de carbono complexo, a união dos compostos que se formam é fraca e extremamente simples, fazendo com que sua digestão seja um pouco mais lenta do que a dextrose. A maltodextrina, apesar de ser um carboidrato de baixo índice glicêmico, pode gerar um pico de insulina quase tão alto quanto a dextrose, que é um carboidrato de alto índice glicêmico.

Uma estratégia pré-treino bem planejada deve ser constituída por alimentos com baixo índice glicêmico, mediante a inclusão de nutrientes que contenham um teor muito elevado de polissacarídeos, ou seja, mediante a inclusão de nutrientes com alto teor de carboidratos complexos, tipo a maltodextrina proveniente da hidrólise do amido ou da fécula, que são dois tipos de nutriente facilmente absorvidos pelo organismo, e que favorecem um armazenamento lento e gradual do glicogênio hepático ou muscular a ser consumido pelo trabalho resistido extenuante exercido em uma sessão de musculação. Em contrapartida, uma estratégia pós-treino bem planejada deve ser constituída por alimentos com alto índice glicêmico, mediante a inclusão de nutrientes que contenham um teor muito elevado de monossacarídeos, ou seja, mediante a inclusão de nutrientes com alto teor de carboidratos simples, tipo a dextrose proveniente da glicose, que é um tipo de nutriente facilmente absorvido pelo organismo, e que favorece a reposição mais rápida do glicogênio hepático ou muscular consumido logo após o término de um trabalho resistido extenuante exercido em uma sessão de musculação.

É importante destacar que quanto maior for o índice glicêmico do hidrato de carbono, maior será o pico de insulina existente na corrente sanguínea. E quanto maior o pico de insulina na corrente sanguínea, maior será o transporte de nutrientes para o interior das células musculares, ou seja, maior será o transporte de proteína, creatina, glutamina e aminoácidos para a restauração muscular. Daí a razão quanto ao fato de muitos praticantes submetidos a sessões de musculação, durante os períodos pré-treino, administrarem a maltodextrina e, durante o período pós-treino, administrarem a dextrose juntamente com creatina, e ainda com suplementos hiperproteicos, no intuito de repor o glicogênio perdido durante o treinamento, além de elevar, por meio da produção de insulina, a capacidade de absorção dos nutrientes associados tanto à maltodextrina quanto à dextrose.

Na maioria das vezes, muitos praticantes experientes de musculação costumam preparar uma solução com 50% de dextrose, associada com mais 50% de maltodextrina, ingerindo essa solução antes, durante e imediatamente logo após o término de um treino. Contudo, levando-se em consideração as diferentes respostas fisiológicas que ocorrem em relação às sucessivas quedas de glicemia no organismo, recomenda-se priorizar uma ingestão de carboidrato de baixo índice glicêmico por meio da maltodextrina uma hora antes do treino, com o propósito de se evitar a hipoglicemia reativa. Ainda se recomenda priorizar uma ingestão de carboidratos de alto índice glicêmico por meio da dextrose durante o transcorrer do treino, e ainda imediatamente logo após o término de um treino, com o propósito de evitar o efeito tampão sobre a insulina.

É muito importante destacar que durante os horários que antecedem a sessão de musculação, a alimentação deve ser constituída basicamente por carboidratos que contenham baixo índice glicêmico, a fim de se evitar uma oscilação dos níveis de insulina. Oscilações essas que diretamente contribuem para o surgimento de uma fome fora do horário das principais refeições, acarretando, consequentemente, o armazenamento de gordura corporal em um estado de hipoglicemia. Alimentos com baixo índice glicêmico são representados pela batata, arroz integral, macarrão integral, milho, frutas etc. Importa destacar que, até 90 minutos após o término de uma sessão de musculação, o músculo possui uma extraordinária capacidade de absorver nutrientes ingeridos.

Portanto, 90 minutos após o término de uma sessão de musculação, cabe elevar os níveis de insulina por meio do consumo de alimentos ricos em carboidratos simples que contenham alto índice glicêmico, a fim de aproveitar o efeito anabólico ocasionado pela explosão de insulina na corrente sanguínea, bem como aproveitar o efeito induzido pelo processo de assimilação dos aminoácidos essenciais para o interior do músculo. Geralmente, durante esse período de 90 minutos que se dá logo após o término de uma sessão de musculação, costuma-se adicionar, juntamente com o consumo de carboidrato simples de alto teor glicêmico, nutrientes ricos em fontes de proteínas e, por outro lado, nutrientes pobres em fontes de lipídeos, no intuito de favorecer de maneira eficaz o crescimento muscular com reduzido acúmulo ou armazenamento de gordura.

CAPÍTULO 6

Hidratação e musculação

Do mesmo modo que o recurso nutricional complementar, a hidratação é outro fator que não deve ser desprezado por um praticante de musculação, pelo fato de estar intimamente associado ao balanço hidroeletrolítico que se dá entre fluidos e eletrólitos. Os fluidos são substâncias líquidas que se encontram presentes no organismo em compartimentos intracelulares, extracelulares e transcelulares. Graças a uma ampla diversidade de células corporais, aproximadamente 60% dos fluidos são intracelulares, enquanto aproximadamente 30% dos fluidos são extracelulares, e os depósitos de fluidos extracelulares existentes no corpo se subdividem em fluidos intersticiais e em fluidos intravasculares. Os fluidos intersticiais correspondem a um depósito de água que fica situado entre os tecidos, e os fluidos intravasculares correspondem a um depósito de água que fica situado nos vasos sanguíneos sob a forma de plasma.

Os fluidos transcelulares correspondem a um depósito de água que fica situado nas articulações, no globo ocular, na medula espinhal, e também nas secreções digestivas. Contudo, os fluidos transcelulares existentes no organismo humano não estão intimamente associados ao balanço hídrico do corpo. Nos fluidos extracelulares, as maiores concentrações de eletrólitos correspondem ao sódio e ao cloreto, e as menores concentrações correspondem ao potássio, cálcio e magnésio. Contudo, nos fluidos intracelulares, as maiores concentrações de eletrólitos correspondem ao potássio e ao magnésio, e as menores ao sódio e ao cloreto. Essas variações entre as concentrações de eletrólitos nos fluidos extracelulares e intracelurares são de grande importância para o processo de transmissão nervosa e, consequentemente, para o processo de contração muscular.

As concentrações de eletrólitos tanto no fluido plasmático quanto no intersticial são aproximadamente as mesmas, e envolvem discussões que pairam em torno de equivalentes químicos, uma vez que existem eletrólitos de diferentes pesos moleculares. Porém, apesar da diferença na concentração de eletrólitos nos fluidos extracelulares e intracelulares, existe aproximadamente um mesmo número na composição iônica moléculas dissolvidas tanto dentro quanto fora das células. O número total dessas moléculas é descrito em termos da pressão osmótica que o fluido extracelular ou intracelular exerce. A osmolaridade é regulada de forma muito precisa pelo corpo, mediante um esforço no intuito de estabelecer a manutenção do equilíbrio fluídico e eletrolítico do organismo, e ainda de estabelecer o balanço hidroeletrolítico.

Todas as comunicações entre músculos e nervos dependem do balanço hidroeletrolítico obtido pela hidratação antes, durante e após uma sessão de musculação. Esse balanço repõe as quantidades específicas de sais que são consumidos e dissolvidos nos fluidos intracelulares e extracelulares, e que são, por outro lado, excretados pelo suor. Um sal ao entrar no corpo é completamente dissociado em íons com uma carga positiva, e em íons com uma carga negativa.

Uma vez possuindo cargas positivas ou negativas, esses íons dissociados passam a exercer uma função eletrolítica, ou seja, passam a conduzir eletricidade. Os íons de sais que se dissociam por completo são descritos como eletrólitos fortes, e os íons de sais que se dissociam parcialmente são descritos como eletrólitos fracos. Tanto os fortes quanto os fracos agem no intuito de promover a comunicação celular, a regulação total de água corporal, e também a manutenção do balanço ácido-base que permite um adequado funcionamento celular.

De maneira geral, a hidratação antes, durante e após uma sessão de musculação envolve a reposição de eletrólitos por meio da ingestão de líquidos, ou ainda por alimentos ricos em substância líquida. Contudo, a maior importância da hidratação antes, durante ou após uma sessão de musculação está diretamente associada ao consumo de água. A água exerce importantes funções no organismo humano, entre elas, pode-se destacar a capacidade por dissolver a maioria das substâncias que ingerimos ou produzimos, a capacidade de transportar moléculas dissolvidas em quase todas as partes do corpo, a capacidade de absorver choques e lubrificar vários compartimentos articulares, e, por fim, a capacidade de regular a temperatura corporal por meio da conservação ou liberação do calor produzido em uma contração muscular.

O consumo de água por meio da hidratação envolve especificamente o equilíbrio na concentração de eletrólitos dentro e fora das células. A concentração de eletrólitos dentro e fora das células deve ser mantida em equilíbrio para que uma transmissão nervosa possa promover contrações musculares. Quando os músculos se contraem durante determinado exercício de musculação, cerca de 70% a 80% da energia utilizada é convertida em calor corporal. A regulação e a remoção do calor corporal produzido pela contração muscular dependem do suprimento adequado de água para a produção do suor. E a produção do suor visa estabelecer propriedades físicas relacionadas tanto à transferência de calor do centro do corpo, quanto à remoção do calor por meio da evaporação do suor, a fim de se evitar distúrbios homeostáticos no corpo.

Os distúrbios homeostáticos que ocorrem no corpo comprometem diretamente todo o equilíbrio e manutenção das funções cardiovasculares, termorregulatórias e osmorregulatórias. A intensidade ou o grau em que um distúrbio homeostático se manifesta depende da magnitude de uma desidratação induzida por um decréscimo acentuado do volume plasmático, da magnitude de uma hiper-hidrose ou hidrorreia induzida por um trabalho muscular vigoroso, da magnitude do movimento de água induzida de um compartimento vascular para um compartimento intersticial, ou ainda da magnitude de uma alteração eletrolítica induzida por uma hipo-hidratação.

A magnitude de uma desidratação induzida por um decréscimo acentuado do volume plasmático está relacionada com a dissipação de calor corporal via sudorese. Um decréscimo acentuado do volume plasmático compromete a disponibilidade de fluidos nutrientes para todo o trabalho do músculo, e resulta em uma perda do desempenho muscular durante a realização de determinado exercício resistido em uma sessão de musculação. A magnitude de uma hiper-hidrose ou hidrorreia está relacionada a uma perda de fluidos corporais por meio de uma sudorese muito excessiva, que se dá por sua vez em um ambiente muito quente.

Sabe-se que perdas excessivas de fluidos corporais por meio da sudorese são equivalentes a uma perda de 5% do peso corporal. Convém destacar que uma perda de líquido de 2% do peso corporal reduz as capacidades em 20%, e uma perda de 4% reduz as capacidades em 40% a 60%. Desse modo, para uma melhor hidratação, recomenda-se o consumo diário de água pura, de, no mínimo, uma quantidade situada em torno de 2,5 litros/dia.

A magnitude do movimento de água induzida de um compartimento vascular para um compartimento intersticial está relacionada à osmolaridade do plasma para fora dos vasos sanguíneos, mediante a mobilização do fluxo de líquido intersticial eliminado pelas glândulas sudoríparas, por meio da secreção do suor. E por fim, a magnitude de uma alteração eletrolítica induzida por uma hipo-hidratação está relacionada a mudanças nas concentrações ou nas composições de eletrólitos do sangue, mediante um acréscimo elevado na temperatura interna do corpo, e ainda mediante os desvios de fluidos corporais que ocorrem durante um esforço físico manifestado em uma sessão de musculação.

Os desvios de fluidos corporais que ocorrem durante um esforço físico manifestado em uma sessão de musculação envolvem uma enorme atividade nos capilares sanguíneos, e ainda uma enorme difusão de oxigênio e de dióxido de carbono, e também uma enorme difusão de pequenas moléculas, tais como eletrólitos e glicose. Toda a enorme atividade que induz os fluidos plasmáticos para fora dos capilares sanguíneos se dá em decorrência de uma pressão hidrostática, e ainda em decorrência de uma pressão osmótica que se dá no fluido intersticial, e que por sua vez exerce uma ação que tende a atrair a água para fora dos capilares. Mediante o aumento da intensidade do esforço físico, a pressão sanguínea é elevada. A pressão sanguínea ao ser elevada direciona o fluxo sanguíneo para os músculos que exercem determinado trabalho mecânico em uma sessão de musculação.

O direcionamento do fluxo sanguíneo para os músculos que exercem determinado trabalho mecânico em uma sessão de musculação resulta em um aumento da pressão hidrostática. O aumento da pressão hidrostática, por sua vez, direciona o fluido plasmático para fora dos capilares sanguíneos, e, consequentemente, acaba por direcionar os fluidos plasmáticos aos interstícios. Ocorre também, concomitante ao aumento da pressão hidrostática, um aumento na pressão osmótica nas células musculares.

Esse aumento, que por sua vez ocorre na pressão osmótica nas células musculares, tende atrair a água do fluido intersticial e dos capilares, e eliminá-la por meio da secreção do suor, quando alterações ocorrem mediante a mobilização de fluidos corporais. Observe-se que essa mobilização de fluidos corporais no organismo se esforça no intuito de minimizar a perda de volume sanguíneo circulante. Durante todo o processo de mobilização de fluidos corporais, que por sua vez se dá mediante a prática exaustiva de um trabalho muscular, tanto os fluidos corporais intracelulares quanto os extracelulares diminuem por meio do movimento de água para fora do compartimento vascular.

O movimento de água para fora do compartimento vascular ocorre em virtude de uma combinação que se dá no aumento no débito cardíaco, no aumento da pressão arterial, no aumento na pressão intersticial oncótica, no aumento da pressão capilar hidrostática, e ainda no aumento moderado da resistência pós-capilar. A ausência na reposição de água no organismo acarreta perda de fluidos corporais, e a perda excessiva de fluidos corporais durante um esforço muscular muito intenso está associada a reduções progressivas da capacidade de resistência e de força muscular. Durante a sudorese, a água é perdida em maior proporção do que o sódio e o cloreto.

Comparado com o plasma e com outros fluidos corporais, o suor é uma substância hiposmótica ou hipotônica. Durante o processo de excreção do suor, ocorre uma maior perda de água, de sódio e de cloreto. E uma perda elevada de água, sódio e cloreto, ao longo do processo de excreção, aumentará a concentração eletrolítica dos fluidos que permanecem no corpo. Existem ainda eletrólitos adicionais que são excretados no suor, sendo que, em relação à água, ao sódio e ao cloreto, são excretados em menor proporção.

Os eletrólitos adicionais excretados no suor são: potássio, cromo, zinco, cobre, magnésio, ferro e fósforo. Alterações nas concentrações de magnésio plasmático, assim como aumentos significativos de sódio e potássio no plasma, têm implicações associadas a estados de câimbras musculares. Em um estado de hipo-hidratação, o magnésio musculoesquelético diminui, enquanto o potássio muscular aumenta discretamente. Já o sódio e o cloreto no musculoesquelético não são alterados diante de um corpo em hipo-hidratação.

Embora a água pura seja a bebida de excelência no dia a dia de uma boa hidratação, uma bebida energética é mais apropriada durante os esforços excessivos, manifestados por sua vez em uma prática da musculação muito intensa. Uma boa hidratação realizada por meio de uma bebida energética antes, durante e após uma sessão de musculação intensa visa favorecer um maior vigor físico. Portanto, segundo a Sociéte Civile dês Auteurs Multimédias (SCAM) – Paris, recomenda-se ao longo das duas horas anteriores de uma sessão de musculação beber 500ml de uma bebida à temperatura do ambiente, adicionada com 15g de carboidrato de baixo índice glicêmico, e 30 minutos antes de uma sessão de musculação 200 a 350ml de uma bebida adicionada com 40g de carboidrato de índice glicêmico elevado.

Recomenda-se ainda, segundo a SCAM, beber de 15 em 15 minutos durante uma sessão de musculação 150 ou 200ml de água mineralizada à temperatura ambiente, adicionada com 25 ou 40g de carboidrato de índice glicêmico elevado.

Contudo, durante uma sessão de musculação muito intensa, segundo a SCAM, recomenda-se adicionar 50 ou 70g de carboidrato de índice glicêmico elevado, e no caso de uma situação térmica muito fria, adicionar 100 ou 150g de carboidrato de índice glicêmico elevado.

CAPÍTULO 7

As características somáticas e a musculação

O estudo sobre a mensuração das proporções corporais do corpo humano se deve em grande parte aos estudos oriundos da antropométrica. Entretanto, levando-se em consideração a constituição física dos diferentes tipos corporais, cabe direcionarmos a análise da compleição humana por meio dos estudos oriundos da somatologia, a partir do somatotipo predominante de cada indivíduo em particular. O somatotipo consiste em uma técnica de mensuração e classificação da constituição física corporal criada por Sheldon, e posteriormente aperfeiçoada por Heath-Carter que, segundo dados obtidos pela antropometria, classifica fenótipos distintos. Tomando por base a característica particular de um praticante de musculação em relação ao seu genótipo, é possível que se estabeleça, segundo a somatologia, uma classificação básica do somatotipo dominante dividido em endomorfia ou somatotipo que possui um elevado grau de adiposidade, mesomorfia ou somatotipo que possui um elevado grau de muscularidade, e ectomorfia ou somatotipo que possui um elevado grau de magreza condicionada à definição muscular.

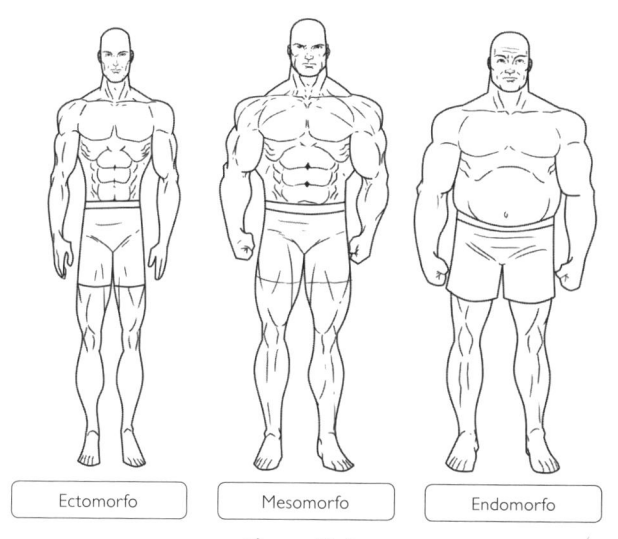

Figura 14.4
Representação dos diferentes tipos somáticos.

Contudo, entre aqueles que frequentam as salas de musculação, observa-se uma variedade muito grande de diferentes tipos somáticos que se submetem diariamente a exercícios resistidos. Portanto, tendo por base estudos de uma ciência que trata do corpo humano em seu aspecto somático, e ainda coletados e aplicados para obtenção do somatotipo antropométrico de um praticante de musculação em particular, verifica-se a existência de três somatotipos distintos que, a partir de uma associação somática, são comumente classificados em endomesomorfo, endoectomorfo e mesoectomorfo. Porém, nem sempre essa associação somática é vista como uma forma segura para se definir o aspecto somatológico de um praticante de musculação em particular, pois sempre ocorrerá a predominância de um aspecto somático em razão de outro, havendo nesse sentido a prevalência de um aspecto somático peculiar ou próprio de uma só pessoa.

Alguns praticantes de musculação tendem a possuir um aspecto mais magro e definido, enquanto outros são mais pesados, corpulentos e com pouca ou nenhuma definição. Isso ocorre porque todos nasceram com genótipos diferentes, resultado de uma formação puramente genética. Cabe ressaltar que, muitas vezes, a prática diária de um treinamento resistido adequado, bem como aliado a um correto planejamento alimentar, constitui um recurso ou procedimento não cirúrgico bastante seguro e eficaz para o processo gradual de remodelação corporal, modificando passo a passo, no transcorrer da remodelagem do corpo, o perfil somático de um praticante de musculação endomorfo e ectomorfo para mesomorfo. Porém, mediante cada perfil somático peculiar de determinado praticante de musculação, existem tipos certos de treinamentos e dietas a serem seguidos, no intuito de obter melhores resultados no transcorrer de todo o processo de remodelamento corporal.

Um praticante de musculação enquadrado no perfil somático de um endomorfo possui um metabolismo muito lento, fibras tanto vermelhas quanto brancas, uma feição de rosto redonda e uma forte tendência genética por acumular gordura corporal nas regiões de pernas, glúteos e abdômen. O perfil somático envolve uma aparência encorpada com pouca definição muscular, em decorrência de um acúmulo de gordura que induz a um peso acima do ideal, e envolve também uma constituição física formada por cintura alta, quadris e coxas grandes, braços volumosos e pernas de aparência curta, mãos e pés pequenos, com uma estrutura óssea larga e forte. Quando o assunto é perder peso, o praticante de musculação endomorfo possui uma grande dificuldade, uma vez que está mais predisposto a acumular e armazenar gordura corporal. Desse modo, para o praticante de musculação endomorfo que busca adquirir o aspecto mais definido de sua musculatura corporal, é necessário que faça uso de um programa de treinamento constituído tanto de exercícios resistidos quanto de ergométricos, além de um adequado planejamento alimentar.

O programa de exercícios resistidos direcionados ao praticante de musculação endomorfo deve priorizar, acima de tudo, o aumento do metabolismo corporal por meio da aplicação do método de treinamento em circuito que situe a frequência cardíaca em uma faixa ideal de batimento cardíaco. A aplicação desse método deve incluir séries conjugadas constituídas por um número determinado de dez a quinze repetições, com um tempo de recuperação relativamente curto entre cada série. Recomenda-se não aplicar uma carga muito elevada sobre os exercícios resistidos realizados sob a forma de um circuito, a fim de não limitar o número de repetições estipuladas para cada série. O programa de exercício ergométrico a ser prescrito para um praticante de musculação endomorfo deve corresponder a uma intensidade moderada para alta de esforço, em um tempo compreendido entre 30 a 45 minutos a ser realizado três a cinco vezes durante a semana. É fundamental que se faça uso de monitores cardíacos, a fim de permitir que o treino cardiovascular se mantenha dentro da zona de batimentos cardíacos-alvo prescrita para maximizar a perda de gordura.

O planejamento alimentar direcionado ao praticante de musculação endomorfo deve priorizar acima de tudo a realização de pequenas refeições de baixo teor calórico fracionadas ao logo do dia, buscando estipular pelo menos cinco a seis refeições que contenham alimentos ricos em nutrientes proteicos de alta qualidade, e ainda que contenham alimentos com nutrientes ricos em carboidratos de baixo índice glicêmico, baixa concentração de gorduras saturadas e as do tipo trans. Recomenda-se o planejamento de uma dieta composta principalmente por carboidratos complexos de lenta capacidade de absorção e de grande valor nutricional, que venham a proporcionar níveis satisfatórios de energia, além de uma saciedade mais prolongada. Ainda se recomenda evitar o desejo constante por ingerir alimentos fora do número de refeições fracionadas e estipuladas ao longo do dia. Uma boa estratégia suplementar para acelerar o processo de redução do percentual de gordura corporal consiste nos produtos que contenham substâncias descritas como termogênicas.

Um praticante de musculação enquadrado no perfil somático de um mesomorfo possui um metabolismo moderado, fibras brancas em sua maioria, uma afeição de rosto com maçãs faciais proeminentes, e uma forte tendência genética por obter massa e definição muscular. O perfil somático envolve uma aparência atlética com músculos simétricos e bem definidos, uma boa postura corporal, e envolve também uma constituição física formada por mandíbula quadrada, cintura baixa, quadril estreito, ombros largos, braços e pernas musculosos, com uma estrutura óssea forte, que por outro lado apresenta uma configuração troncuda de baixa estatura, com membros superiores e inferiores curtos que, por outro lado, oferecem uma grande vantagem mecânica no que diz respeito à aplicação de um esforço sobre determinada alavanca articular, bem como no ganho de massa muscular. Dessa maneira, tem uma capacidade de hipertrofiar-se rapidamente, bem como uma facilidade muito grande de construir tecidos musculares.

O programa de exercícios resistidos direcionados ao praticante de musculação mesomorfo deve priorizar, acima de tudo, a manutenção da massa muscular por meio da aplicação do método de treinamento com repetição negativa que situe o trabalho muscular em uma intensidade de esforço elevado. A aplicação desse método deve incluir o agrupamento de dois exercícios resistidos para grupos musculares antagônicos, sem intervalo de recuperação, constituídos por outro lado por um número determinado de duas a quatro repetições negativas ao final de cada exercício resistido. Recomenda-se intercalar as repetições negativas dos exercícios resistidos agrupados, a fim de evitar o *overtraining*. O programa de exercício ergométrico a ser prescrito para um praticante de musculação mesomorfo deve corresponder a uma intensidade moderada de esforço, em um tempo compreendido entre 20 a 30 minutos a ser realizado duas ou três vezes na semana. É fundamental que se faça uso de monitores cardíacos, a fim de permitir que o treino cardiovascular se mantenha dentro da zona de batimentos cardíacos-alvo prescrita para maximizar a perda de gordura.

O planejamento alimentar direcionado ao praticante de musculação mesomorfo deve priorizar, acima de tudo, a realização de pequenas refeições de médio teor calórico fracionadas ao longo do dia, buscando estipular pelo menos cinco a seis refeições que contenham alimentos ricos em nutrientes proteicos de alta qualidade, e ainda que contenham alimentos com nutrientes ricos em carboidratos de baixo a médio índice glicêmico, média concentração de gorduras saturadas e baixa concentração de gorduras do tipo trans. Recomenda-se o planejamento de uma dieta composta basicamente por proteínas, bem como por carboidratos complexos de lenta a moderada capacidade de absorção que proporcionem níveis satisfatórios de energia, além de uma saciedade mais prolongada. Uma boa estratégia suplementar para incrementar ainda mais o ganho de massa muscular são os chamados substitutos de refeição, obtidos, por sua vez, por meio de barrinhas de proteína. Entretanto, existem outros tipos de suplemento que, pela praticidade e pela excelente qualidade nutricional, podem auxiliar no planejamento das pequenas refeições a serem realizadas no decorrer do dia.

Um praticante de musculação enquadrado no perfil somático de um ectomorfo possui um metabolismo rápido, fibras vermelhas em sua maioria, uma afeição de rosto com características faciais triangulares, e uma forte tendência genética por obter baixa gordura corporal e dificuldade de ganho da massa muscular. O perfil somático envolve uma aparência muito pouco encorpada com pouca massa muscular, bem como um acúmulo reduzido de gordura que induz a um peso abaixo do ideal, e envolve também uma constituição física formada por ombros, cintura e quadris estreitos, sendo os ombros protraídos, braços e pernas muito pouco desenvolvidos, com uma estrutura óssea longa, que por outro lado apresenta uma configuração magra, em razão da grande dificuldade em construir tecidos musculares.

O programa de exercícios resistidos direcionados ao praticante de musculação ectomorfo deve priorizar, acima de tudo, o aumento da massa muscular por meio da aplicação do método de treinamento pirâmide em três sessões semanais de musculação, e que o trabalho muscular não seja composto por uma ação sustentada de um mesmo número de repetições durante um tempo muito prolongado. A aplicação desse método deve incluir no máximo de três a quatro séries, seguido de um intervalo recuperativo estabelecido em um tempo de dois a três minutos de descanso entre as séries. Recomenda-se priorizar um tipo de repouso recuperativo mais longo entre séries que possuam um número de cinco a sete repetições, e ainda que os exercícios resistidos sejam realizados em implementos não fixos constituídos por diferentes tipos e formatos de barras e halteres, a fim de favorecer movimentos com grande amplitude articular, bem como exercícios resistidos realizados em aparelhos que explorem todo grau de amplitude de uma alavanca articular. O programa de exercício ergométrico a ser prescrito para um praticante de musculação ectomorfo deve corresponder a uma intensidade baixa de esforço, em um tempo compreendido entre 15 a 20 minutos a ser realizado duas vezes durante a semana, pois um praticante de musculação ectomorfo tem pouca tolerância ao estresse gerado nas sessões de musculação, sendo dessa maneira aconselhável que se evite o *overtraining*.

O planejamento alimentar direcionado ao praticante de musculação ectomorfo deve priorizar, acima de tudo, a realização de pequenas refeições de alto teor calórico fracionadas ao longo do dia, buscando estipular pelo menos cinco a seis refeições que contenham alimentos ricos em nutrientes proteicos de alta qualidade, e ainda que contenham alimentos com nutrientes ricos em carboidratos de médio a alto índice glicêmico, média concentração de gorduras saturadas e baixa concentração de gorduras do tipo trans. Recomenda-se o planejamento de uma dieta composta basicamente por proteínas, bem como por carboidratos simples e complexos de moderada a rápida capacidade de absorção que proporcionem níveis satisfatórios de energia. Uma boa estratégia suplementar, para incrementar ainda mais o ganho de massa muscular, são os chamados substitutos de refeição, obtidos, por sua vez, por meio de barrinhas de proteína, bem como os hiperproteicos e hipercalóricos. Entretanto, existem outros tipos de suplemento que, pela praticidade e pela excelente qualidade nutricional, podem auxiliar no incremento do aporte proteico, vitamínico e mineral, e ainda no incremento do aporte de aminoácidos essenciais de cadeia ramificada, mediante as pequenas refeições a serem realizadas no decorrer do dia. No planejamento alimentar de um praticante de musculação ectomorfo, a ingestão de carboidratos deve ser duas vezes maior do que a de proteínas, sendo o ideal 2g de proteína por quilo do corpo e 4g de carboidratos por quilo do corpo.

Em se tratando de forma mais específica do perfil somático do praticante de musculação do sexo feminino, podemos tomar como referência a descrição do biótipo estabelecido de acordo com as características hormonais. De acordo com esse critério de classificação do biótipo feminino, as mulheres podem ser divididas em quatro categorias distintas, a saber: hormonal A ou adrenal, hormonal G ou gonadal, hormonal P ou pituitária e hormonal T ou tireoidea. Importa destacar que para cada um desses perfis atribuídos a um praticante de musculação do sexo feminino em particular, há uma glândula endócrina dominante.

O perfil hormonal A é atribuído a mulheres que possuam quadris menores do que seus ombros, e um corpo atlético. A glândula endócrina dominante desse perfil é a suprarrenal, que por sua vez produz o hormônio cortisol. O planejamento de uma sessão de musculação para mulheres que se enquadram no perfil hormonal A deve ser constituído por exercícios resistidos realizados, em sua grande parte, mediante o uso de halteres e caneleiras sob a forma de um circuito aeróbicos, e ainda se devem incluir exercícios ergométricos compreendidos em um tempo situado entre 45 a 60 minutos, a fim de incrementar ainda mais o processo de redução do percentual de gordura corporal acumulado pelo corpo.

O perfil hormonal G é atribuído a mulheres que possuam um formato tipo pera, ou seja, é um tipo ginecoide atribuído a mulheres que possuam estatura média, ombros estreitos, pouco desenvolvimento nos seios, braços e pernas delgados, cintura pequena e quadris muito largos. A glândula endócrina dominante desse perfil é a gônada, que por sua vez produz o hormônio estrogênio. O planejamento de uma sessão de musculação para mulheres que se enquadram no perfil hormonal G deve ser constituído por exercícios resistidos realizados, em sua grande parte, para a região do tórax, e ainda se devem incluir exercícios ergométricos compreendidos em um tempo situado entre 30 a 45 minutos, a fim de reduzir a gordura concentrada nas regiões dos quadris e das coxas.

O perfil hormonal P é atribuído a mulheres que possuam um perfil longilíneo, ou seja, é um tipo de ombros largos, abdômen volumoso, quadris e nádegas curvadas para fora. A glândula endócrina dominante desse perfil hormonal é a pituitária, que por sua vez auxilia a regular o metabolismo do organismo. O planejamento de uma sessão de musculação para mulheres que se enquadram no perfil hormonal P deve ser constituído por exercícios resistidos realizados, em sua grande parte, para tonificar tanto a parte superior quanto a inferior do corpo, principalmente para tonificar os músculos abdominais, e ainda incluir exercícios ergométricos compreendidos em um tempo situado entre 20 a 35 minutos, a fim de equilibrar e reduzir o acúmulo de gordura corporal.

O perfil hormonal T é atribuído a mulheres que possuam um formato tipo maçã, ou seja, um tipo androide atribuído a mulheres que possuam tronco largo e reto, ombros largos, braços moderadamente desenvolvidos, seios moderadamente desenvolvidos, quadril estreito, com uma forte tendência de acumular gordura corporal na região superior do tronco. A glândula endócrina dominante desse perfil é a tireoide, que por sua vez produz um hormônio que estimula o gasto energético, daí a razão de as mulheres do tipo hormonal T possuírem um metabolismo muito elevado. O planejamento de uma sessão de musculação para mulheres que se enquadram no perfil hormonal T deve ser constituído por exercícios resistidos realizados sob a forma de um circuito, com o propósito de tonificar e fortalecer tanto a parte superior quanto a parte inferior do corpo, e promover um remodelamento capaz de melhorar o contorno corporal mais curvilíneo, e ainda deve ser constituído por exercícios ergométricos compreendidos em um tempo situado entre 30 a 45 minutos, a fim de reduzir a gordura concentrada na região do abdômen.

Resumindo, entre os aspectos somáticos femininos existentes nas salas de musculação, podemos distinguir cinco tipos básicos, a saber: endomorfo de formato oval, endomorfo de formato sinuoso, endomorfo de formato triangular, ectomorfo de formato retangular e mesomorfo de formato triangular invertido. O tipo endomorfo de formato oval constitui o perfil feminino que normalmente apresenta uma constituição física com a aparência de uma maçã, em virtude do acúmulo excessivo de gordura corporal na região do tronco e ao redor da região do abdômen. O tipo endomorfo de formato sinuoso constitui o perfil feminino que normalmente apresenta uma constituição física com a aparência de uma ampulheta, em virtude da cintura estreita, bem como do acúmulo proporcional de gordura tanto na região do tronco quanto na região do quadril. O tipo endomorfo de formato triangular constitui o perfil feminino que normalmente apresenta uma constituição física com a aparência de uma pera, em virtude do acúmulo excessivo de gordura corporal na do quadril. O tipo ectomorfo de formato retangular constitui o perfil feminino que normalmente apresenta uma constituição física com a aparência longilínea, em virtude do pouco desenvolvimento muscular e reduzido acúmulo de gordura corporal. O tipo mesomorfo de formato triangular invertido constitui o perfil feminino que normalmente apresenta uma constituição física com a aparência atlética, em virtude de um desenvolvimento muscular mais acentuado na região do tórax.

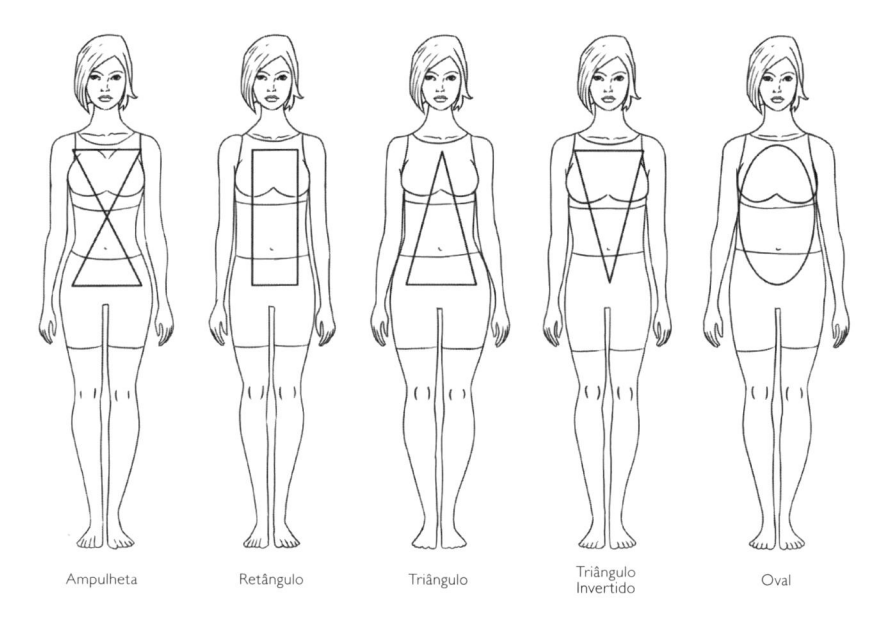

Figura 14.5
Aspectos somáticos femininos.

PARTE 15
REFLEXÕES ACERCA DA SAÚDE

CAPÍTULO 1

Estresse, fadiga e a síndrome de adaptação geral na prática da musculação

O estresse refere-se a um conjunto de reações manifestadas pelo organismo diante de diferentes fatores externos agressivos de natureza física ou psíquica, que é capaz de provocar um desequilíbrio homeostático do corpo. O estresse de natureza física que acomete os praticantes de musculação ocorre a partir de uma agressão no aspecto biomecânico do corpo, decorrente do índice muito elevado na intensidade de uma carga, quando aplicado repetidamente em determinada estrutura musculoesquelética.

O estresse de natureza psíquica que acomete os praticantes de musculação ocorre a partir de uma agressão no aspecto psicofisiológico do corpo, decorrente da baixa autoestima que manifesta por sua vez uma reação emocional negativa quando as expectativas de rendimento nas sessões de musculação, ante uma hipertrofia almejada, apresenta-se de maneira insatisfatória em relação a outros praticantes.

A fadiga refere-se a um conjunto de reações manifestadas pelo organismo perante diferentes fatores internos agressivos de natureza bioquímica ou fisiológica, capaz de provocar um estado de desconforto e de menor eficiência muscular, e que induz a um estado de incapacidade de manter determinado trabalho muscular e, consequentemente, um estado de declínio na produção de força no decorrer das sessões de musculação. A manifestação da fadiga reduz, gradativamente e de forma reversível, a capacidade funcional de resposta do treinamento nas sessões de musculação.

A resposta do treinamento nas sessões de musculação é uma medida dinâmica, dependente de uma série de fatores endógenos e exógenos. A resposta do treinamento nas sessões de musculação consiste, diretamente, no grau de adaptação que o organismo fornece ao superar o estresse provocado pela intensidade de carga de determinado exercício resistido, a partir da impossibilidade na repetição de movimentos executados por um mesmo grupo muscular.

É importante destacar que a impossibilidade da repetição de movimentos executados por um mesmo grupo muscular implica na ausência de uma resistência muscular localizada de uma força que se opõe a deslocamentos dinâmicos, manifestados por um sistema de exercícios nas sessões de musculação. A ausência de uma resistência muscular localizada pode ocorrer por meio de uma fadiga de origem muscular, nervosa, periférica circulatória ou neuromotriz.

A fadiga muscular é um estado de desconforto que gera em um praticante de musculação uma incapacidade metabólica no ato de realizar ou de manter determinado nível de esforço físico. Ela pode ter como causas a espoliação continuada de acetilcolina, a depleção das reservas energéticas, o fluxo sanguíneo inadequado, a inibição do sistema nervoso via impulsos aferentes, e a acidose metabólica e redução da capacidade física pelo acúmulo de ácido lático. Esse acúmulo proveniente de uma fadiga muscular decorre do índice elevado de lactato, que é um metabolito que induz uma desintegração incompleta da glicose durante a fase inicial do trabalho muscular de alta intensidade.

A fadiga nervosa é um estado de desconforto que gera em um praticante de musculação uma diminuição no rendimento e na habilidade funcional do organismo, mediante um trabalho muscular muito intenso e exaustivo, que induz, gradativamente, diferentes níveis de estresse decorrentes de uma atividade intensa no córtex cerebral. A fadiga periférica circulatória é um estado de desconforto que gera em um praticante de musculação uma diminuição do armazenamento de sangue, mediante um trabalho muscular muito intenso e exaustivo, que induz gradativamente diferentes níveis de estresse decorrentes de uma vasoconstrição e não eliminação dos detritos metabólicos. E por fim, a fadiga periférica neuromotriz é um estado de desconforto que gera em um praticante de musculação uma diminuição no rendimento e na habilidade funcional do organismo, mediante um trabalho muscular muito intenso e exaustivo, que induz, gradativamente, diferentes níveis de estresse decorrentes de uma atividade intensa da placa motora.

A fadiga é um processo multifatorial constituído por reações bioquímicas que se dão por meio da interrupção do suprimento de energia, por meio da inibição do produto de uma reação metabólica, ou ainda por meio de fatores que precedem a formação de pontes cruzadas. A fadiga, quando se dá pela interrupção do suprimento de energia, manifesta um declínio gradual na produção anaeróbica de ATP, ou um aumento do acúmulo de ADP durante exercício máximo de curta duração, causando ausência de fosfocreatina e, consequentemente, uma queda na taxa da hidrólise de glicogênio.

O processo de inibição do produto de uma reação metabólica, ocasionado, por sua vez, por uma fadiga muscular que induz uma queda na taxa da hidrolise de glicogênio, manifesta lentamente um acúmulo de ácido láctico durante exercício de alta intensidade, em que o ácido láctico se dissocia quase completamente em lactato e hidrogênio, e manifesta ainda um acúmulo de fosfato inorgânico, o qual se revelou como inibidor direto da relação excitação-contração muscular. E quando um processo de inibição do produto de uma reação metabólica se dá por fatores que precedem a formação de pontes cruzadas, a fadiga muscular manifesta uma interrupção da utilização do cálcio, uma vez que a liberação de cálcio pelo retículo sarcoplasmático, em consequência da despolarização muscular, é essencial para a ativação da relação excitação-contração muscular.

A ocorrência do segundo fôlego, que é um fenômeno caracterizado por uma brusca transição de uma sensação de fadiga muscular durante a parte inicial de um exercício prolongado, para uma sensação mais confortável nas partes subsequentes de um exercício em uma sessão de musculação, provocando um estado caracterizado por um conjunto de respostas fisiológicas descritas como síndrome de adaptação geral. Essa síndrome é uma reação do organismo aos estímulos bioquímicos de natureza física ou psíquica, que ocorre a partir de uma série de reações bioquímicas de ajustamento a determinado estímulo estressante, no intuito de que se atinja o limite da capacidade fisiológica de compensação do organismo.

A síndrome de adaptação geral compreende três estágios divididos em fases distintas. O primeiro é descrito como fase da excitação, o segundo como fase da resistência, e o terceiro como da exaustão. A fase da excitação envolve a recepção inicial dos estímulos, alarmando o organismo da necessidade de uma reação aos estímulos dos quais não estão adaptados, e está dividida em choque e contrachoque, sendo que o choque provoca uma diminuição da pressão sanguínea, e o contrachoque provoca um aumento da pressão sanguínea. A fase da resistência envolve uma adaptação do organismo às condições estressantes, buscando o equilíbrio homeostático. E por fim, a fase da exaustão envolve a ocorrência de danos temporários ou permanentes, caso o organismo não tenha capacidade ou tempo para se adaptar, podendo essa exaustão ocasionar uma fadiga muscular induzida pelo aumento da temperatura, caso haja uma exposição prolongada ao calor ambiental.

CAPÍTULO 2

O sono na prática da musculação

O sono inclui um período de recorrência circular de um ritmo biológico que envolve de forma contínua processos bioquímicos que proporcionam um estado periódico de relaxamento parcial ou total do corpo humano. O período de sono é constituído por diferentes níveis de flutuação de potencial elétrico cerebral, sendo o nível dos sonhos a etapa em que se verificam ondas cerebrais rápidas e de baixa voltagem, constituídas por movimentos oculares rápidos. O estado de repouso normal e periódico obtido por meio do sono compreende um ritmo circadiano espontâneo, de condições naturais e comportamentais constantes, que se manifestam de acordo com aspectos temporais, por variações periódicas das funções fisiológicas particulares de um praticante de musculação.

O ritmo biológico do sono compreende uma flutuação periódica de ondas cerebrais de variação cronobiológica regular que ocorre por meio de uma manifestação de fenômenos cíclicos influenciados por ritmos endógenos e exógenos. Os ritmos endógenos são intervalos biológicos regulares de natureza interna e de oscilação intrínseca que, ao serem persistentes, continuam a oscilar quando são excluídos todos os sincronizadores. Os exógenos são intervalos biológicos regulares que cessam de oscilar quando são excluídos os sincronizadores. Direcionado para o universo da musculação, os sincronizadores são condições externas relacionadas ao ambiente de treinamento, aos horários para a prática dos exercícios de força, e ainda ao modo de exercer uma atividade alimentar, que por sua vez, induzem na oscilação do ritmo biológico do sono particular de cada praticante de musculação.

A resposta fisiológica obtida durante o ritmo biológico de um praticante de musculação ao dormir, indica o estágio nas atividades vitais do corpo humano, que são provocadas por estímulos condicionados de uma função orgânica que varia ritmicamente durante o processo de sincronização do sono. O processo de sincronização do sono consiste em um mecanismo de ajustagem cronobiológica, no intuito de posicionar em cada estado periódico de relaxamento parcial ou total uma melhor fase de repouso após as sessões de musculação. Entretanto, o modo em que a sincronização é assimilada pelo organismo humano, e o modo como funciona internamente o mecanismo de ajustagem, são elementos desconhecidos no campo dos ritmos biológicos.

A ajustagem do ritmo de repouso após uma sessão de musculação consiste na localização do tempo ideal no ciclo circadiano, com referência a algum fator externo relacionado à hora, ao local e ao início do sono. Contudo, importa não só ajustar o ritmo de repouso sem que se ajuste anteriormente o ritmo de atividade física ou de trabalho muscular, uma vez que o ritmo de atividade física ou de trabalho muscular é o mais importante sincronizador em um processo de treinamento, pois constitui o mais tangível dos ritmos circadianos.

Porém, importa destacar que em cada etapa na periodização de um treinamento resistido, há uma relação direta e muito íntima entre cada estágio efetivo de determinada função mecânica, mediante cada estágio de repouso do corpo, em situação de sono e de vigília ao repousar. A relação estabelecida entre a atividade física e o repouso é, provavelmente, a de maior resistência a alterações. Em vários parâmetros fisiológicos e psicológicos ficou constatado que o ritmo que se dá entre a atividade física e o repouso tem seu nível máximo entre as 13 e 17 horas da tarde, e o mínimo, entre as duas horas da madrugada e as seis horas da manhã.

Com o propósito de favorecer a reposição muscular, mediante a capacidade de assimilação compensatória que ocorre durante o sono, dormir pouco ou dormir mal não cria um ambiente favorável aos objetivos que margeiam o ganho de massa magra por indução do processo de hipertrofia muscular. Desse modo, assim como o planejamento no que diz respeito ao treinamento e à alimentação, o sono e o descanso possuem também um aspecto de grande relevância para as sessões de musculação. De acordo com estudos realizados sobre a necessidade de se dormir, o tempo ideal de sono médio é de sete horas diárias. Entretanto, a estipulação desse tempo não deve ser vista como uma regra a ser seguida, pois algumas pessoas se sentem bem com cinco, seis ou oito horas de sono.

Nesse sentido, é fundamental, antes de tudo, que cada pessoa em particular busque descobrir e estabelecer o seu próprio tempo de sono. Contudo, entre aqueles que se submetem a treinamentos resistidos extenuantes, um tempo a mais de sono é necessário quando se tem em vista induzir o processo de anabolismo. Por outro lado, um tempo muito prolongado no período de sono é visto como uma forma de induzir o processo de catabolismo, mediante o fato de se manter durante o sono por um período muito longo em jejum. Em razão disso, é fundamental que se estabeleça uma alimentação adequada nos momentos que antecedem o horário de dormir, a fim de permitir, durante o momento que corresponde ao período de sono, um aporte nutricional que favoreça a reconstrução muscular.

Portanto, nos momentos que antecedem o horário de dormir, é muito interessante incluir uma refeição sólida rica em alimentos que contenham um alto teor de proteínas. Quando comparados às refeições líquidas, uma refeição sólida, constituída basicamente por alimentos ricos em nutrientes proteicos, é indicada, pelo fato de envolver, durante o período de tempo em que estamos dormindo, um processo lento de digestão capaz de transformar os nutrientes ingeridos em substâncias a serem assimiladas pelo organismo.

Desse modo, uma refeição ideal estabelecida para os horários que antecedem o período de sono deve ser constituída por proteínas de lenta absorção como albumina e caseína e para induzir uma capacidade de absorção mais lenta e gradual da proteína. Pode-se ainda incluir o azeite de oliva e diferentes tipos de oleaginosa, pois ambas contêm ácidos graxos essenciais que retardam também a capacidade de absorção da proteína, além de auxiliar no aumento dos níveis de liberação dos hormônios testosterona e somatotrofina (GH).

É muito importante destacar que não se pode comparar vantagens obtidas pelo sono com as que são obtidas, por sua vez, durante o período em que descansamos. Durante o período de sono, o corpo humano entra em um estado de suspensão temporária da atividade perceptiva e motora voluntária, a fim de promover a recuperação do músculo do desgaste diário induzido pelas sessões de musculação, liberando hormônios fundamentais diretamente associados ao processo de anabolismo muscular. Entre esses hormônios, podemos destacar a testosterona e a somatotrofina (GH), cada qual com seu aspecto fisiológico quanto ao momento de liberação e atuação sobre o mecanismo de reconstrução dos músculos que foram fadigados ou estressados durante a realização de um trabalho resistido extenuante.

Ao acordar, após termos uma noite de sono bastante satisfatória, obtém-se uma grande disposição física e mental, proporcionando mecanismos fisiológicos positivos que auxiliam no combate à obesidade e a problemas cardiovasculares. Uma vez que, quando temos uma boa noite de sono, o organismo produz um aumento nos níveis do hormônio leptina que está relacionado à saciedade e, consequentemente, produz uma redução nos níveis do hormônio grelina que está relacionado ao apetite.

Dessa maneira, quando temos uma boa noite de sono a glândula pituitária, situada na base do cérebro, produz a somatotrofina (GH), que é um tipo de hormônio responsável diretamente pelo crescimento ósseo e muscular, e ainda pela metabolização da gordura corporal acumulada ou armazenada, além de regular o nível de glicose lançado na corrente sanguínea. Cabe ainda destacar que quando realizamos uma boa noite de sono, o organismo diminui a produção do cortisol e da adrenalina na corrente sanguínea e, consequentemente, aumenta a produção da serotonina. O cortisol e a adrenalina são dois tipos de hormônio produzidos pelas glândulas suprarrenais, e a serotonina é outro tipo de hormônio que possui uma ação neurotransmissora e vasoconstritora. A liberação do cortisol e da adrenalina é estimulada pelo mecanismo de tensão muscular decorrente do trabalho resistido extenuante, expresso por sua vez nas sessões diárias de musculação.

CAPÍTULO 3

A recuperação e a assimilação compensatória na prática da musculação

A recuperação consiste na inclusão de seguidas pausas entre os exercícios a serem executados em uma sessão de musculação, ou ainda na inclusão de repousos após uma sessão de musculação, com o objetivo de promover a recuperação de um músculo fatigado. Dependendo da intensidade da fadiga muscular, a recuperação pode envolver atividades físicas de reabilitação muito atuantes, ou pouco atuantes.

Durante o planejamento de um programa de musculação, a recuperação obtida por meio da prática constante e periódica de atividades físicas de reabilitação muito atuantes envolve diretamente a rotina de exercícios de recuperação ativa, e a obtida por meio da prática constante e periódica de atividades físicas de reabilitação pouco atuantes envolve diretamente a rotina de exercícios de recuperação passiva.

Os exercícios de recuperação ativa, com a utilização ou não de diferentes tipos ou formatos de implemento móvel, consistem em um conjunto de atividades físicas executadas sob a ausência de impactos no solo, e ainda, por um conjunto de atividades de baixa e de média intensidade. Esses exercícios envolvem movimentos diversificados conduzidos de forma moderada e levemente atuante, e são executados durante todo o período de reabilitação de um músculo ou grupo muscular fatigado, logo após uma sessão de musculação.

Os de recuperação passiva, com ou sem o uso de diferentes tipos e formatos de implemento móvel, consistem em um conjunto de atividades físicas executadas sob a ausência de impactos no solo e de baixa intensidade. Envolvem movimentos diversificados e conduzidos de forma moderada e pouco atuante, executados durante todo o período de reabilitação de um músculo ou grupamento muscular excessivamente fadigado.

Quando a fadiga muscular é induzida por uma estimulação nervosa de baixa frequência, a recuperação de determinado músculo ou grupo muscular em uma sessão de musculação consome um tempo expressivamente maior. Essa demora acarreta o comprometimento da relação que se dá entre o processo de excitação e o processo de contração. O comprometimento que se dá nessa relação induz a uma demora na sucessão de estados relativos ao equilíbrio do músculo recuperado.

O equilíbrio do músculo recuperado refere-se ao resgate da homeostase do corpo de um praticante de musculação, a partir do estado de repouso adquirido. Esse estado de repouso adquirido se dá por meio de uma condição de descanso nos intervalos de um trabalho muscular, em que há uma total ausência de movimentos voluntários complexos, após realizar uma sessão de musculação exaustiva e intensa.

Embora os intervalos de um trabalho muscular devam ser incluídos em um programa de musculação, em uma forma de promover um estado de repouso e de alívio, muitas vezes a evidência de intervalos planejados incorretamente induz na existência de lesões no sistema musculoesquelético, em decorrência da fadiga física por treinamento excessivo. Isso compromete, de certo modo, o desenvolvimento muscular, e ainda a aquisição gradativa da força muscular.

A relação de equivalência entre repouso e alívio é um tipo de intervalo de recuperação no qual se realiza algum movimento moderado, no intuito de atenuar uma tensão após um esforço muscular muito intenso. Essa relação de equivalência manifesta a ocorrência de um tratamento grandioso no repouso direcionado a toda estrutura musculoesquelética que envolve um estado fisiológico em que não é registrada nenhuma tensão sobre o músculo. Esse estado fisiológico favorece uma dimensão longitudinal de relaxamento parcial ou total da fibra muscular.

O intervalo de recuperação envolve ainda uma interrupção temporária e momentânea durante uma sessão de musculação. E esse intervalo de recuperação que se aplica ao trabalho muscular resistido, é registrado por um período de tempo preestabelecido para cada série de repetições atribuídas a um exercício. A manutenção dos intervalos de trabalho muscular é estabelecida por uma relação de equivalência entre desgaste e recuperação do músculo exercitado. Os intervalos estabelecidos na relação de equivalência entre desgaste e recuperação envolvem a inclusão de pausas.

A pausa envolve uma interrupção temporária, e sua inclusão deve ser respeitada entre os grupos e entre as repetições de um exercício. As pausas têm como objetivo principal restaurar as fontes energéticas depredadas durante a execução de determinado esforço físico intenso, auxiliando diretamente os parâmetros fisiológicos relativos ao processo de assimilação compensatória, que por sua vez ocorre durante o estado de repouso adquirido no período de reabilitação de determinado grupo muscular exercitado.

Em conformidade com os preceitos que regem o conjunto de técnicas e processos utilizados na relação mútua entre as variáveis existentes no treinamento resistido, ou seja, na inter-relação que se dá entre a ordem dos exercícios, intervalo entre as séries e sessões, frequência semanal, velocidade de execução, número de repetições e séries, no intuito de ultrapassar os limites de uma hipertrofia já conquistada, é muito importante que se dê uma atenção muito especial à manipulação do tempo estipulado no intervalo entre cada série de determinado exercício resistido durante as sessões de musculação. O interesse do intervalo recuperativo, bem como o sentido de sua correta manipulação aplicada nas sessões de musculação, remetem diretamente aos caminhos pelos quais se atingem objetivos que visem promover de maneira eficiente uma melhora na força, na hipertrofia e na potência muscular, bem como na resistência muscular localizada.

A elaboração de um tempo recuperativo ideal a ser direcionado, por sua vez, nas pausas entre os exercícios resistidos, ou seja, a ser direcionado para cada intervalo de recuperação entre os exercícios resistidos em uma sessão de musculação, é uma variável importante que exerce uma forte influência em todo o processo de adaptação fisiológica. Isso no que diz respeito a respostas hormonais, bem como em todo o processo de adaptação biomecânica, no que diz respeito à perda e dissipação de forças por estresse de natureza mecânica. O intervalo de recuperação entre as séries de exercícios resistidos consiste em uma forma de se estabelecer um tempo de descanso apropriado entre cada quantidade considerável atribuída ao número estipulado de repetições para um exercício resistido.

Levando-se em consideração a individualidade biológica daquele que se submete a trabalhos mecânicos resistidos, assim como os objetivos almejados por um praticante de musculação, seja ele iniciante, intermediário ou avançado, pode-se destacar a aplicação de diferentes tempos de intervalo recuperativo entre as séries e os exercícios resistidos. Esse tempo para praticantes iniciantes e intermediários compreende pausas situadas entre um a dois minutos. Já o tempo estipulado para praticantes avançados compreende pausas situadas entre dois a três minutos.

Porém, praticantes muito experientes de musculação, que se submetem ao longo de todo um programa anual a uma intensidade de treinamento moderada, podem se valer de intervalos recuperativos curtos entre as séries de exercícios resistidos, em um tempo compreendido por pausas situadas entre 30 a 60 segundos. O objetivo é induzir, gradativamente, um elevado estresse de natureza puramente muscular, por meio da ativação do sistema energético anaeróbico, e promover, consequentemente, um acentuado nível de hipertrofia muscular que se dê em decorrência de um processo bioquímico que desencadeie uma maior capacidade de liberação dos hormônios anabólicos na corrente sanguínea.

Cabe ressaltar que geralmente o período recuperativo compreendido por um curto intervalo de tempo envolve um considerável desconforto de natureza puramente muscular, em decorrência de uma oclusão no fluxo sanguíneo e que segue na produção de lactato, ocasionando, consequentemente, a diminuição do nível de força a ser exercida sobre o trabalho muscular. Contudo, se a intensidade do treinamento for muito elevada, por meio da aplicação de esforços muito mais elevados durante sessões exaustivas e diárias de musculação, cabe estabelecer intervalos recuperativos compreendidos por períodos mais longos, em pausas compreendidas entre dois a cinco minutos. Esse longo intervalo de tempo recuperativo é necessário para promover o restabelecimento das funções orgânicas, entre as quais a recuperação do sistema neural e energético do corpo humano.

Durante todo o período de reabilitação, após uma sessão de musculação constituída por exercícios de recuperação ativa ou passiva, o trabalho muscular requer ainda uma relação de equivalência entre o relaxamento parcial e o relaxamento total, no intuito de proporcionar um potencial de descanso. Uma condição fisiológica que, após a prática de um treinamento muscular intenso, proporciona o alcance máximo de recuperação, no intuito de restabelecer, por meio da assimilação compensatória, um grau de desenvolvimento da hipertrofia muscular de maneira muito mais acentuada consiste no potencial de descanso.

A assimilação compensatória envolve um conjunto de fenômenos bioquímicos que se processam no organismo. Fenômenos bioquímicos esses que se esforçam para contrabalancear os efeitos do processo de catabolismo metabólico que se dá diretamente sobre determinado músculo. A assimilação compensatória está intimamente associada à capacidade de regeneração muscular, ou seja, ao processo de anabolismo metabólico dos músculos.

A regeneração muscular obtida por meio da assimilação compensatória se dá mediante o processo consciente do esforço de um praticante de musculação no período de restauração muscular. Esse processo envolve procedimentos direcionados por estabelecer a síntese nutricional do organismo, e ainda procedimentos direcionados por estabelecer a hipertrofia de um músculo desgastado ou fadigado, após uma sessão de trabalho físico resistido intenso.

A assimilação compensatória está envolvida com a capacidade de reação e de adaptação aos estímulos que são aplicados no músculo. No decorrer desse processo adaptativo, o músculo sofre uma intensidade aos estímulos em uma escala bem menor, e essa intensidade de percepção reduzida aos estímulos aplicados sobre o músculo provoca a não ocorrência por novas reações adaptativas do músculo, ante uma contração induzida por um trabalho muscular.

A assimilação compensatória constitui o somatório dos processos fisiológicos do processo de anabolismo que ocorrem nos dois períodos de restauração muscular, ou seja, no período que se dá pela alimentação, e no que se dá pelo sono. Ambas visam favorecer de imediato o processo fisiológico relacionado à hipertrofia muscular.

A restauração muscular pela alimentação está diretamente associada à assimilação de substâncias nutrientes que se caracteriza pela ingestão adequada de água, carboidrato, proteína, lipídeos, vitaminas e minerais para o organismo. A restauração pelo sono está diretamente associada ao repouso normal e periódico que se caracteriza pela suspensão temporária da atividade perceptiva e motora voluntária.

CAPÍTULO 4

A musculação e a hipertensão arterial

Quando bem elaborada, a sessão de musculação não representa riscos para portadores de doenças cardiovasculares, assim como para aqueles que possuam alguma implicação de natureza clínica associada a problemas de hipertensão arterial. A contraindicação quanto à prescrição de sessões diárias de musculação era unicamente da ideia de que os exercícios dinâmicos direcionados em desenvolver a força de um músculo, por induzir trabalhos mecânicos capazes de promover uma contração súbita e sustentada contra uma resistência, podiam ocasionar temporariamente uma elevação das pressões sistólicas e diastólicas, induzindo, consequentemente, a uma hipertrofia da musculatura cardíaca e aumento da pressão arterial. Muitos especialistas da área médica atribuíam o fato de que o treinamento resistido das sessões de musculação, quando realizado e direcionado inadequadamente para portadores de doenças cardiovasculares, poderia induzir a trabalhos musculares de alta intensidade com grande aumento do duplo produto, ou seja, poderiam induzir uma frequência cardíaca e pressão arterial proporcional ao grau de esforço expresso por um trabalho muscular resistido.

Importa destacar que as respostas circulatórias são afetadas diretamente por fatores associados à carga imposta sobre determinado exercício, o grau de esforço requerido, o número de repetições a ser realizado, o tamanho da massa muscular ativa, bem como as variações que ocorrem no ângulo das articulações ao longo do exercício. É importante destacar que não é recomendado incluir métodos de treinamento que utilizem repetições do tipo isométrico em praticantes de musculação hipertensos, uma vez que a aplicação desse método ocasiona uma obstrução dos vasos sanguíneos, que por sua vez acabam por induzir uma elevação da pressão arterial. Em contrapartida, as contrações dinâmicas concêntricas e excêntricas submáximas não ocasionam uma obstrução dos vasos sanguíneos, e por outro lado não induzem, por meio dessa obstrução, a uma elevação da pressão arterial.

O colesterol está presente na maior parte dos tecidos do organismo humano, e seu aumento pode ser proveniente do meio exógeno ou do meio endógeno. O aumento dos níveis de colesterol exógeno é proveniente dos alimentos ingeridos e, o aumento dos níveis de colesterol endógeno é proveniente do próprio organismo. Portanto, uma parte do colesterol é adquirida pelo organismo, e a outra pela alimentação. O colesterol é insolúvel em água e no sangue, e possui uma importante função para a síntese do estrogênio, do androgênio e da progesterona. O colesterol para ser transportado através da corrente sanguínea liga-se a diversos tipos de lipoproteínas. Existem vários tipos de lipoproteínas, classificadas de acordo com sua densidade. As duas principais lipoproteínas usadas para diagnosticar os níveis de colesterol são as lipoproteínas de baixa e de alta densidade. Após ser absorvido pelo intestino delgado, o colesterol é transportado para os tecidos na forma de um colesterol de baixa densidade (LDL).

O excesso de colesterol de baixa densidade prejudica a captação celular de lipoproteínas, e quando é depositado gradativamente nas paredes das artérias, ocasiona o surgimento da placa de ateroma. As placas de ateromas prejudicam o fluxo de oxigênio e ocasionam a aterosclerose. Em casos mais graves, a placa de ateroma pode endurecer, causando um processo degenerativo maior descrito como arteriosclerose. A síntese do colesterol de baixa densidade no fígado, quando entra no sangue sob a forma de um colesterol de densidade muito baixa (VLDL), ocasiona uma obstrução da artéria coronária e induz um quadro de infarto do miocárdio. Em contrapartida, o colesterol de alta densidade (HDL), quando entra na corrente sanguínea, capta parte do colesterol de baixa densidade (LDL) e de muito baixa densidade (VLDL), e o transporta novamente para o fígado, reduzindo seus níveis na corrente sanguínea.

A segurança de uma sessão de musculação nos incidentes cardiovasculares pode ser minimizada quando trabalhos musculares resistidos são planejados adequadamente mediante uma adequação entre intensidade, frequência e intervalo recuperativo entre as séries de exercícios dinâmicos. Tendo por base inúmeros trabalhos científicos publicados sobre exercício resistido dinâmico para hipertensos, ficou comprovado que a prática desse tipo de exercício induz, gradativamente, a uma pequena redução sobre a pressão arterial. Portanto, exercícios resistidos isotônicos aplicados com cargas de treinamento próximo a 60% de 1RM, bem como mediante um tempo de intervalo recuperativo situado entre dois a três minutos, no intuito de manter a frequência cardíaca em níveis mais baixos, são vistos como uma forma segura de trabalhos musculares, que por outro lado podem ser aplicados durante três a cinco vezes por semana durante trinta a sessenta minutos.

Porém, constatou-se também que a prática unicamente de exercícios resistidos dinâmicos não reduz gradativamente de maneira satisfatória a gordura acumulada no corpo, cabendo, nesse caso, estabelecer uma associação conjunta de exercícios resistidos dinâmicos com diferentes tipos de exercício aeróbico. Eles podem ser feitos três vezes por semana durante trinta minutos, uma vez que essa modalidade de trabalho muscular é considerada segura para pessoas com pressão arterial de até 160 x 100. Vale ressaltar que o exercício aeróbico traz maior diminuição da pressão arterial do que o exercício resistido dinâmico, proporcionando uma redução mais acelerada sobre o percentual de gordura corporal. Cabe destacar que a prática diária de uma sessão de musculação promove uma série de adaptações fisiológicas muito benéficas para o sistema cardiovascular de uma pessoa hipertensa. Benefícios esses capazes de auxiliar, além do controle da pressão arterial, um controle dos níveis de colesterol sanguíneo, e ainda uma maior prevenção sobre obstruções que podem comprometer as artérias coronárias.

Entretanto, cabe levar em consideração que, mediante a existência da individualidade biológica de cada pessoa em particular, quando tomamos fatores associados a idade, sexo, tempo de inatividade física, alimentação adotada no dia a dia, bem como tipo e uso regular de medicamentos hipertensivos, é muito importante que todo o planejamento dos exercícios resistidos dinâmicos e ergométricos a serem incluídos nas sessões de musculação seja formulado de acordo com o correto emprego de uma inter-relação existente entre frequência cardíaca e intensidade de esforço. O objetivo de um programa elaborado para uma sessão de musculação, quando destinado para praticantes hipertensos, não visa unicamente à hipertrofia muscular, e também não visa essencialmente ao rendimento de um trabalho muscular voltado para o desempenho atlético, mas consiste em proporcionar um condicionamento físico geral, mediante um treinamento voltado para o trabalho de grandes grupos musculares e exercícios mais básicos.

Desse modo, a indicação exata de exercícios resistidos dinâmicos para praticantes hipertensos existentes nas salas de musculação envolve um trabalho anaeróbico de três a cinco vezes por semana, com duração em torno de 30 a 60 minutos, com série única constituída de 8 a 10 exercícios resistidos de 10 a 15 repetições. Evitam-se séries sucessivas para um mesmo exercício resistido ou grupamento muscular, intensidade de esforço baixa para moderada com 40% de 1RM até uma fadiga moderada, com aplicação de uma carga submáxima, aplicar intervalos de recuperação longos em torno de dois minutos em programas com mais de duas séries por exercício. Indica-se evitar durante a execução dos exercícios resistidos a prática da manobra de valsalva. Ainda a indicação exata de exercícios ergométricos para praticantes hipertensos nas salas de musculação, envolve um trabalho aeróbico de duas a três vezes por semana, com duração em torno de 30 a 45 minutos, com intensidade leve à moderada em torno de 50% a 70% da frequência cardíaca máxima de reserva, procurando estabelecer a percepção daquele que se submete ao esforço do exercício ergométrico entre 11 a 14, segundo a Escala de Borg.

De acordo com a capacidade de força de um praticante de musculação hipertenso, os efeitos da aplicação de uma carga relativa, ou seja, os efeitos do peso a ser aplicado e tracionado em um exercício resistido são mais importantes que os efeitos da aplicação de uma carga absoluta, ou seja, do que o total de peso a ser aplicado e tracionado em um exercício resistido. Portanto, o efeito de uma carga relativa deve ser levado em consideração no momento em que se prescrevem exercícios resistidos para praticantes hipertensos, quando se tem em mente a intensidade de um esforço a ser expresso durante sessões diárias de musculação. Importa destacar que a aplicação de uma carga relativa muito alta estimula a realização da manobra de valsalva, ou seja, induz ao fechamento da glote, ocasionando uma interrupção temporária de entrada do ar para os pulmões, induzindo, consequentemente, o aumento da pressão arterial durante o esforço. Por essa razão, é aconselhável que não utilizem cargas relativamente altas em exercícios resistidos em programas direcionados para praticantes de musculação que apresentem alguma implicação clínica de natureza cardiovascular.

Contudo, observa-se que, durante a primeira repetição de uma série, é normal a existência de uma pequena e curta pressão transmitida no fluido cerebroespinhal, que por outro lado, ativa uma rápida manobra de valsalva. Isso ocorre em razão da pressão intratorácica que se manifesta na maioria dos exercícios resistidos realizados nas sessões de musculação. A existência de uma rápida manobra de valsava e de uma pressão intratorácica diretamente acaba por diminuir a pressão arterial, e ainda a velocidade muito rápida do retorno venoso para o átrio direito no período pós-carga, diminuindo dessa maneira o esforço cardíaco, bem como os possíveis malefícios que podem advir da pressão arterial muito elevada.

Um aspecto muito importante a ser observado no treinamento resistido consiste no fato de que, logo após o término de uma sessão de musculação, ao concluir uma série submáxima, a pressão arterial e a frequência cardíaca imediatamente decrescem a níveis normais. Esse fato reforça ainda mais uma atenção especial que se deve atribuir para as séries finais de um exercício resistido, uma vez que no término de uma série em uma sessão de musculação ocorre um estímulo do maior aumento da pressão arterial, quando comparado à série inicial executada pelo primeiro exercício resistido. E o decréscimo gradativo da pressão arterial advém da intensidade do último esforço realizado nas séries finais, causados, por outro lado, pelo aumento da manobra de valsalva, maior esforço voluntário em razão da fadiga, maior estímulo simpático e recrutamento aumentado de músculos acessórios. Portanto, cabe diminuir a intensidade dos exercícios resistidos nas séries finais, caso exista alguma dificuldade de normalização da pressão arterial pós-esforço, mediante o grande aumento dos esforços expressos no término.

Outro aspecto que merece atenção diz respeito à prescrição de exercícios resistidos para hipertensos e à quantidade de volume muscular envolvido em determinado trabalho muscular, uma vez que exercícios resistidos multiarticulares envolvem mais grupos musculares, e o envolvimento de uma grande massa muscular pode elevar mais facilmente a pressão arterial, quando comparado aos exercícios resistidos uniarticulares. Desse modo, aconselha-se que durante a elaboração e planejamento do programa de treinamento resistido direcionado para hipertensos se incluam programas constituídos basicamente por exercícios resistidos uniarticulares. Outra questão que merece destaque diz respeito ao grau de amplitude dos movimentos de diferentes trabalhos mecânicos expressos em exercícios resistidos uniarticulares e multiarticulares. Essa atenção se deve ao fato de que há uma relação direta do esforço físico durante o exercício resistido uniarticular, multiarticular, seu grau de amplitude expresso e o aumento da pressão arterial. Desse modo, em alguns exercícios resistidos que envolvem amplitudes muito grandes, pode ocorrer uma elevação da pressão arterial a níveis indesejáveis, principalmente nos exercícios multiarticulares que envolvam agachamentos, supinos, remadas etc.

CAPÍTULO 5

A Musculação e a obesidade

As formas de apresentação da gordura corporal podem ser por meio de uma gordura essencial ou por meio de uma gordura de reserva. A gordura essencial é a gordura necessária para o funcionamento fisiológico normal do indivíduo, ou seja, trata-se de uma gordura encontrada na medula óssea, nos pulmões, no coração, no fígado, nos rins, no baço, nos intestinos, nos músculos e nos tecidos que se encontram espalhados por todo o sistema nervoso central. Já a gordura de reserva é um tipo de gordura que se encontra acumulada no tecido adiposo, e que ocupa maior volume sob a superfície subcutânea, ou seja, trata-se de uma reserva nutricional que visa proteger *vários órgãos internos* da existência de possíveis traumatismos. A gordura de reserva acumulada no corpo humano pode ser encontrada nas lipoproteínas, nos adipócitos e no tecido adiposo subcutâneo. Porém, em termos de saúde, convém destacarmos o acúmulo de gordura situado nas lipoproteínas e nos adipócitos. Os adipócitos são células adiposas que armazenam gorduras e que regulam a temperatura corporal, e que acompanham todo o processo de desenvolvimento do ser humano. Os adipócitos podem armazenar uma quantidade muito elevada de gordura, e quando o limite de armazenamento de um adipócito é ultrapassado, uma nova célula adiposa é criada.

As lipoproteínas são moléculas revestidas de fosfolipídeos, proteínas e colesterol que não se misturam com o plasma sanguíneo. A fração fosfolipídea consiste num tipo de lipídeo que contêm ácido fosfórico, uma base nitrogenada e duas cadeias de ácido graxo, uma saturada e outra insaturada, e que possui um aspecto polar e apolar capaz de permitir a interface de um meio intra e extracelular. a fração proteica consiste num tipo de lipídeo sintetizado no fígado e no intestino delgado, e que resulta na apoproteína, e a fração correspondente ao colesterol, consiste num tipo de esterol sintetizado pelo fígado. De acordo com a proporção existente entre compostos de lipídicos e de proteína, a densidade de uma lipoproteína pode ser muito baixa, baixa ou muito alta. O quilomícron é a maior das lipoproteínas encontradas no corpo humano, e apresenta três apoproteínas, a saber, apo B48, apo C2 e apo E. Os quilomícrons absorvidos na alimentação entram na corrente circulatória e, sob o efeito da enzima lipoproteína lipase, degrada os triglicerídeos e libera ácidos graxos, virando um quilomícron remanescente. O quilomícron é uma estrutura formada no epitélio do intestino que possui uma camada de apoproteínas impregnadas, ou seja, são moléculas de lipídeos de pequeno volume produzidas por células intestinais compostas de 90% a 95% de triglicerídeos provenientes da alimentação (via exógena), por uma pequena quantidade de colesterol livre e de fosfolipídios, e ainda, por 1% a 2% de proteínas.

Quando ocorre um desequilíbrio na gordura de reserva, ou seja, um acúmulo excessivo desse tipo de gordura no corpo humano, tem-se então a existência do quadro de obesidade. Assim, a obesidade é uma síndrome que ocorre por acúmulo excessivo da gordura corporal de reserva, podendo causar sérios danos à saúde. Por questões estéticas, para a maioria dos praticantes de musculação, não importa o tipo de gordura corporal, uma vez que ambas incomodam muito. Entretanto, importa destacar que, por questões relacionadas à saúde, é essencial e fundamental identificá-las. A obesidade é classificada em androide, ginoide e ovoide, e ainda, de acordo com a sua natureza exógena ou endógena, e também, de acordo com o percentual de gordura corporal. A obesidade androide é um tipo de acúmulo excessivo da gordura corporal de reserva que ocorre nos homens, e que se localiza na região supraumbilical do abdômen, e essa gordura de reserva acumulada na região supraumbilical do abdômen se dá, devido à ação da testosterona, ocasionando na maioria das vezes, um quadro de diabetes e doenças cardiovasculares. A obesidade ginoide é um tipo de acúmulo excessivo da gordura corporal de reserva que ocorre nas mulheres, que se localizada na região do quadril, infraumbilical do abdômen, glúteos e parte superior da coxa, e a gordura de reserva acumulada nessas regiões se dá devido a *ação dos* hormônios estrogênios e progesterona. A forma mais segura de identificar o acúmulo excessivo da gordura corporal de reserva situada na região supraumbilical ou infraumbilical do abdômen é através da mensuração da circunferência abdominal. O parâmetro estabelecido para homens corresponde no máximo a 90cm e o parâmetro estabelecido para mulheres é de no máximo a 84cm.

Diagnóstico da Obesidade

	Valores	Faixa normal	
IMC (kg/m^2) Índice de Massa Corporal	21,1	18,5 - 23,0	$IMC = \dfrac{Peso, kg}{(Altura, m)^2}$
PGC (%) Percentual de Gordura Corporal	26,7	18,0 - 28,0	$PGC = \dfrac{Gordura, kg}{Peso, kg} \times 100$
RCQ Relação Cintura-Quadril	0,81	0,75 - 0,85	$RCQ = \dfrac{Circunferência\ da\ cintura, cm}{Circunferência\ do\ quadril, cm}$
TMB kcal Taxa de Metabolismo Basal	1278	1229 - 1420	

Figura 15
Tabela de diagnóstico da obesidade segundo cálculo obtido das fórmulas para índice de massa corporal (IMC), percentual de gordura corporal (PGC), relação cintura quadril (RCQ) e taxa metabólica basal (TMB)

A natureza de uma obesidade exógena é causada por fatores externos associados a uma alimentação constituída por um tipo de dieta hipercalórica, e ainda, a um baixo gasto calórico ocasionado pelo sedentarismo Já a obesidade endógena, é causada por fatores internos associados a uma alteração hipotalâmica, tumores, enfermidade inflamatória, alterações endócrinas, alterações genéticas e ainda, a ações induzidas por meio de recursos farmacológicos.

Existe ainda um tipo de obesidade que ocorre por meio do aumento no volume e no número de células adiposas no corpo humano, sendo essa obesidade descrita como adipocitária. A obesidade adipocitária se distingue em obesidade hipertrófica e em obesidade hiperplásica. A obesidade hipertrófica consiste no acúmulo excessivo de gordura por meio do aumento no tamanho das células adiposas. A obesidade hiperplásica consiste no acúmulo excessivo de gordura por meio do aumento na quantidade de células adiposas. A obesidade hipertófica é um tipo de obesidade reversível, ao passo que a obesidade hiperplásica é um tipo de obesidade irreversível que surge na fase fetal, durante o aumento excessivo do peso da mãe no processo de gestação, e ainda, que surge no primeiro ano de vida ou na primeira infância, por meio do consumo precoce e excessivo de alimentos sólidos e aleitamento artificial, também pode surgir na fase pré-escolar, por meio de hábitos alimentares inadequados e na puberdade, por meio de alterações hormonais, socioculturais e sedentarismo.

As complicações da obesidade resultam em problemas de natureza respiratórios, cardiovasculares, osteoarticulares, metabólicos, cutâneos e hormonais. Os problemas de natureza respiratórios se dão pela ocorrência da dispineia e da hipóxia; os problemas de natureza cardiovasculares se dão pela ocorrência do aumento do gasto cardíaco da hipertensão e da arteriosclerose; os problemas de natureza osteoarticulares se dão pela ocorrência da artrose; os problemas de natureza metabólicos se dão pela ocorrência de diabetes mellitus; os problemas de natureza cutâneos se dão pela ocorrência de estrias e celulite; por fim, os problemas de natureza hormonal se dão pela ocorrência do aumento do cortisol e diminuição do hormônio do crescimento. O parâmetro normal do percentual de gordura corporal para homens é de 12 a 15% e para mulheres é de 20 a 25%, ao passo que o parâmetro excessivo para homens é acima de 20% e para mulheres é acima de 30%.

Classificação	IMC (kg/m^3)	Risco de Comorbidades
Baixo Peso	<18,5	Baixo
Peso Normal	18,5-24,9	Médio
Sobrepeso	≥25	-
Pré-obeso	25,0 a 29,9	Aumentado
Obeso I	30,0 a 34,9	Moderado
Obeso II	35,0 a 39,9	Grave
Obeso III	≥40,0	Muito grave

Figura 15.1
Tabela de classificação e riscos da obesidade segundo cálculo do IMC

Observa-se que existem dois tipos de gorduras acumuladas no corpo humano, a visceral e a localizada, e o acúmulo exagerado tanto da gordura visceral quanto da gordura localizada envolvem causas e tratamentos diferenciados. A gordura visceral que se acumula no fígado é um tipo de acúmulo que ocasiona um quadro de esteatose hepática, sendo que o acúmulo de gordura visceral intra-abdominal é o tipo mais grave, uma vez que ela ocasiona a síndrome metabólica, propiciando o desenvolvimento de doenças como pressão alta, diabetes e colesterol alto. Em contrapartida, a gordura localizada ou subcutânea não é vista como um tipo de acúmulo de gordura de natureza patológica, uma vez que ela está muito mais relacionada a questões estéticas, não apresentando risco direto para a saúde. O acúmulo exagerado de gordura intra-abdominal é muito mais comum nos homens, ao passo que o acúmulo exagerado de gordura localizada subcutânea é muito mais comum nas mulheres. A obesidade ovoide é um tipo de acúmulo excessivo de gordura corporal que ocorre tanto em homens quanto em mulheres, e que se localiza por toda a parte do corpo humano. A distribuição do acúmulo de gordura por todo o corpo humano segue critérios genéticos distintos e individuais, sendo determinada dessa forma de pessoa para pessoa, em razão do sexo e da etnia. As partes do corpo humano que estão mais susceptíveis ao acúmulo de gordura, compreendem a região interna do joelho, a parte superior dos braços relativo à área do tríceps, a região infraumbilical do abdômen, a parte interna das coxas, a região dos culotes, dos glúteos, do flanco e das mamas.

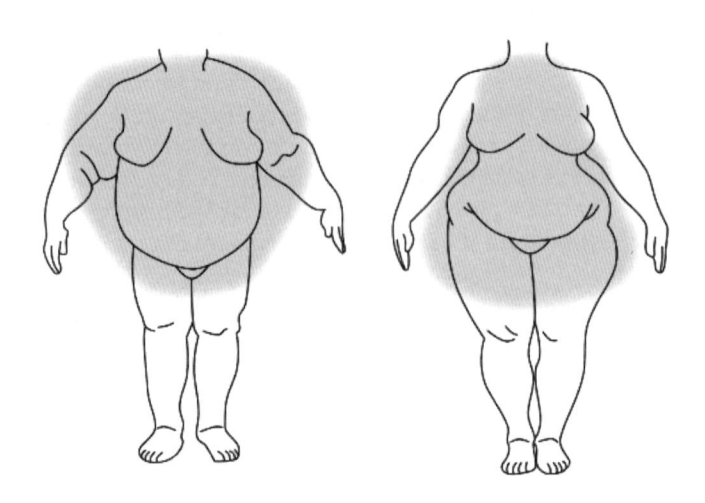

Figura 15.2
Tipo de obesidade androide ou obesidade do tipo "maçã" e tipo de obesidade ginoide ou obesidade do tipo "pera"

Do ponto de vista do emagrecimento, é muito importante que se entenda como a gordura é retirada do adipócito e, ainda, como ela é utilizada pelos músculos envolvidos no exercício resistido. A gordura armazenada no adipócito encontra-se na forma de triglicerídeos, e quando realizamos um determinado exercício resistido, vários hormônios, tais como as catecolaminas, o glucagon, a somatotrofina, os corticosteróis e outros mais são liberados gradativamente na corrente sanguínea. Quando esses hormônios chegam aos adipócitos provocam um processo fisiológico descrito como lipólise. A lipólise é um processo fisiológico de quebra dos triglicerídeos que aumenta as concentrações sanguíneas de ácidos graxos livres que são conduzidos aos músculos esqueléticos, para serem utilizados na síntese de ATP. Dentro das células musculares, os ácidos graxos livres precisam ser ativados por meio da incorporação de Acetil-CoA, e transportados para dentro da matriz mitocondrial, onde é fracionado em moléculas de dois carbonos para ser oxidado. Dentro das mitocôndrias, as moléculas de Acetil-CoA são processadas no ciclo de Krebs, e produzem NADH e FADH2, que por sua vez, são transferidos para a cadeia de transporte de elétrons, onde o ATP é finalmente gerado. O FADH2 dá origem a duas moléculas de ATP, enquanto que o NADH dá origem a três moléculas de ATP.

A participação da gordura no consumo energético de uma sessão de musculação ocorre em relação ao tempo de execução, e ainda, em relação ao custo calórico expresso pelo exercício resistido. A produção da energia proveniente da gordura apresenta um rendimento de aproximadamente 40%, sendo que, dados experimentais indicam que até 20 minutos a energia provém basicamente do glicogênio muscular, da proteína e dos lipídeos intramusculares, ou seja, provém da gordura local e, entre os 20 e 40 minutos a energia provém de substâncias que existem no sangue, ou seja, provém da gordura circulante e, somente por volta dos 40 minutos é que a gordura provém dos adipócitos para sustentar todo consumo energético. Tomando por base esses dados experimentais, observa-se que para elaborar um programa de musculação que vise o emagrecimento, é necessário estabelecer o aumento do consumo energético a nível global, uma vez que o custo calórico do exercício resistido não é o valor expressivo para efetuar a perda de peso.

Observa-se ainda que, o exercício resistido localizado só possui valor prático, quando é mantido num tempo mínimo entre 20 a 30 minutos, e mesmo que seu efeito não proporcione emagrecimento, ele possui importante função de hipertrofiar e tonificar a musculatura situada sob o panículo adiposo, proporcionando firmeza aos tecidos. Em contrapartida, os exercícios ergométricos incluídos nas sessões de musculação, quando mantidos num tempo entre 20 e 40 minutos, proporcionam o emagrecimento. Portanto, quando se almeja o emagrecimento é importante que se inclua exercícios ergométricos e exercícios resistidos conjuntamente numa sessão de musculação, uma vez que a redução do percentual de gordura corporal só é obtida através da inclusão de atividades físicas generalizadas.

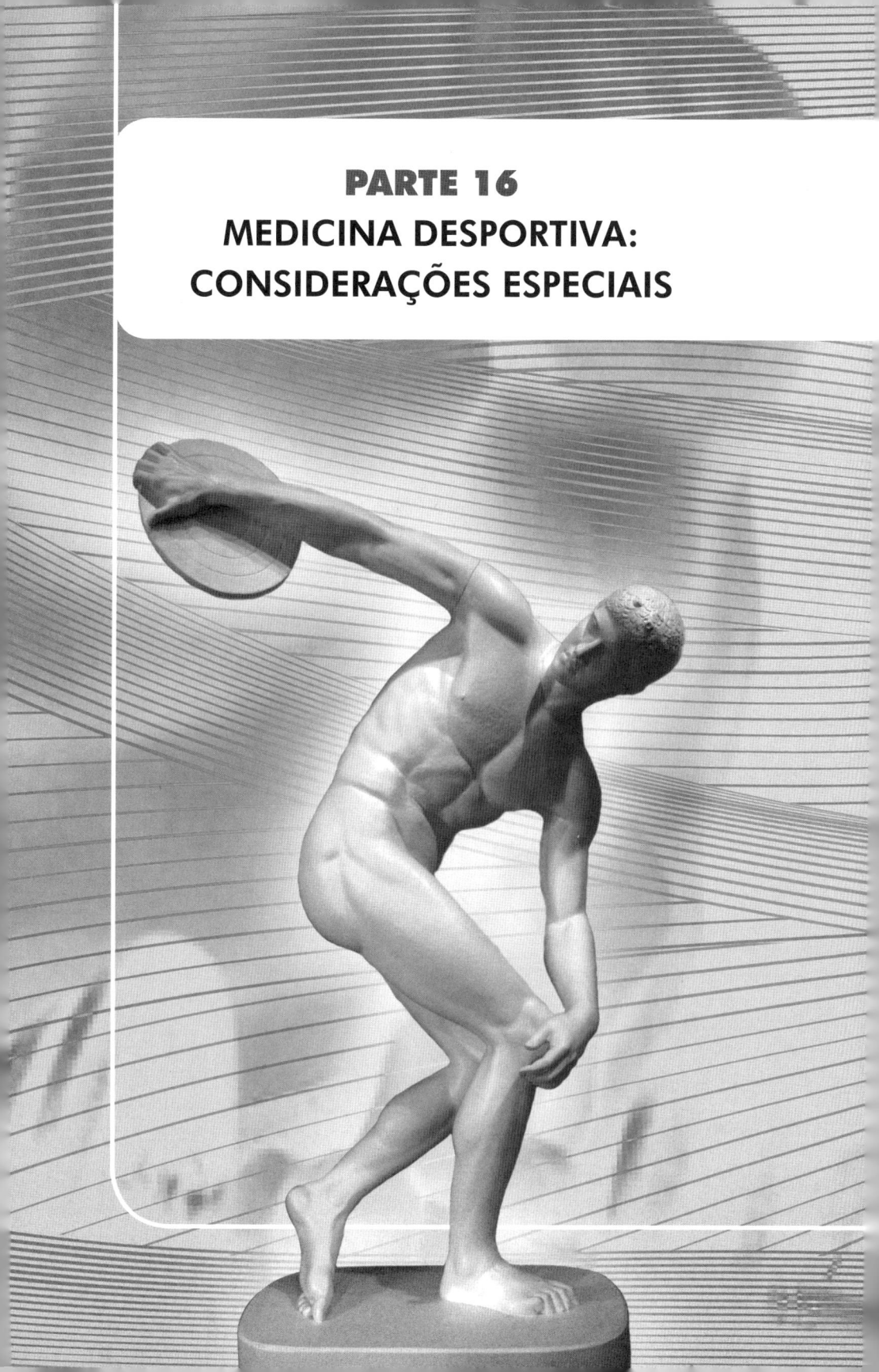

PARTE 16
MEDICINA DESPORTIVA: CONSIDERAÇÕES ESPECIAIS

CAPÍTULO 1

Considerações acerca das lesões

A lesão é uma deterioração decorrente de traumatismos variados que ocorrem de forma acidental, e que desencadeiam uma alteração patológica no tecido e na mobilidade do corpo humano. Trata-se de um dano produzido na estrutura musculoesquelética, ou ainda, de um dano produzido em determinada alavanca ou estrutura articular, que pode acarretar uma alteração na função mecânica de um segmento corporal, tanto na ausência quanto na presença de uma degeneração anatômica.

Em uma perspectiva da medicina desportiva direcionada para os praticantes de musculação, os mecanismos que desencadeiam uma alteração patológica no tecido e na mobilidade do corpo humano podem advir de alguns fatores. São eles o contato ou impacto, da sobrecarga dinâmica de um exercício, do uso excessivo de uma sobrecarga de treinamento, da vulnerabilidade estrutural de uma alavanca articular, da inflexibilidade do corpo, do desequilíbrio de uma estrutura muscular, do crescimento rápido de um estado muscular lesionado, da deformação por esmagamento, do impacto impulsivo, da aceleração esquelética e da absorção de energia.

A variabilidade entre os diferentes tipos de traumatismo que podem surgir em uma sessão de musculação sugere ainda que existem muitos outros mecanismos recorrentes que induzam a um estado lesivo. Isso ocorre porque os tecidos corporais estão submetidos a trabalhos musculares com repetições constantes, e intensidades de cargas típicas dentro de uma gama fisiológica variável, durante atividades físicas cotidianas diárias executadas e elaboradas em um programa a ser cumprido ao longo de todo um processo de treinamento resistido.

A probabilidade de um traumatismo em uma sessão de musculação aumenta quando a carga imposta em um trabalho muscular ultrapassa a gama fisiológica suportável. Essa ultrapassagem envolve uma sobrecarga além da tolerância máxima tissular, quando repetida por uso excessivo. As lesões tissulares por uso excessivo resultam de sobrecargas repetidas, sem que ocorra um período suficiente para a recuperação, e resultam em distúrbios por traumatismos cumulativos ou síndromes de estresse repetitivo.

A biomecânica da lesão musculoesquelética tem seu vocabulário próprio, que se baseia principalmente na medicina e na mecânica. O aspecto biomecânico das lesões oriundas de forças inadequadas envolve a incidência de causas mecânicas dolorosas, decorrentes do uso excessivo de uma sobrecarga submáxima repetida ou por desgaste, ou por ficção em um músculo ou tendão, alterando todo o mecanismo normal de uma ação articular. Do ponto de vista biomecânico, algumas posturas adotadas em diferentes tipos de exercício resistido nas salas de musculação, são capazes de exercer uma sobrecarga excessiva em diversos pontos articulares do corpo humano.

Essa sobrecarga que incide sobre os diferentes pontos articulares do corpo compromete não somente uma função mecânica do aspecto anatômico do músculo, mas também a função mecânica no aspecto fisiológico de um trabalho isotônico, mediante as contrações concêntricas e excêntricas exigidas em determinado tipo de trabalho muscular. É importante destacar que com a evolução dos diferentes tipos de recurso material empregados na elaboração de diferentes tipos de aparelho ou máquina de musculação, a prática do treinamento resistido vem se adaptando ao longo dos anos por constantes mudanças quanto às metodologias adotadas. Uma sala de musculação composta por aparelhos ou máquinas de última geração busca garantir treinamentos mais eficientes e seguros.

Contudo, vale ressaltar que essa segurança só se aplica quando a eficiência de uma prática é conciliada à observação de um profissional de educação física, não somente da correta execução do exercício resistido em questão, mas também no que diz respeito à sobrecarga aplicada na articulação. A prática excessiva e repetitiva de um trabalho resistido sobre os diferentes pontos articulares do corpo humano, e a busca incessante e desenfreada pela melhor constituição do aspecto físico, aliado ainda ao emprego de cargas abusivas e sem critério, vêm demonstrando, de maneira muito frequente, um acréscimo das ocorrências de lesões originadas a partir da prática de exercícios resistidos nas salas de musculação.

É muito difícil convencer entre aqueles que se submetem inicialmente a sessões diárias de musculação, de que o correto emprego de um padrão ideal de movimento a ser imposto sobre um trabalho resistido seja ele estressante ou fatigante, assim como também que a aparência física saudável, constituída por um desenvolvimento harmônico do corpo, não requer grandes músculos de um fisiculturista. Assim, no intuito de garantir maior segurança no processo de elaboração dos exercícios resistidos a serem expressos nas salas de musculação, cabe tornarmos as sessões de treinamento mais seguras e eficientes no que diz respeito à execução do movimento e à aplicação de uma sobrecarga.

Outra questão que merece ser destacada diz respeito ao trabalho resistido de adaptação anatômica, constituída por uma periodização lenta e gradual. Esse tipo de procedimento permite que seja adotado um trabalho resistido de base, capaz de preparar as articulações para suportar, ao longo de toda ação mecânica exercida pelo músculo, uma sobrecarga imposta nos trabalhos resistidos mais pesados, a serem exercidos, por outro lado, nas fases mais avançadas. Uma correta conscientização quanto ao trabalho resistido de base diz respeito ao excesso de zelo a ser adotado nas posturas, principalmente naquelas que sofrem maior impacto da sobrecarga imposta por determinado exercício resistido, tais como as articulações dos joelhos, tornozelos, cotovelos, ombros, e ainda da coluna cervical e lombar.

O excesso de cargas ou mesmo o número elevado de repetições provocam, na maioria das vezes, lesões nesses pontos articulares no corpo humano. Com o propósito de minimizar os efeitos adversos oriundos das lesões, cabe estabelecer o respeito às posições anatômicas priorizadas logo no início de um exercício, assim como também o uso correto das alavancas articulares priorizadas para execução de qualquer movimento. Outro ponto a ser levado em questão, quando o assunto é a lesão proveniente dos exercícios resistidos, diz respeito aos cuidados que devem ser dados no manuseio dos diferentes tipos de equipamento livre e não fixo existentes nas salas de musculação, tais como: barras, halteres, caneleiras, anilhas, entre outros.

Os exercícios resistidos incluídos em uma sessão de musculação, quando realizados com aplicação correta de uma técnica apropriada, são importantes para a eficiência de toda uma dinâmica existente na estrutura do sistema musculoesquelético. Porém, a aplicação incorreta de uma técnica de movimento a ser expresso em determinado exercício resistido nas salas de musculação pode induzir sérias lesões de natureza estrutural e funcional. Muitas das técnicas incorretas aplicadas nos exercícios resistidos nas salas de musculação causam, gradativamente, estresse nos tecidos moles, forçando que o corpo busque um ajustamento prejudicial e inadequado, que muitas vezes acaba por desencadear um desvio sobre a correta aplicação de uma força no trabalho muscular almejado, colocando o corpo em uma posição susceptível a sérias lesões. Outra questão quanto às lesões decorrentes de exercícios resistidos expressos nas salas de musculação é a do uso incorreto e demasiado de uma carga imposta em posições mecanicamente desfavoráveis, ocasionando, consequentemente, sérias lesões de diferentes naturezas nos tendões, ligamentos e músculos.

Essas lesões podem ser divididas em duas categorias básicas distintas uma de lesões agudas decorrentes de macrotraumatismos, e uma de lesões crônicas decorrentes de microtraumatismos. Os tipos de lesão aguda mais frequentes entre aqueles que se submetem a exercícios resistidos nas salas de musculação incluem estiramentos, rupturas, síndromes articulares, e ainda diferentes torções que acometem ligamentos, cápsula articular e membrana sinovial. Os tipos de lesão crônica mais frequentes nesse contexto incluem síndrome do desfiladeiro torácico, compressão da artéria subclávia e plexo braquial no pescoço e ombro, e ainda lesões do manguito rotador na região do ombro.

Os exercícios resistidos específicos que apresentam um alto grau de risco, e que podem lesionar violenta e diretamente o manguito rotador, incluem a remada alta, o desenvolvimento militar para ombros, e ainda máquinas destinadas a desenvolver a musculatura do peitoral. As lesões no manguito rotador costumam ser mais frequentes entre os praticantes de musculação que estejam situados em uma faixa etária acima dos 40 anos de idade. Porém, isso não pode ser levado como uma estimativa precisa, uma vez que sucessivas práticas incorretas dos exercícios resistidos citados, a lesão que se dá no manguito rotador pode acometer todo praticante de musculação. Geralmente, uma dor intensa e frequente na região do ombro costuma servir como forte sintoma de uma lesão no manguito rotador.

A sensação da dor é fundamental para qualquer análise de uma lesão articular leve, moderada ou intensa, e na maioria das vezes a magnitude da dor, com frequência, funciona como fator limitante na participação contínua de determinada atividade física resistida. A sensação da dor deriva de várias procedências inflamatórias utilizadas para determinar o grau de gravidade de uma lesão, ou ainda o nível de degeneração ocasionado por uma lesão articular leve, moderada ou intensa. A sensação de dor é ainda fundamental para descrever e monitorizar a reabilitação durante a terapia pós-lesão. É importante destacar que as lesões oriundas da musculação são tipos de lesão acidental em muitas práticas associadas à prática incorreta de determinado exercício. Vale também ressaltar que muitas lesões durante as sessões de musculação possuem uma causa biomecânica relacionada à aplicação incorreta de uma força em determinado exercício. Fatores esses que, diretamente, estão implicados na biomecânica da lesão musculoesquelética.

As causas mais comuns de lesões musculares oriundas das salas de musculação ocorrem mediante o emprego de uma técnica incorreta, ao peso excessivo, no auxílio incorreto oferecido por ajudante, execução indevida de um exercício resistido com cargas forçadas, ao treinamento excessivo, e ainda à ausência de alongamentos, aquecimentos adequados e de concentração. Quanto à técnica incorreta, o tipo de lesão mais comum decorre da maneira errada do movimento exigido para o exercício. As lesões decorrentes de peso excessivo se dão mediante a tentativa de levantar o peso muito elevado, quando aplicado em determinado exercício resistido.

As lesões que ocorrem por auxílio incorreto de um ajudante se dão quando uma pessoa, na tentativa de auxiliar o movimento do exercício resistido a ser executado, levanta um peso além do que está acostumada, indo nesse sentido além das possibilidades mecânicas impostas pelo movimento. Quanto à execução indevida de um exercício resistido com cargas forçadas, a ocorrência de uma lesão se dá mediante o emprego de uma técnica muito avançada acima do normal permitido, além de um limite imposto. As lesões que decorrem de treinamentos excessivos surgem na medida em que aparece a ocorrência de um estado fisiológico descrito como *overtraining*.

As lesões que decorrem da ausência de alongamentos se dão pela falta de todo um preparo que deve existir antes e logo após uma sessão de exercícios resistidos, como um mecanismo de prevenção aos efeitos adversos oriundos das sobrecargas impostas. As lesões que decorrem da ausência do aquecimento adequado se dão pela falta de uma preparação adequada da elevação da temperatura corporal e dos batimentos cardíacos, mediante movimentos leves que visem diminuir a viscosidade sanguínea, promover a flexibilidade e a mobilidade articular. E por fim, as lesões que surgem pela ausência de concentração ocorrem mediante a falta de cuidados durante todo o transcorrer do movimento a ser expresso pelo exercício resistido.

Portanto, uma maneira segura de se prevenir contra a existência de possíveis lesões consiste em elaborar uma sessão de aquecimento e alongamentos, e ainda estar atento quanto ao uso de diferentes recursos móveis existentes nas salas de musculação, bem como quanto ao uso de um tênis adequado para as sessões de musculação. Um aquecimento ideal a ser incluído nas sessões de musculação consiste em realizar duas séries de 15 a 20 repetições no primeiro exercício que deverá ser feito no dia, com uma carga extremamente leve, ou ainda, caminhar na esteira por cinco a 10 minutos. Os alongamentos a serem incluídos logo após o aquecimento nas sessões de musculação devem envolver os músculos que serão trabalhados no dia de treino, e a duração para cada músculo alongado envolve um tempo de no máximo 15 segundos, após o treino podem também ser feitos alongamentos de maneira mais completa, envolvendo toda a musculatura do corpo.

É importante que se mantenha sempre atento aos exercícios que estão sendo executados, busque sempre manter o foco no que está sendo realizado, a fim de se evitar a ocorrência de lesões por falta de atenção. E, por fim, é importante também que se adapte o tipo de tênis a ser usado nas sessões de musculação; o ideal é usar tênis que possuam um tipo de sola mais plana possível, pois os tênis com a sola instável podem gerar graves lesões nos joelhos e outras articulações, em virtude da deformação que ocorre na sola dos tênis que possuem molas ou algum outro tipo de mecanismo que vise absorver impactos provenientes das corridas e saltos; e ainda, busque adequar esses tipos de tênis para os trabalhos a serem realizados nos ergômetros.

CAPÍTULO 2

Tipos de lesão comuns na prática da musculação

As lesões articulares acarretam um dano produzido nas uniões entre dois ou mais ossos, ocasionando uma alteração da função anatômica dessas uniões ósseas por meio de lesões intra-articular ou periarticular, e ainda de lesões tendíneas. A lesão intra-articular consiste em um dano produzido no interior das uniões entre dois ou mais ossos, que por sua vez ocasiona uma alteração da função anatômica dessas uniões ósseas.

A lesão periarticular consiste em um dano produzido externamente ou na superfície das uniões entre dois ou mais ossos, que por sua vez ocasiona uma alteração da função anatômica dessas uniões ósseas. E por fim, as tendíneas consistem em danos que provocam descontinuidade traumática ou patológica do tecido conectivo fibroso que une um músculo a um osso. Elas se distinguem em tenossinovite, tenovaginite e tendinite.

A tenossinovite é um tipo de lesão tendínea que se dá por uma inflamação da bainha sinovial que cobre um tendão. A tenovaginite se caracteriza pelo espessamento da bainha tendínea. De acordo com a especificidade do acometimento do dano que ocorre no aspecto estrutural de um tecido fibroso ligamentar, e ainda de acordo com a especificidade dos sinais físicos e do nível de disfunção que ocorre em um ligamento, e também de acordo com o nível ou a intensidade da tenalgia, ou seja, de uma dor decorrente de uma tenossinovite ou de uma tenovaginite, um sistema típico de classificação distingue a lesão tendínea em leve, moderada e intensa.

Entre as lesões decorrentes de uma tenossinovite, ou seja, entre uma inflamação que compromete o tendão e, consequentemente, a camada que o cobre, pode-se destacar um tipo de lesão descrita como dedo em gatilho. Esse é um tipo de tenossinovite estenosante, que induz inchaço, sensibilidade e dor no segmento do braço e em determinado dedo da mão. Possui como causas o uso excessivo das articulações que se dão entre os metacarpos e as falanges, mediante movimentos repetitivos nos dedos das mãos.

A tendinite é outro tipo de lesão tendínea que se dá pela formação de cicatriz ou deposição de cálcio em um tendão, e na maioria das vezes se refere a qualquer processo doloroso que não apresente alterações nas estruturas ósseas. As tendinites decorrentes de esforços físicos intensos ou repetitivos estão associadas diretamente a causas ocupacionais de trabalhos mecânicos exaustivos, que por outro lado são executados continuamente nas sessões de musculação. As tendinites decorrentes de esforços físicos intensos ou repetitivos gradativamente induzem a processos degenerativos distintos que se dão nas diferentes articulações dos segmentos corporais superiores e inferiores.

As tendinites agudas ocorrem nos movimentos incorretos ou quando se tenta utilizar pesos excessivos. Sente-se uma dor aguda em um tendão, durante ou logo após a sessão de treinamento resistido. Os tendões mais frequentemente afetados são os do músculo supraespinhoso, músculo longo do bíceps, músculos da região dos ombros, músculo tríceps braquial, músculos da articulação do cotovelo, músculos da região do quadríceps e da região posterior da coxa, músculos da articulação do joelho. Geralmente, o repouso relativo do tendão por alguns dias é suficiente para sua reabilitação. A experiência tem demonstrado que a atividade da articulação envolvida com exercícios que não provoquem dor no tendão afetado leva à cura mais rápida do que o repouso absoluto.

As tendinites crônicas ocorrem nos movimentos incorretos ou quando um tendão é envolvido em um trabalho forçado ou exercitado com excessiva frequência, de maneira inadequada. Sempre que ocorrer dor ou desconforto durante algum exercício, a técnica de execução deve ser modificada, buscando as posições e amplitudes mais confortáveis. Em razão das diferenças mecânicas que existem nas alavancas ósseas, as técnicas mais adequadas para a execução dos exercícios podem variar entre as pessoas. Levar todas as séries à falência muscular, por meio de repetidas ações de um mesmo exercício resistido para os mesmos músculos, contribui para o aparecimento das tendinites crônicas.

As lesões musculares acarretam um dano produzido nas fibras do tecido muscular esquelético, ocasionando uma alteração na função mecânica por meio de uma miosite ossificante, espasmo, contusão, distensão, entorse e contratura. A miosite ossificante consiste em um tipo de lesão grave e aguda que ocorre no músculo lesionado, que resulta na formação de uma massa calcificada dentro do músculo. A fraqueza muscular consiste em uma condição de natureza traumática, que se dá pela diminuição da força de contração do músculo. A fraqueza muscular pode ter como origem uma lesão sistêmica de um nervo periférico, ou ainda pode ter como origem uma lesão na junção mioneural, após o músculo sofrer um traumatismo direto ou indireto.

O espasmo muscular é uma condição que se dá por uma contração prolongada do músculo, em resposta a mudanças circulatórias e metabólicas locais que ocorrem quando sofre um estado de contração contínua. O espasmo muscular vem acompanhado de dor e de uma incapacidade funcional, sendo a dor resultado do meio circulatório e metabólico alterado, de modo que a contração muscular se torna automaticamente perpetuada, independente da lesão primária.

A contusão é uma lesão muscular superficial produzida por um impacto violento que não apresenta laceração. A distensão é um tipo de traumatismo indireto que ocorre no músculo, e que envolve um estado traumático que compromete o aspecto funcional do sistema musculoesquelético. Ela é classificada como um tipo de lesão indireta, porque resulta das cargas tensivas excessivas e não de um traumatismo direto, que por sua vez ocorre durante o alongamento forçado, ou ainda durante uma ação muscular excêntrica utilizada para controlar ou desacelerar os movimentos de alta velocidade.

As distensões que ocorrem nos ligamentos são tipos de lesão mais graves que costumam ocorrer durante as sessões de musculação, exceto raríssimos casos de quedas ou desequilíbrios com o corpo suportando pesos elevados. Geralmente, esse tipo de lesão ocorre na tentativa de conseguir impulso para utilizar pesos excessivos, e isso porque quando um praticante de musculação relaxa por alguns instantes, relaxando os músculos agonistas ao permitir um alongamento brusco, provoca uma resposta reflexa de contração muscular para conseguir realizar um movimento inadequadamente. No momento do relaxamento muscular, no entanto, os ligamentos articulares passam a suportar toda a carga, e costumam ocorrer distensões.

A dor forte e o processo inflamatório decorrente de uma distensão aguda dos ligamentos costumam ceder em poucos dias. Contudo, uma dor crônica pode ocorrer sempre que se realizar exercícios resistidos que forcem demasiadamente a região afetada pela lesão. A distensão aguda de um ligamento envolve uma instabilidade articular, decorrente da frouxidão dos ligamentos distendidos, que costuma evoluir sem solução satisfatória. Em um quadro de distensão aguda dos ligamentos, a solução a ser adotada é selecionar exercícios, posições e amplitudes que não provoquem dor.

A entorse, apesar de ser um tipo de lesão diretamente associada a uma articulação, é de natureza traumática. A entorse compromete ligamentos, sem que ocorra luxação, estiramento ou laceração tissular, tais como, cápsula articular, ligamento, tendão ou músculo. De acordo com a natureza traumática, a entorse recebe uma graduação de primeiro grau, que é um tipo de entorse leve; de segundo grau, que é um tipo de entorse moderada, e de terceiro grau, que é um tipo grave.

A sinovite é um tipo de inflamação que ocorre na membrana sinovial que acarreta um tipo de lesão por excesso de líquido sinovial dentro de uma articulação após um trauma. A contratura é um tipo de manifestação dolorosa que ocorre no sistema musculoesquelético, caracterizada por um encurtamento muscular em resposta a um estresse hipertônico continuado, exercido por sua vez sobre determinada articulação do corpo.

As lesões vertebrais que acometem um praticante de musculação se manifestam em resposta a movimentos repetidos e excessivos, de exercícios por meio de intensidades muito elevadas que se dão diretamente sobre a coluna vertebral, induzindo, por sua vez, um processo doloroso nas articulações intervertebrais e apofisárias, em decorrência de uma inflamação dos ligamentos longitudinais e intersegmentares. As lesões vertebrais são a principal causa das dores nas costas, e podem ter como origem uma lesão estrutural ou não, mediante a pressão repetitiva ou contínua de alta intensidade, que atua sobre as vértebras por longos períodos.

A lombalgia é um tipo de lesão vertebral que compromete a integridade mecânica dos discos intervertebrais lombares de um praticante de musculação, mediante a execução de exercícios de forma incorreta. Ela induz um estado de dor lombar temporária ou persistente. A temporária se dá em decorrência de uma lombalgia provisória, ocasionada por pequenas rupturas musculares, e a dor lombar persistente se dá em decorrência de uma lombalgia constante, ocasionada por rupturas musculares maiores.

Tanto as lesões dos discos intervertebrais de origem estrutural, quanto não estrutural, induzem um dano cumulativo no segmento motor de todas as vértebras da coluna espinhal, mediante uma lesão por fadiga ou ainda uma insuficiência por fadiga. A degeneração ou a lesão que se dá nos discos intervertebrais, face a uma intensa e repetitiva sobrecarga mecânica que induz um prolapso discal, por meio de uma insuficiência aguda no ânulo fibroso do disco intervertebral, e ainda por meio de uma insuficiência aguda que ocorre na estrutura do disco vertebral, resultando em um desarranjo interno do núcleo pulposo de cada vértebra da coluna espinhal.

As lesões vertebrais provenientes de uma sobrecarga mecânica imposta por exercícios de musculação, e que por sua vez induzem uma insuficiência por fadiga da parte interarticular das vértebras cervicais e lombares da coluna espinhal, incluem frequentemente microfraturas de diferentes níveis e estágios. Eles se distinguem em: espondilose, espondilólise unilateral, espondilólise bilateral, e espondilolistese. A espondilose consiste em uma fratura de estresse completa que ocorre na parte interarticular das vértebras, ou em alterações degenerativas sem separação das extremidades fraturadas, que pressionam as raízes nervosas, induzindo a um estado de dor e parestesia.

A espondilólise e a espondilolístese são microfraturas que afetam a estrutura óssea das vértebras da coluna, sendo que a primeira costuma ser descrita como uma microfratura na parte interarticular das vértebras da coluna espinhal, sem que, no entanto, ocorra uma separação das extremidades fraturadas. A espondilólise pode ser descrita também como uma microfratura que induz uma malformação estrutural na parte interarticular das lâminas entre as facetas articulares superiores e inferiores. Dependendo do tipo de microfratura que afeta a parte interarticular, uma espondilólise pode ser unilateral ou bilateral. A espondilólise unilateral se dá pela ocorrência de uma microfratura parcial de uma vértebra, enquanto a bilateral se dá pela ocorrência de uma microfratura completa de uma vértebra.

A espondilolístese costuma ser descrita como um tipo de microfratura que induz a uma separação do arco vertebral, a partir do deslocamento anterior de uma vértebra superior, em relação a uma inferior, ou ainda a partir de um movimento de translação ou deslizamento entre os corpos vertebrais adjacentes. A espondilolístese induz o disco intervertebral que está submetido a uma pressão de cisalhamento a um estiramento dos ligamentos longitudinais de sustentação da coluna vertebral, e ainda a uma compressão da medula espinhal e dos nervos espinhais adjacentes, mediante um movimento violento e súbito de hiperextensão ou hiperflexão que se dá na região cervical e lombar.

As lesões mais frequentes na articulação no ombro de um praticante de musculação incluem a luxação, a bursite, e ainda a síndrome de colisão do ombro. A luxação é um deslocamento repentino e duradouro, parcial ou completo das superfícies que compõem uma articulação escapuloumeral, acromioclavicular e esternoclavicular, que induz uma perda nas relações anatômicas normais.

A luxação do ombro sucede quando uma tensão atua direta ou indiretamente sobre a conexão articular que une o segmento superior ao tórax, e que pode originar-se de traumatismo, impelindo com violência uma estrutura óssea para uma posição anormal. A luxação de ombro pode ser congênita ou patológica, e na maioria das vezes pode ser confundida como uma entorse, e induz a uma lesão do tecido mole, inflamação, dor e espasmo muscular.

A bursite é uma inflamação que se dá na bolsa sinovial, e que pode ou não interagir com as membranas sinoviais das articulações do ombro. A função da bolsa sinovial situada na articulação do ombro é evitar o atrito entre um tendão e um osso, ou ainda entre um tendão e um músculo, além da função de proteger uma proeminência óssea situada na articulação escapuloumeral, acromioclavicular e esternoclavicular.

A bursite possui como causas o uso excessivo e prolongado das articulações do ombro, mediante movimentos repetitivos decorrentes de exercícios com cargas muito elevadas, que por sua vez são direcionadas para toda a região deltoidea. Possui ainda como causa uma infecção ou uma inflamação nas articulações do ombro, decorrente do depósito de cálcio em estado semissólido, interposto entre as epífises de uma conexão escapuloumeral, acromioclavicular ou esternoclavicular.

A síndrome de colisão do ombro, também descrita como síndrome do impacto, é um tipo de lesão que afeta as articulações escapuloumeral, esternoclavicular e acromioclavicular, e que induz um estado doloroso decorrente de uma irritação e inflamação dos tendões dos músculos do manguito rotador. A síndrome de colisão do ombro geralmente se manifesta em resposta a um movimento excessivo e estressante nas articulações do ombro, mediante uma abdução superior a 90 graus, ou ainda por algum tipo de trauma na prática de um exercício de musculação mal direcionado, que promova um estado de irritação ou inflamação no músculo supraespinhal.

As lesões mais frequentes na articulação do cotovelo incluem epicondilites distintas que se dão nos tendões do cotovelo. A epicondilite que acomete um praticante de musculação se manifesta em resposta a movimentos repetidos e excessivos, por meio de exercícios com intensidades muito elevadas que se dão diretamente sobre a articulação do cotovelo, induzindo por sua vez uma inflamação dos tendões das conexões umeroulnar e umerorradial. É um tipo de inflamação que ocorre no osso e na cartilagem articular, em decorrência dos exercícios de musculação que exigem o uso excessivo dos músculos extensores do punho, e ainda dos músculos pronadores do antebraço.

A epicondilite se distingue em cotovelo de lançador, cotovelo de tenista e cotovelo de golfista. O de lançador é um tipo de epicondilite decorrente de uma reação inflamatória que tende a produzir uma hipertrofia fibrótica e uma calcificação nas partes moles, uma descalcificação e deformidade do osso, e formação de ossículos ou areia nas cavidades da articulação do cotovelo.

O cotovelo de tenista é um tipo de epicondilite lateral decorrente de uma distensão ou rupturas do músculo extensor radial curto do carpo, e ainda os músculos extensores do punho e dos dedos. O cotovelo de golfista é um tipo de epicondilite medial decorrente de um traumatismo ao nível do epicôndilo medial do úmero, que parece acometer o músculo flexor ulnar do carpo, e ainda o músculo palmar longo, e que desencadeia uma dor mediante o movimento de flexão do punho.

As lesões mais frequentes na articulação do joelho incluem em vago, e o mecanismo em varo. O mecanismo em vago é um tipo de lesão que ocorre na articulação do joelho durante uma execução incorreta do exercício de agachamento, e que acarreta em um desvio da rótula para fora de seu eixo, sendo projetada durante o movimento de agachar-se para a região externa da coxa. O mecanismo em varo é um tipo de lesão que ocorre na articulação do joelho durante uma execução incorreta do exercício de agachamento, e que acarreta em um desvio da rótula para fora de seu eixo, sendo projetada durante o movimento de agachar-se para a região interna da coxa.

As lesões tissulares podem resultar de uma única sobrecarga excessiva, que é imposta, por sua vez, sobre determinado exercício de musculação mal executado, ocasionando traumatismos agudos imediatos. As lesões tissulares podem resultar de sobrecargas excessivas e repetidas impostas durante um treinamento de musculação mal direcionado, ocasionando traumatismos crônicos que se dão em um longo espaço de tempo. Os traumatismos tissulares agudos persistentes resultam progressivamente em condições degenerativas que evoluem para traumatismos tissulares crônicos.

A lesão tissular, decorrente de um exercício mal executado durante uma sessão de musculação, promove um estado degenerativo por meio de uma descontinuidade traumática ou patológica com perda de função. Essa perda se manifesta em decorrência de uma dor intensa, induz a perda de movimentos em determinada articulação. Dependendo da intensidade que se dá no nível degenerativo, uma lesão tissular pode se manifestar sob a forma de primeiro, segundo e terceiro grau de gravidade.

Na lesão tissular de primeiro grau ocorre uma dor leve na hora da lesão, ou nas primeiras vinte e quatro horas, e geralmente vem acompanhada por um edema leve, e ainda por uma hipersensibilidade local. Na lesão tissular de segundo grau ocorre uma dor moderada que exige interrupção da atividade motora, e geralmente vem acompanhada por uma ruptura de um ligamento articular. Na de terceiro grau ocorre uma ruptura ou avulsão completa ou incompleta de um ligamento articular, e geralmente vem acompanhada por uma dor intensa, e por uma instabilidade da articulação afetada.

A lesão tissular acontece quando a carga imposta ultrapassa uma tolerância suportável, resultando em uma lesão tissular primária ou secundária. A lesão tissular primária é uma consequência direta e imediata do traumatismo, e a secundária é um tipo de traumatismo que algum tempo após o traumatismo inicial, ou pode se manifestar como resultado direto e imediato do impacto, ou pode ainda se manifestar vários dias após o traumatismo inicial, como um processo de acomodação à lesão tissular primária.

O dano tissular primário ou secundário se divide em lesão funcional e lesão orgânica. A funcional é um tipo de deterioração em que há alteração de função, sem que se encontre uma degeneração anatômica, e a lesão orgânica é um tipo de deterioração em que se constata determinada degeneração anatômica. Contudo, o diagnóstico e o tratamento tanto para a lesão funcional quanto para a lesão orgânica devem continuar sendo específicos para cada traumatismo, com base em suas próprias características, ou seja, de acordo com o diagnóstico de uma lesão articular leve, moderada ou intensa.

Tanto a lesão articular leve, moderada quanto a intensa acarretam na existência de uma inflamação como resultado primário de uma reação protetora do sistema musculoesquelético, e que pode resultar em dor articular, com um potencial mecanismo de atrofia tissular, em decorrência da inatividade e da falta de movimentação. Existem muitos procedimentos terapêuticos efetivos usados para combater o processo inflamatório, e muitos incluem a crioterapia, que se dá pela aplicação de gelo, compressas frias, ou pulverizadores para produzir esfriamento, e ainda incluem a termoterapia, que se dá pela aplicação de compressas quentes e úmidas, de almofadas para aquecimento, e ainda a aplicação de ultrassom.

CAPÍTULO 3

Considerações acerca do *doping* e substâncias proibidas

O *doping* consiste na aplicação ilegal de dopagem, com o objetivo de aumentar o desenvolvimento da aptidão física, e também o desenvolvimento muscular. A aplicação ilegal da dopagem se distingue em química, física, psicológica e bioquímica. O *doping* químico é realizado por meio da aplicação ou da adição de elementos químicos naturais e sintéticos; o *doping* físico é realizado pela utilização de agentes mecânicos; o *doping* psicológico é realizado por meio da capacidade de persuasão ou da indução hipnótica, e o *doping* bioquímico é realizado pelo uso de substâncias proibidas, ou ainda de substâncias que estão sob o controle *antidoping*.

Em razão de várias ocorrências jurídicas, e ainda de várias intervenções e tratamentos clínicos, oriundos de uma postura incorreta, tanto por parte de profissionais quanto de praticantes de musculação matriculados em determinada academia, surgiu a necessidade da medicina desportiva de criar um controle *antidoping* de atuação direta e eficaz no intuito de coibir e prevenir a prática, e ainda, o comércio ilegal dessas substâncias. Entretanto, nos casos comprovados de tratamentos, é permitida a utilização dessas substâncias quando há uma indicação escrita e particular de uma prescrição médica.

No controle *antidoping*, as substâncias proibidas se traduzem pela natureza de qualquer droga que possa ser ministrada inadequadamente via oral, inalatória, intramuscular ou intravenosa, bem como de métodos ilícitos relacionados à dopagem sanguínea, no intuito de incrementar artificialmente a capacitação, o transporte e a liberação de oxigênio, ou ainda de métodos ilícitos relacionados à dopagem genética, pelo uso não terapêutico de células, de genes ou de elementos genéticos, no intuito de incrementar o rendimento desportivo.

Uma droga pode consistir em uma substância de origem natural, ou artificial, de uso estritamente proibido ou não, com a finalidade terapêutica, anestésica, entorpecente, alucinógena ou excitante. Uma droga cujo princípio ativo consiste em uma substância de origem natural é comumente descrita como droga homeopática. Uma droga cujo princípio ativo consiste em uma substância desenvolvida em laboratório, é comumente descrita como uma droga sintética. Contudo, tanto uma droga homeopática quanto uma sintética podem ser descritas como psicodélica, ou como uma droga psicoativa e, consequentemente, ambas podem ser descritas como uma droga de uso lícito ou ilícito.

Uma droga terapêutica consiste em uma substância química que geralmente não está associada à dependência física ou psicológica, ou ainda consiste em uma substância química que, administrada adequadamente, não induz diretamente problemas de ordem fisiológica. São tipos de droga utilizados para tratamento médico-farmacológico, diante de estados que comprometam a saúde e a integridade física do corpo humano, quando acometido por determinadas doenças ou enfermidades.

Uma droga anestésica consiste em uma substância química que, geralmente, não está associada à dependência física ou psicológica, ou ainda consiste em uma substância química que, administrada adequadamente, não induz diretamente problemas de ordem fisiológica. São tipos de droga utilizados para propósitos de promover analgesia, ou seja, perda total ou parcial da sensibilidade, no intuito de induzir um alívio da dor, ou ainda, o não aparecimento da dor, mediante uma intervenção cirúrgica que comprometa ou não a perda temporária da consciência.

Uma droga entorpecente consiste em uma substância química que, geralmente, está associada à dependência física ou psicológica, ou ainda, consiste em uma substância química que, independente de como é administrada, induz diretamente problemas de ordem fisiológica. São tipos de droga utilizados para promover analgesia, ou seja, suspensão total ou parcial do movimento, no intuito de induzir o retardamento de uma ação voluntária do corpo, mediante um efeito psíquico estupefaciente.

Uma droga alucinógena ou excitante consiste em uma substância química que, geralmente, está associada à dependência física ou psicológica, ou que, independente da forma como é administrada, induz diretamente a problemas de ordem fisiológica. São tipos de droga utilizados para promover modificações alteradas sobre o objeto presente, no intuito de induzir uma percepção do ausente, ou ainda no intuito de induzir uma percepção do inexistente, por meio da manifestação de delírios ou alucinações.

Uma droga psicodélica consiste em uma substância química que geralmente causa dependência física ou psicológica, ou que, independente da forma como é administrada, induz diretamente problemas de ordem fisiológica. São tipos de droga utilizados com a finalidade de ampliar a capacidade de pensamento do cérebro, e de induzir uma expansão da consciência, ou ainda, de induzir manifestações rápidas involuntárias de memória de longo prazo. As drogas psicodélicas em níveis avançados podem gerar um estado de dissociabilidade, mediante um transtorno temporário do ego, por meio de delírios ou alucinações.

Uma droga psicoativa, também conhecida como psicotrópica, consiste em uma substância química que geralmente causa dependência física, psicológica ou ainda que, independente da forma como é administrada, induz diferentes problemas de ordem fisiológica. As drogas psicoativas ou psicotrópicas em níveis avançados podem gerar um estado de vício, mediante a estimulação sobre o sistema de recompensa dopaminérgico do cérebro.

Uma droga de uso lícito consiste em uma substância química que, dependendo da forma como é administrada, pode causar dependência física ou psicológica, ou ainda problemas de ordem fisiológica. Uma droga lícita pode consistir em uma substância química de origem natural, de uso permitido por lei, com a finalidade terapêutica ou anestésica, mediante tratamento médico-farmacológico, e também mediante intervenção cirúrgica que comprometa ou não a perda temporária da consciência.

Uma droga de uso ilícito consiste em uma substância química que geralmente causa dependência física ou psicológica, ou ainda em uma substância química que, independente da forma como é administrada, induz diretamente problemas de ordem fisiológica. Uma droga ilícita pode consistir em uma substância química de origem natural, ou em uma substância química de origem artificial, de uso proibido por lei, com a finalidade entorpecente ou alucinógena, mediante a manifestação de um efeito psíquico estupefaciente, ou ainda modificações alteradas sobre o objeto presente, por meio de um estado temporário de delírios e alucinações.

Direcionando o estudo da droga para o universo da musculação, é importante destacarmos as substâncias químicas que, segundo a medicina desportiva, são descritas como proibidas, ou ainda, como drogas de uso restrito. As proibidas para o universo da musculação se distinguem em estimulantes, esteroides anabolizantes, diuréticos e hormônios peptídicos, e as de uso restrito para o universo da musculação se distinguem em álcool, anestésicos locais, corticosteroides e bloqueadores beta-adrenérgicos. Contudo, mediante o uso mais frequente de substâncias químicas proibidas por praticantes de musculação, importa destacarmos apenas as seguintes drogas de uso proibido pela medicina desportiva: estimulantes, esteroides anabolizantes, hormônios peptídicos e diuréticos.

De início cumpre destacarmos as diferenças entre os termos anabolizante, androgênico, estrogênico, ergolítico, proteolítico, lipolítico e esteroide. O termo anabolizante designa aquilo capaz de anabolizar. O androgênico e o estrogênico designam aquilo que provém dos hormônios sexuais masculinos e femininos, respectivamente. Já o termo ergolítico designa o que fornece energia, e o proteolítico, aquilo que hidrolisa proteína. O lipolítico degrada gordura, e por fim, o esteroide designa os derivados dos esteróis.

Assim, uma droga anabolizante é a capaz de promover a síntese orgânica, enquanto drogas androgênicas e estrogênicas são substâncias produzidas sinteticamente a partir do hormônio sexual masculino e femininos, respectivamente. Uma droga ergolítica é capaz de promover a produção de energia para o corpo; uma droga proteolítica hidrolisa proteína. Uma droga lipolítica promove a degradação de lipídeos em ácidos graxos e glicerol. Ainda, uma droga esteroide é produzida sinteticamente para fins médicos ou terapêuticos, e que constitui o ingrediente ativo no anticoncepcional, no anti-inflamatório hormonal, e ainda, sob a forma tópica de cortisona, dexametasona, mometasona e betametasona.

O que define a natureza das drogas proibidas é o seu potencial ilícito por exercer importantes funções bioquímicas no organismo, com a finalidade de favorecer o desenvolvimento ou o rendimento muscular acelerado não saudável e antinatural. E o que define a natureza de uma droga de uso restrito ou de venda controlada é o seu potencial lícito por exercer importantes funções bioquímicas no organismo, para favorecer o tratamento de um estado doentio, ou ainda, favorecer a profilaxia de determinada doença que possa acometer um praticante de musculação.

Há potencial ilícito dos estimulantes quando são administrados de maneira inescrupulosa por determinados praticantes de musculação iniciantes, intermediários ou avançados, no intuito de obter o aumento da percepção sensitivo-motora, redução da fadiga muscular, e ainda de obter uma diminuição gradual do apetite. São tipos de droga que induzem um aumento da pressão arterial e da frequência cardíaca, e também uma broncodilatação, midríase e perda de sono.

Os estimulantes administrados inadequadamente possuem um efeito colateral nocivo sobre o organismo, com quadros clínicos de tonturas, cefaleia, tremores, palidez, retenção urinária, diarreia, alucinações, arritmia cardíaca, pânico, impotência, paranoias, convulsão e coma. Os estimulantes mais conhecidos incluem: anfetamina, efedrina, fenproporex, metanfetamina, matilanfetamina, metilefedrina e sibutramina. Porém, entre os estimulantes apresentados, o de maior repercussão é a efedrina, substância química usada com o objetivo de aumentar o efeito termogênico do corpo.

Estatísticas apontam que a grande maioria dos praticantes de musculação, sejam eles iniciantes, intermediários ou avançados, já foi ou ainda é usuária de alguma substância química proibida que, de modo geral, possui um efeito prejudicial à saúde. Muitas dessas substâncias químicas proibidas estão diretamente associadas a esteroides anabolizantes, ou ainda a hormônios ou a outras substâncias esteroides androgênicas anabolizantes relacionadas. A razão de serem submetidos ou induzidos ao uso dessas substâncias químicas se deve à necessidade de um resultado mais acelerado, dos objetivos estéticos de forma geral, relacionados intimamente a um processo de hipertrofia muscular.

Antes de descrever o potencial ilícito do esteroide anabolizante, importa distingui-lo em relação à esterificação, alquilação, aromatização e hepatotoxidade. A esterificação consiste em um processo bioquímico pela formação de um éster a partir de um ácido ou álcool. A esterificação consiste na forma de anabolizante injetável de efeito mais lipofílico. A alquilação provém de alquila, ou seja, consiste em grupamento orgânico monovalente composto de carbono e hidrogênio formado a partir de um hidrocarboneto saturado, mediante a remoção de 1 átomo de hidrogênio, e que por sua vez, retarda a metabolização hepática. O processo bioquímico de alquilação consiste na forma de um anabolizante normalmente oral, que promove um catabolismo retardado do esteroide. A aromatização consiste no processo bioquímico que ocorre através da enzima aromatase, e que converte os hormônios testosterona e androstenediona em estronas e estrogênio, normalmente no sexo masculino, cerca de 5% dos 5 a 7mg da testosterona endógena são diariamente aromatizadas. A hepatotoxicidade ou toxicidade hepática consiste em um dano no fígado, causado por substâncias químicas comumente descritas como hepatotoxinas. A hepatoxidade pode decorrer do efeito colateral de certos medicamentos, mas também de certos produtos químicos produzidos em laboratórios ou indústria, e ainda, de substâncias químicas naturais, como as microcistinas. Geralmente, a doença causada pela hepatotoxidade inclui o granuloma hepático, lesão do endotélio vascular, peliose hepática e trombose da veia hepática. O granuloma hepático é induzido por tipos de drogas associadas, e ainda, por certos fármacos, a veno-oclusão geralmente é induzida por agentes quimioterápicos, e a peliose hepática, normalmente por esteroides anabólicos, já a trombose da veia hepática, por contraceptivos orais.

Há potencial ilícito dos esteroides anabolizantes, quando são administrados inadequadamente e de maneira inescrupulosa, por praticantes de musculação iniciantes, intermediários ou avançados, no intuito de promover uma formação tecidual mais acelerada, ou seja, a fim de promover um processo construtivo mais acelerado do metabolismo muscular. Os esteroides anabolizantes são tipos de droga sintética que exercem as mesmas funções do hormônio testosterona produzido pelo corpo masculino, ou seja, induz uma estimulação da medula óssea, um aumento da síntese proteica, do apetite, da remodelagem e do crescimento ósseo, e ainda da massa e da força muscular.

Os esteroides anabolizantes administrados inadequadamente possuem um efeito colateral nocivo sobre o organismo, com quadros clínicos de tumores sistêmicos, impotência sexual, atrofia testicular, erupções cutâneas e hidrorreia. Os esteroides anabolizantes mais conhecidos incluem a classe dos esteroides androgênicos anabolizantes, e a de androgênicos anabolizantes endógenos. Existem ainda outros agentes que promovem uma atividade anabólica, entre eles destaca-se o clembuterol, que é uma substância química usada com o objetivo de promover uma vasodilatação das vias aéreas. Os esteroides anabolizantes podem ser administrados via oral e injetável, ou ainda, de forma retal, nasal e transdérmica.

O potencial ilícito dos hormônios peptídicos existe, quando administrados inadequadamente e de maneira inescrupulosa, por determinados praticantes de musculação iniciantes, intermediários ou avançados, para promover um efeito anabólico aumentando a produção de esteroides androgênicos anabolizantes endógenos, e ainda para estimular a produção de glóbulos vermelhos. Os hormônios peptídicos são tipos de droga sintética formada a partir de uma ligação química, que, por sua vez, se dá entre dois ou mais aminoácidos.

Os hormônios peptídicos administrados inadequadamente possuem um efeito colateral nocivo sobre o organismo, com quadros clínicos de diabetes mellitus, acromegalia, alterações cardiovasculares, náuseas, vômitos, diarreia e hipertensão. Os mais conhecidos incluem somatotrofina, corticotrofina, gonadotrofina coriônica e eritropoietina. A insulina é outro hormônio peptídico que promove uma atividade anabólica por meio do aumento da síntese de proteína, do aumento de glicogênio, do aumento de ácidos graxos, do aumento no consumo de aminoácidos, e também do aumento na esterificação, e ainda por meio da redução da proteólise, lipólise e gliconeogênese.

O potencial ilícito dos diuréticos existe, quando administrados inadequadamente e de maneira inescrupulosa, por determinados praticantes de musculação iniciantes, intermediários ou avançados, para promover uma rápida diminuição do peso corporal, e ainda promover um bloqueio da absorção de eletrólitos. Os diuréticos são tipos de droga sintética elaborada com a finalidade de aumentar a diurese, ou a perda excessiva de água, a fim de incrementar a definição muscular mediante competições de fisiculturismo.

Os diuréticos administrados inadequadamente possuem um efeito colateral nocivo sobre o organismo, com quadros clínicos de tontura, cefaleia, palpitação e severa cãibra muscular. Os mais conhecidos incluem a classe das substâncias expansivas de plasma, tais como: acetazolamida, arniloride, bumetanida, clortalidona, espironolactona, furosemida, hidroclorotiazida e triantereno. A albumina é outra substância expansiva de plasma que promove uma atividade diurética por meio do aumento da manutenção da pressão osmótica, e do controle do potencial hidrogeniônico, e ainda pelo transporte de ácidos graxos livres e de bilirrubina não conjugada, e também pelo transporte de hormônios tiroideais e lipossolúveis.

REFERÊNCIAS BIBLIOGRÁFICAS

AABERG, E. *Musculação biomecânica e treinamento.* São Paulo: Editora Manole, 2001.

BADILLO, J. J. G.; AYESTARÁN, E. G. *Fundamentos do treinamento de força - aplicação ao alto rendimento desportivo.* Porto Alegre: Editora Artmed, 2001.

BEAN, Anita. *O guia completo de treinamento de força.* São Paulo: Editora Manole, 1999.

BITTENCOURT, Nelson Gomes. *Musculação: uma abordagem metodológica.* Rio de Janeiro: Editora Sprint, 1974.

CARNAVAL, P. E. *Medidas e avaliação em ciências do esporte.* Rio de Janeiro: Editora Sprint, 1997.

CAMPOS, M. de Arruda. *Biomecânica da musculação.* Rio de Janeiro: Editora Sprint, 2002.

COSSENZA, C. E. *Musculação: métodos e sistemas.* Rio de Janeiro: Editora Sprint, 1995.

COSSENZA, C. E.; CARNAVAL, Paulo Eduardo. *Musculação: teoria e prática.* Rio de Janeiro: Editora Sprint, 1985.

DELGADO, L. de Arruda. *Avaliação neuromotora.* São Luís: Editora da Universidade Federal do Maranhão, 2004.

_____ *Avaliação postural.* São Luís: Editora da Universidade Federal do Maranhão, 2004.

_____ *Avaliação cardiorrespiratória.* São Luís: Editora da Universidade do Maranhão, 2004.

_____ *Medidas antropométricas.* São Luís: Editora da Universidade do Maranhão, 2004.

FILHO, Ney Pereira A. *Musculação e cinesiologia aplicada – Coleção musculação total volume 2.* Londrina: Editora Midiograf, 1994.

GODOY, Erick Salum de. *Musculação fitness*. Rio de Janeiro: Editora Sprint, 1994.

HARRIS, R. C.; TALLON, M. J.; DUNNET, M. L.; BOOBIS, L.; COAKLEY, J.; KIM, H. J.; FALLOWFIELD, J. L.; HILL, C. A.; SALE, C.; WISE, J. A. *The Absorption of Orally Supplied Beta-alanine and its Effect on Muscle Carnosine Synthesis in Human Vastus Lateralis – Amino Acids*, vol. 30 n. 3, pp. 279-289, 2006.

HENDLER, Sheldon. Saul. *A enciclopédia de vitaminas e minerais*. Rio de Janeiro: Editora Campus, 1997.

HOFFMAN, J. *Beta-alanine and the Hormonal Response to Exercise*. Journal Sports Med. In press, 2008.

LEIGHTON, J. R. *Musculação – aptidão física, desenvolvimento corporal e condicionamento físico*. Rio de Janeiro: Editora Sprint, 1987.

MARQUES, N.; MENNA-BARRETO, L. *Cronobiologia: princípios e aplicações*. São Paulo: Editora da Universidade de São Paulo, 1997.

MAUGHAN, Ronald J.; BURKE, Louise M. *Nutrição esportiva*. Porto Alegre: Editora Artmed, 2004.

MCGINNIS, P. M. *Biomecânica do esporte e exercício*. Porto Alegre: Editora Artmed, 2002.

MELTZER, S.; FULLER, C. *Eating for Sport: A Practical Guide to Sports Nutrition*. Londres: New Holland, 2005.

OLSZEWER, E. *ABC da medicina ortomolecular*. São Paulo: Editora Tecnopress, 1997.

_____*Tratado de medicina ortomolecular*. São Paulo: Nova Linha Editorial, 1995.

OLSZEWER, E.; MALTA, D. M. A. *Patologias osteomolecular e radicais livres*. São Paulo: Editora Tecnopress, 1995.

OLSZEWER, E.; NAVEIRA, M. *Radicais livres em medicina esportiva*. São Paulo: Editora Tecnopress, 1997.

RODRIGUES, A. *Lesões musculares e tendinosas no esporte*. São Paulo: CEFESPAR, 1994.

TUBINO, Manuel José Gomes. *Metodologia científica do treinamento desportivo*. São Paulo: Editora IBRASA, 1984.

WATKINS, J. *Estrutura e função do sistema musculoesquelético*. Porto Alegre: Editora Artmed, 2001.

WEINECK, J. *Anatomia aplicada ao esporte*. São Paulo: Editora Manole, 1990.

WHITING, W. C.; ZERNICHE, R. F. *Biomecânica da lesão musculoesquelética*. Rio de Janeiro: Editora Guanabara Koogan, 2001.

ZOELLER, R.; STOUT, J. R.; O'KROY, J. A.; TOROK, D. J.; MIELKE, M. *Effects of 28 Days of Beta-alanine and Creatine Monohydrate Supplementation on Aerobic Power, Ventilatory and Lactate Thresholds, and Time to Exhaustion*. Amino Acids, 33 (3): 505-510, 2007.

Esta obra foi composta em CTcP
Capa: Supremo 250g – Miolo: Pólen Soft 80g
Impressão e acabamento
Gráfica e Editora Santuário